H.W. Opaschowski
Freizeitökonomie: Marketing von Erlebniswelten

Freizeit- und Tourismusstudien
Band 5

Die weiteren Bände:

Pädagogik und Didaktik der Freizeit
Einführung in die Freizeitwissenschaft
Tourismus — eine systematische Einführung
Ökologie von Freizeit und Tourismus
Futurologie von Arbeit und Freizeit
Ethik der Freizeit

Horst W. Opaschowski

Freizeitökonomie: Marketing von Erlebniswelten

2. durchgesehene Auflage

Leske + Budrich Opladen 1995

Die Deutsche Bibliothek — CIP-Einheitsaufnahme

Opaschowksi, Horst W.:
Freizeitökonomie: Marketing von Erlebniswelten/Horst W.
Opaschowski. — Opladen: Leske und Budrich, 1995
  (Freizeit- und Tourismusstudien; Bd. 5)
  ISBN: 3-8100-1415-X
NE: GT

© 1995 by Leske + Budrich, Opladen

Das Werk einschließlich aller seiner Teile ist urheberrechtlich geschützt. Jede Verwertung außerhalb der engen Grenzen des Urheberrechtsgesetzes ist ohne Zustimmung des Verlags unzulässig und strafbar. Das gilt insbesondere für Vervielfältigungen, Übersetzungen, Mikroverfilmungen und die Einspeicherung und Verarbeitung in elektronischen Systemen.

Satz und Umbruch: Leske + Budrich
Druck und Verarbeitung: Druckerei Enk, Bocholt
Printed in Germany

Vorwort

Wir haben so ziemlich alle Wohlstandsziele erreicht, gehören zu den führenden Industrieländern, haben die kürzeste Arbeitszeit, ein Einkommensniveau der Spitzenklasse und ein soziales Sicherungssystem ohnegleichen. Ob dies so bleibt, hängt erst einmal davon ab, ob wir auch künftig so viel erwirtschaften wie bisher. Freizeit und Wohlstand können wir schließlich nur genießen, wenn wir beides zuvor erarbeitet haben.

Es wächst die Zahl der warnenden Stimmen, die darauf verweisen: Die Zeiten des Wohlstandsdenkens seien bald vorbei. Trotz deutlich gestiegener Bruttoeinkommen in den letzten Jahren verschlechtere sich die finanzielle Lage für viele Bevölkerungsgruppen. Anspruchsmentalität könnten sich nicht mehr alle leisten. Daraus folgt: Die Grundlagen des Wohlstands zu erhalten und gerecht zu verteilen, wird angesichts der politischen Veränderungen in Osteuropa in den nächsten Jahren sicher schwieriger werden. Schon heute wird weltweit mehr konsumiert als produziert, was zu Lasten der Entwicklungsländer geht. So kann der Konjunkturmotor in manchen westlichen Industrieländern an Fahrt verlieren, doch die Konsumgesellschaft wird uns wohl auch in Zukunft erhalten bleiben.

Vor dem Hintergrund der offenen Grenzen im Osten wird aber die Schere zwischen Arm und Reich immer sicht- und spürbarer. Andererseits wird im Westen der Wohlstand wie ein letzter „Wert" verteidigt. Wohlstand mehren oder Wohlstand teilen: In einem multikulturellen Europa stellt sich die Frage nach Wirtschaftswachstum oder wirtschaftlichem Abstieg täglich neu. Wir können auf Dauer nur in Frieden leben, wenn es keine Inseln des Wohlstands in einem Meer der Armut gibt.

Die Freizeit- und Tourismuswirtschaft gilt derzeit als die größte Industrie der Welt. Nach Berechnungen des World Travel and Tourism Council (WTTC) in Brüssel hat die Wirtschaftsbranche 1992 weltweit rund 5 Billionen Mark ‚umgesetzt'. Der Welt größter Wirtschaftsfaktor führt jedoch in der Wirtschaftstheorie — ein Schattendasein. Auf dem Weg in das Jahr 2000 müssen sich Wirtschaftswissenschaftler weitgehend mit Daten aus den 60er bis 80er Jahren begnügen. Die vorliegende „Freizeitökonomie" will den Weg in das nächste Jahrzehnt erleichtern. Und der Untertitel „Marketing von Erlebniswelten" läßt ahnen, wohin die Reise der Zukunftsindustrie Nr. 1 gehen kann: Vom Versorgungskonsum zum Erlebniskonsum.

Allerdings werden auch Grenzen des Erlebniskonsums aufgezeigt — moralische Grenzen der Freizeitvermarktung genauso wie soziale und ökologische Grenzen des Immer-Mehr. Die Lebensqualität einer Gesellschaft kann schließlich nicht nur an der Menge des Konsums gemessen werden. Maßvoller Konsum statt Überangebot soll verhindern, daß die Konsumlust eines Tages in Konsumverweigerung endet.

H.W. Opaschowski

„Der aktive Konsument wurde zuerst wohl am deutlichsten in der Freizeitforschung entdeckt: Aktive Gestaltung, Suche nach Erlebnis und Abenteuer ..."

Günter Wiswede:
Der neue Konsument im Lichte des Wertewandels (1990)

„Mit der wachsenden Freizeit der Konsumenten verlagert sich auch das Gewicht der Marketingziele"

Heribert Meffert:
Marketing in der Freizeit- und Dienstleistungsgesellschaft (1991)

„‚Erlebe dein Leben!' ist der kategorische Imperativ unserer Zeit ... Ausgestattet mit wachsender Kaufkraft und steigenden Zeitreserven dringen die Konsumenten in letzte Reservate der Exklusivität vor"

Gerhard Schulze:
Die Erlebnisgesellschaft (1992)

Inhalt

Vorwort 5

I. **Rahmenbedingungen und Situationsanalyse** 13
1. Lebenserwartung 13
2. Arbeitszeitverkürzung 14
2.1 Lebensarbeitszeit 14
2.2 Wochenarbeitszeit 15
2.3 Urlaubszeit 18
3. Die neue Balance von Berufs- und Privatleben 19

II. **Wirtschaftsfaktor Freizeit** 23
1. Expansion einer Erlebnisindustrie 23
2. Waren und Dienstleistungen im Freizeitsektor 29
3. Auswahlmerkmale der Haushaltstypen 33
4. Entwicklung der Freizeitausgaben 35
5. Ökonomische Ungleichheiten im Freizeitmarkt 38
   Die privilegierte Gruppe des „Neuen Reichtums" 38 — Die benachteiligte Gruppe der „Neuen Armut" 39

III. **Freizeit, Konsum und Lebensstil. Basisdaten zur Freizeitökonomie** 45
1. Ergebnisse der Lebensstilforschung 45
2. Freizeitstile der Deutschen in Ost und West 47
2.1 Im ersten Jahr der deutschen Vereinigung: Leben im Zeitwohlstand 47
   Lebensziele 47 — Informationsinteressen 50 — Freizeitaktivitäten: Freizeit als Medienzeit 52 — Freizeit als Konsumzeit 53 — Freizeit als Eigenzeit 54 — Freizeit als Aktivzeit 54 — Freizeit als Sozialzeit 55 — Freizeit als Kulturzeit 56 — Urlaubswünsche 57 — Urlaubsökonomie 59 — Konsumeinstellungen 60 — Zusammenfassung 63
2.2 Ein Jahr später: Von der Konsumfreiheit zum Konsumstreß 66
   Lebensziele: Zwischen Geld- und Genußorientierung 66 — Informationsinteressen: Ende der Neugierphase 66 — Konsumeinstellungen: Mehr

Versorgungs- als Erlebniskonsum 68 — Typus 1: Der Sparkonsument 68 — Typus 2: Der Normalkonsument 69 — Typus 3: Der Anspruchskonsument 69 — Typus 4: Der Anpassungskonsument 69 — Typus 5: Der Geltungskonsument 71 — Typus 6: Der Luxuskonsument 71

3. Zwei Jahre später: Das Dilemma zwischen Zeit und Geld 72

IV. Freizeitkonsum auf der Erlebnisebene. Die emotionale Dimension 77
1. Freizeit in der subjektiven Vorstellung 78
2. Freizeitkonsum als persönliche Herausforderung 81
3. Freizeitkonsum als bedrohliches Gefühl 83
4. Freizeitkonsum als sozialer Zwang 85
5. Freizeitkonsum im sozialen Wandel 88
6. Der Alptraum von morgen 91
7. Der ideale Freizeitkonsum 96
8. Resümee 98

V. Freizeitkonsum auf der Verhaltensebene. Die rationale Dimension 101
1. Motive 102
2. Ideengeber 104
3. Was in der Freizeit am meisten getan wird 106
4. Was in der Freizeit am wenigsten getan wird 107
5. Konsumabhängigkeit von Freizeitaktivitäten 109
6. Was in der Freizeit viel Spaß macht und nichts kostet 112
7. Was in der Freizeit gern getan würde, wenn es nicht so teuer wäre 113
8. Was sich viele wünschen: Freizeit ohne Geldprobleme 114
9. Freizeitkonsum zwischen Freiheit und Anpassung 115
10. Das subjektive Freiheitsbarometer der Freizeit 117
11. Der Freizeitkonsum der Zukunft 120

VI. Marketing von Erlebniswelten. Trendsignale 121
1. Lebenslust als Leitthema des nächsten Jahrzehnts 121
2. Das Leitbild des innengeleiteten Menschen 124
3. Das Leben in der Zwei-Stunden-Gesellschaft 125
4. Der Individualisierungsschub in der Freizeit 127
5. Der drohende Identitätsverlust 129
6. Das Zeitalter des E-(rlebnis)Menschen 130
7. Die neue Erlebnisgeneration 133
8. Pioniere des Erlebniskonsums 136
9. Erlebniswelten: Das Erlebnis triumphiert über die Bedarfsdeckung 138

VII. Marketing von Erlebniswelten. Praxisbeispiele 149
1. Erlebniswelt Reisen: „Die populärste Form von Glück" 149
1.1 Reisen als Grundbedürfnis 149
1.2 Anforderungen an Reiseziele 151
1.3 Ferne, Wärme und Weite. Trendziele der 90er Jahre 155
1.4 Reisepioniere. Wegbereiter eines neuen Reisestils 156
1.5 Der neue Individualismus im Tourismus. Marktchancen
    für Nischenveranstalter 164
2. Erlebniswelt Medien: „Live dabeisein ist alles" 167
2.1 Leit- und Leidmedien des Freizeitverhaltens 167
2.2 „Fernsehen pur" nicht mehr gefragt 171
2.3 Fernsehprogramme im Wochenverlauf 173
2.4 „Abschalt"-Quoten bei Sport- und Werbesendungen 174
2.5 „Switching", „Hopping" und „Zapping" als stiller Protest 177
2.6 Ursachen, Folgen und Folgerungen 181
3. Erlebniswelt Bücher: „Vom Stubenhocker zum Mental-Jogger" ... 185
3.1 Bücherlesen als neue Lebenskunst 185
3.2 Bücherlesen als Hindernis für Freizeitmobilität 186
3.3 Das Buch als Freizeitmedium der Zukunft 187
3.4 Die neue Freizeitprofilierung 189
3.5 Nebenwirkung 1: Banalisierung der Lesekultur 191
3.6 Nebenwirkung 2: Kommerzialisierung der Lesekultur 192
3.7 Rückbesinnung als Zukunftsperspektive 192
3.8 Bücherlesen als „Mental-Jogging" 194
4. Erlebniswelt Kultur: „Zwischen Boom und Business" 194
4.1 Von der Hochkultur zur Freizeitkultur 194
4.2 Schlangestehen vor Konzertkassen 196
4.3 Wirtschaftsfaktor Kultur: Von der Subvention zur Investition 197
4.4 Kulturtourismus: „Man" geht eben hin 199
5. Erlebniswelt Sport: „Die schönste Nebensache der Welt" 203
5.1 Phänomen Sport 203
5.2 Hintergründe einer Massenbewegung 205
5.3 Brücke zwischen Arbeit und Freizeit 209
5.4 Typologie der Freizeitsportler 214
5.5 Zwischen Wellness und letztem Abenteuer 218
5.6 Freizeitsport als „Flow"-Erlebnis 219
5.7 „Thrilling" als neue Freizeitbewegung 221
5.8 World of Sports als neue Erlebniswelt 223
5.9 Sport 2000: Zwischen Ich- und Körperkult 226
6. Erlebniswelt Baden: „Der Mensch kommt aus dem Wasser ..." ... 229
6.1 Die Fehler der Vergangenheit 229
    Eine besondere Art von Behörde 229 — Der Bademeister als lebender Vorwurf 231

6.2 Die neue Badelust 232
   Phantasiereise ins Innere eines Bades: Individualität 233 — Kommunikation 234 — Körpergefühl 234 — Genuß 235 — Neue Lust und alte Sehnsucht 235
6.3 Die neue Marketingstrategie 235
   Abkehr von der Monokultur 235 — Die Freizeitprofilierung 238
6.4 Das Freizeitbad 2000: Vom Spaßbad zur Sonneninsel 241
7. Erlebniswelt Tanzen: „Vom Ballettsaal zur Swinging World" 242
7.1 Die tänzerische Revolution 242
7.2 Das Ende der puritanischen Tanzkultur 243
7.3 Freizeit-Interessen-Profile von Tänzern und Nichttänzern 244
   Die 14- bis 19jährigen Tänzer 244 — Die 20- bis 29jährigen Tänzer 244 — Die über 30jährigen Tänzer 245
7.4 Zwischen Kontakt und Lebensfreude. Ergebnisse repräsentativer Untersuchungen 245
7.5 Swinging World: Die neue Freizeitwelt 250
7.6 „Die 10 Gebote der Swinging World": Die neue Tanzschul-Philosophie und ihre Umsetzung in die Praxis 254
8. Erlebniswelt Ausgehen: „Shopping. Kino. Essengehen" 257
8.1 Shopping als Schatzsuche 257
8.2 Vom Schachtelkino zum Erlebniscenter 262
8.3 Von der Gastronomie zur Gastrosophie 264
9. Erlebniswelt Phantasie: „Attraktion und Perfektion künstlicher Freizeitwelten" 271

VIII. Moralische Grenzen der Freizeitvermarktung 277
1. Der Überfluß: Die soziale und ökologische Herausforderung 277
1.1 Armut im Überfluß 278
1.2 Die globale Verwestlichung 280
2. Wohlstand wofür? 281
3. Für einen umwelt- und sozialverantwortlichen Freizeitkonsum 285
4. Die Problemlöser: Macher oder Inspiratoren? 287
   Saisonarbeiter 287 — Erlebnisberater 288 — Incentivevermittler 288 — Glücksbringer 289 — Ganzheitstrainer 289 — Lernmentoren 290
5. Konsum nach Maß: Weglassen von Überflüssigem 290

Literaturverzeichnis 297

I. Rahmenbedingungen und Situationsanalyse

Mehr Geld, mehr Zeit, mehr Bildung und mehr Wohlstand: Die heutige Generation scheint in paradiesischen Zuständen aufzuwachsen. Ihre Einstellung zum Leben verändert sich. Arbeit ist nur noch das halbe Leben — und Freizeit die andere Hälfte. Die neunziger Jahre stehen ganz im Zeichen des Struktur- und Wertewandels von Arbeit und Freizeit.

Die 35-Stundenwoche, wann immer sie kommt, müßte eigentlich eine 77-Stunden-Freizeitwoche sein — so jedenfalls sieht auf den ersten Blick die Bilanz der Arbeitszeitverkürzung aus. Die Arbeitszeit nimmt ab, die Freizeit zu — eine „Milchmädchenrechnung" auf den zweiten Blick. Da werden Quantitäten mit Qualitäten verglichen, objektive Gegebenheiten mit subjektivem Bewußtsein verwechselt.

Die Herausforderung der Zukunft besteht nicht darin, daß wir zur Freizeitgesellschaft werden, die das Arbeiten zur Nebensache erklärt. Eine umgekehrte Entwicklung deutet sich vielmehr an: Der Konkurrenzdruck der Freizeit wird immer größer und neben die Arbeitswelt schiebt sich gleichwertig die neue Freizeitwelt. Keine Gegenwelt, eher eine Zwillingswelt, die den Wert der Arbeit um freizeitorientierte Werte bereichert, wenn nicht gar verdoppelt. *Medien, Sport, Tourismus — oder Kultur, Bildung, soziales Engagement? Märkte — oder Werte?* Darin liegt die besondere Herausforderung: Wirtschaftliche Chance und soziale Verpflichtung zugleich.

1. Lebenserwartung

Voltaire meinte einmal, das Geheimnis der Medizin bestünde darin, den Patienten abzulenken, während die Natur sich selber hilft. Seit er dies gesagt hat, haben die Mediziner mit ihren Ablenkungs-Manövern unsere Lebenserwartung fast verdoppeln können. Die Lebenserwartung der Bundesbürger steigt jährlich um 3,5 Monate. Allein die Zahl der über 100jährigen hat sich in den letzten zwanzig Jahren mehr als versiebenfacht.

Hier irrte Karl Marx. Er sagte voraus, daß die durchschnittliche Lebensdauer mit weiterer Industrialisierung zurückgehen werde. Doch die *Lebenserwartung hat sich in den letzten 120 Jahren von 37 (1871) auf 75 Jahre (1990) verdoppelt* (Männer: 72 Jahre, Frauen 79 Jahre). Die Deutschen werden immer älter. Im Jahr 2000 werden Männer eine Lebenserwartung von 75 Jahren, Frauen eine Lebenserwartung von 82 Jahren haben.

Aber auch weltweit steigt die Lebenserwartung an. 1950 lebten auf der Welt 214 Millionen *Menschen über 60 Jahre*, 1970 waren es 307 Millionen. Und im Jahre 2000 wird es nach einer Prognose der Vereinten Nationen 600 Millionen geben: Eine *Verdreifachung in fünfzig Jahren*. Wachsende Industrialisierung und höhere Lebenserwartung hängen unmittelbar zusammen. In den westlichen Industriegesellschaften ist die Lebenserwartung am höchsten; es folgen die osteuropäischen Länder und mit deutlichem Abstand die Länder der Dritten Welt. In Indien und China liegt die Lebenserwartung bei etwa 64 Jahren, in den exportorientierten Ländern der Dritten Welt bei 58 und in den ärmsten Ländern (UNO: Vierte Welt) bei unter 50 Jahren.

2. Arbeitszeitverkürzung

2.1 Lebensarbeitszeit

Mit dem rapiden Anstieg des Lebensalters ist zugleich ein deutlicher Rückgang der Berufsarbeit verbunden. Die hauptberufliche Lebensphase macht heute nicht wie 1871 etwa zwei Drittel, sondern nur knapp die Hälfte des Lebens aus: *Arbeit ist nur mehr das halbe Leben.* Die Arbeit entwickelt sich — historisch gesehen — wieder zu dem, was sie vor über vierhundert Jahren schon einmal war: eine notwendige Bedingung menschlichen Lebens — und nicht unbedingt das ganze Leben selbst.

Die höhere Lebenserwartung geht mit einer immer kürzeren Lebensarbeitszeit einher, weil der ‚statistische Durchschnittsarbeitnehmer' heute vorzeitig aus dem Berufsleben ausscheidet. Das durchschnittliche *Renten-Eintrittsalter liegt derzeit bei 57,9 Jahren*: Wer mit knapp 58 Jahren in den vorzeitigen Ruhestand geht, hat noch eine Lebenserwartung von mindestens 15 Jahren (Männer) bzw. 22 Jahren (Frauen) vor sich.

Wir entwickeln uns zu einer langlebigen Gesellschaft, in der berufsethische Traditionen mit neuen außerberuflichen Sinnorientierungen konfrontiert werden. Diese Entwicklung wird noch forçiert durch kontinuierliche Arbeitszeitverkürzungen.

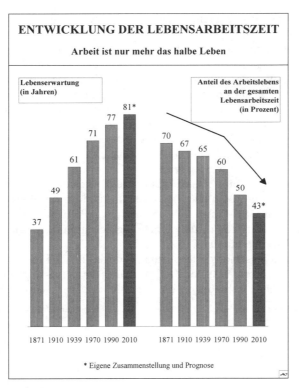

2.2 Wochenarbeitszeit

Das 20. Jahrhundert könnte als das „Jahrhundert der Freizeit" in die Geschichte der modernen Arbeit eingehen. Die Arbeitszeitverkürzung ist zu einem Jahrhundertwerk geworden — als Folge erhöhter Arbeitsproduktivität und als Mittel zum Abbau von Arbeitslosigkeit:

- Im Jahre 1900 galt der *10-Stunden-Tag* noch als sozialer Fortschritt.
- 1918/19 wurde der *8-Stunden-Tag* gesetzlich eingeführt.
- 1955/56 erfolgte die schrittweise Einführung der *5-Tage-Woche*.
- Ab 1965 begann die schrittweise Einführung der *40-Stunden-Woche* als Normalarbeitszeit (ohne Berücksichtigung von Überstunden und Kurzarbeit)
- 1985 betrug die durchschnittliche Wochenarbeitszeit *39,8 Stunden*.
- 1989 wurde die Arbeit im öffentlichen Dienst von 40 auf 39, in der Metallindustrie von 37,5 auf *37 Stunden* verkürzt.
- In den Tarifverhandlungen streben die Gewerkschaften die *schrittweise Einführung der 35-Stunden-Woche* an.

In den letzten vierzig Jahren sank die westdeutsche Wochenarbeitszeit von 50 auf 38,5 Stunden. Im internationalen Vergleich gehört die Bundesrepublik Deutschland im Hinblick auf die tarifliche Wochenarbeitszeit zu den Spitzenreitern: Norwegen (37,5 Stunden), Belgien und Dänemark (je 38) sowie die Bundesrepublik (38,4) führen die Spitzengruppe an. Am unteren Ende rangieren die Schweiz (41), Japan (42) und die DDR (43,75). Im internationalen Vergleich entsteht der Eindruck: *Die Deutschen leben von der Arbeit, die Amerikaner mit der Arbeit und die Japaner für die Arbeit.* Die deutschen Arbeitnehmer haben mittlerweile die 35-Stunden-Woche im Visier, die bis zum Jahr 2000 für viele Berufstätige Wirklichkeit werden wird.

Auf den ersten Blick entsteht das Bild einer geradezu dramatischen Freizeitrevolution: Vom 10-Stunden-Tag im Jahr 1900 über die 50-Stunden-Woche im Jahr 1950 zur 38,5-Stunden-Woche im Jahr 1993. Doch hält auch die subjektiv wahrgenommene Freizeitvermehrung Schritt mit der objektiv feststellbaren Arbeitszeitverkürzung?

In einer Repräsentativuntersuchung hatte das B.A.T Freizeit-Forschungsinstitut beispielsweise 1988 den Freizeitumfang der berufstätigen Bevölkerung ermittelt und dabei insbesondere das Freizeitbudget berufstätiger Männer und

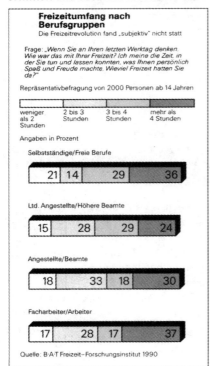

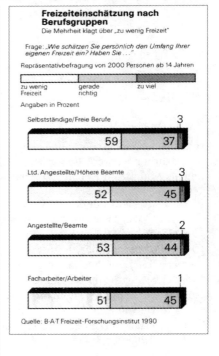

berufstätiger Frauen miteinander verglichen. Das Ergebnis: Berufstätige Frauen hatten nach eigener Einschätzung nur 3 Stunden „Freizeit" (also für sich persönlich freiverfügbare Zeit), berufstätige Männer hingegen 3 Stunden und 48 Minuten pro Werktag. Drei Jahr später, 1991, wurde die Befragung wiederholt. Die neuen Freizeitbudget-Daten zeigen: *Die Freizeitbenachteiligung der berufstätigen Frau wird geringer.* Was die berufstätigen Frauen in den letzten drei Jahren an freier Zeit hinzugewannen (+12 Minuten pro Werktag), haben die berufstätigen Männer an freier Zeit wieder verloren (-12 Minuten). Die Geschlechter gleichen sich an; die Unterschiede werden offensichtlich geringer. Werden die Männer hilfsbereiter oder nehmen sich die Frauen ihr „Recht auf Freizeit"?

Noch nie hatte eine Generation — objektiv gesehen — so viel Freizeit: Die werktägliche Freizeit nahm in den letzten vierzig Jahren von 1,5 (Allensbach 1952) auf 4,1 Stunden (B.A.T Institut 1992) zu, die Wochenendfreizeit verlängerte sich von 1,5 auf 2 Tage und die Urlaubsdauer hat sich von 9 auf 31 Tage mehr als verdreifacht. Dem objektiv feststellbaren Freizeitgewinn steht aber subjektiv kein entsprechendes Freizeitbewußtsein gegenüber.

Durchschnittszahlen ergeben nur ein unvollkommenes Bild über den tatsächlichen Freizeitumfang im Einzelfall:

○ Fast die Hälfte der Arbeiter (45 %) hatte am letzten Werktag weniger als 3 Stunden freie Zeit für sich zur Verfügung. Bei den Leitenden Angestellten (43 %), den Selbständigen und Freiberuflern (35 %) war der Anteil noch geringer. Pointiert: Wenn ein Arbeiter das Betriebstor verläßt, wird er nicht automatisch zum Freizeiter. Erst dann, wenn er wirklich tun und lassen kann, was ihm Spaß und Freude macht, fängt für ihn die Freizeit an („Jetzt ist Feierabend!").

○ Nur ein Drittel der Berufstätigen genießt das Privileg, täglich „mehr als 4 Stunden" Freizeit zu haben. Jeder sechste Berufstätige (17 %) hingegen muß sich heute mit 1 bis 2 Stunden Freizeit pro Tag zufriedengeben.

Mit einem Satz: *Die „Freizeitgesellschaft" ist eine Legende.* Die Freizeitforscher haben die „Freizeitgesellschaft" nicht erfunden und auch nie so genannt und beschrieben. Ganz im Gegenteil: Die „Freizeitgesellschaft" wurde schon frühzeitig als Mär und Mythos entlarvt (vgl. Opaschowski 1974, S. 35).

Trotz deutlicher Arbeitszeitverkürzungen in den letzten zwanzig Jahren wächst das subjektive Gefühl, über zu wenig Freizeit zu verfügen. Denn mit dem Verlassen des Arbeitsplatzes hat für die Berufstätigen die Freizeit noch nicht begonnen: Übergangsaktivitäten wie Nachhauseweg, Hausarbeiten, Kinderbetreuung sowie soziale und familiäre Verpflichtungen kosten zunächst einmal Zeit und gehen der persönlichen Freizeit verloren. So vertreten 53 Prozent der Berufstätigen heute die Auffassung, sie hätten „zu wenig" Freizeit (B.A.T Freizeit-Forschungsinstitut 1989). Mit anderen Worten: *Die Freizeitre-*

volution ist im subjektiven Bewußtsein der meisten Berufstätigen nicht angekommen. Die in der öffentlichen Meinung vorherrschende These von der dramatischen Freizeitvermehrung hinkt dem subjektiven Bewußtsein der berufstätigen Bevölkerung hinterher. Pointiert formuliert: Berufstätige können eigentlich nie genug Freizeit haben, weil ihnen acht Stunden am Tag fehlen.

Weil die eigene Freizeit im subjektiven Empfinden viel zu gering erscheint, wird sie zunehmend kostbarer und wertvoller eingeschätzt. Die Arbeitnehmer rennen förmlich den vielfältigen Freizeitmöglichkeiten hinterher — auch aus Angst, vielleicht etwas zu verpassen. Dies mag erklären, warum sich in vielen Betrieben und Büros immer mehr Freizeitstimmung ausbreitet. Fast jeder fünfte Arbeitnehmer (18 %) freut sich schon spätestens am Donnerstagabend auf das Wochenende. Manch einer fährt freitags — die Koffer gepackt und das Surfbrett auf dem Autodach — schnell zur Arbeit, ehe die anstrengende Wochenend-Tour beginnt („Save God — it's Friday"). Immer mehr Arbeitnehmer identifizieren sich mit dem arbeitsfreien Teil des Lebens. Jeder fünfte Arbeitnehmer (22 %) denkt täglich bei der Arbeit an seine Freizeit (vgl. B.A.T Projektstudie „Wie arbeiten wir nach dem Jahr 2000?").

2.3 Urlaubszeit

Urlaub ist eine Entdeckung des 20. Jahrhunderts. Im 19. Jahrhundert gab es noch keinen Urlaub für Arbeitnehmer. Im Jahre 1910 standen ihnen erstmals durchschnittlich 5 Tage zur Verfügung, im Jahre 1940 waren es 10 und im Jahre 1970 21 Tage. 1990 beanspruchten die Arbeitnehmer für die schönste Zeit des Jahres rund 31 Tage. Und dennoch sind sie weltweit nicht Spitze. Die deutschen Arbeitnehmer werden vielleicht im Jahre 2000 das erreichen, was für die Niederländer heute schon Urlaubswirklichkeit ist: 36,5 freie Tage im Jahr.

Im internationalen Vergleich rangieren Japan (11 Tage) und die USA (12 Tage) an letzter Stelle. Addiert man zum Jahresurlaub die Zahl der gesetzlichen Feiertage im Jahr, dann liegen zwischen den beiden führenden Ländern Niederlande (42,5 freie Tage) und Deutschland (41) sowie Japan (25) und den USA (22) „Welten". Die USA bilden das einsame Schlußlicht. Selbst die Portugiesen haben im Jahr 36 freie Tage (22 Urlaubstage und 14 Feiertage).

Die rapide Zunahme der Urlaubszeit hat auch ihre Schattenseiten. Der „Faktor Geld" hinkt dem „Faktor Zeit" hinterher. *Die Kluft zwischen Urlaubsdauer und Reisedauer wird immer größer*. Je mehr Urlaubstage die Arbeitnehmer zur Verfügung haben, desto weniger können sie verreisen. Die *Urlaubs-Schere* birgt sozialen Zündstoff, da die Werbephilosophie „Urlaubszeit ist Reisezeit" nach wie vor wirksam ist. Bis heute ist „Urlaubmachen daheim" keine Entscheidung, hinter der die Betroffenen auch gefühlsmäßig stehen. Erlebnispsychologisch gesehen muß das Zu-Hause-Bleiben wie ein bloßer Urlaubsersatz erscheinen.

Von den über 30 Tagen Urlaubsanspruch müssen heute die meisten Ferientage zu Hause verbracht werden. Drei Viertel der Bevölkerung (77 %) können sich keine 3-Wochen-Reise mehr leisten und fast die Hälfte der Bevölkerung muß sich im Urlaub mit Tagesausflügen zufriedengeben. Die Grenzen grenzenlosen Reisens werden immer spürbarer: Je mehr Urlaubstage gewährt werden und je mehr die politischen Grenzen fallen, desto mehr stoßen die Menschen auf die finanziellen Grenzen ihrer Reisefreiheit. Nicht alles, was machbar erscheint, ist auch finanzierbar.

3. Die neue Balance von Berufs- und Privatleben

Der überwiegenden Mehrheit der Bevölkerung geht es so gut wie nie zuvor. Noch nie hat es eine Generation gegeben, die mit so viel Zeit und Geld, Bildung und Wohlstand aufgewachsen ist. Im Zuge des Wertewandels zeichnet sich eine neue Balance materieller und immaterieller Wertorientierungen ab: Man möchte schon regelmäßige Arbeit und gesichertes Einkommen haben, aber andererseits auch nicht auf den Lebensgenuß in der Freizeit verzichten. Die klassische Formel „Kapital und Arbeit" ist überholungsbedürftig geworden. Zur Lebensqualität gehören immer: *Arbeit und Geldverdienen, Freizeit und Konsum.*

1988 gelangte das Soziologische Forschungsinstitut Göttingen (SOFI) in einer zwischen den Jahren 1983 und 1987 im Auftrag des DGB, der Hans-Böckler-Stiftung und des Bundesministeriums für Jugend, Familie, Frauen und Gesundheit durchgeführten Untersuchung zu dem Ergebnis: Nur mehr ein Drittel der Jugendlichen räumen „Arbeit und Beruf eine bevorzugte Stelle bei der Suche nach einer Sinn- und Gestaltungsperspektive für das eigene Leben" ein (Baethge u.a. 1988, S. 187). Die traditionelle Arbeitsorientierung des Lebens wird zunehmend durch drei andere Lebenskonzepte verdrängt:

○ *Das familienorientierte Lebenskonzept*, in dem Familie und Partnerschaft den zentralen Identifikationsbereich darstellen.
○ *Das freizeitorientierte Lebenskonzept*, in dem die eigene Freizeit zum Mittelpunkt des Lebens wird („Die Freizeit ist mir das Wichtigste; das ist das, wofür ich eigentlich lebe, warum ich das hier aushalte").
○ *Das zwischen Arbeit und Freizeit (Privatleben) ausbalancierte Lebenskonzept*, in dem kein Lebensbereich dem anderen untergeordnet wird.

Nicht nur Jugendliche gehen heute immer mehr auf Distanz zu arbeitsorientierten Lebenskonzepten. Die Menschen wollen nicht nur wissen, „wovon" sie leben, sondern auch Antworten auf die Frage erhalten, „wofür" sie leben. In diesem Sinnzusammenhang gehört Arbeit zum Leben, aber die Arbeit steht nicht mehr im Zentrum des Lebens. Die Grafik „Wissen, wofür man lebt" verdeutlicht: *Es gibt heute keine arbeitsorientierten Lebenskonzepte mehr.*

○ Die Vorreiter und Pioniere des Wertewandels — die Jugendlichen, die jungen Erwachsenen, die Singles und die Paare — haben sich für die *Freizeitorientierung des Lebens* entschieden, bei dem der Freundeskreis sogar die Familie als wichtigsten Lebenspartner verdrängt. Die Lebensbedeutung der Arbeit wird als dritt- und viertrangig eingestuft.

○ Die Familien und die ältere Generation halten hingegen an der *Familienorientierung des Lebens* fest und verweisen den Freundeskreis deutlich in die Schranken. Auch hier dominiert die Freizeitorientierung über die Arbeitsorientierung. Lediglich Familien mit Jugendlichen bzw. erwachsenen Kindern im Haushalt schätzen die Bedeutung der Berufsarbeit genauso hoch ein wie die eigene Freizeit.

Kein Zweifel: Struktur- und Wertewandel haben die Suche nach Identität und Sinnorientierung des Lebens verändert. Der Absolutheitsgrad der Berufsethik hat sich überlebt. Die Arbeitsorientierung des Lebens gehört für die überwiegende Mehrheit der Bevölkerung der Vergangenheit an.

Es gibt nur mehr eine einzige Bevölkerungsgruppe, die die *Berufsarbeit als Mittelpunkt des Lebens* an die erste Stelle ihrer persönlichen Wertehierarchie setzt: Die *Leitenden Angestellten*. Ihr Anteil entspricht knapp drei Prozent der Gesamtbevölkerung: Sind die „Leitenden" (Manager, Politiker) die letzten Überlebenden der Arbeitsgesellschaft? Die übrige Bevölkerung, vor allem die jüngere Generation, lebt hingegen zunehmend freizeitorientiert. Die wachsende Freizeitorientierung des Lebens aber bleibt nicht ohne Folgen für den einzelnen und die Gesellschaft.

Von der Geldkultur zur Zeitkultur (vgl. Opaschowski 1989) — so läßt sich der Wandel umschreiben, der letzlich nur auf ein Ziel gerichtet ist: *Mehr frei verfügbare Zeit zum Leben — und auch mehr vom Arbeitsleben haben*. Die zurückliegenden Jahrzehnte der fünfziger bis achtziger Jahre sind wesentlich eine Phase der „Geldkultur" (Thorstein Veblen) gewesen, die vom Geldverdienen und Geldausgeben bestimmt war. Nach dieser Epoche der bezahlten Arbeit und Geldentlöhnung zeichnet sich eine neue Phase der Zeitkultur ab. Der Arbeitnehmer von morgen will *mit Zeit-Optionen leben* — mit der Flexibilisierung der Arbeitszeiten ebenso wie mit der Flexibilisierung der Öffnungszeiten von Läden, Behörden und Praxen, von Freizeit-, Kultur- und Bildungseinrichtungen.

Die heutige Generation legt einen größeren Wert auf den freien Teil des Lebens als auf den gebundenen Teil. Das macht die eigentliche Frei-Zeit-Orientierung des Lebens aus: „Freude am Arbeiten und private Erfüllung werden wieder als Ganzheit gesehen" (B.A.T Freizeit-Forschungsinstitut

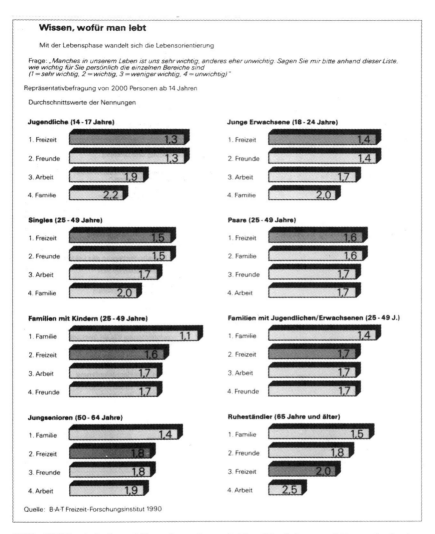

1989, S. 37). Arbeit und Beruf werden mit Familienleben und Freundeskreis, Freizeitinteressen und Urlaubsaktivitäten in Einklang gebracht. Die Herausbildung des freizeitorientierten Lebensstils setzt neue Prioritäten im Leben, ohne deswegen die Arbeit abzuwerten.

Gefordert wird mehr Zeit für sich. Und man ist auch bereit, sich diese freie Zeit durch Arbeitsverdichtung und Leistungsintensivierung zu „erkaufen" — eine Einstellung, die neuerdings sogenannte „*Zeitpioniere*" konsequent vorleben. Zeitpioniere verabschieden sich keineswegs von der Arbeits-

und Leistungsgesellschaft. Ganz im Gegenteil: „Die Arbeit bewältigen sie arbeitsinhaltlich motiviert, leistungsbereit und engagiert" (Hörning u.a. 1990, S. 8). So haben sie eine Vorreiterfunktion, bei der die Berufssphäre wichtig bleibt, aber relativiert wird, indem sie ihre zentrale bzw. dominante Lebensbedeutung verliert.

Der sich abzeichnende *Paradigmenwechsel* (vgl. Beck 1983, Dahrendorf 1982, Offe 1982 und 1984) von einer Arbeitsgesellschaft (die lebte, um zu arbeiten) zu einer Lebensgesellschaft (die arbeitet, um zu leben) verändert zwangsläufig die Einstellung zu Geldverdienen und Geldausgeben.

II. Wirtschaftsfaktor Freizeit

1. Expansion einer Erlebnisindustrie

Die Freizeitindustrie hat sich in der gesamten westlichen Welt als eine widerstandsfähige Wachstumsindustrie erwiesen. Die in vielen Wirtschaftsbranchen eingetretenen Einbrüche und rapiden Rückgänge gelten offenbar nicht für den *Wachstumsmarkt Freizeit*. Zwar nimmt der Verdrängungswettbewerb zu, doch die jährlichen Steigerungsraten bleiben: Freizeitaktivität, Reiselust und Lebensgenuß entwickeln sich zu ebenso notwendigen wie bereichernden Erlebniswerten.

Sie haben die *„Weiße Industrie"* mit einer fast ungebrochen expandierenden Zukunft entstehen lassen. Die Freizeitindustrie wandelt sich immer mehr zur Erlebnisindustrie, weil die Freizeitbereiche Tourismus, Medien, Kultur, Sport und Spiel Erlebniswerte darstellen, auf die die Menschen auch und gerade in Zeiten von Massenarbeitslosigkeit nicht mehr verzichten können, nicht mehr verzichten wollen:

○ Freizeit und Urlaub sind die Lebensbereiche, in denen immer mehr Menschen nach Erlebnissen und Lebenserfüllung suchen.
○ Freizeit und Urlaub sind die Lebensbereiche, für die eine „Weiße Industrie" heute schon produziert, was wir morgen an Erlebnissen und Lebenserfüllung konsumieren sollen.

Als *positiv besetzter Erlebnisbereich* wird die Freizeit erfolgreich vermarktet — direkt über Freizeitgüter und indirekt über Werbung. Ein auf Konsum, Mobilität und Lebensgenuß ausgerichtetes Freizeitverständnis hat eine wichtige Wachstumsbranche entstehen lassen.

○ Der Anteil des Freizeitmarkts am Bruttosozialprodukt wird auf etwa 15 Prozent geschätzt.
○ Etwa 5 Millionen Erwerbstätige arbeiten in den einzelnen Freizeitindustrien.

Auch der Staat partizipiert durch Steuereinnahmen am Freizeitmarkt, insbesondere der Bund und die Länder. Der Freizeitmarkt ist attraktiv und weniger konjunkturanfällig als andere Branchen. Dies muß nicht heißen, daß der Freizeitmarkt zwangsläufig auf Gewinn programmiert ist. Die Anfälligkeit für Saisonschwankungen oder Überkapazitäten bewirkt beispielsweise, daß

○ rund ein Drittel aller touristischen Transportanlagen *defizitär* sind (vgl. Bieger 1985),
○ in der Reisebranche ein *erheblicher Margendruck* besteht und viele Reisebüros schließen müssen (vgl. E. Röhrig 1989),
○ in der Hotellerie *schlechte Ertragssituationen* keine Seltenheit sind (vgl. Bieger / Hostmann 1990),
○ sich die Schere zwischen rentablen und defizitären Betrieben (z.B. Sportartikel) von Jahr zu Jahr weiter zu öffnen scheint.

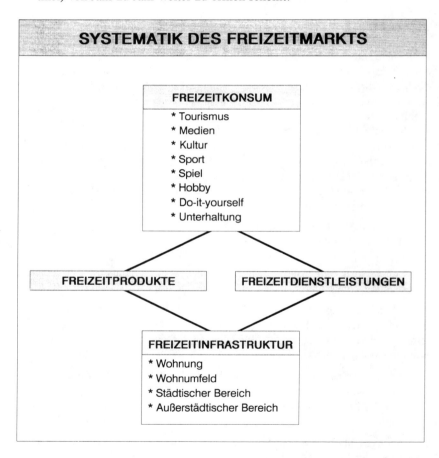

Leistungen im Freizeitmarkt sind vielfach Dienstleistungen. Der Arbeitskräftemangel ist beinahe chronisch, weil viele Mitarbeiter immer dann arbeiten sollen, wenn andere Freizeit haben.

Andererseits: Was für viele Branchen nur ein Traum, ist im Freizeitmarkt seit langem Wirklichkeit. Freizeitausgaben scheinen geradezu auf Wachstum programmiert zu sein. Und ein Ende des Wachstumskurses ist nicht abzusehen. Im Vergleich zu den gesamten Verbrauchsausgaben verzeichnen die Freizeitausgaben den höchsten Anstieg. Während die Ausgaben für den privaten Verbrauch stagnieren und zum Teil auch schrumpfen, wird der Anteil des Freizeitbudgets am privaten Haushaltsetat immer größer.

Die *Entwicklung des Freizeitkonsums* spricht für sich:

○ Über 90 Prozent der Arbeitnehmerhaushalte verfügen über zumindest ein Auto.
○ Der Anteil der Bundesbürger, die sich eine Urlaubsreise leisten, hat sich in den letzten vierzig Jahren in Westdeutschland verdreifacht.
○ Für jeden dritten Bundesbürger gehört der Einkaufsbummel zum wöchentlichen Freizeitvergnügen (1994: 31 % im Westen, 32 % im Osten).

Obwohl Freizeitkonsum als kostspieliger Kontrast zum Alltag in den eigenen vier Wänden empfunden wird, verkörpert er — auch in kritischen Zeiten — die Wunschvorstellung vom „besseren Leben", hält Hoffnungen und Wünsche wach, ohne die Menschen nicht leben können. Niemand kann heute mehr auf den Freizeitkonsum verzichten. Der soziale *Leitbild-Charakter* ist lebenswichtig geworden (vgl. Scherhorn, 1977, S. 194f.). Freizeitkonsum

○ vermittelt *soziale Erlebnisse* durch Unterhaltung, Geselligkeit, Spiel, Fest, Feier und gemeinsame Unternehmungen;
○ dient der *sozialen Orientierung* für Mitglieder einer Gruppe, die den gleichen oder ähnlichen Lebensstil pflegen (z.B. Kleidung, Wohnungseinrichtung, Freizeitbeschäftigungen);
○ fördert das *soziale Prestige* durch demonstrative Formen der Differenzierung und Abgrenzung, die gewollt sind oder sich zwangsläufig ergeben (z.B. Automarke, Sportart, Hobby, Reiseziel, Mode). Sozialer Status und soziale Anerkennung hängen auch vom Konsumstil in der Freizeit ab.

So bleibt festzuhalten: Der Erwerb vieler Konsumgüter entspringt dem Wunsch, sich die Mitgliedschaft und Anerkennung der jeweiligen sozialen Bezugsgruppe oder Gemeinschaft zu sichern und zu erhalten. Der Wunsch nach Akzeptanz und Zugehörigkeit ist natürlich und zum Leben (und auch Überleben) notwendig.

Konsum bedeutet in der Konsumforschung

○ den Verzehr von Verbrauchsgütern, die unmittelbar der Befriedigung menschlicher Bedürfnisse dienen,

○ die Inanspruchnahme von Dienstleistungen und
○ die Be- und Abnutzung von Gebrauchsgütern.

Konsumieren läßt sich mehr an den Zwecken als an den Objekten erkennen. Mit dem Massenwohlstand haben die Konsumenten ein *Maß an Handlungsfreiheit* erlangt, „das auf niedrigeren Entwicklungsstufen keine Entsprechung hat" (Scherhorn 1977, S. 238). Damit ist zugleich die *Möglichkeit zur Reflexion der Bedarfe* gegeben. Wohlstand stellt mehr Güter, aber nicht unbedingt mehr Zeit zur Verfügung (vgl. Linder 1970). Mit dem Freizeitkonsum ergeben sich jedoch neue Möglichkeiten. Freizeitkonsum basiert auf den beiden Faktoren Zeit und Geld.

Was Freizeit wirklich kostet
Durchschnittliche Gesamtkosten (Anschaffung, Ausrüstung, Bekleidung, lfd. Kosten u.a.) ausgewählter Freizeitaktivitäten pro Stunde:

Golf	98,95 DM
Tauchen	86,67 DM
Konzert (indoor)	56,96 DM
Skilaufen	54,88 DM
Reiten	29,13 DM
Aerobic	27,47 DM
Jogging	20,57 DM
Kinobesuch	9,00 DM
Schwimmen	6,46 DM
Tischtennis	2,49 DM
Gymnastik	2,03 DM
Fernsehen	0,55 DM
Radio hören	0,40 DM

Quelle: Institut für Fremdenverkehrs- und Freizeitforschung / H.R. Scherrieb, Würzburg 1992

Insbesondere zum Konsum gehobener Bedarfsgüter benötigt man in hohem Maße Zeit. *Der gehobene Bedarf ist zeitintensiv. Der Erwerb dieser Güter ist nur dann sinnvoll, wenn man für sie Zeit hat.* Und umgekehrt „entsteht das Bedürfnis nach ihnen erst mit zusätzlicher Freizeit" (Van der Bellen 1968, S. 7f.) — vom Sportartikel bis zur Urlaubsreise. Wohlstandskonsum und Freizeitkonsum gehören unmittelbar zusammen. Was „Freizeit"-Konsum ist oder bedeutet, unterliegt ganz der subjektiven Wahrnehmung.

Die moderne Konsumforschung definiert lapidar: „Freizeitkonsum umfaßt das konsumrelevante Verhalten" (Wachenfeld 1987, S. 1). Damit sind Freizeitaktivitäten gemeint, die von konsumtiver Bedeutung sind bzw. Konsumaktivitäten, die sich auf den Kauf und die Verwendung von Freizeitangeboten beziehen.

Konsum ist eine objektiv meßbare Größe, aber Freizeit mehr eine subjektiv erlebte Qualität.

Das subjektive Freizeitverständnis hat — sozialwissenschaftlich gesehen — gegenüber allen anderen Definitionsansätzen den Vorteil, daß es „am offensten" ist — offen für neue Ideen, Anregungen und Einflüsse, für Bildungsintentionen genauso wie für „differenzierte Marketingmaßnahmen auf dem Freizeitmarkt" (Wachenfeld 1987, S. 24). Dies spiegelt sich auch in der Fachdiskussion wider: Freizeit

○ wird vom einzelnen subjektiv *empfunden* (Tokarski / Schmitz-Scherzer 1985, S. 223),
○ ist das *Gefühl*, freie Zeit zu besitzen (Andreae 1970, S. 31),
○ ist das, was ein Individuum als Freizeit *erlebt* (Edington / Williams 1978, S. 1 f; Unger / Kernan 1983, S. 381 f.),
○ ist eine *Gemütsverfassung* („state of mind", Neulinger 1974, S. 15) und
○ eine subjektive *Wahrnehmung* („a subjective perception", Iso-Ahola 1976, S. 4).

Das Wort „Freizeitkonsum" wird oft auch kulturkritisch im Sinne von *„Konsumhaltung in der Freizeit"* gebraucht. Damit ist eine bestimmte innere Einstellung und Benutzungshaltung gegenüber Freizeitangeboten gemeint. So erklären sich auch Wortverbindungen wie „Medienkonsum" oder „Kulturkonsum". Nicht der Konsum / Verbrauch materieller Güter, sondern der Genuß im Sinne von Unterhaltung, Zerstreuung, Vergnügen und Gesellschaft steht hierbei im Mittelpunkt der Kritik:

○ Freizeitangebote werden wie Waren käuflich erworben (z.B. durch das Entrichten eines Eintrittspreises beim Kino-, Disco-, Zoo-, Theater- oder Konzertbesuch).
○ Die Zahlung einer monatlichen Rundfunk- und Fernsehgebühr erlaubt den täglichen Empfang.

In jedem Fall wird dabei unterstellt, daß der jeweilige Konsument etwas geboten bekommt — und zwar möglichst anstrengungslos, ohne eigene Beteiligung und persönliches Engagement. Konsumhaltung wird als Sich-Bedienen-Lassen verstanden, das jede Form von Selbstbemühung vermeidet und „sich nicht erst mit der Qual der Wahl" belasten will (Weber 1963, S. 137; vgl. auch Schelsky 1957; Riesman 1958). Dieses kulturkritische Denken ist weitgehend in den 50er Jahren entstanden, als es die Qual der Wahl kaum gab und sich Informationsflut und Angebotsfülle noch in Grenzen hielten. Trotzdem sprach man seinerzeit schon von der „Barbarei des Konsums" an der „Konsumfront" (Bednarik 1957).

In der kulturkritischen Tradition läßt sich der Konsumbegriff kaum noch neutral verwenden, weil das „Nicht-sinnvolle-Vertun" von Zeit oder die Verschwendung von Freizeit als Konsumzeit assoziiert wird. Diese Kulturkritiker, in der Leistungsgesellschaft aufgewachsen, sind selbst ein Opfer der *Überbe-*

JEDE FÜNFTE MARK FÜR DIE FREIZEIT

Anteil der Freizeitausgaben am Privaten Verbrauch

	Jahresausgaben für Freizeitgüter					Jahresausgaben für den Privaten Verbrauch		Anteil der Jahresausgaben für Freizeitgüter an den Jahresausgaben für den Privaten Verbrauch	
	insgesamt		ohne Urlaub		Urlaubsausgaben					
	DM		in %		in %		DM		in %	
	West	Ost	West	Ost	West	Ost	West	Ost	West	Ost
Haushaltstyp 1 (geringes Einkommen)	3.318	4.087	70	65	30	35	24.402	25.111	13,6	16,3
Haushaltstyp 2 (mittleres Einkommen)	9.025	6.643	73	81	27	19	47.839	38.422	18,9 *	17,3
Haushaltstyp 3 (höheres Einkommen)	14.781	8.518	70	77	30	23	69.394	45.976	21,3	18,5

Quelle: Eigene Zusammenstellung nach Daten des Statistischen Bundesamtes 1995

* Ein westdeutscher 4-Personen-Haushalt mit mittlerem Einkommen gab 1970 jede zehnte Mark für Freizeitgüter aus; im Jahre 1993 gehörte fast jede fünfte Mark (18,9% des Privaten Verbrauchs) der Freizeit (in Ostdeutschland 17,3%).

wertung des Produktiven und Aktiven. Sie können Konsum nicht mehr nüchtern als eine „Grundverhaltensweise des Menschen zur Deckung seiner körperlichen und geistig-seelischen Bedürfnisse" (Agricola 1990, S. 23) einschätzen.

Die Kritik an der Kulturkritik stößt allerdings dort an ihre Grenzen, wo Kommerzialisierungstendenzen im Freizeitbereich Einkommensschwächere benachteiligen oder gar ausschließen oder wo Werbekampagnen (z.B. „Glück ist käuflich") zynischen oder unmoralischen Charakter annehmen. *Die Konsumwelt von morgen darf nicht reich an kommerziellen Angeboten, aber arm an ethischer Verantwortung sein.*

Wer sich heute in der Flut und Fülle der Angebote zurechtfinden will, kommt ohne persönliche Bemühung oder Anstrengung nicht mehr aus. Und wer unter 30 TV-Programmen auswählt, macht durchaus schon von seiner Konsumentensouveränität Gebrauch.

Aus heutiger Sicht kann Konsumhaltung bedeuten:
○ Sich etwas bieten lassen / Sich bedienen lassen
○ Sich berieseln lassen / Ohne Qual der Wahl
○ Unterhalten werden wollen / Ohne eigene Beteiligung
○ Gedankenlos die Zeit totschlagen / Möglichst anstrengungslos
○ Exzessiv mit natürlichen Ressourcen umgehen / Verantwortungslos.

Den Gegensatz hierzu bildet eine *maßvolle Haltung der relativen Bescheidenheit*, die den privaten Verbrauch einschränkt und alle Möglichkeiten für einen umwelt- und sozialverträglichen Freizeitkonsum nutzt.

2. Waren und Dienstleistungen im Freizeitsektor

Wirtschaftswissenschaftlich relevante Fragestellungen, wie sich z.B. Veränderungen in der Freizeit auf das Sozialprodukt, die Einkommens- und Wohlfahrtsverteilung, das Güterpreisniveau oder auf die Zahlungsbilanz auswirken, stehen nicht im Zentrum der vorliegenden Freizeitökonomie. Solche freizeitökonomischen Betrachtungen werden vor allem von Volkswirtschaft und Nationalökonomie angestellt (vgl. Meissner 1971, Külp 1983). Im Mittelpunkt steht vielmehr die Frage, wieweit die Freizeitentwicklung die Konsumgüternachfrage beeinflußt und in welchem Maße *für den Verbrauch einzelner Konsumgüter Freizeit benötigt* wird. Eine Urlaubsreise beispielsweise benötigt *Zeit und Geld, Güter und Dienstleistungen*.

Die Ökonomie unterscheidet „lebensnotwendige Güter" und „Luxusgüter":

○ *Lebensnotwendige Güter* sind Güter und Dienstleistungen, deren Nachfrage im Falle einer Einkommenssteigerung gar nicht oder zumindest deutlich weniger zunimmt als das Einkommen.
○ *Luxusgüter* sind Güter und Dienste, deren Nachfrage sich bei steigendem Einkommen proportional oder überproportional erhöht.

Die lebensnotwendigen Güter dienen der Grundversorgung des Menschen; ihre Nachfrage ist am Anfang sehr dringlich, aber insgesamt begrenzt und schnell gesättigt. Erst wenn die Grundbedürfnisse befriedigt sind, ist die Abgrenzung zu den Luxusgütern erreicht. Doch was gilt heute als das lebensnotwendige Minimum für Wohnung, Heizung, Kleidung und Essen? Die Trennungslinie ist gesellschaftlich determiniert und äußerst variabel.

Der britische Ökonom Ralph Hawtrey schlug daher schon in den 20er Jahren eine Unterscheidung zwischen „defensiven" und „kreativen" Gütern vor (Hawtrey 1925, S. 189 ff.):

- Mit dem Erwerb *defensiver Güter* will man Schmerzen, Verletzungen oder Qualen vorbeugen oder lindern, also beispielsweise Hunger bekämpfen.
- Mit dem Erwerb *kreativer Güter* will man das eigene Wohlbefinden erhöhen oder irgendeine positive Belohnung oder Befriedigung finden.

Der amerikanische Ökonom Tibor Scitovsky ersetzt den Begriff der Güter durch zwei Formen der Befriedigung (Scitovsky 1977, S. 97):
- Wunsch nach *Schmerzvermeidung* und
- Wunsch nach *Lust*.

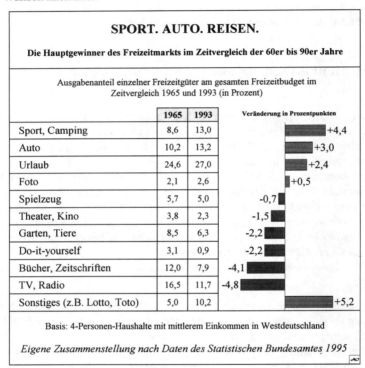

Die folgenden Ausführungen konzentrieren sich auf die Unterscheidung zwischen Versorgungskonsum und Erlebniskonsum:

- Der *Versorgungskonsum* ist mit Lebensnotwendigem verbunden. Hier kauft man sich nur das, was zum Leben notwendig ist und man sich auch leisten kann.
- Beim *Erlebniskonsum* leistet man sich Dinge, die man nicht unbedingt zum Leben (oder gar Überleben) braucht, die das Leben aber angenehmer, schöner und erlebnisreicher machen.

Systematik der Freizeitgüter
Reihenfolge nach prozentualem Anteil am gesamten Freizeitbudget
Basis: Haushaltstyp 2 für das Jahr 1993 (West/Ost)

1. Urlaub (27,0 % / 19,2 %) Aufwendungen für Urlaubs- und Erholungsreisen:
○ Fahrtkosten
○ Unterkunft
○ Verpflegung
○ Ausflüge
○ Andenken (*nicht:* Erwerb von Bekleidung und langlebigen Gebrauchsgütern während des Urlaubs)

2. Auto (13,2 % / 18,0 %) Aufwendungen für das eigene Kraftfahrzeug (30 % aller laufenden Kosten für das Auto):
○ Benzin
○ Kfz-Steuer
○ Kfz-Versicherung
○ Reparaturen (*nicht:* Kauf / Anschaffungskosten, Abschreibungen, Aufwendungen für Urlaubsfahrten)

3. Sport / Camping (13,0 % / 9,6 %) Gebrauchsgüter für Sport- und Campingzwecke:
○ Sportbekleidung
○ Sportschuhe
○ Sportartikel, -zubehör
○ Ausgaben für Sportveranstaltungen
○ Ausgaben für Sportunterricht
○ Miete von Sportgeräten, -plätzen (z.B. Tennisplätze)
○ Beiträge / Spenden für Sportvereine
○ Campingartikel

4. Radio / Fernsehen (11,7 % / 17,4 %)
○ Rundfunk-, Phonogeräte
○ Videokameras, -rekorder
○ Ton-, Videobänder
○ Lautsprecherboxen
○ Kopfhörer, Mikrofone
○ Fernsehgeräte, Zubehör
○ Antennen
○ Reparaturkosten
○ Mieten von Geräten / Bändern
○ Rundfunk-, Fernsehgebühren

5. Bücher / Zeitungen / Zeitschriften (7,9 % / 8,2 %) Kauf oder Abonnement von
○ Tages-, Wochen-, Monatszeitungen
○ Zeitschriften
○ Schul-, Lehr-, wissenschaftliche Fachbücher
○ Noten-, Liederbücher
○ Land-, Seekarten
○ Romane

6. *Gartenpflege / Tierhaltung (6,3 % / 6,9 %)*
○ Ausgaben für die Einrichtung und Unterhaltung eines Gartens
○ Kauf von Schnittblumen / Pflanzen
○ Aufwendungen für Kauf, Pflege und Versorgung von Nutz- und Haustieren (einschließlich tierärztlicher Betreuung, Medikamente)

7. *Spiele / Spielwaren (5,0 % / 5,3 %)*
○ Kartenspiele
○ Würfel-, Brettspiele
○ Telespiele
○ Eisenbahnen
○ Baukästen
○ Kinderfahrzeuge (Roller, Dreiräder, Fahrräder mit Stützrädern)

8. *Foto / Film (2,6 % / 3,0 %)*
○ Foto-, Filmapparate
○ Projektoren
○ Zubehör (Objektive, Stative u.ä.)
○ Reparaturen an Foto-, Filmgeräten
○ Ausgaben für Filmmaterial
○ Ausgaben für Fotolabor-Dienstleistungen

9. *Kultur / Unterhaltung (2,3 % / 2,6 %) Ausgaben für den Besuch von*
○ Kinoveranstaltungen
○ Theater-, Konzertveranstaltungen
○ Museen, Kunstaustellungen
○ Zoologischen und Botanischen Gärten
○ Tanzabende
○ Volksfeste
○ Sonstige Vergnügungsstätten

10. *Werkzeuge / Do-It-Yourself (0,9 % / 1,1 %)*
○ Elektrowerkzeuge (Bohr-, Schleifmaschinen, Sägen, Spritzpistolen u.a.)
○ Nichtelektrische Werkzeuge (Hammer, Hobel, Schraubstock, Wasserwaagen u.a.)

11. *Sonstige Freizeitgüter (10,2 % / 8,7 %)*
○ Musikinstrumente
○ Kunstgegenstände
○ Musik- und Sprachunterricht
○ Ausgaben für Volkshochschule, Kurse
○ Münz-, Briefmarkensammlungen
○ Spieleinsätze (z.B. bei Lotto, Toto)

> Für die Zukunft der westlichen Wohlstandsgesellschaften gilt ein neues freizeitökonomisches Gesetz: *Der Erlebniskonsum wächst schneller als der Versorgungskonsum.*

Dem breiten Spektrum subjektiver Freizeitdefinitionen entspricht ein breites Spektrum für die Definition der Freizeitgüter. Das Statistische Bundesamt Wiesbaden hat im Rahmen laufender Wirtschaftsberechnungen *elf Gütergruppen* (vgl. Euler 1990, S. 219 ff.) gebildet.

Die Kategorie „Freizeitgüter" des Statistischen Bundesamtes ist nicht ganz frei von Mängeln. Sie erfaßt beispielsweise nur Urlaubsreisen von fünf und mehr Tagen Dauer. Tages- und Wochenendausflüge sowie Kurzreisen von zwei bis vier Tagen Dauer werden nicht zu den Freizeitgütern gezählt. Auch Fahrräder gelten nicht als Freizeitgüter; sie werden der allgemeinen Kategorie „Güter für Verkehrszwecke" zugeordnet.

Hinzu kommt, daß die Bedeutung der Freizeitgüter in Wirklichkeit noch größer ist, was durch verdeckte Subventionen oft aus dem Blick gerät. Viele Freizeitangebote werden vom Staat erheblich subventioniert: Theater und Museen, Schwimmbäder und Sportanlagen decken durch Eintrittsgelder in der Regel weniger als 50 Prozent der tatsächlichen Kosten. Darüber hinaus sind Vereine im Bereich der Sport- und Kulturförderung häufig als gemeinnützig anerkannt und damit vielfach von Steuern und Abgaben befreit (vgl. Albach 1989, S. 127). Die Freizeit kostet erheblich mehr als Zahlen über die Freizeitausgaben privater Haushalte aussagen.

Die laufenden Wirtschaftsrechnungen und Erhebungen über Freizeitgüter gehen bis auf das Jahr 1949 zurück. 1964 wurde das Erhebungsverfahren grundlegend reformiert, so daß eine volle Vergleichbarkeit der Daten des Statistischen Bundesamtes für die Jahre 1964 bis 1985 gegeben ist. 1986 erfolgte erneut eine „Neuabgrenzung der Haushalte".

3. Auswahlmerkmale der Haushaltstypen

In die laufenden Erhebungen des Statistischen Bundesamtes sind *drei ausgewählte Haushaltstypen* einbezogen. Im einzelnen sind dies:

Haushaltstyp 1
2-Personen-Haushalte von Renten- und Sozialhilfeempfängern *mit geringem Einkommen*. Erfaßt werden überwiegend ältere Ehepaare, deren Haupteinkommensquellen Renten und Pensionen von Staat und Arbeitgeber sind. Für 1991 beliefen sich die Einkommensgrenzen auf 1.550 bis 2.200 DM. Bei der Festlegung der Einkommensgrenzen werden die Sätze der Sozialhilfe bzw. die Steigerungen der Renten berücksichtigt.

Haushaltstyp 2
4-Personen-Haushalte von Angestellten und Arbeitern *mit mittlerem Einkommen*. Erfaßt werden hierbei Ehepaare mit zwei Kindern, davon mindestens ein Kind unter 15 Jahre. Ein Ehepartner muß als Angestellter oder Arbeiter tätig und alleiniger Einkommensbezieher sein. Das Bruttoeinkommen aus hauptberuflicher nichtselbständiger Arbeit dieses Ehepartners lag 1991 bei 3 350 bis 4 900 DM. Die Einkommensgrenzen entsprechen etwa dem durchschnittlichen Brutto-

Auswahlmerkmal	Haushaltstyp		
	1	2	3
1. Soziale Stellung des Haushaltsvorstandes	Renten- oder Sozialhilfeempfänger	Arbeiter oder Angestellter	Angestellter oder Beamter
2. Einkommensniveau	geringes Einkommen	mittleres Einkommen	höheres Einkommen
3. Anzahl der zum Haushalt gehörenden Personen	zwei	vier	vier
4. Personelle Zusammensetzung des Haushalts	Alleinstehendes Ehepaar	Ehepaar mit 2 Kindern, darunter eins unter 15 Jahren	wie Haushaltstyp 2
5. Einkommensbezieher	(Nicht festgelegt)	Haushaltsvorstand allein	Haushaltsvorstand überwiegend

monatsverdienst eines männlichen Arbeiters in der Industrie bzw. eines männlichen Angestellten. Die Einkommensgrenzen werden jedes Jahr entsprechend der Lohn- und Gehaltsentwicklung neu festgesetzt.

Haushaltstyp 3
4-Personen-Haushalte von Beamten und Angestellten *mit höherem Einkommen*. Erfaßt werden Ehepaare mit 2 Kindern, davon mindestens ein Kind unter 15 Jahren. Ein Ehepartner muß als Beamter oder Angestellter tätig und Hauptverdiener der Familie sein. Das Bruttoeinkommen dieses Ehepartners aus hauptberuflicher nichtselbständiger Arbeit lag 1991 bei 5 750 bis 7 800 DM.

In die laufenden Erhebungen einbezogen sind rund 960 Haushalte, von denen etwa 160 auf den Typ 1, 380 auf den Typ 2 und 410 auf den Typ 3 entfallen. Die erforderlichen Daten werden durch *Eintragungen in Haushaltungsbüchern und Taschengeldheften* ermittelt. Interviews finden nicht statt. Versand und Rücklauf der Bücher (Rückfragen u.ä.) erfolgen auf dem Postweg. Die Teilnahme der Haushalte ist freiwillig. Die Werbung der Haushalte erfolgt über Gewerkschaften, Unternehmen sowie Aufrufe in den Massenmedien. Die Haushalte erhalten für ihre Bemühungen 50 DM für jeden Monat, den sie an der Erhebung teilnehmen.

Die Erhebungen sollen einen möglichst umfassenden Einblick in die wirtschaftliche und soziale Lage der privaten Haushalte ermöglichen, um Politikern, Unternehmern und Wissenschaftlern brauchbare Anhaltspunkte für Entscheidungen und Analysen zu geben. Zweck der laufenden Wirtschaftsrechnungen ist es, *Haushaltstypen im Zeitverlauf* zu beobachten. Dabei liegt der Schwerpunkt beim Nachweis von *Veränderungen in der Struktur der Ausgaben*. Die Daten besitzen grundsätzlich nur für den jeweiligen Haushaltstyp Gültigkeit. Es darf also nicht von „dem" deutschen Normalhaushalt gesprochen werden.

Freizeitmarkt und Freizeitangebote
Definitionen

Der *Freizeitmarkt* besteht aus einer Summe unterschiedlicher Teilmärkte, auf denen das Angebot und die Nachfrage nach bestimmten Produkten und Dienstleistungen zusammentreffen, die sich im subjektiven Urteil der Konsumenten zum Ge- oder Verbrauch in ihrer Freizeit eignen.

Unter *Freizeitangeboten* werden alle Produkte und Dienstleistungen verstanden, die sich nach Meinung ihrer Käufer und Verwender nutzenstiftend zum Ge- oder Verbrauch in ihrer Freizeit eignen bzw. eignen können.

Zusammenstellung nach H. Wachenfeld: Freizeitverhalten und Marketing, Heidelberg 1987, S. 25 und 29

Alle Angebote und Nachfragen, die sich auf Freizeitaktivitäten beziehen, gehören zum Freizeitmarkt. Damit sind nicht nur Angebote und Dienstleistungen von Unternehmen „gegen Bezahlung" gemeint, sondern auch eigene Do-it-yourself-Leistungen sowie unentgeltliche Aktivitäten in einem Verein.

4. Entwicklung der Freizeitausgaben

Die Gesamtausgaben für Freizeitgüter sind bei allen drei Haushaltstypen in den letzten zwei Jahrzehnten gestiegen — wenn auch in unterschiedlichem Maße. Ein Zeitvergleich der Freizeitbudget-Entwicklung zeigt:

○ Die Freizeitausgaben privater Haushalte sind bei allen Einkommensgruppen stetig und ungebrochen gewachsen.
○ Rund zwei Monatseinkommen im Jahr werden nur für Freizeitzwecke ausgegeben.
○ Bezieher höherer Einkommen können größere Anteile für Freizeitzwecke verwenden als untere Einkommensgruppen, deren knappes Budget gerade für die tägliche Lebensversorgung reicht und wenig Spielraum für den Freizeitkonsum läßt.

Das *Freizeitbudget* der Haushalte mit mittlerem Einkommen hat sich zwischen 1970 und 1990 *fast verfünffacht* (von 1.613 auf 7.641 DM). Im Vergleich zu den gesamten Ausgaben für den privaten Verbrauch verzeichnen die Freizeitausgaben den höchsten Anstieg. Und der Anteil des Freizeitbudgets am

privaten Haushaltsetat wird immer größer. Bei den Haushalten mit mittleren Einkommen liegt es heute schon bei fast 20 Prozent, bei den höheren Einkommen sogar über 20 Prozent.

Privater Verbrauch — Was alles dazugehört
O Wohnungsmiete
O Haushaltsenergie
O Haushaltsführung
O Freizeitgüter
O Nahrungs-, Genußmittel
O Kleidung, Schuhe
O Gesundheits-, Körperpflege
O Verkehr, Nachrichtenübermittlung

○ Bei den Besserverdienenden (Haushaltstyp 3) hat sich der Anteil der Ausgaben für Sportartikel von 7,3 auf 15,1 Prozent mehr als verdoppelt. Segeln, Surfen, Tennis und Golf — an der expansiven Entwicklung dieser Sportarten haben offensichtlich die Besserverdienenden in besonderer Weise partizipiert.

FREIZEIT: DER UNTERSCHÄTZTE RIESE

Die Freizeitwirtschaft setzt in Deutschland über 500 Mrd. DM um

	Angaben in Mrd. DM
TOURISMUS	
Fremdenverkehr: Urlaubs-, Kurzreisen, Ausflüge, Reisebüros, Hotels, Gaststätten	210
Mobilität: Automobilverkauf (50% Freizeitanteil), Krafträder, Fahrräder, Dienstleistungen	100
MEDIEN	
Unterhaltungselektronik, Fernsehen, Radio, Video, Bücher	48
KULTUR	
Kulturbetriebe, Kunst, Museum, Theater, Musik, Kino Schaustellergewerbe	45
SPORT	
Sportartikel, Fitnessanlagen, Schwimmbäder, Sportveranstaltungen	58
Spiel/Spielzeug, Glücksspiele, Münz-, Automatenspiel	25
HOBBY	
Heimwerken/Do-it-yourself, Garten-, Tierpflege, Foto-, Filmgeräte	30

Eigene Zusammenstellung nach Daten der Deutschen Gesellschaft für Freizeit und des Statistischen Bundesamtes 1995

5. Ökonomische Ungleichheiten im Freizeitmarkt

Statistische Durchschnittszahlen können über vorhandene und zum Teil zunehmende ökonomische Ungleichheiten im Freizeitmarkt hinwegtäuschen. Exemplarisch soll dies im folgenden am Urlaubsbudget verdeutlicht werden. Weltweit geben die Urlauber nach Angaben der Welt-Tourismus-Organisation (WTO) mehr als 370 Milliarden DM pro Jahr aus. Der Tourismus gehört mittlerweile zu den umsatzstärksten Branchen des Welthandels. Und in der Bundesrepublik ist er zu einem ökonomischen Machtfaktor geworden. Die Branche bietet rund 1,6 Millionen Menschen Arbeitsplätze an.

Der Wachstumsmarkt Tourismus hat aber auch seine Schattenseiten. Die Urlaubsreise wird immer teurer, die Leistung jedoch nicht unbedingt besser. *In vielen klassischen Ferienländern stimmt das Preis-Leistungs-Verhältnis nicht mehr.* Nach den vorliegenden Daten des Statistischen Bundesamtes stagniert das jährliche Urlaubsbudget des Haushaltstyps I (2-Personen-Haushalt von Renten- und Sozialhilfeempfängern mit geringem Einkommen) seit Jahren (1987: 915 DM — 1991: 931 DM), während im gleichen Zeitraum die Besserverdienenden des Haushaltstyps III immer mehr für den Urlaub ausgeben (1987: 3283 DM — 1991: 4144 DM). *Koppeln sich die Besserverdienenden in ihrem Reiseverhalten immer mehr von den Geringerverdienenden ab?* Groß ist die Kluft zwischen arm und reich (vgl. auch Kap. VIII/Abschnitt 1: „Der Überfluß: Die soziale und ökologische Herausforderung"). Im heutigen Urlaubsmarkt spiegeln sich gleichermaßen „Neuer Reichtum" und „Neue Armut" wider. Beide Bereiche driften immer mehr auseinander. Der Urlaubsmarkt spaltet sich:

○ *Die privilegierte Gruppe des „Neuen Reichtums"*
Dazu zählen die Gut-, Besser- und Höchstverdienenden, die viel reisen können und immer höhere Ansprüche stellen. Es handelt sich hierbei um eine Mischung aus Komfort- und Luxusurlaubern, die sich mit ihrem verdienten, aber auch ersparten Geld fast alles leisten wollen. Zu den „Neuen Reichen" im Urlaubsmarkt zählt ebenso eine immer größer werdende Gruppe, die sich eher sozial als ökonomisch von anderen unterscheidet: Die wachsende Zahl der *Singles* vor allem in den Großstädten, die in erster Linie ihre Freizeit und Freiheit genießen und auf nichts verzichten wollen. Die Reisefreudigkeit mancher Singles übertrifft heute schon die durchaus gutverdienender Familien. Hohe Freizeit- und Urlaubsmobilität wird als Ausdruck individueller Unabhängigkeit demonstriert. Dazu zählt auch die große Zahl junger *Paare ohne Kinder* (meist Doppelverdiener — vgl. DINKS: Double Income, No Kids), die sich nicht einschränken und auf Kinder keine Rücksicht nehmen müssen. *Zum „Neuen Reichtum" im Urlaubsmarkt gehört also immer zweierlei: Die De-*

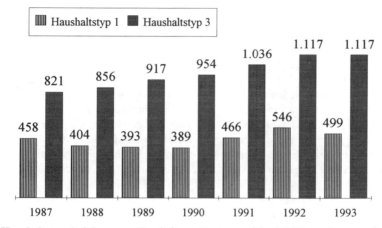

URLAUBSREISE - KEIN GUT FÜR ALLE

Die Unterschiede zwischen 'arm' und 'reich' sind groß

Urlaubsausgaben in DM pro Jahr und Person nach Haushaltstypen in Westdeutschland im Zeitvergleich 1987 bis 1993:

Haushaltstyp 1: 2-Personen-Haushalt von Renten- und Sozialhilfeempfängern mit geringem Einkommen

Haushaltstyp 3: 4-Personen-Haushalt von Beamten und Angestellten mit höherem Einkommen

Eigene Zusammenstellung nach Daten des Statistischen Bundesamtes

monstration von Geld und Vermögen auf der einen, von Freiheit und Unabhängigkeit auf der anderen Seite.

○ *Die benachteiligte Gruppe der „Neuen Armut"*
Davon am meisten betroffen sind die *Arbeitslosen*, insbesondere die Langzeit-Arbeitslosen (ihre Zahl hat sich in den vergangenen zehn Jahren mehr als verfünffacht) sowie die Sozialhilfeempfänger. Die durchschnittlichen Gesamtkosten einer 2-Wochen-Reise liegen heute bei etwa 1 300 DM pro Person. Ein 4-Personen-Arbeitnehmerhaushalt mit mittlerem Einkommen kann aber laut

Statistischem Bundesamt im Jahr nur 2 044 DM (1991) für den gesamten Familienurlaub ausgeben. Daraus folgt: Ein 4-Personen-Arbeitnehmerhaushalt mit mittlerem Einkommen kann sich eigentlich nur alle zwei bis drei Jahre eine längere Urlaubsreise leisten. *Für den Durchschnittsverdiener ist die jährliche Urlaubsreise zu teuer geworden.*

Hinzu kommt eine zweite Gruppierung, die auf der Schattenseite des Trends zur Single-Gesellschaft lebt: *Alleinerziehende* und *ältere Alleinstehende*, vor allem ältere Frauen und Verwitwete. Nicht finanzielle Gründe sind maßgebend für ihren hohen Anteil unter den Nichtreisenden, sondern soziale Barrieren: Sie fühlen sich von den Angeboten der Reiseveranstalter nicht angesprochen bzw. weitgehend alleingelassen. Dies erklärt auch die wachsende Zahl neu entstehender „Börsen für Alleinreisende" und „Reisepartnervermittlungen".

Und schließlich kommt noch eine dritte Gruppierung hinzu, die bisher mehrheitlich im Urlaub zu Hause bleibt: Die *Rentner*. Das Nichtreisen hat bei ihnen mehr psycho-soziale als ökonomische Ursachen. Sie gehören zu den Bevölkerungsgruppen mit der geringsten Reiseerfahrung und Reisegewöhnung. Unter ihnen befinden sich allerdings auch viele, die bewußt immobil bleiben wollen. Jeder vierte Rentner vertritt die Auffassung: „Ich verreise grundsätzlich nicht".

Das B.A.T Institut hat diese Entwicklung schon vor Jahren vorausgesagt. In der Urlaubsstudie 85/86 wurde dazu ausgeführt (S. 2):

○ „Es zeichnet sich eine neue Form ungleicher Verteilung von Urlaubschancen ab. Mehr verdienen und länger verreisen wollen gehören wohl unmittelbar zusammen".

○ „Während das Reisefieber der ohnehin Reiselustigen steigt, bleibt die Reiseunlust der nichtreisenden Urlauber unverändert bzw. nimmt eher zu".

Die Unterschiede zwischen ‚reich' und ‚arm' sind groß und die Polarisierung zwischen mobilen und immobilen Bevölkerungsgruppen verstärkt sich. Das Paradox: Die Zahl der Nichtreisenden nimmt zu, obwohl oder weil die Urlaubsausgaben ständig steigen. Der Urlaub kostet immer mehr und es verreisen immer weniger. Urlaub in Zukunft — nur für Reiche?

Die Gefahr besteht, daß vor allem massentouristische Ziele, die unter den Kostensteigerungen am meisten zu leiden haben, versuchen werden, durch Qualitätsverbesserungen die Masse der Spar- und Billigtouristen zunehmend durch Komfort- und Luxusurlauber zu ersetzen. Die Komfort- und Luxusurlauber werden dann immer mehr umworben nach der Devise: „Ein Luxusurlauber ersetzt drei Spartouristen". Entwickeln sich die Urlaubsreisen bei diesem Preiskampf in Zukunft nur noch (bzw. historisch: wieder) zu einem *Privileg für Reiche?*

Im privaten Konsumverhalten gilt der Grundsatz: Am Urlaub wird zuallerletzt gespart. Wenn dennoch gespart wird, dann kann diese Sparmaßnahme eigentlich nur im Zusammenhang mit den übrigen Freizeitausgaben gesehen werden. Aus der Konsumforschung des B.A.T Freizeit-Forschungsinstituts geht hervor, daß sich über die Hälfte der Bevölkerung auf den reinen Versorgungskonsum beschränkt:

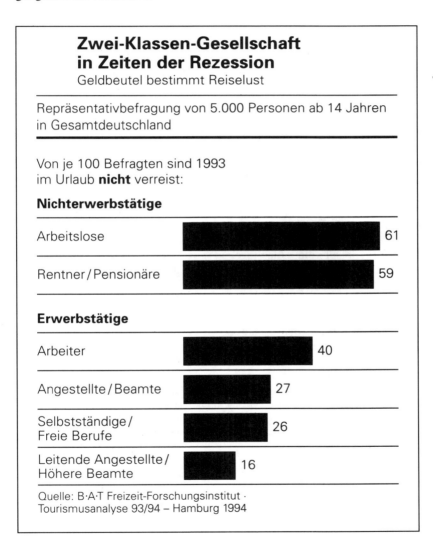

Zwei-Klassen-Gesellschaft in Zeiten der Rezession
Geldbeutel bestimmt Reiselust

Repräsentativbefragung von 5.000 Personen ab 14 Jahren in Gesamtdeutschland

Von je 100 Befragten sind 1993 im Urlaub **nicht** verreist:

Nichterwerbstätige

Arbeitslose	61
Rentner/Pensionäre	59

Erwerbstätige

Arbeiter	40
Angestellte/Beamte	27
Selbstständige/Freie Berufe	26
Leitende Angestellte/Höhere Beamte	16

Quelle: B·A·T Freizeit-Forschungsinstitut · Tourismusanalyse 93/94 – Hamburg 1994

- Zwei von fünf Bundesbürgern konsumieren in ihrer Freizeit wie im normalen Leben auch, d.h. sie kaufen nur das, was notwendig war.
- Jeder achte Bundesbürger will und muß sparen. Das Haushaltsbudget reicht gerade zur täglichen Versorgung.

Läßt sich daraus die Folgerung ableiten: Wer im normalen Freizeitalltag sparen muß, kann auch im Urlaub nicht verreisen? Die Gruppe der Versorgungskonsumenten und die Gruppe der Nichtreisenden weisen in der Tat manche Ähnlichkeiten auf. Wer seine Reiseintensität einschränkt, ist auch im übrigen Freizeitleben knapp bei Kasse. Ohne allgemeine Einkommenserhöhungen bzw. Preissenkungen in den Reiseangeboten kann es nicht zu wesentlichen Steigerungen der Reiseintensität breiter Bevölkerungsschichten kommen.

Die Grafik „Zwei-Klassen-Gesellschaft in Zeiten der Rezession" zeigt deutlich, wie sehr sich *Lebensstil und Konsumgewohnheiten im Freizeitalltag auf das Reiseverhalten im Urlaub auswirken.* Wer im Alltag die Rolle des Erlebniskonsumenten spielt, dem ist auch im Urlaub die Reise lieb und teuer. Für die Bevölkerungsgruppen aber, deren Haushaltsbudget gerade zur täglichen Versorgung reicht, ist die Urlaubsreise ein teures, oft zu teures Gut. Mit einer auffallenden Ausnahme: Die Mehrheit der Familien mit Kindern muß im Alltag rechnen und sparen, will aber dennoch nicht auf die gemeinsame Urlaubsreise verzichten. Mit ihrem Anteil an den Nichtreisenden liegen sie unter dem Durchschnitt. Für Familien mit Kindern hat die Urlaubsreise offensichtlich die größte Wertschätzung und Bedeutung.

Offen bleibt allerdings die Frage, ob das ökonomische Umgehen mit Geld nicht auch ein Ergebnis von Erziehung und Gewöhnung ist. Die über 65jährigen haben mehrheitlich eine andere Einstellung zum Freizeit- und Urlaubskonsum. Eine Urlaubsreise muß für sie erst ‚erarbeitet' und ‚verdient' sein. Die jüngere und mittlere Generation sieht das ganz anders: Urlaub ist für sie ein Stück Lebensqualität — eine Antwort darauf, wofür man lebt. Und was man zu viel ausgibt, spart man im täglichen Leben wieder ein.

Begriffsklärungen	
Konsum	**1. Versorgungskonsum / Alltagskonsum** Verbrauch von Gütern und Dienstleistungen des täglichen Bedarfs: Lebensmittel, Bekleidung, Wohnungsnutzung u.a. **2. Erlebniskonsum / Freizeitkonsum** Verbrauch von Gütern und Dienstleistungen des gehobenen Bedarfs über das Existenzminimum hinaus. Höhere Konsum-Ansprüche aufgrund von mehr Geld und Zeit, Bildung und Wohlstand.
Konsumerismus	Übersteigerter Konsum. Übertriebener Verbrauch von Gütern und Dienstleistungen aufgrund übersteigerter Konsumansprüche, die auch durch Werbung beeinflußt sind.

Konsumgesellschaft	Massenabsatz kurzlebiger, häufig absichtlich verschleißanfällig hergestellter Güter und Wegwerfprodukte als „zentraler" Aspekt der Gesellschaft. Kennzeichen einer Konsumgesellschaft sind übertriebene Vielfalt und rascher Wechsel des Angebots mit dem Ziel weiterer Absatzsteigerung.
Warenkorb	Enthält alles das, was nach Ermittlungen des Statistischen Bundesamts Wiesbaden der bundesdeutsche Durchschnittshaushalt heute zum Leben braucht: Vom täglichen Brot und der Wohnungsmiete über die Kinokarte und die Ferienreise bis zum Kranz für die Beerdigung. Zum Lebensstandard der 90er Jahre gehören z.B. Tennisschläger, Expander, Walkman, Videokamera und UV-Oberkörperbräuner.

III. Freizeit, Konsum und Lebensstil. Basisdaten zur Freizeitökonomie

1. Ergebnisse der Lebensstilforschung

Der Wertewandel der 70er und 80er Jahre hat auch bei der Entwicklung von Lebensstilen seine Spuren hinterlassen. Wer heute und in Zukunft einen eigenen Stil entwickeln und seine ganz persönliche Note finden will, orientiert sich immer mehr an Leitbildern im Umfeld von Freizeit und Konsum. *Für die Mehrheit der Bevölkerung hat die Berufs- und Arbeitswelt ihre Leitbildfunktion verloren*: Die Identifikation mit der Arbeit, also die Art, wie man seinen Beruf ausfüllt, wird nur mehr von einem Drittel der Bevölkerung als lebensstilprägend (Frauen: 26% — Männer 40%) eingeschätzt, eine deutliche Mehrheit der Bevölkerung (55%) aber sieht „in dem, was ich mit meiner *Freizeit* anfange", *das zentrale Bestimmungsmerkmal zur Findung eines individuellen Lebensstils* (Institut für Demoskopie Allensbach / Archiv Nr. 5013).

Die Begründung liegt nah: Arbeit und Geldverdienen sind unverzichtbar, lassen aber im Vergleich zum Privat- und Freizeitleben zu wenig Spielraum für die Verwirklichung ganz persönlicher Ziele, Wünsche oder gar Träume. Die Berufsarbeit zwingt eher zu Konformität zwischen Pflichterfüllung und Disziplin. Wirklich frei und unbeschwert, sich zu kleiden und zu geben wie sie wollen, fühlen sich die meisten Menschen erst nach Feierabend — wenn alles getan ist: In der Familie, im Freundeskreis oder in der Freizeitclique, beim Fernsehen, Aus- oder Essengehen. Erst jenseits von Betrieb und Büro fangen die meisten Menschen zu leben, zu erleben und aufzuleben an: „Das ist das, wofür ich eigentlich lebe, warum ich das hier aushalte" (Jugendlicher). Für die eigene Profilierung sind die private Lebensgestaltung, insbesondere der Freizeitkonsum, fundamental. Hieraus leiten immer mehr Menschen ihr Selbstwertgefühl und ihre Identität ab.

In der modernen Soziologie umschreibt „Lebensstil" empirisch feststellbare Merkmale, die einer Gruppe von Menschen gemeinsam sind. Weil die Freizeitorientierung des Lebens in den letzten dreißig Jahren auf breiter Ebene und bei fast allen Bevölkerungsschichten kontinuierlich zugenommen hat, werden sich *„Lebensstil" und „Freizeitstil" immer ähnlicher, ja fast deckungsgleich*.

Die **These von der weitgehenden Identität von Lebensstil und Freizeitstil** wird auch von der modernen Sozialforschung bestätigt: Schon Mitte der siebziger Jahre prägte der Amerikaner James E. Murphy den Begriff „*Freizeit-Lebensstile*" / *"leisure-life-styles"* (Murphy 1974, S. 112 f.; vgl. auch Attias-Donfut 1978). Das Wort „lifestyle" wird seither in der amerikanischen und mittlerweile auch in der deutschen Öffentlichkeit als diffuser Begriff mit einer fast unübersehbaren Bedeutungsvielfalt zwischen Zen-Buddhismus und französischer Küche geradezu inflationär verwendet (vgl. Sobel 1981, S. 1). Eine ausufernde Verwendung des Lebensstil-Begriffs läßt sich nur durch klare Zuordnungen und Konkretisierungen verhindern, indem „Lebensstil weitgehend der Freizeitsphäre zugeordnet wird". Auf diese Weise erscheinen die beiden Begriffe Freizeit und Lebensstil „tatsächlich austauschbar" und die „Geschichte des Lebensstils mit einer Geschichte des Freizeitverhaltens identisch" (Becher 1990, S. 11).

○ Anfang der achtziger Jahre diagnostizierte die Freizeitforschung einen neuen Lebensstil als Ausdruck eines allgemeinen Bewußtseinswandels: „Die selbstbestimmten Handlungsmöglichkeiten der Freizeit werden zum Lebenssinn aufgewertet und im freizeitkulturellen Lebensstil praktiziert" (Opaschowski 1983, S. 78; vgl. auch Sobel 1981).

○ Zur gleichen Zeit ermittelte die internationale Sozialwissenschaft einen „zentralen Trend" zur Herausbildung „feiner Unterschiede" (vgl. Bourdieu 1983; Glatzer/Zapf 1984). Hobby, Sport, Kleidung, Urlaubsreise, Medienkonsum und kulturelle Aktivitäten ermöglichten eine immer größere Vielfalt und Pluralisierung freizeitorientierter Lebensstile.

○ Seit Ende der achtziger Jahre setzt sich in der Forschung die Erkenntnis durch, „*Freizeitstil und Lebensstil als identisch aufzufassen*" (Tokarski 1989, S. 43; vgl. auch Vester 1988; S. 63). Der individuelle Lebensstil gilt als Vehikel persönlicher Identität, die sich „hauptsächlich in Freizeit und Urlaub ausdrückt" (Romeiss-Stracke 1991, S. 33).

○ Es bleibt festzuhalten: Erst die Durchsetzung von „*Zeitwohlstand*" (Opaschowski 1987, S. 39; Hörning u.a. 1990, S. 12) auf breiter Ebene erlaubt die weitgehende Gleichsetzung von Lebensstil und Freizeitstil. Ein Freizeitstil entwickelt sich in der Regel erst dort, wo Pflicht, Notwendigkeit oder Zwang enden. Ein persönlicher Lebensstil kann nur im Rahmen selbstgewählter Tätigkeiten („FreiZeitBeschäftigungen") zur Entfaltung gelangen. „*Stil haben*" setzt individuelle Frei- und Spielräume voraus.

Die Neuorientierung der Freizeitforschung im Hinblick auf eine integrative Betrachtung von Freizeit und Lebensstil ließ jedoch die Frage der Konkretisierung und Operationalisierung weitgehend offen, so daß Schmitz-Scherzer, Schulze und Tokarski zu Recht kritisierten, die Freizeitforschung habe sich zu wenig „um eine Operationalisierung desjenigen Bereichs des Lebensstils, der Freizeit angeht — nämlich den Freizeitstil, gekümmert" (Schmitz-Scherzer u.a. 1984, S. 19).

Im folgenden wird „Freizeitstil" als freizeitorientierter Lebensstil in der Wechselwirkung von
- ○ Lebenszielen,
- ○ Informationsinteressen,
- ○ Freizeitaktivitäten,
- ○ Urlaubswünschen und
- ○ Konsumeinstellungen verstanden.

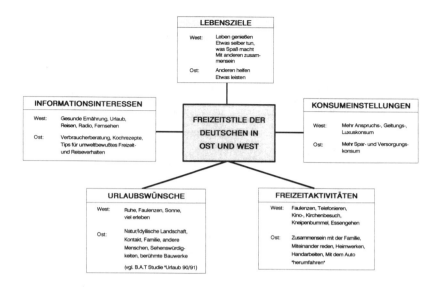

Die Art zu konsumieren, zu reisen, zu essen oder sich zu kleiden sagt mehr über den Lebensstil eines Menschen aus als das Wissen um die Berufsbezeichnung oder die Höhe des Einkommens.

2. Freizeitstile der Deutschen in Ost und West

2.1 Im ersten Jahr der deutschen Vereinigung: Leben im Zeitwohlstand

Lebensziele

Lebensziele umschreiben Zielvorstellungen, die der einzelne in seinem Leben verwirklicht oder zu verwirklichen sucht. Lebensziele verkörpern individuelle Werte, auf die jeder sein Leben ausrichtet, auf die er „zulebt" — vom Vermögen schaffen bis hin zum Lebensgenuß.

3 000 Personen ab 14 Jahren im Bundesgebiet West und 1 000 Personen im Bundesgebiet Ost wurden erstmals im November 1990 nach ihren persönlichen Lebenszielen gefragt. Anhand einer Skala, die von 1 (=„gar nicht") bis 7 (=„äußerst stark") reichte, konnten die Befragten bewerten, wie wichtig sie persönlich die einzelnen Lebensziele einschätzten. Im folgenden werden lediglich die beiden höchsten Zustimmungsgrade 6 und 7 berücksichtigt und in Prozent zusammengefaßt.

Und so sahen die Lebensziele der Ost- und Westdeutschen aus: Beide hatten die gleichen Lebensziele, konnten sie aber unterschiedlich stark verwirklichen. Auf einen Nenner gebracht:

> Die ostdeutschen Bundesbürger orientierten sich 1990 an Lebenszielen, wie sie für die Westdeutschen in den 50er und 60er Jahren — noch vor dem Wertewandel in den westlichen Industrieländern — prägend waren. Eine postmaterielle Lebensorientierung konnten sich die Ostdeutschen (noch) nicht leisten.

Im Vergleich zu den Westdeutschen konzentrierten sich die Bürger in den neuen Bundesländern zunächst auf drei Lebensziele:
1. Etwas leisten (West: 50 % — Ost: 68 %).
2. Viel Geld verdienen (West: 45 % — Ost: 66 %).
3. Vermögen schaffen (West: 38 % — Ost: 55 %).

Ganz im Gegensatz dazu *orientierten sich die Westdeutschen mehrheitlich an hedonistischen Lebenszielen*, in denen der Spaß vorherrschte. Vielleicht bekannten sie sich auch offener zum Lebensgenuß:
1. Etwas selber tun, was Spaß macht (West: 70 % — Ost: 62 %).
2. (Das) Leben genießen (West: 63 % — Ost: 58 %).
3. (Gesellig) mit anderen zusammensein (West: 61 % — Ost: 52 %).

Aus der subjektiven Sicht der Befragten ergab sich das Bild eines Lebenszielprofils, bei dem die einen unbedingt etwas leisten und verdienen, die anderen mehr sich etwas leisten und Geld ausgeben wollten.

Bemerkenswert war noch ein wesentlicher *Unterschied in der sozialen Lebensorientierung*: Zwei Drittel der ostdeutschen Bevölkerung (67 %) hielten es für besonders wichtig im Leben, anderen zu helfen. Vor dem Hintergrund von Massenarbeitslosigkeit und Zukunftsängsten rückten die Betroffenen auch psychosozial enger zusammen. Die Hilfsbereitschaft im westlichen, wohlhabenderen Teil Deutschlands war hingegen deutlich geringer (50 %) ausgeprägt.

> **Lebensziele lassen sich zu fünf Wertemustern zusammenfassen:**
> 1. Leistungs- und Karriereorientierung (Etwas leisten; sich Herausforderungen stellen; sich fortbilden; vorwärts kommen)
> 2. Geld- und Besitzorientierung (Viel Geld verdienen; Vermögen schaffen; etwas Bleibendes schaffen)
> 3. Sozial- und Geselligkeitsorientierung (Mit anderen Menschen zusammen sein; anderen helfen; andere Menschen besser verstehen)
> 4. Ichorientierung und Selbstverwirklichung (Sich besser kennenlernen; Ideen durchsetzen; sich selbst verwirklichen)
> 5. Spaß- und Genußorientierung (Das Leben genießen; etwas selber tun, was Spaß macht).

Neue Bundesländer:
Leistung wichtiger als Lebensgenuß

Lebensziele der Deutschen in Ost und West

Nennungen der Befragten in % — **Unterschied Ost zu West**

Ost	West	Lebensziel	Unterschied
66	45	Viel Geld verdienen	+21
68	50	Etwas leisten	+18
55	38	Vermögen schaffen	+17
67	50	Anderen helfen	+17
56	41	Etwas Bleibendes schaffen	+15
58	45	Vorwärts kommen	+13
46	37	Mich fortbilden	+9
53	46	Ideen durchsetzen	+7
48	42	Mich selbst verwirklichen	+6
45	40	Mich Herausforderungen stellen	+5
33	33	Mich besser kennenlernen	0
41	44	Andere besser verstehen	-3
58	63	Leben genießen	-5
62	70	Etwas selber tun, was Spaß macht	-8
52	61	Mit anderen zusammensein	-9

Repräsentativbefragung von 4000 Personen ab 14 Jahren (West: 3000 · Ost: 1000)
Quelle: B·A·T Freizeit-Forschungsinstitut 1991

Im west-östlichen Wertevergleich lag das Schwergewicht der westdeutschen Lebensorientierung mehr bei hedonistischen Lebenszielen, während materialistische Lebensziele mehr bei den Ostdeutschen ausgeprägt waren. Diese gravierenden Abweichungen deuteten auf einen Mentalitätsgraben, der zu erheblichen Spannungen zwischen der west- und ostdeutschen Bevölkerung führen kann, wenn es nicht gelingt, die Lebensbedingungen zwischen den alten und neuen Bundesländern in absehbarer Zeit anzugleichen. Andernfalls wird die Realität der deutschen Einheit durch den *Mentalitätsgraben zwischen ostdeutschem Materialismus und westdeutschem Hedonismus* ad absurdum geführt.

Informationsinteressen

Gesundheit ist die Voraussetzung dafür, sein Leben nach eigenen Zielen, Vorstellungen und Wünschen zu gestalten. Nicht nur das persönliche Wohlbefinden, auch die allgemeine Lebenszufriedenheit wird durch den Gesundheitszustand beeinflußt und verändert. Aus der Lebensqualitätsforschung (vgl. Glatzer / Zapf 1984, S. 198) ist bekannt, daß etwa zwei Drittel der Bevölkerung die Gesundheit zu ihrem wichtigsten Anliegen zählen — weit vor materiellen Anliegen wie z.B. Einkommen und sozialer Sicherung oder vor Lebensbereichen wie Familie, Beruf und Freizeit.

Die eindeutige Dominanz der Gesundheit unter den ganz persönlichen Anliegen der Bevölkerung spiegelte sich auch in den Antworten auf die Frage wider, wofür die Befragten sich persönlich so interessieren, „daß Sie gern mehr darüber wissen und öfter aktuelle Informationen darüber haben wollen". Über zwei Drittel der Bevölkerung nannten als wichtigstes Themenangebot „*Gesunde Ernährung,,* — die Ostdeutschen (77 %) deutlich mehr als die Westdeutschen (66 %). Generell war feststellbar, daß die ostdeutsche Bevölkerung einen außerordentlich großen Informationshunger demonstrierte — quer durch alle Themengebiete. *Im Vergleich zur westdeutschen Bevölkerung wollten die Ostdeutschen von allem mehr wissen.* Besonders große Unterschiede zeigten sich natürlich in Bereichen des täglichen Lebens wie z.B. Wohnen und Einrichten, Schönheits- und Körperpflege, Auto und Motorräder sowie Do-it-yourself und Heimwerken.

Das große Informationsbedürfnis signalisierte zugleich einen *hohen Beratungsbedarf.* Gewünscht wurden:

○ Tips für umweltbewußtes Freizeit- und Reiseverhalten,
○ Ideen für die Freizeitgestaltung und
○ Verbraucherberatung.

Die Frage, über welche Themenbereiche die Bevölkerung *mehrheitlich* (mindestens 51 %) öfter aktuelle Informationen erhalten möchte, wurde von der westdeutschen Bevölkerung mit dem Hinweis auf lediglich drei Gebiete beantwortet: 1. Gesunde Ernährung (66 %), 2. Urlaub, Reisen (63 %) und 3. Radio, Fernsehen (56 %). Alle anderen möglichen Themenbereiche erwiesen sich als Interessengebiete von Minderheiten.

In der ostdeutschen Bevölkerung kamen verständlicherweise die Gesamt-Interessen stärker zum Ausdruck. Mehrheitlich gewünscht wurden Informa-

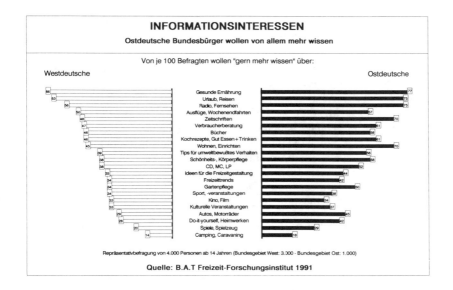

tionen über: 1. Gesunde Ernährung (77 %); 2. Urlaub, Reisen (75 %); 3. Radio, Fernsehen (75 %); 4. Zeitschriften (70 %); 5. Wohnen, Einrichten (70 %); 6. Verbraucherberatung (61 %); 7. Kochrezepte (61 %); 8. Bücher (58 %); 9. Schönheits-, Körperpflege (58 %); 10. Ausflüge, Wochenendfahrten (57 %); 11. Tips für umweltbewußtes Freizeit- und Reiseverhalten (56 %) und 12. CD, Cassetten, Schallplatten (52 %).

In der ostdeutschen Bevölkerung waren noch viele Wünsche offen. Die Entdeckung von Freizeitgütern und Freizeitdienstleistungen hatte gerade erst begonnen. Und ihre faktische Inanspruchnahme würde angesichts der materiellen Lebensbedingungen in den neuen Bundesländern für viele noch längere Zeit eine Wunschvorstellung bleiben müssen.

Über die Bundesländer-Grenzen hinweg zeigten sich *je nach Lebensphase* unterschiedliche Interessenschwerpunkte:

○ *Jugendliche* meldeten den größten Informationsbedarf an Themen über Autos, Motorräder und Kinofilme an.
○ *Junge Erwachsene* im Alter von 18 bis 24 Jahren waren vor allem an neuen Freizeittrends und neuen Ideen für die Freizeitgestaltung interessiert.
○ *Singles und Alleinstehende* im Alter von 25 bis 49 Jahren wollten mehr über Camping und Caravaning, neue Bücher und kulturelle Veranstaltungen wissen.
○ *Paare ohne Kinder* interessierten sich vor allem für eine Sache: Urlaub und Reisen.

○ *Familien mit Kindern* konzentrierten sich in ihren Interessen sehr stark auf den häuslichen Bereich: Wohnen und Einrichten, Do-it-yourself und Kochrezepte.

○ *Familien mit Jugendlichen* waren an Verbraucherberatung, gesunder Ernährung und Tips für umweltbewußtes Freizeit- und Reiseverhalten besonders interessiert.

○ *Jungsenioren* im Alter von 50 bis 64 Jahren meldeten als Interessengebiete Zeitschriften, Handarbeiten und Gartenpflege an.

○ *Ruheständler* hatten die gleichen Interessen wie alle anderen, arrangierten sich aber offensichtlich mit ihrem eigenen Wissensstand. Am meisten interessierten sie sich noch für gesunde Ernährung (62 %) — aber deutlich weniger als die Jungsenioren (70 %), die Familien mit Kindern (71 %) oder die Familien mit Jugendlichen (77 %).

Mit der Lebensphase änderten sich auch die Informationsinteressen.

Freizeitaktivitäten

Seit 1980 untersucht das B.A.T Freizeit-Forschungsinstitut regelmäßig auf repräsentativer Basis die Freizeitgewohnheiten der Deutschen. Dabei wird ein spezieller Fragenkatalog zugrundegelegt, der insgesamt 50 Freizeitaktivitäten umfaßt. Dies ist die empirische Basis für die folgende gesamtdeutsche Untersuchung, in der west- und ostdeutsche Freizeitbeschäftigungen miteinander verglichen und nach sechs verschiedenen Aktivitätsbereichen (Medienzeit/Konsumzeit/Eigenzeit/Aktivzeit/Sozialzeit/Kulturzeit) ausgewertet werden.

Freizeit als Medienzeit

Die Rangliste der häufigsten Freizeitbeschäftigungen wird heute angeführt von Fernsehen, Zeitung und Illustrierte lesen sowie Radio hören. Mit deutlichem Abstand folgen CD/Cassetten/Schallplatten hören und Buch lesen. Innerhalb des Medienkonsums zeigen sich im Ost-West-Vergleich bemerkenswerte Gemeinsamkeiten und Unterschiede. Für west- und ostdeutsche Bundesbürger stellt das Fernsehen (noch) das gemeinsame Leitmedium des Freizeitverhaltens dar, wenn auch feststellbar ist, daß der Fernsehkonsum kaum mehr steigerungsfähig erscheint, ja seinen Höhepunkt bzw. Sättigungsgrad erreicht oder gar überschritten hat. Insbesondere die jungen Leute im Alter von 18 bis 24 Jahren sind hier Trendsetter eines neuen Medienverhaltens: Elektronische Medien und Printmedien sind für sie untereinander fast austauschbar. Sie lesen beinahe genausoviel Zeitungen und Illustrierte wie sie Radio oder Cassette hören oder Fernsehen.

Den größten Nachholbedarf meldeten die ostdeutschen Bundesbürger 1990 beim Zeitung- und Illustriertenlesen an (West: 68 % — Ost: 77 %) — im

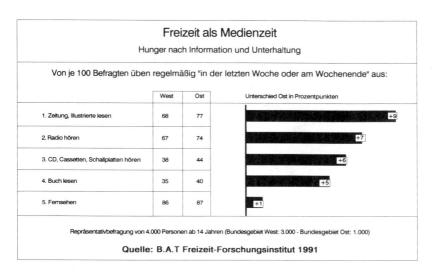

tatsächlichen Freizeitverhalten und nicht nur als bekundetes Interesse. Was für die Westdeutschen schon weitgehend Gewöhnung ist, hatte für sie Neuland-Charakter. Die Mischung von Information *und* Unterhaltung machte die Freizeitlektüre besonders attraktiv. Dies traf auch für das Radiohören zu. Und was die frühere Diskussion um das tatsächliche oder nur vermeintliche „Leseland DDR" anbetraf: Die Untersuchungsergebnisse belegen zumindest, daß in den neuen Bundesländern mehr Bücher gelesen wurden als in den alten.

Freizeit als Konsumzeit

Die Konsumorientierung des Freizeitverhaltens bekommt eine immer größere Bedeutung. Sie bewegt sich zwischen Shopping und Kinobesuch, Essen- und Tanzengehen. „Einkaufsbummel machen" hat sich zur bedeutendsten und attraktivsten Freizeitbeschäftigung außer Haus entwickelt.

Die ostdeutsche Bevölkerung hatte 1990 die Einkaufswelt als Freizeit-Erlebniswelt neu entdeckt. Ausgehen und Shopping wurden für sie neue Freizeitbeschäftigungen. Für die ostdeutsche Bevölkerung wurden *außerhäusliche Freizeiterlebnisse erst einmal „Guck'-Erlebnisse*, wo es Vieles und Vielfältiges zu sehen gab: Deutlich mehr als die Westdeutschen hielten sie sich in ihrer Freizeit in Warenhäusern und Einkaufszentren, auf Flohmärkten und Basaren, bei Volksfesten und Kirmes, in Zoos und Freizeitparks auf. Hier genossen sie das urbane Freizeitleben, wenn es auch oft mit Menschenansammlungen oder Überfüllungssituationen verbunden war. Hier konnten sie, mußten aber nicht Geld ausgeben.

Beim Freizeiterleben in geschlossenen Räumen, die mit Eintrittsgeldern oder Verzehrzwang verbunden waren, stießen die ostdeutschen Bundesbürger schnell an ihre ökonomischen Grenzen: *Mehr Lebenslust als Kaufkraft*. Sie konnten weniger ins Kino gehen, seltener eine Kneipe besuchen und Essengehen war nur für jeden siebten ostdeutschen Bundesbürger (16 %) erschwinglich. In den alten Bundesländern ging zu dieser Zeit hingegen ein Viertel der Bevölkerung regelmäßig wenigstens einmal in der Woche zum Essen in ein Restaurant — die Singles am meisten (43 %), die Ruheständler am wenigsten (14 %). Hier zeigten sich deutliche *Wohlstandsgrenzen zwischen alten und neuen Bundesländern*, aber auch innerhalb einzelner Bevölkerungsgruppen in der gesamten Bundesrepublik.

Freizeit als Eigenzeit

Was die einen nicht hatten, besaßen die anderen im Überfluß. Die überwiegende Mehrheit der westdeutschen Bevölkerung lebte und lebt im materiellen Wohlstand, konnte sich aber eins nicht leisten: Zeit haben. Der Freizeitalltag der Westdeutschen trug Züge von Hektik und Streß, der Freizeitalltag der Ostdeutschen wirkte beschaulicher. *Die Ostdeutschen verfügten über mehr Zeitwohlstand, sie hatten und nahmen sich Zeit*:

○ Sie genossen es mehr, in Ruhe eine Tasse Kaffee, Tee oder Bier zu trinken.
○ Sie leisteten sich den Luxus, sich in Ruhe zu pflegen.
○ Sie gingen öfter ihren Gedanken nach.

Die Ostdeutschen lebten bewußter und ließen sich die Zeit für sich selbst (noch) nicht vom Konsumstreß nehmen oder stehlen. Dies war im ersten Jahr der deutschen Vereinigung. Es war kaum zu erwarten, daß sich die Westdeutschen den geruhsamer und beschaulicher erscheinenden Lebensstil zum Vorbild nehmen. Eher werden sich die Ostdeutschen von den Möglichkeiten kommerzialisierter Freizeitgestaltung ‚gefangennehmen' lassen — und wenn es zehn Jahre dauern sollte. Und vielleicht werden sie dann auch zum Abschalten und zur Selbstbesinnung öfter in die Kirche gehen, wie dies heute schon jeder fünfte Westdeutsche regelmäßig in seiner Freizeit tut (West: 19 % — Ost: 7 %). Was dann noch an Mußebedürfnissen offen bleibt, muß in Augenblicke systematischen Nichtstuns investiert werden, d.h. die Menschen müssen sich zum Faulenzen (West: 40 % — Ost: 24 %) geradezu zwingen: Zum Atemholen und Auftanken, ehe die nächste Streß-Rallye beginnt.

Freizeit als Aktivzeit

Aktivität und Mobilität bestimmen das Freizeitgeschehen im Westen. *Auch in der ostdeutschen Bevölkerung entwickelte sich Selbermachen zur ersten Freizeitpflicht*:

○ Ein Drittel der Bevölkerung war regelmäßig mit Heimwerken und Do-it-yourself in der eigenen Wohnung beschäftigt (Männer: 51 % — Frauen: 18 %).
○ Ebenfalls ein Drittel der Bevölkerung zählt Gartenarbeit zur häufigsten Freizeitbeschäftigung (Männer: 33 % — Frauen: 31 %).
○ Und für jeden vierten Ostdeutschen (Männer: 4 % — Frauen: 45 %) gehörte Handarbeiten/Stricken zu den regelmäßig ausgeübten Beschäftigungen nach Feierabend.

Die neue Reisefreiheit in Verbindung mit der neuen Konsumfreiheit, ein Auto nach freier Wahl erwerben und überall hinfahren zu können, verleitete die Bürger in den neuen Bundesländern zu einem Freizeitverhalten, das in den alten Bundesländern stagnierende Tendenzen in den letzten Jahren aufwies: *Zwei von fünf Ostdeutschen fuhren nur so aus Lust und Laune „mit dem Auto herum".* Während die Westdeutschen dazu übergehen, auch ihre privaten Autofahrten nach Zweck- und Notwendigkeitsgesichtspunkten zu organisieren, *genossen mehr als doppelt so viele Ostdeutsche die neue Freizeitmobilität (West: 19 % — Ost: 41 %).* Sie verbrachten ihre freie Zeit im Freien, auch wenn dann für das Zu-Fuß-Gehen beim Wandern und Spazierengehen weniger Zeit verblieb (West: 31 % — Ost: 26 %).

Freizeit als Sozialzeit

Die soziale Dimension des Freizeitverhaltens schien in den neuen Bundesländern stärker ausgeprägt zu sein. Die Ostdeutschen waren in ihrer freien Zeit mehr mit ihrer Familie zusammen, redeten öfter miteinander und schrieben sich auch mehr Briefe. Zwischen den einzelnen Bevölkerungsgruppen gab es bemerkenswerte Unterschiede:

○ Die 14- bis 17jährigen *Jugendlichen* gehörten zu den eifrigsten Briefschreibern. Fast zwei Drittel der ostdeutschen Jugendlichen schrieben regelmäßig Briefe. Ihr Anteil war fast viermal so hoch (61 %) wie bei den westdeutschen Jugendlichen (17 %).
○ *Singles* signalisierten ein besonderes Mitteilungsbedürfnis. Fast doppelt so viele ostdeutsche wie westdeutsche Singles (West: 29 % — Ost: 53 %) nutzten ihre freie Zeit dazu, um mit anderen über wichtige Dinge zu reden.
○ Auf das Zusammensein mit der Familie legten die *Frauen* ein deutlich größeres Gewicht (79 %) als Männer (68 %). In den alten Bundesländern war der Wunsch nach familiärer Gemeinsamkeit nicht so stark ausgeprägt. Auffallend aber war, daß sich Frauen (64 %) und Männer (60 %) in dieser Frage relativ einig waren.

Telefonieren hat sich in den letzten Jahren in den alten Bundesländern zu einer beliebten Freizeitbeschäftigung — vor allem bei den Frauen (63 % —

Freizeit als Sozialzeit
Die Familie als Mittelpunkt des Lebens

Von je 100 Befragten üben regelmäßig "in der letzten Woche oder am Wochenende" aus:

	West	Ost	Unterschied Ost in Prozentpunkten
1. Über wichtige Dinge reden	30	49	+19
2. Briefe schreiben	17	31	+14
3. Mit der Familie zusammensein	62	74	+12
4. Erotik, Sex	21	29	+8
5. Feste, Feten, Parties feiern	14	14	0
6. Sich in einer Bürgerinitiative engagieren	2	2	0
7. Ehrenamtlich tätig sein	6	5	-1
8. Mit Freunden zusammensein	49	47	-2
9. Einladen, eingeladen werden	31	27	-4
10. Telefonieren	56	24	-32

Repräsentativbefragung von 4.000 Personen ab 14 Jahren (Bundesgebiet West: 3.000 - Bundesgebiet Ost: 1.000)
Quelle: B.A.T Freizeit-Forschungsinstitut 1991

Männer: 48 %) — entwickelt. In dieser Beziehung kann die Freizeitforschung eigentlich nur das bestätigen, was auch so für alle offenkundig ist: Für drei Viertel der Ostdeutschen (76 %) konnte Telefonieren keine Freizeitbeschäftigung sein, wenn die Anschlüsse fehlten. So mußte der Brief zwangsläufig zum Telefonersatz werden.

Freizeit als Kulturzeit

Mehr als jeder fünfte Bürger in den neuen Bundesländern nutzte einen Teil seiner freien Zeit dafür, sich persönlich weiterzubilden (22 %). Die Weiterbildungsbereitschaft in den alten Bundesländern war deutlich geringer (13 %), was auch in dem größeren Angebot an betrieblichen Fortbildungsmaßnahmen *während* der Arbeitszeit begründet sein mag. Vor allem die berufstätige Bevölkerung machte in den neuen Bundesländern von den Weiterbildungsangeboten Gebrauch. Jeder vierte Berufstätige (27 %) bildete sich regelmäßig nach Feierabend „oder am Wochenende" weiter. Bei den von Arbeitslosigkeit betroffenen Bürgern waren es gar 38 Prozent — ganz im Gegensatz zu den westdeutschen Arbeitslosen, von denen gerade acht Prozent nach eigenen Angaben regelmäßig an Weiterbildungsmaßnahmen teilnahmen.

Es war offensichtlich: Die existente oder drohende Arbeitslosigkeit übte in den neuen Ländern einen sehr viel stärkeren psychischen und sozialen Druck aus, so daß persönliche Weiterbildung immer auch als berufliche Qualifizierung verstanden werden mußte.

Was darüber hinaus die kulturelle Gestaltung der eigenen Freizeit anbetraf, so war die Interessenlage im Osten wie im Westen Deutschlands annähernd gleich. Kulturelle Angebote sprachen längst nicht alle an, konzentrierten sich vielmehr auf ein relativ stabiles Stammpublikum zwischen Oper und Pop-Konzert, Museum und Theater.

Die Analyse des Freizeitverhaltens ost- und westdeutscher Bundesbürger machte deutlich: Beide hatten gleiche oder ähnliche Lebens- und Freizeitinteressen, aber ganz unterschiedliche Möglichkeiten, sie auch zu realisieren.

Pointiert ließen sich die Besonderheiten west-östlichen Freizeitverhaltens im Jahre 1990 wie folgt charakterisieren:
○ *Freizeit im Westen*:
Faulenzen — Kino — Essengehen
○ *Freizeit im Osten*:
Heimwerken — Handarbeiten — Weiterbilden

Es war unverkennbar: Mit steigernder Arbeitslosigkeit wuchsen in den neuen Bundesländern nicht nur Sorgen und Ängste um Lebensunterhalt und Lebenssicherung. Es wuchs auch die Gefahr von Neid, Enttäuschung und Demütigung über die neue Wohlstandsgrenze zwischen dem ostdeutschen Mezzogiorno und dem ‚Goldenen Westen'. *Während sich die Ostdeutschen in Selbstbedienungsläden und Heimwerkermärkten drängten, flanierten die Westdeutschen in Konsumtempeln und Gourmetshops.* Die Ostdeutschen mußten sich in einem System von Alltagsverhältnissen und Alltagserledigungen zurechtfinden, die Westdeutschen konnten Freizeit und Wohlstand genießen. Hier war nur westdeutsche Solidarität im Sinne von spürbarem Opfersinn geboten, wenn die *Gefahr einer Zwei-Klassen-Gesellschaft von Job-Suchern und Freizeit-Genießern* verhindert werden sollte.

Urlaubswünsche

Die westdeutschen Bundesbürger wollen im Urlaub fast „alles", die ostdeutschen Bundesbürger auch — nur von allem noch „mehr". Die Urlaubserwartungen der Ostdeutschen wirken intensiver, erscheinen stärker ausgeprägt, ja fast grenzenlos. Offensichtlich ist der Nachholbedarf an realisierbarer Reise-Sehnsucht so groß, daß die hohen Urlaubserwartungen beinahe Gefahr laufen, „überhöht" zu sein, so daß die Wunschvorstellungen hinter der Urlaubswirklichkeit herhinken können. Die Kluft zwischen Wunsch und Wirklichkeit könnte ostdeutsche Urlauber für Des-Illusionierungen und Enttäuschungen besonders anfällig machen.

Die westdeutschen Bundesbürger haben die gleichen Wünsche, äußern sie aber weniger intensiv, weil die meisten von ihnen auch die Schattenseiten der „schönsten Wochen des Jahres" kennen und persönlich er-fahren haben. Sie stellen längst nicht so hohe Erlebnis-Erwartungen an den Urlaub (Ost: 46 % — West: 32 %), weil ihnen der Entspannungs-Charakter von Faulenzen und

Nichtstun im Urlaub genausoviel bedeutet (Ost: 22 % — West: 31 %). Für ostdeutsche Bundesbürger hat das Nichtstun im Urlaub eine deutlich geringere Bedeutung. Nichtstun — im Urlaub viel zu schade?
Das spezifische Urlaubsprofil der Ostdeutschen läßt sich mit drei Worten umschreiben: „Natur" — "Kultur" — "Kontakt". Jeder zweite ostdeutsche Urlauber (51 % — West: 38 %) träumt von „idyllischer Landschaft" und „freier unberührter *Natur*". Die ökologischen Probleme im eigenen Umfeld machen verständlich, warum der grüne Kontrast zum grauen Alltag gesucht wird. Man möchte „Natur um sich haben" (Ost: 45 % — West: 35 %) oder direkt „im Grünen wohnen" und „Natur vor der Tür" (Ost: 38 % — West 26 %) haben. Intakte Rahmenbedingungen von Natur und Landschaft, nicht so sehr das eigene umweltbewußte oder naturverträgliche Urlaubsverhalten, stehen dabei im Mittelpunkt. Zu einem „schönen" Urlaubserleben gehört eine „schöne" Naturlandschaft.

Im Unterschied zur westdeutschen Bevölkerung spielt darüber hinaus das Urlaubsmotiv *Kultur* eine besonders große Rolle. Jahrzehntelang waren der Bevölkerung der ehemaligen DDR Auslandsreisen verwehrt. Daher ist ihr Informationshunger nach kulturellen Sehenswürdigkeiten außerordentlich groß. Die Bürger in den neuen Bundesländern wollen jetzt endlich „berühmte Bauwerke" besichtigen (46 % — West: 29 %) und „andere Kulturen, Einheimische" kennenlernen (31 % — West: 24 %). Das Kennenlernen von Denk- und Sehenswürdigkeiten wird von ihnen als nachhaltigere Urlaubsimpression empfunden als das bloße Faulenzen und Nichtstun.

Kontakt lautet das dritte Motiv, das ostdeutsche Urlauber deutlich von den westdeutschen unterscheidet. Dabei zeigt sich, daß das „Zusammensein mit der Familie" für sie eine Bedeutung hat (53 % — West: 32 %), wie sie Anfang der 60er Jahre das Urlaubsverhalten der Westdeutschen charakterisierte, als der Urlaub noch ein knappes Gut war (1960: 16 Tage — 1991: 31 Tage). Urlaubszeit war damals wesentlich Erholungszeit in und mit der Familie. Mit dem Urlaub ist für die ostdeutschen Urlauber aber außerdem die Hoffnung verbunden, „mit anderen Menschen zusammenkommen" zu können (Ost: 53 % - West: 32 %). Das Bedürfnis, die Alltagsgesichter (von Kollegen, Nachbarn u.a.) hinter sich zu lassen, ist bei den ostdeutschen Urlaubern besonders stark ausgeprägt. Sie suchen im Urlaub vor allem das Neue, das ganz Andere, „Ablenkung, Zerstreuung und Vergnügen" (Ost: 40 % — West: 26 %). Und sie sind neu-gierig nach anderen Menschen, anderen Landschaften und anderen Kulturen.

Ein ganz anderes Wetter gehört wesentlich dazu: Fast drei Viertel (Ost: 70 % — West: 57 %) der Bundesbürger in den neuen Bundesländern träumen von einem Urlaub mit „gutem Wetter". Auf Sonne können und wollen sie ebensowenig verzichten wie auf die Möglichkeit, im Urlaub endlich einmal in Ruhe und ungestört „abschalten und entspannen" zu können (62 % — West:

56 %). Sie wollen ihre Ruhe haben, und vom aktiven Sporttreiben im Urlaub halten sie genausowenig wie die Bundesbürger im Westen: Von insgesamt 30 Urlaubsmotiven rangiert „Aktiv Sport treiben" (Ost: 11 % — West: 11 %) an letzter Stelle. Die Trend-Aussage „So zeichnet sich als Entwicklung ab: ‚Aktivurlaub ist out — Relaxurlaub ist in' " (B.A.T Studie „Urlaub 88/89", Hamburg 1989, S. 23) hat sich stabilisiert. Für die Urlaubergeneration von heute und morgen sind Entspannungsangebote attraktiver als Angebote zum Aktivsport.

Urlaubsökonomie

In der Urlaubsfinanzierung gibt es eine gesamtdeutsche Gemeinsamkeit: Bundesbürger verreisen in der Regel erst dann, wenn sie genug Geld angesammelt, also verdient oder gespart haben. „Ferien auf Pump" (durch Kreditaufnahme) kommt nicht infrage. Damit ist aber auch schon die Grenze der Ge-

DIE URLAUBSFINANZIERUNG

Ostdeutsche müssen auf Erspartes zurückgreifen - oder verzichten

Von je 100 Befragten finanzieren in der Regel ihre Urlaubsreise...

	West	Ost	Unterschied Ost/West in Prozentpunkten
... aus extra Urlaubskasse	31	12	-19
... aus Ersparnissen	29	52	+23
... aus dem laufenden Einkommen	26	35	+9
... mit Urlaubsgeld (Arbeitgeber)	15	1	-14
... mit Elternzuschuß	9	3	-6
... durch Nebenjobs	5	2	-3
... durch Kontoüberziehung	4	0	-4
... durch Kreditaufnahme	0	0	

B·A·T Freizeit-Forschungsinstitut 1991

meinsamkeit erreicht. Jeder zweite Bundesbürger in den neuen Bundesländern (52 %) muß *das eigene Sparbuch* plündern, also auf finanzielle Reserven zurückgreifen, um sich eine Urlaubsreise leisten zu können. Die westdeutschen Urlauber hingegen finanzieren ihre Reise aus *diversen Einkommensquellen*. Jeder dritte verfügt über eine eigene Urlaubskasse. Mindestens jeder siebte (15 %) greift auf das Urlaubsgeld des Arbeitgebers zurück. Jeder elfte (9 %), vor allem die Jugend, freut sich über einen stattlichen Urlaubszuschuß der Eltern. Und 4 Prozent der westdeutschen Urlauber scheuen sich auch nicht, für das eigene Urlaubsvergnügen regelmäßig das Konto zu überziehen.

Kontoüberziehung als Basis für die Urlaubsfinanzierung ist für die ostdeutschen Bundesbürger bis heute unvorstellbar (0 %) geblieben. Und Urlaubsgeld durch den Arbeitgeber ist bisher ebenfalls weitgehend unbekannt (1 %). Wer also in den neuen Bundesländern verreisen will, kann dies nur mit gesicherter Finanzierung tun: 87 Prozent (Westdeutsche: 55 %) nehmen ihr Sparbuch zu Hilfe oder versuchen, den Urlaub aus dem laufenden Einkommen zu finanzieren. Urlaub muß bezahlbar sein oder man verzichtet ganz auf die Reise. Der Gedanke, daß zum zeitgemäßen Urlaubsgepäck auch Euroschecks und Kreditkarten gehören können, muß den meisten Bundesbürgern in den neuen Bundesländern weitgehend fremd erscheinen.

Es bleibt festzuhalten: Wenn es darum geht, die nächste Urlaubsreise zu finanzieren, setzen die Westdeutschen ihre jahrzehntelange Reiseerfahrung, Routine und Phantasie ein, um alle Finanzierungsquellen auszuschöpfen. Die ostdeutschen Bundesbürger denken in dieser Beziehung grundständiger — etwa nach der Devise. ,,Spare beizeiten und gehe kein Risiko ein." Einig sind sich Ost- und Westdeutsche jedoch in der kategorischen Ablehnung der Finanzierungsformel amerikanischer Touristen: ,,travel now — pay later." So anhaltend schön sind die Ferien nun auch wieder nicht, daß man den Urlaubsgenuß *vorher* noch wochen- oder monatelang *nachher* bezahlen muß.

Konsumeinstellungen

Erstmals im April 1990 hatte das B.A.T Freizeit-Forschungsinstitut zeitgleich im Bundesgebiet und in der früheren DDR die Einstellungen zum Konsum untersucht. Ein Hauptergebnis war: Konsum-Lust Ost und Konsum-Lust West lagen nicht weit auseinander. Beide waren in zwei Lager gespalten: In Versorgungskonsumenten und in Erlebniskonsumenten. Die Erklärung: Den gleichartigen Konsumwünschen lagen gemeinsame kulturelle Normen zugrunde.

Auch 45 Jahre unterschiedliche Nachkriegsgeschichte konnten nicht verhindern, daß bestimmte *kulturelle Traditionen und Lebensansprüche von einer Generation zur nächsten weitergegeben* wurden. Aus der internationalen Kultur- und Wertewandelforschung ist bekannt, daß es dauerhafte kulturelle Normen gibt, die langfristig auch unabhängig von unterschiedlichen politischen und wirtschaftlichen Entwicklungen weiterwirken. Frühe Lernerfahrungen in Kindheit und Jugend prägen die Lebensgewohnheiten einer ganzen Generation und werden tendenziell an die nachfolgende Generation weitergegeben. Dafür spricht beispielsweise auch, daß Hoteliers und Pensionsinhaber aus dem Bayerischen Wald im Sommer 1990 zu berichten wußten: Gäste aus der DDR wären mit alten Urlaubsphotos ihrer Eltern gekommen, die dort Urlaub gemacht hätten. Und nun wollten die Kinder und Enkel auch dorthin ... Und die Bestseller in der Bücherstadt Leipzig lauteten zur gleichen Zeit: „Fackeln im Sturm" und „1000 legale Steuertricks".

Die vorliegenden Befragungsergebnisse konnten als gesichert gelten. Die zunächst berechtigte Frage, ob denn die neue Markt- und Meinungsforschung in der ehemaligen DDR überhaupt in der Lage sei, zuverlässige Daten zu liefern, wurde durch ein konkretes Beispiel widerlegt: Das B.A.T Institut und das Allensbach Institut hatten unabhängig voneinander jeweils im April 1990 und August 1990 die Einstellungen der Bevölkerung zum Konsum untersucht. Die Ergebnisse sprachen für sich; sie glichen sich bis auf den Prozentpunkt genau: *Die große Mehrheit der Bevölkerung in Deutschland Ost (59 %) mußte sich auf den reinen Versorgungskonsum beschränken.* Es verblieben 41 Prozent, die den Erlebniskonsum in der Freizeit genießen wollen.

B.A.T INSTITUT (April 1990)
„Ich kaufe nur das, was notwendig ist ... ich will und muß sparen."
59 %

ALLENSBACH INSTITUT (August 1990)
„Ich kaufe nur das, was ich jetzt wirklich zum Leben brauche, den Rest spare ich."
59 %

Im Vergleich zu den westdeutschen Konsumenten legten die Bundesbürger in den neuen Ländern 1990 besonders hohen Wert darauf, sich endlich Dinge zu leisten, die *„das Leben verschönern".* Jeder vierte Ostdeutsche war in seiner Freizeit auf der Suche nach einem schöneren, angenehmeren Leben. Die Erreichung dieses Ziels mußte weder teuer noch luxuriös sein. Ganz im Gegenteil: Der Anteil der Westdeutschen, die sich „öfters mal was Neues" (West: 10 % — Ost: 6 %) oder gar „teure Konsumgüter leisten" können (West: 6 % — Ost: 3 %), war deutlich höher.

Es zeichnete sich eine Entwicklung ab, in der die Kluft zwischen den ost- und westdeutschen Konsumenten nicht geringer, sondern größer wurde:

○ Im April 1990, drei Monate *vor der Währungsunion*, vertraten 6 Prozent der ostdeutschen Bevölkerung die Auffassung: „Ich will und muß sparen. Mein Haushaltsbudget reicht gerade zur täglichen Versorgung".

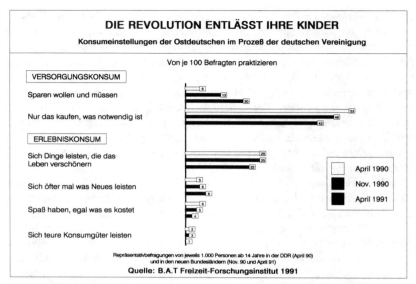

○ Im November 1990, vier Monate *nach der Währungsunion*, hatte sich der Anteil der Ostdeutschen, die sparen müssen, mehr als verdoppelt (13 %).

○ Im April 1991, sechs Monate *nach der deutschen Vereinigung*, hatte sich der Anteil der Sparkonsumenten weiter auf 20 Prozent erhöht: Jeder fünfte Bundesbürger war davon betroffen.

Daraus folgte: Die Einführung der DM hatte — zumindest nach der subjektiven Einschätzung bzw. dem subjektiven Wohlbefinden der Betroffenen — den Wohlstand der Ostdeutschen nicht auf breiter Ebene gefördert.

Während sich die 14- bis 24jährigen Jugendlichen hiervon relativ unberührt zeigten (12 %), fühlte sich die Generation der über 55jährigen in besonderer Weise (28 %) betroffen. Wer in Ostdeutschland mit 55 Jahren arbeitslos wurde, mußte damit rechnen, ab 1. Juli — auf dem Wege über das „Altersübergangsgeld" — in den Ruhestand versetzt zu werden. Die Betroffenen mußten dann mit einer Lebenserwartung von fast einem Vierteljahrhundert ohne Arbeit und Geldverdienen weiterleben. *Liefen die Segnungen des Freizeitwohlstands im Westen an der Generation über 55 in Zukunft vorbei?*. Die Generation der Mitt- und Endfünfziger war in der Tat *die eigentlich betrogene Generation*. In den letzten 45 Jahren konnten sie vom schönen Leben nur träumen, und in den nächsten 25 Jahren müssen sie mit ansehen, wie die nachfolgenden Generationen ihre Berufschancen nutzen und ihren Freizeitkonsum genießen können.

Die Revolution entließ ihre Kinder — in die Armut und Arbeitslosigkeit?
Die neue Konsum- und Reisefreiheit in der Freizeit wurde durch den Kampf

um den Arbeitsplatz in den Schatten gestellt. Aber auch und gerade für die ältere Generation, die sich schon um die letzten 45 Jahre ihres Lebens betrogen fühlte, entwickelte sich der Lebensabend zunehmend zum Synonym für die Sorge um das tägliche Leben. Vertrauensverlust, Angst vor Entlassung und ein mangelhaftes Freizeitangebot provozierten erhebliche soziale Spannungen und Auseinandersetzungen.

Zusammenfassung

Die 90er Untersuchung von Freizeitstilen in Ost und West ließ sich in den Hauptergebnissen wie folgt zusammenfassen:

1. Zwischen ost- und westdeutschen Lebenszielen entwickelt sich ein Mentalitätsgraben, der zu erheblichen Spannungen führen kann. Die Westdeutschen wollen in erster Linie ihr Leben genießen und etwas selber tun, was Spaß macht. Bei den Ostdeutschen sind hingegen die wichtigsten Lebensziele darauf gerichtet, etwas zu leisten und anderen zu helfen.

2. Die Informationsinteressen der Westdeutschen konzentrieren sich auf die eigene Gesundheit, auf Urlaubsreisen sowie Radio- und Fernsehprogramme. Die Ostdeutschen hingegen signalisieren einen hohen Informations- und Beratungsbedarf: Verbraucherberatung, Kochrezepte und Tips für umweltbewußtes Freizeit- und Reiseverhalten werden mehrheitlich gewünscht.

3. Die westdeutschen Freizeitaktivitäten weisen als Besonderheit eine Mischung aus Faulenzen und Telefonieren, Kino- und Kirchenbesuch, Kneipenbummel und Essengehen auf. Bei den Ostdeutschen steht noch die Familie im Mittelpunkt des Freizeitgeschehens, das Miteinander-Reden, das Heimwerken und Handarbeiten, aber auch das bloße „Herumfahren" mit dem Auto.

4. Die westdeutschen Urlaubswünsche konzentrieren sich auf Ruhe, Sonne und Kontrasterleben. Das spezifische Urlaubsprofil der Ostdeutschen ist auf Natur, Kultur und Kontakt, insbesondere auf das Zusammensein mit der Familie ausgerichtet.

5. Die Konsumeinstellungen in Ost und West sind annähernd gleich. Im Westen wird jedoch etwas mehr von den Möglichkeiten zum Anspruchs-, Geltungs- und Luxuskonsum Gebrauch gemacht. Hingegen sind fast zwei Drittel der Ostdeutschen (63 %) Spar- und Versorgungskonsumenten. Die unterschiedlichen Freizeit- und Konsumverhältnisse im Osten und im Westen Deutschlands schaffen im eigenen Land neue Wohlstandsgrenzen oder richtiger: machen sie sichtbar und spürbar.

Andererseits stellte sich 1990 die Frage, ob mehr Wohlstand auch mehr Lebensqualität bedeutete. Den die Westdeutschen hatten sich ihren Wohlstand bisher auf Kosten von Muße ‚erkauft': Viele konnten es sich zeitlich nicht mehr leisten, ihr Leben *in Ruhe* zu genießen. Der Vergleich zwischen ost- und westdeutschen Freizeitstilen zeigte: *Konsumwohlstand und Zeitwohlstand zugleich waren nicht zu haben:*

○ Wer viel konsumierte, litt schnell unter Zeitnot.
○ Wer viel Zeit hatte, hatte meist auch wenig Geld.

Die ostdeutsche Bevölkerung konnte sich den Zeitluxus noch erlauben, öfter Briefe zu schreiben oder Bücher zu lesen, in Ruhe eine Tasse Kaffee oder Tee zu trinken, sich in Ruhe zu pflegen, gemeinsam über wichtige Dinge zu reden oder ihren Gedanken nachzugehen.

Die SPIEGEL-EMNID-Umfrage von 1990 erbrachte ebenfalls als wesentliches Ergebnis: Die Ostdeutschen pflegten einen anderen Stil zu leben. Sie waren vor allem „häuslicher als die Westdeutschen" (SPIEGEL-SPEZIAL 1990, S. 51); saßen gern zu Hause gemütlich zusammen, nähten und strickten, bastelten und werkelten mehr als die Westdeutschen.

Die Frage für die weitere Entwicklung lautete: Muße oder Konsum? Wird die ostdeutsche Bevölkerung nach dem westdeutschen Konsumstandard streben und zwangsläufig einen wesentlichen Teil ihrer spezifischen Lebensqualität von Muße, Ruhe und Beschaulichkeit aufgeben bzw. verlieren? Und für die westdeutsche Bevölkerung war eher absehbar: *Konsumfülle wird in Konsumstreß enden.* „Eine neue subtile Form von Einsamkeit kann entstehen: Die innere Vereinsamung inmitten von Kontaktflut und äußerer Hektik. Selbst die Anbieter von organisierten Psycho-Programmen werden mehr zur Ablenkung als zur Selbstbesinnung beitragen" (Opaschowski 1983, S. 81). Und je größer die Konsumvielfalt sein wird, desto stärker wird die *Sehnsucht nach Ruhe* wachsen: „Vielleicht werden dann die Kirchen, aber auch neue Sekten, neue Psychopharmaka oder neue Medien einen Selbstbesinnungsboom hervorrufen" (Opaschowski 1987, S. 14). Freizeitkonsum zwischen Walkman und Traumtank, Brain- oder Mind-Studios, die über Ton- und Lichtsignale Entspannung aus der Steckdose anbieten?

Ost- und Westdeutsche hätten eigentlich voneinander lernen können. Bisher galt: Was die einen nicht hatten, besaßen die anderen im Überfluß. Westlicher Konsumwohlstand „kostete" Zeitnot; östlicher Zeitwohlstand bedeutete dagegen weitgehenden Konsumverzicht.

Die Menschen in den neuen Bundesländern hätten sich vor Augen halten können, was sie an persönlicher Lebensqualität verlieren, wenn sie sich gehetzt und überhastet in den westlichen Konsumrausch von Auto und Stereo, Video und Kino stürzen — statt sich *Zeit zu nehmen und das Genießen der neuen Konsumfreiheit langsam wachsen zu lassen.*

Die Westdeutschen riskierten hingegen den totalen Zeitkollaps, würden sie weiter dem Konsumüberfluß frönen und nicht zeitweilig innehalten. Sie hätten sich an der Lebensweise der Ostdeutschen ein Beispiel nehmen können,

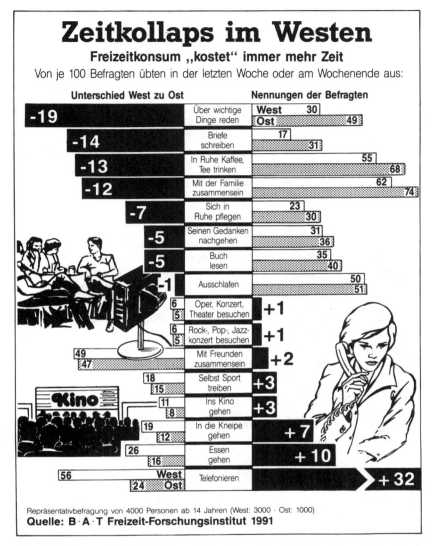

die sich bisher noch den Zeitluxus leisten konnten, Zeit für sich und ihre Familie zu finden, den eigenen Gedanken nachzugehen und gemeinsam über wichtige Dinge zu reden.

2.2 Ein Jahr später: Von der Konsumfreiheit zum Konsumstreß

Lebensziele: Zwischen Geld- und Genußorientierung

Die Bilanz nach einem Jahr deutscher Vereinigung zeigt: Die Ostdeutschen passen sich in ihren Lebenszielen immer mehr den Westdeutschen an. Zwar halten sie nach wie vor an den bei ihnen besonders stark ausgeprägten materiellen Interessen der *Geld- und Besitzorientierung* fest, entdecken aber zunehmend die Freude, den Spaß und den Genuß am Leben. Lebensziele wie „Etwas leisten" (1990: 68 % — 1991: 73 %) und „Viel Geld verdienen" (1990: 66 % - 1991: 73 %) bleiben nach wie vor wichtig und unverzichtbar. Die größten Zuwächse haben in den letzten zwölf Monaten jedoch *die spaß- und genußorientierten Lebensziele* erfahren: „Etwas selber tun, was Spaß macht" (1990: 62 % — 1991: 76 %) sowie „Leben genießen" (1990: 58 % — 1991: 71 %) sind jetzt genauso wichtig wie Geldverdienen geworden. Damit orientieren sich die Ostdeutschen immer mehr an Lebenszielen, wie sie für die Westdeutschen charakteristisch sind. Dies trifft in besonderer Weise für die jüngere Generation der 14- bis 29jährigen in Ostdeutschland zu, bei denen Spaß (86 %) und Lebensgenuß (83 %) die Wertehierarchie anführen, ohne daß das Leistungsstreben (79 %) zu kurz kommt.

Nur in einer Hinsicht hat die ostdeutsche Bevölkerung ihre Eigenart bewahrt: Fast drei Viertel der neuen Bundesbürger (71 %) halten es für besonders wichtig im Leben, anderen zu helfen. Die Hilfsbereitschaft im westlichen Teil Deutschlands ist deutlich geringer ausgeprägt (46 %).

Informationsinteressen: Ende der Neugierphase

Der ostdeutsche Informationshunger läßt nach, die Neugierphase klingt aus. Nach der Wende wollten die Ostdeutschen von allem mehr wissen. Die neugewonnene Meinungsfreiheit bescherte ihnen eine Informationsflut, nach der sie sich doch so lange gesehnt hatten. Radio und Fernsehen, Zeitungen und Zeitschriften wurden „die" Informationsquellen im Alltagsleben der ostdeutschen Bevölkerung. Der Wissensdurst schien grenzenlos zu sein.

Die Ergebnisse der Wiederholungsbefragung vom Oktober 1991 deuten jedoch darauf hin: Die Neugier- und Probierphase klingt langsam aus. Die Ostdeutschen wollen sich *nicht mehr nur „über" Medien informieren* (z.B. welche Radiosender oder Zeitschriftentitel es gibt). Ihre Informationsinteressen werden jetzt konkreter, alltags- und lebensnäher. Das Spektrum der Medienangebote ist ihnen weitgehend bekannt, das persönliche Interesse an der mehr als „Überangebot" empfundenen Medienvielfalt läßt eher nach. Die neuen Medien- und Freizeitkonsumenten werden *wählerischer und anspruchsvoller*. Nicht die Zeitschriften (- 10 Prozentpunkte im Vergleich zum Vorjahr), das Radio oder Fernsehen (- 7) stoßen auf ihr wachsendes Interesse. Gefragt sind vielmehr ganz konkrete Hinweise über Kino und Spielfilm (+ 7), Informationen über neueste Freizeittrends (+ 7) sowie neue Ideen für die Freizeitgestaltung (+ 5). Auch über Ausflüge und Wochenendfahrten (+ 3) wollen sie mehr erfahren. Die neuen Bundesbürger wollen nicht mehr nur wissen, „was im (Goldenen) Westen alles möglich ist" — sie wollen ihre Freizeit selbst erleben und genießen. Print- oder elektronische Medien verlieren ihren Nimbus des Besonderen. *Inhalte werden wieder wichtiger als Hüllen oder Hülsen.* Die Medien entwickeln sich zu praktischen Vehikeln der Information und Unterhaltung.

Der neue Trend in Ostdeutschland: Statt „Leben aus zweiter Hand" nun „Freizeit live": Kino und Kultur, Sport und Reisen sind gefragt. Mobile und aktive Freizeitinteressen werden zu zentralen Lebensinteressen. Und fast zwei Drittel der neuen Bundesbürger (62 %) wollen jetzt mehr über Verbraucherberatung wissen. Und ganz obenan steht — wie bei den Westdeutschen auch — das Informationsinteresse an gesunder Ernährung (79 %).

Das neue Leben in der „Informationsgesellschaft" ist bei vielen Ostdeutschen in den vergangenen Monaten nicht problem- und konfliktfrei verlaufen. Und nicht selten wird die plötzliche Informationsfülle mehr zur Verunsicherung als zur Orientierung beigetragen haben.

Informationsinteressen der Ostdeutschen
Die Neugierphase klingt langsam aus
Mobile und aktive Freizeitinteressen nehmen zu

Von je 100 Befragten wollen "gern mehr wissen" über:	1990	1991	Veränderung Nov. 1990 bis Okt. 1991 in Prozentpunkten
Gesunde Ernährung	77	79	+2
Urlaub, Reisen	75	75	0
Radio, Fernsehen	75	68	-7
Wohnen, Einrichten	70	67	-3
Verbraucherberatung	61	62	+1
Mode, Kleidung	60	61	+1
Zeitschriften	70	60	-10
Ausflüge, Wochenendfahrten	57	60	+3
Schönheits-/Körperpflege	58	58	0
Kochrezepte, Gut Essen + Trinken	61	57	-4
Bücher	58	57	-1
Umweltbewußtes Freizeitverhalten	56	55	-1
CD, MC, LP	52	51	-1
Gartenpflege	50	49	-1
Ideen für die Freizeitgestaltung	44	49	+5
Freizeittrends	42	49	+7
Autos, Motorräder	45	43	-2
Sport, -veranstaltungen	38	41	+3
Kino, Film	34	41	+7
Do-it-yourself, Heimwerken	42	40	-2
Kulturelle Veranstaltungen	37	39	+2

Repräsentativbefragung von jeweils 1.000 Personen ab 14 Jahren in den neuen Bundesländern (Nov. 1990 und Okt. 1991)
Quelle: B.A.T Freizeit-Forschungsinstitut 1991

> Jetzt normalisiert sich das Informationsinteresse. Der psychologische Neugiereffekt überlebt sich und die Medienlandschaft verliert ihren Neulandcharakter.

Konsumeinstellungen: Mehr Versorgungs- als Erlebniskonsum

Für die Beschreibung des Konsumentenverhaltens in West und Ost reichen heute herkömmliche Zielgruppendefinitionen nicht mehr aus, weil die Lebensstile immer vielfältiger werden. Beobachtbar ist eine zunehmende *Pluralisierung der Lebensstile*, die auch die Konsumenten immer mobiler und flexibler werden läßt. Klare Abgrenzungen sind kaum mehr möglich, weil die Konsumenten für sich ständige Durchlässigkeit fordern, d.h. sie wollen spontan von einem Marktsegment zum anderen springen. Ein Versorgungskonsument will auch einmal ein Erlebniskonsument sein und ein Erlebniskonsument muß auch sparen können. Mit anderen Worten: Jeder Konsument wird zur gespaltenen Persönlichkeit, der das Einsparen ebenso beherrscht wie das Verschwenden. Im Konsumleben spielt jeder eine Doppelrolle:

○ Die breite Masse der Bevölkerung spielt *in der Hauptrolle* den „Versorgungskonsumenten", *in der Nebenrolle* den „Erlebniskonsumenten" — nach dem Grundsatz: „Eigentlich müßte ich sparen, aber ich tu's nicht!"
○ Insbesondere bei der jüngeren Generation aber ist es genau umgekehrt; Shopping ist für sie in erster Linie Freizeiterlebnis.

So kann man fast von einer doppelten Spaltung der Verbraucherschaft reden: Jeder einzelne Konsument ist in sich gespalten — und *die gesamte Verbraucherschaft ist in zwei Lager gespalten*. Die beiden Konsumentenlager Versorgungskonsum / Erlebniskonsum spalten sich wiederum in Untergruppen. Sechs verschiedene Konsumeinstellungen zeichnen sich derzeit ab. Sie sind nicht wie die ‚Yuppies' oder ‚Ultras' Fabelwesen mit hohem Unterhaltungswert, sondern zeigen bereits heute empirisch nachweisbare spezifische Ausprägungen im Konsumverhalten an. Konsumeinstellungen repräsentieren unterschiedliche Lebens- und Freizeitstile.

Je nach Lebenssituation oder Lebensphase wechseln die Konsumenten ihre Identitäten: Als jugendliches Mitglied einer Freizeitclique gefallen sie sich in der Rolle des „Anpassungskonsumenten", als Single spielen sie gerne den „Geltungskonsumenten". Mit der eigenen Familiengründung müssen sie wieder lernen, „Normalkonsum" zu praktizieren und im Rentenalter werden viele zum „Sparkonsum" gezwungen. Konsumentenrollen spiegeln immer auch individuelle Lebenskonzepte wider. Auf der Basis empirischer Daten lassen sich im einzelnen *sechs Konsumententypen* ableiten:

Typus 1: Der Sparkonsument (West: 12 % — Ost: 19 %)

Der Sparkonsument hält das Geld zusammen, weil er *„sparen will und muß"*. Für den Sparkonsumenten wird Konsum zur Arbeit. Der alltägliche Konsum spielt sich ab zwischen Haushalt und Hausarbeit, Geldmangel und Geldnot, Konsumeinschränkung und Konsumverzicht. Zum Typus des Sparkonsumenten gehören mehrheitlich Haushalte aus nicht begüterten Schichten. Ihre Freizeit ist karg bemessen, und mannigfaltige Verpflichtungen und häusliche Tätigkeiten gehen nahtlos ineinander über. Zunächst einmal muß die Familie versorgt werden. Für den Sparkonsumenten gilt: *„Mein Haushaltsbudget reicht gerade zur täglichen Versorgung".* Für besondere Freizeitausgaben bleibt ihm kein Geld. Freizeitkonsum als lustvolles Konsumieren findet allenfalls während der Ferien und gelegentlich am Wochenende statt, wenn nicht das knapp bemessene Budget einen Strich durch die Rechnung macht. Arbeitslose, Sozialhilfeempfänger und Rentner sind vom unfreiwilligen Konsumverzicht am meisten betroffen. Sie begnügen sich mit den kleinen Konsumfreuden des Lebens, die wenig kosten. Der Sparkonsument lebt nach dem Grundsatz: „Ich kann nicht immer Geld ausgeben".

Typus 2: Der Normalkonsument (West: 44 % — Ost: 49 %)

Der „Otto Normalverbraucher" lebt weiter — trotz oder gerade wegen der Vielfalt anderer, z.T. exotischer Lebensstile. Als graue, fast unscheinbare Erscheinung rückt er allerdings immer mehr aus dem Blickfeld des öffentlichen Interesses, wird fast an den Rand gedrängt, obwohl nach wie vor mindestens zwei von fünf Bundesbürgern Normalverbraucher sind. Der Normalkonsument kauft nur das, *„was notwendig ist".* Auch in seiner Freizeit konsumiert er *„wie im normalen Leben auch".* Ihm genügt eine Sorte Bier oder Cola und nicht 17 verschiedene Geschmacks-Linien, Kalorien-Konzepte und Verpackungs-Systeme. Von Kaufrausch keine Spur, von Konsumaskese aber auch nicht.

Typus 3: Der Anspruchskonsument (West: 20 % — Ost: 17 %)

Für den Anspruchskonsumenten ist das Konsumieren ein Hilfsmittel auf dem Wege zu einem schöneren Leben — mit mehr individueller Lebensart und ganz persönlichem Lebensstil. Der Anspruchskonsument geht in seiner Freizeit *„vielseitigen Interessen"* nach. Hier leistet er sich in erster Linie Dinge, die für ihn persönlich wichtig sind und sein *„Leben schöner machen".* Der Anspruchskonsument genießt die Segnungen von Freizeit und Wohlstand. Als eine Art Lebenskünstler sucht und findet er sein Lebensglück nicht nur in der Arbeit, sondern hat das Bestreben, mehr aus seinem Leben zu machen. Er will sein Leben nach eigenen Interessen leben. Der Anspruchskonsument begreift den Freizeitkonsum als Möglichkeit, nachholen zu können, was er bisher versäumt hat: Freude an einem angenehmen und schönen Leben.

Typus 4: Der Anpassungskonsument (West: 7 % — Ost: 6 %)

Der Anpassungskonsument steht unter dem Zwang oder Drang, sich anzupassen. Er will in seiner Freizeit *„viel mit Freunden zusammen sein und Spaß haben".* Er will sich nicht ausschließen, hat Angst vor dem Out-Sein. Er

TYPOLOGIE DES FREIZEITKONSUMENTEN
Ein Vergleich zwischen alten und neuen Bundesländern

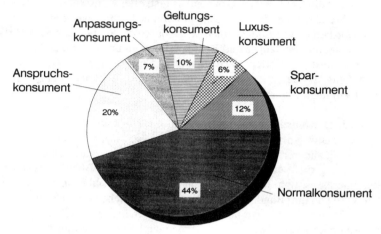

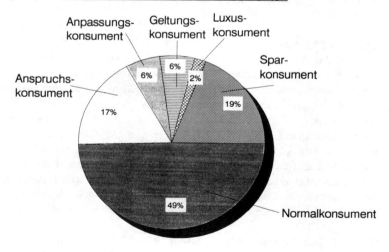

Repräsentativbefragung von 2.600 Personen ab 14 Jahren (West: 2.042 - Ost: 558) vom 25. April bis 11. Mai 1992

Quelle: B.A.T Freizeit-Forschungsinstitut 1992

will und muß immer dazugehören. Er lebt im Hier und Jetzt — *„egal, was es kostet".* Und er ist zugleich fasziniert vom Konsum. Geldausgeben ist ihm manchmal wichtiger als Geldverdienen. Er hat mitunter mehr Wünsche als Geld. Er lebt in einer Freizeitwelt zwischen Freund und Fête. Und er lebt — wenn es sein muß — auch mal über seine Verhältnisse. Er neigt zu Spontankäufen, kauft „irgendwelche Sachen", auch unnötige Sachen, aber das merkt er (wenn überhaupt) erst hinterher. Dann ärgert sich der Anpassungskonsument und „die Glücksgefühle sind im Eimer". Konsumwelt und Wunschwelt gehören für ihn zusammen: „Wenn ich einmal diesen Disc-Player mit seinem tollen Klang gehört habe, dann ist in mir etwas, das spricht darauf an: Das möchte ich haben".

Typus 5: Der Geltungskonsument (West: 10 % — Ost: 6 %)

Der Geltungskonsument (Prototyp: Single) will die erworbenen Konsumgüter wie die Mode zur Schau tragen. Materiell und sozial weitgehend unabhängig gehören für ihn Geld und Geltung zusammen. Konsum wird von ihm mehr nach außen demonstriert. Der Geltungskonsument will sich durch demonstrativen Konsum von anderen bestätigen lassen: „Ein gewisses Erfolgserlebnis muß dabei sein". Groß ist seine Lust am Einkaufen. In seiner Freizeit kauft er sich *„öfter mal was Neues",* das Non-plus-Ultra ist gerade gut genug. Der Geltungskonsument könnte der Erfinder der Wegwerf-Gesellschaft gewesen sein. Er verkleidet, ja kostümiert sich für andere. Er hat viel Spaß mit ihnen, aber ist eigentlich nur für sich selbst da. Ein Geltungskonsument kann Langweiler nicht ausstehen und ist am liebsten unter fröhlichen Menschen. Er haßt Pflichten und Reglementierungen, will frei und unabhängig sein und die Tretmühle Arbeit (und Familie) möglichst weit hinter sich lassen.

Es stört ihn nicht, wenn er manchmal über seine Verhältnisse lebt: *„Was ich hier zuviel ausgebe, spare ich im täglichen Leben wieder ein".* Er konsumiert in Superlativen und fühlt sich als „Lebemensch". Er scheut sich nicht, „auch mal was Verrücktes zu tun" oder sich „zu viel vorzunehmen". Alltägliches langweilt ihn. Er will und muß in seiner Freizeit Außergewöhnliches erleben, wovon der „familiäre Typ" einfach nur träumen kann.

Typus 6: Der Luxuskonsument (West: 6 % — Ost: 2 %)

Der Luxuskonsument verbindet anspruchsvollen Konsum mit ausgeprägtem Qualitätsbewußtsein und intensivem Lebensgenuß. Bei überdurchschnittlichem Einkommen und höherer Bildung leistet er sich *„höherwertige und teure Konsumgüter".* Aufgrund verantwortlicher beruflicher Tätigkeiten hat er das Gefühl, sich den Freizeitkonsum *„schließlich verdient zu haben":* Die teure Reise, die Ausgaben für sportliche Betätigungen bei Tennis, Segeln oder Golf, die Vernissage oder den Besuch eines Musikfestivals, die Städtereise oder den Zweit- und Dritturlaub. Konsum ist für ihn immer auch mit Qualität und Luxus verbunden.

In seiner knapp bemessenen freien Zeit will er etwas vom Leben haben, ja das Leben intensiv genießen — durch demonstrative Muße. Er beherrscht die Kunst des savoir vivre, auch des souveränen Genießens, in Ruhe und mit allerbestem Gewissen. Er leistet sich persönlichen Luxus, denn Teures und Wertvolles ist Ausdruck von gehobener Lebenskultur. Er kann es sich finanziell und auch moralisch leisten. Der Anspruchskonsument versteht es, lustvoll zu entspannen und zu genießen. Aber er muß auch die Erfahrung machen, daß Luxus nicht nur eine Sache ist, die man kaufen kann: Er hat oft mehr Geld als Zeit, es auch wieder auszugeben. Einen Luxus kann sich auch der Luxuskonsument nicht leisten — nämlich Zeit zu haben.

Die Typologie macht deutlich: *Genußstreben und Lustgewinn sind die Triebfedern, Geld und Zeit die Voraussetzung für den Erlebniskonsum in der Freizeit.* Ein schönes Leben wollen schließlich alle haben.

Die Konsumententypologie ist von mehr als wissenschaftlichem Interesse. Sie ist auf die unterschiedlichsten Marketingbereiche übertragbar. Die Media-Marketingabteilung der Verlagsgruppe Bauer beispielsweise hat auf der Basis der B.A.T Konsumententypologie die *Freizeit-Medien-Profile* von Zeitschriftenlesern ermittelt. Diese Brücke von der Freizeit-Konsum- zur Freizeit-Medien-Forschung eröffnet der werbungtreibenden Wirtschaft neue Differenzierungsmöglichkeiten für Zielgruppen. Daraus geht z.B. hervor:

○ In der Leserschaft des STERN sind die Normal- und die Sparkonsumenten am wenigsten vertreten. Überrepräsentiert sind hingegen die Anpassungskonsumenten, die viel mit Freunden zusammen sein und Spaß haben wollen.
○ In der BUNTE-Leserschaft machen die Normalkonsumenten mit 41,2 Prozent den größten Anteil aus.
○ Und bei den NEUE REVUE-Lesern ist der Sparkonsument, dessen Haushaltsbudget eigentlich gerade zum Leben reicht, am meisten vertreten.

So lassen sich bei scheinbar gleichen Leserschaften bzw. Zielgruppen weitergehende Differenzierungen schaffen, die letztlich über Produktpräferenzen entscheiden. Weil sich in Zukunft nur noch wenige Marken durch einen echten Produktvorteil verkaufen lassen, müssen Zielgruppen verstärkt über *Erlebniswelten*, die zum jeweiligen Konsumtyp passen, angesprochen werden. Gemeinsamkeiten und Unterschiede der Marken formen sich zu *individuellen Markenprofilen*.

3. Zwei Jahre später: Das Dilemma zwischen Zeit und Geld

Zwei Jahre nach der deutschen Vereinigung führte das B.A.T Freizeit-Forschungsinstitut eine Wiederholungsbefragung bei 2.600 Personen ab 14 Jahren in West- und Ostdeutschland durch. Die Umfrageergebnisse weisen nach, daß sich der Anteil der ostdeutschen Bundesbürger, deren *„Haushaltsbudget gerade zur täglichen Versorgung reicht"*, in den zwei Jahren zwischen

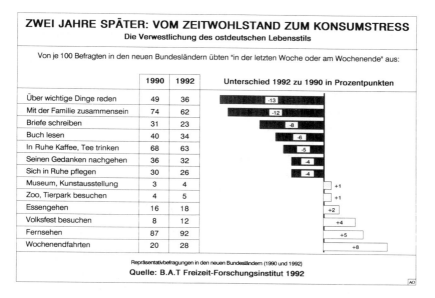

April 1990 (6 %) und April 1992 (19 %) mehr als verdreifacht hat. Jeder fünfte Bundesbürger aus Ostdeutschland hat mit der deutschen Einheit den Wohlstand gewählt — und Armut gewonnen. Reichte das Haushaltsbudget 1990 bei 0,8 Millionen „DDR-Bürgern" gerade noch zum täglichen Leben, so ist dieser Anteil zwei Jahre später auf 2,6 Millionen angestiegen. Was es objektiv an wirtschaftlichen Veränderungen und Verbesserungen in den letzten zwei Jahren gegeben hat, ist subjektiv bei vielen Ostdeutschen nicht angekommen. *Sie fühlen sich ärmer als vor der Wende, d.h. subjektiv geht es heute 1,8 Millionen Bundesbürgern in den neuen Ländern schlechter als vor der deutschen Vereinigung in der DDR.*

Armut bedeutet ja heute nicht mehr wie in früheren Zeiten „absolute Armut" im Sinne des physischen Existenzminimums. Armut bestimmt sich vielmehr als relative Armut, die sich aus dem Wohlstandsgefälle einer Gesellschaft ergibt. Nach Einschätzung der EG-Kommission sind heute in Europa etwa 14 Prozent als arm einzustufen; in Westdeutschland lag dieser Armutsanteil in den letzten Jahren konstant bei 11 Prozent.

Die neue im April 1992 durchgeführte Umfrage deutet auf eine Trendwende hin: In den letzten sechs Monaten ist der Anteil der Bevölkerung, der sich als arm einstuft, in Ostdeutschland unverändert geblieben (19 %), in Westdeutschland aber leicht von 11 auf 12 Prozent angestiegen. Offensichtlich bekommen auch die Westdeutschen die Kosten der deutschen Einheit langsam zu spüren. *Der Wohlstandsgraben zwischen West und Ost wird schmaler.* Wohlstand für alle ist noch nicht in Sicht, aber die Armutsgrenze scheint erreicht zu sein. Die Ostdeutschen gleichen sich Zug um Zug dem westdeutschen Lebensstandard an, was andererseits aber auch zur Folge hat, daß es heute etwa eine halbe Million Westdeutsche gibt, die deutlich mehr als vor einem Jahr rechnen und „sparen müssen", weil sie sich gerade noch das zum Leben Notwendige leisten können und „auf Freizeitbeschäftigungen achten müssen, die wenig kosten."

Im Prozeß der deutschen Vereinigung wiederholen sich historische Erfahrungen. 1928 unternahm die amerikanische Ethnologin Margaret Mead eine Expedition zu den Admiralitätsinseln, die zu Papua-Neuguinea gehören. Dort lebten seinerzeit die Manus, ein steinzeitliches Volk, in Pfahlbausiedlungen inmitten von Korallenriffen und tropischem Regenwald (vgl. „Growing up in New Guinea", 1930). Fünfundzwanzig Jahre später, inzwischen war der Zweite Weltkrieg beendet und amerikanische Truppen hatten das Gebiet der Manus heimgesucht, wiederholte Margaret Mead ihren Besuch.

Als sie eintraf, hatten die Manus gerade die katholischen Missionare verjagt, die sich redlich bemühten, die Manus *allmählich* an westlich-amerikanische Lebensweisen zu gewöhnen. So viel Geduld aber hatten die Manus nicht mehr: Sie wollten den *Sprung in die Moderne in einem Satz* machen. Sie waren der Meinung, die Missionare behandelten sie *herablassend und besserwisserisch*, weil sie ihnen die Segnungen der westlichen Wohlstandsgesellschaft nur *rationiert zuteilen* wollten. Die Missionare hingegen hatten die Auffassung vertreten: „Ganz so wunderbar ist es auch wieder nicht, die westliche Zivilisation zu übernehmen: Immer langsam voran!" Doch die Manus hatten dafür kein Verständnis. Sie wollten *genauso wie im Westen leben* und entschieden sich statt der Missionare für Paliau, einen revolutionären Führer, der die Amerikanisierung zur neuen Religion machte.

Das Verhalten der Manus geht auf einen menschlichen Urglauben, den sogenannten *„Fracht-Kult"*, zurück, der vor allem bei den Völkern der Südsee beheimatet ist: Traditionelle Gegenstände werden einfach in das Meer geworfen — in der frommen Hoffnung, daß Schiffe kommen — vollbeladen mit neuen Gütern, die das Alte bzw. das dem Meer Geopferte vergessen machen und durch das Neue doppelt belohnen. Auch die Ostdeutschen haben in den letzten zwei Jahren viele Eigenheiten, Lebensgewohnheiten und Traditionen über Bord geworfen — in der Hoffnung, der *Traum vom Leben im Wohlstand* werde sich umso schneller erfüllen. Weil aber die Fahrt zum Wohlstand vielen zu lange dauert, werden immer mehr westdeutsche „Missionare" in die Wüste geschickt. Warten sie jetzt sehnsüchtig auf den eigenen Führer einer neuen Sammlungsbewegung, der ihnen den Wohlstand bringen und die eigene Identität wiedergeben soll?

„Manche *Wessis* sind hier ja *wie Missionare* aufgetreten. Das muß irgendwann den Leuten so auf die Nerven gehen, daß sie die Westdeutschen abstoßen, was sie ja teilweise auch schon tun."
Birgit Breuel, Präsidentin der Treuhandanstalt, am 20. Juni 1992

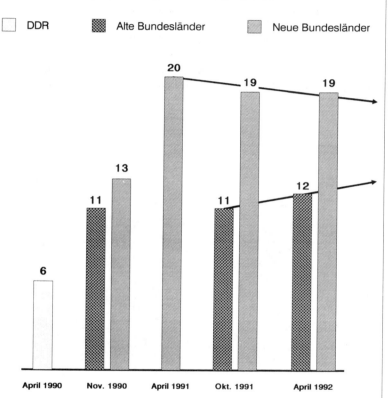

Die Manus auf Papua-Neuguinea jedenfalls haben ihre eigene Kultur und Tradition geopfert; daür erwirtschaften sie heute ein Bruttosozialprodukt (ca. 900 Dollar pro Kopf und Jahr), das derzeit höher als bei den Indonesiern oder Philippinen liegt...

Die menschliche Psychologie und Erfahrung spricht dafür, daß Ostdeutsche und Osteuropäer solange nicht Ruhe geben werden, bis sie den westdeutschen bzw. westlichen Standard an Freizeit und Wohlstand, an Zeit und Geld erreicht haben. Hier bewahrheitet sich wieder einmal eine alte Erkenntnis von Johann Wolfgang von Goethe, der am 6. Juni 1825 in einem Brief an Karl Friedrich Zelter vermerkt hatte: *„Alles ist jetzt ultra: Reichtum und Schnelligkeit ist das, was die Welt bewundert und wonach jeder strebt".* In den Menschheitsträumen dominiert seit jeher der Ultra-Konsument, der das Non-plus-Ultra heute (und nicht erst morgen) erleben und im Leben nichts verpassen will.

IV. Freizeitkonsum auf der Erlebnisebene. Die emotionale Dimension

Der amerikanische Ökonom Tibor Scitovsky kritisierte schon in den 70er Jahren, daß die Wirtschaftswissenschaft die genauere Analyse individueller Konsumbedürfnisse immer nur „mit ziemlich vordergründigem Interesse" behandelt habe. Nationalökonomen unterstellten dem Konsumenten „ein grundsätzlich rationales Handeln", d.h. sie nahmen einfach an, daß die Konsumenten „den größtmöglichen Nutzen" anstreben und ihren persönlichen Präferenzen nachgehen würden. Eine solche Annahme bezeichnete Scitovsky schlicht als „unwissenschaftlich" (Scitovsky 1977, S. 9). Denn die *Motivationspsychologie* kann sehr viel realistischer und überzeugender sein als die vage Prämisse eines rationalen Verhaltens. Die Psychologie nimmt einfach zur Kenntnis, daß Konsumbedürfnisse sehr stark variieren, also z.b. auf Gewohnheiten und äußere Einflüsse reagieren.

Ein Hauptgrund, warum sich Wirtschaftswissenschaftler weigern, die *Konsummotivationen näher zu erforschen*, ist ihr Glaube, daß jeder Konsument „sein eigener Herr" sei. In Wirklichkeit stellt das wirtschaftswissenschaftliche Prinzip der Konsumentensouveränität eine grobe Vereinfachung dar. Das Recht der freien Wahl beim Erwerb von Gütern und Dienstleistungen kann doch nicht einfach mit der Konsumentensouveränität verwechselt werden.

Ebenso fragwürdig muß die Annahme von Mikroökonomen erscheinen, „der Grenznutzen der Freizeit sei stets positiv", oder gar die naive Formel: Gesamtzeit abzüglich Arbeitszeit sei gleich Freizeit bzw. umgekehrt Arbeitszeit sei gleich die „Differenz aus der insgesamt verfügbaren Zeit T und der Freizeit F" (Linde 1988, S. 80f.). Mit mathematischen Methoden allein lassen sich die Hintergründe des Wirtschaftsfaktors Freizeit nicht bestimmen.

1. Freizeit in der subjektiven Vorstellung

Im subjektiven Verbraucherbewußtsein werden spontan drei Konsum-Situationen unterschieden:

○ Lebensnotwendiger Konsum
○ Konsum bei der Arbeit
○ Freizeitkonsum.

Freizeitkonsum stellt sich dabei als die interessanteste und attraktivste Konsumart dar. Sie steht unter dem Motto *„freiwilliger" bzw. „selbstbestimmter Konsum"*, während die beiden anderen Situationen eher den Charakter des Notwendigen, Zwanghaften und Außenbestimmten vermitteln. Auch im Konsumbereich signalisiert Freizeit zunächst Freiheit, während Konsum bei der Arbeit oder zur Befriedigung von Grundbedürfnissen mehr als Muß und Pflicht erlebt wird.

Neben den unterschiedlichen subjektiven Freiheitsgraden zeigen sich zwischen den drei Konsum-Situationen auch inhaltliche Akzentverschiebungen: Im Vergleich zum Freizeitkonsum erscheinen die beiden anderen Konsumsphären funktional und fast trivial. Charakteristisch für alle drei Konsumarten aber sind die fließenden Übergänge, die individuell ganz unterschiedlich erlebt werden. *„Essen"* kann nur Lebensunterhalt bedeuten — *„Essengehen" aber wird als Freizeitvergnügen empfunden.* Der Freizeitkonsum ist kein festumrissenes, sondern ein offenes Phänomen, das individuell und situativ definiert wird.

Assoziationen zum Freizeitkonsum
Zwischen Kultur, Ketchup und Klamotten

○ Shopping	○ Sport
○ Ausgehen	○ Bodybuilding
○ Essengehen	○ Auto
○ Kino	○ Disco
○ Kneipe	○ Fitnesscenter
○ Videothek	○ Spielhalle
○ Freizeitpark	○ Theater
○ Oper	○ Konzert
○ Museum	○ Kulturangebote
○ Bücher	○ Volkshochschule
○ Medienkonsum	○ Reisen, Reisebüro
○ Animateur	○ Handarbeiten
○ Gartenarbeit	○ Hobby
○ Ketchup	○ McDonald's
○ Klamotten	○ Neckermann

Schnell und einfach ist die spontane Globaldefinition von Freizeitkonsum als freiwilliger Konsum gefunden. Umso langwieriger und problematischer ist der Versuch, den Konsum-Begriff im Zusammenhang mit Freizeit zu konkretisieren. Es werden fast nur *aktive Konsumbeschäftigungen* genannt: Shopping, Aus- und Essengehen, Sport und Autofahren, Handarbeit und Hobbies, Kino und Theater, Disco und Kneipe, Gartenarbeit und Urlaubsreise. Die Aufzählung praktizierter Konsumaktivitäten nimmt fast kein Ende: Fitnesscenter, Videothek, Spielhalle und Freizeitpark, Theater, Oper, Museum und Konzert. Hingegen wird an *passives Konsumieren* (Fernsehen, Video, Musik hören u.a.) kaum gedacht. Qualitativ wird der Freizeitkonsum unmittelbar mit Geld, Komfort und Luxus in Beziehung gebracht. Freizeitkonsum ist im subjektiven Empfinden fast immer mit Geldausgeben verbunden. Beim Freizeitkonsum kauft man sich etwas, was man nicht unbedingt zum Leben braucht, aber sich gern leisten möchte, weil es das Leben schöner macht.

Beim Freizeitkonsum schwingt immer ein *Gefühl von Luxus und Außergewöhnlichem* mit:

- „Wenn man sich etwas Teures kauft, hat man ein ungeheures Glücksgefühl."
- „Ein teures Konsumieren ist gleich gutes Konsumieren."
- „Man kann sich neu einkleiden und schon hat man ein neues Spiegelbild."

Das Überangebot an Freizeitmöglichkeiten läßt den subjektiven Eindruck der Lawinenhaftigkeit entstehen.

Bei intensiverem Nachdenken über den eigenen Freizeitkonsum entsteht jedoch schnell der *Eindruck der Lawinenhaftigkeit* („Man fühlt sich überrollt" — "Man ist einfach überwältigt" — "Man kann das nicht mehr überschauen"). Die Lawine symbolisiert gleichermaßen

- das *Moment der Bedrohung* durch die (Über-)Macht des Konsumangebots wie auch
- das *Gefühl der Ohnmacht und Hilflosigkeit* des Konsumenten, der unsicher ist, ob und wie er sich gegen diese Lawine wehren soll.

Allein am *Beispiel Sport* wird deutlich, wie stark und vielfältig dieser Aktivitätsbereich mit Konsum durchsetzt ist. Der Gedanke an die sportliche Betätigung zieht ein ‚ausuferndes' Konsumgebilde nach sich: Sportkleidung und Ausrüstung, Vereinsbeiträge und Versicherung, Trainerstunden und Übungsbuch, Körperpflege und Aufbaupräparate, Erfrischungsgetränke und Salben bei Verletzungen. So gesehen scheint Freizeit fast gleichbedeutend mit Konsumzeit zu sein: Zwischen Gruppenzwang, Prestigedemonstration und Sucht nach Spaß. Der materielle bzw. finanzielle Charakter von Freizeitaktivitäten ist den meisten Befragten durchaus bewußt. Die ausufernde Fülle und Unüberschaubarkeit aber macht betroffen.

Ist die Problematisierung erst einmal so weit fortgeschritten, stellt sich der Freizeitkonsum plötzlich als *eine Art Polyp* dar, der den Menschen zu „umgarnen" und „verschlingen" droht. Das Erkennen der Gefahr verursacht Beklemmung. Auswege, sich aus den Armen des „Polypen Freizeitkonsum" zu befreien, sieht man kaum. Man fühlt sich fast „zum Konsum verdammt in alle Ewigkeit".

So verwundert es nicht weiter, daß die Beantwortung der umgekehrten Frage, was nicht zum Freizeitkonsum gehört, bei den Befragten allgemeine Ratlosigkeit auslöst:

○ „Das gibt es nicht".
○ „Eigentlich schwer. Das ist wirklich schwer".
○ „Irgendwie kostet das alles Geld".

Nur mit Mühe erinnert man sich schließlich an Lebensnotwendiges, Regeneratives, Immaterielles: Schlafen, Meditieren, Spazierengehen und Zusammensein mit Freunden („Gespräche kosten kein Geld").

2. Freizeitkonsum als persönliche Herausforderung

Psychologisch erfüllt der Freizeitkonsum eine *Doppelfunktion*:

○ Auf sozialer Ebene bedeutet er: Dazugehören bzw. ein akzeptiertes und integriertes Mitglied der Gemeinschaft sein. Diese *soziale Komponente* ist ein Grundzug von Konsum generell, wobei sich allerdings der Freizeitkonsum besonders gut zu Demonstrationszwecken eignet.
○ Mit Freizeitkonsum wird aber nicht nur Gruppenzugehörigkeit signalisiert. Durch Freizeitkonsum läßt sich auch Individualität ausdrücken. Durch ein spezielles Set von Verhaltensweisen und entsprechendem Produktgebrauch kann man sich eine *persönliche Note* geben („Ich bin BMW-Fahrer" — "Ich trage Anzüge von …").

> „Consumismo" oder Außenseiter sein!
> „Der Zwang zum Konsum ist ein Zwang zum Gehorsam gegenüber einem unausgesprochenen Befehl. Jeder ... steht unter dem entwürdigenden Zwang, so zu sein wie die anderen: im Konsumieren, im Glücklichsein, im Freisein; denn das ist der Befehl, den er unbewußt empfangen hat und dem er gehorchen ‚muß', will er sich nicht als Außenseiter fühlen. Nie zuvor war das Anderssein ein so schweres Vergehen wie in unserer Zeit".
> *Pier Paolo Pasolini:* Freibeuterschriften. Die Zerstörung der Kultur des Einzelnen durch die Konsumgesellschaft, Berlin 1978, S. 37

Das *Janus-Gesicht des Freizeitkonsums* verursacht Konflikte. Denn wer beiden Funktionen gerecht werden will, muß sich einer Gratwanderung unterziehen. Sowohl die individuellen als auch die sozialen Bedürfnisse bergen die Gefahr des Umkippens ins Negative in sich:

○ Bei der Anpassung an Konsumgewohnheiten des sozialen Umfeldes läuft man Gefahr, zu „vermassen", zu konform und anonym zu werden und damit ein Stück seiner Individualität (und letztlich Identität) zu verlieren.
○ Umgekehrt führt ein (zu) starker Individual-Konsum leicht in eine Außenseiterrolle und damit zu Isolation oder Vereinzelung.

Der Freizeitkonsum hat einen individuellen und sozialen Charakter. Beiden Seiten gerecht zu werden, gleicht einer »Gratwanderung«. Wer die Individualität zu sehr betont, droht zum Außenseiter zu werden. Und wer sich den sozialen Normen von Gesellschaft, Gemeinwesen, Gruppe oder Clique zu sehr anpaßt, droht zu »vermassen«.

Die Doppelfunktion des Freizeitkonsums zwingt jeden einzelnen, den emotionalen Zielkonflikt für sich selbst zu lösen. Als Ideal wird eine *Balance zwischen individuellen und sozialen Bedürfnissen* gesucht. In der Realität aber wird dieses Ziel selten erreicht. Das Dilemma erlebt der einzelne letztlich als eindeutiges Übergewicht der sozial initiierten Konsumaktivitäten: Vom Fernsehabend in der Familie bis zum Ausgehen mit Freunden. Gefühlsmäßig entsteht der Eindruck der Außensteuerung. Der außengesteuerte Konsum läßt den einzelnen nicht zur Ruhe kommen. Freizeitkonsum bekommt fast Verpflichtungscharakter.

> Die wirkliche Persönlichkeits- und Identitätsfindung wird erschwert, weil die konsumaktive Persönlichkeit mit vielen bunten Etiketten und Versatzstücken „angesehener" ist als die Individualität, die dem Prestigskonsum entsagt.

Und der subjektive Eindruck entsteht: „Vielleicht ist Freizeitkonsum einfach ein Ersatz für gutes Lebensgefühl".

3. Freizeitkonsum als bedrohliches Gefühl

In der Freizeit hat der Mensch zunehmend das Gefühl, er *muß* konsumieren, um nicht zum Außenseiter zu werden. Der individuelle Freiraum ist begrenzt. Das Erkennen dieses Dilemmas löst zwei massive *Abwehr- und Verdrängungsreaktionen* aus:

In der ersten Reaktion wird nach dem Motto „Ich mache alles freiwillig" der gesellschaftliche Zwangscharakter des Freizeitkonsums geleugnet:

○ „In der Freizeit habe ich die freie Entscheidung."
○ „Ich konsumiere nur das, was ich will."
○ „Ich unterliege nicht dem Konsumzwang."

Die zweite Reaktion auf das bedrohliche Gefühl ‚von der Freizeitindustrie vereinnahmt zu werden' ist die verbreitetste. *Der soziale Zwangscharakter des Freizeitkonsums wird nicht bei sich, sondern ausschließlich bei anderen gesehen*, obwohl es eigentlich die eigenen Befürchtungen sind. Die Menschen reden von anderen und meinen sich selbst. Was sie persönlich bedroht, projizieren sie in die Situation von anderen. Dies spiegelt sich in folgenden Aussagen wider:

○ „Ich lasse mich zu nichts überreden, aber *die meisten* sind zu labil und lassen sich gerne *von anderen* dirigieren."
○ „Also wenn ich beim Sport meine Massagecreme mit mir ‚rumschleppe für den Notfall, nenne ich das nicht Konsumieren. *Bei den anderen* schon eher; das ist bei denen schon Gewohnheit, ja ein Ritus."
○ „Mein Freizeitverhalten ist *anders als bei den anderen*".

Persönliche Bedenken, daß man selbst auch Opfer des Konsumzwangs sein könnte, werden selten offen (in der Gruppe) diskutiert. Lediglich einige jüngere Leute machen vorsichtige Andeutungen:

- „Oft *weiß ich nicht mehr*, ob ich das jetzt selber will. Oder ob es irgendwelche Leute oder auch die Werbung so tief in mich reingesetzt haben, daß ich *nicht mehr unterscheiden* kann".
- „Ich bin unzufrieden, weil ich manchmal merke, daß es zum Teil gar nicht meine eigenen Vorstellungen sind, sondern Dinge, die ich *unbewußt* aufnehme. Das ärgert mich immer, wenn es mir dann bewußt wird".
- „In der Freizeit *lasse ich mich meistens berieseln* von irgendwelchen Sachen und werde aufgedreht. Es ist schon bald soweit, daß ich gar nicht mehr ruhig sein kann, obwohl das eigentlich gesund wäre".

> Freizeitkonsum läuft eher auf einer mehr emotionalen, weniger bewußten Ebene ab. Wenn der Verstand einsetzt, hört auch das Vergnügen auf, d.h. kritische Reflexion löst Unbehagen, Ärger und Unzufriedenheit aus.

Vom Gefühl her läßt man sich gerne berieseln — wohl wissend, daß Verstand und Vernunft (insbesondere die Normen der Protestantischen Ethik) dabei zu kurz kommen. Die Schwierigkeiten, beim Konsumieren immer die richtige Balance zwischen Gefühl und Verstand zu finden, wird wohl erkannt. Aber sie wird nicht als eigenes Problem bewertet, sondern „den anderen" als Schwäche und Fehler zugeschrieben und angelastet.

Hierbei zeigt sich, daß die protestantisch-puritanische Einstellung zum Konsum beim Stichwort „Freizeitkonsum" geradezu eskaliert: Vom sündhaft Teuren zum Sündigen ist wohl nur ein Schritt. Und letztlich gilt jeder Konsum, der nicht dem Überleben oder Lebensnotwendigen dient, als Freizeitkonsum.

Mit der wachsenden Freizeitorientierung des Lebens läßt sich die traditionelle Unterscheidung zwischen „Alltagskonsum" und „Sonntagskonsum" nicht

Assoziationen zum Konsum Zwischen Geld, Verführung und Verschwendung	
○ Geld	○ Fetisch
○ Kredit	○ Konsumhaltung
○ Kreditkarte	○ Beeinflussung
○ Wirtschaft	○ Verführung
○ Werbung	○ Manipulation
○ Wohnung	○ Verbrauch
○ Kleidung	○ Frustkauf
○ Kosmetik	○ Glitzerwelt
○ Auto	○ Abfall, Müll
○ Reisen	○ Scheinwelt
○ Geschenke	○ Geschenkzwang
○ Vergnügen	○ Kaufrausch
○ Drogen	○ Träume
○ Statussymbol	○ Verschwendung
○ Luxus	○ Überfluß

mehr aufrechterhalten. *Konsumwelt und Freizeitwelt werden sich immer ähnlicher.* Damit wird auch die Einstellung zum Konsum allgemein immer problematischer und kritischer. Wenn im (Freizeit-)Leben fast alles käuflich und konsumierbar erscheint, wird das Konsumieren an sich schon zum Problem. Die Assoziationen zum Konsum bewegen sich zwischen Geld, Verführung und Verschwendung, Frustkauf und Kaufrausch, Schein- und Glitzerwelt. Emotionale und rationale Welten stoßen aufeinander.

○ Emotional empfunden macht Autofahren Spaß, ist Reisen eine Lust und Geschenke machen eine Freude.

○ In der rational abwägenden und fast distanzierten Sichtweise aber werden diese Konsumaktivitäten als unnötiger Verbrauch von Ressourcen, als Scheinwelt oder Geschenkzwang verurteilt.

Offensichtlich spielen die Freizeitkonsumenten ein doppeltes Spiel: Auf der erlebnispsychologischen Ebene lassen sie sich gerne von der Glitzerwelt gefangennehmen, auf der gesellschaftskritischen Ebene demonstrieren sie den mündigen Verbraucher.

4. Freizeitkonsum als sozialer Zwang

Es erscheint offenbar unmöglich, sich allen Konsumzwängen zu entziehen. Schließlich muß man sich ganz persönlich der jeweiligen Bezugsgruppe (Familie, Freundeskreis, Freizeitclique, Sportclub u.a.) anpassen. Hinzu kommen eine Reihe gesellschaftlicher Maßstäbe und kultureller Erfordernisse, die nicht nur Zwang ausüben, sondern auch der eigenen sozialen Orientierung dienen:

○ *Informiert-Sein*
(Auf dem laufenden bleiben, Zeitung lesen, Nachrichten hören, Tagesschau sehen, Informationsveranstaltungen besuchen u.a.)

○ *Attraktiv-Sein*
(Sich schminken, sich pflegen, Deodorant benutzen, etwas zu bieten haben, Geld haben u.a.)

○ *Fit-Sein*
(Sich gesund ernähren, Halbfett-Margarine kaufen, sich sportlich betätigen, in die Sauna gehen, schlank bleiben u.a.)

○ *Modisch-Sein*
(Mit der Mode gehen, Modezeitschriften kaufen, sich modisch kleiden, wohlhabend sein u.a.)

○ *Gesellig-Sein*
(Guter Gastgeber sein, großen Bekanntenkreis pflegen, mit Freunden zusammensein, Kneipen und Vereine, Kaffeeklatsch und Sektfrühstück, telefonieren u.a.)

○ *Kreativ-Sein*
(Mehr selbermachen, Handarbeiten, individuelle Wohnraumgestaltung, Zeit haben u.a.)
○ *Umweltbewußt-Sein*
(Öffentliche Verkehrsmittel nutzen, Radfahren, umweltfreundliche Artikel kaufen, Pfandflaschen benutzen, Glascontainer nutzen, Radfahren u.a.)

Hinzu kommen tagesaktuelle *„In"-Bedürfnisse*, daß „man" ein bestimmtes Buch gelesen, einen neuen Film gesehen haben oder an Zukunftstechnologien interessiert sein muß. Freizeitkonsum ist immer auch ein wenig Anpassungskonsum, Geltungskonsum, Prestigekonsum.

○ „Alles, was andere von einem erwarten, ist auch Zwang".
○ „Anpassungskonsum ist der Drang oder Zwang, sich anzupassen".
○ „Aus diesem Kreislauf rauszukommen, ist die größte Schwierigkeit".

	Was ist ‚in'? Ergebnisse einer spontanen Studentenbefragung auf dem Universitätscampus — ohne Anspruch auf Repräsentativität
BWL-Studenten	○ Cabrio fahren ○ CD-Player für das Auto ○ Weite Reise machen ○ Modeschmuck tragen
Jurastudenten	○ Yuppies ○ Krawattennadeln ○ Schleifen ○ Klamotten
Sportstudenten	○ Tennis ○ Surfen ○ Fahrrad fahren ○ Bier trinken
Pädagogikstudenten	○ Geld haben ○ Billiger Plunder ○ Dekadenz ○ Uni-Streik
Soziologiestudenten	○ PC ○ Walkman ○ Sonnenbrille ○ Schwarz

Der Sozialcharakter von Freizeitbeschäftigungen und der Sozialcharakter des Konsums hängen unmittelbar zusammen. *Weil es soziale Zwänge gibt, gibt es auch Konsumzwänge.* Völlige Konsumfreiheit gibt es nur in der Theorie und in der ganz persönlichen Phantasie. Doch nicht der Konsumzwang, sondern die Konsumfülle wird vom einzelnen als größtes Problem empfunden. Gemeint ist die Totalität des Konsums, die Menge des Angebots, die auf einen einstürmt. Damit verbunden ist die zunehmende Schwierigkeit, die *Angebotsfülle* zu strukturieren und eine persönlich sinnvolle Auswahl zu treffen.

Wenn aus der Ware ein Erlebnisobjekt wird
Welche Artikel jungen Leuten heute „am meisten bedeuten"

	Frauen	Männer	Gesamt
1. Coca-Cola	42 %	52 %	47 %
2. Levi's 501	46 %	40 %	43 %
3. Sony	34 %	42 %	38 %
4. Swatch	40 %	32 %	36 %
5. Nike	26 %	36 %	30 %
6. Esprit	41 %	19 %	30 %
7. Chanel No. 5	36 %	23 %	30 %
8. Diesel Jeans	26 %	31 %	29 %
9. Ferrari Testarossa	21 %	36 %	28 %
10. Mont Blanc	28 %	28 %	28 %

Basis: Befragung von 628 jungen Leuten im Alter von 18 bis 35 Jahren
Quelle: WIENER (Nov. 1992 / S. 80)

Phasen- bzw. altersabhängige Unterschiede in der Sicht- und Erlebnisweise des Freizeitkonsums sind gradueller, nicht prinzipieller Natur. Auffallend ist wohl, daß sich die Jüngeren (18- bis 24jährige) und die Älteren (36- bis 50jährige) relativ frei und unabhängig in ihren Konsumentscheidungen fühlen. Beide Gruppen verfügen auch über ausreichend zeitliche oder finanzielle Kapazitäten, um sich ihre Wünsche und Bedürfnisse erfüllen zu können.

Die meisten Restriktionen erfährt die mittlere Altersgruppe der 25- bis 35jährigen (mit noch zu versorgenden Kindern):

○ Sie müssen um ihre ganze persönliche Freiheit kämpfen, sich „freischaufeln" von familiären Verpflichtungen und erleben dadurch ihre so begrenzte Freizeit intensiver, bewußter und genußvoller.
○ Sie wählen gezielter aus dem Angebot aus, da ihre Freizeit zeitlich eingeschränkt und damit kostbarer ist.
○ Ihre persönliche Belastung (durch Kinder, Beruf, Haushalt) steht gesellschaftlich außer Frage. Sie dürfen sich das Nichtstun am ehesten erlauben und können es daher relativ unbeschwert genießen.

5. Freizeitkonsum im sozialen Wandel

Die Erinnerungen „an früher" machen auf einige Besonderheiten des heutigen Freizeitkonsums aufmerksam. Im Gegensatz zu früher ist der Freizeitkonsum heute weniger mit Anstrengung und Mühe verbunden. Freizeitkonsum wird quasi „frei Haus" geliefert, wenn Geld (und nicht Mühe) investiert wird. Das *Bild vom Gipfelerlebnis einst und jetzt* taucht auf: Früher erklomm man den Berg mit viel Zeit und Aufwand — heute erreicht man die Bergstation bequem und schnell mit der Seilbahn. Dieser Unterschied an Eigenleistung und Eigeninitiative hat auch den Freizeitgenuß verändert: Der „erkämpfte Gipfel" (um im Bild zu bleiben) bringt mehr und intensiveren Genuß, erfüllt mit Stolz und Freude.

Im Vergleich dazu erscheint der heutige Bergtrip wie ein oberflächliches Vergnügen. Der heute praktizierte und erlebte „Freizeitkonsum total" wirkt vergleichsweise genußärmer, weniger genußintensiv. Ihm fehlt nicht nur die Anstrengung und das damit verbundene Erfolgserlebnis („Lohn der Mühe", „Ruhe nach dem Sturm" u.a.), sondern auch die Entwicklung, der Prozeßcharakter.

Echter Genuß wird immer als zeitlicher Prozeß erlebt, als ein Gefühl, das einen Anfang und ein Ende hat, das Steigerung, Beruhigung und Abflachen kennt. Diesen prozeßhaften, dynamischen und spannungsvollen Charakter droht der heutige Freizeitkonsum zu verlieren. Der heutige Freizeitkonsum wird als perpetuum mobile ohne Anfang und Ende erlebt: *Es muß immer mehr, immer wieder und immer etwas Neues konsumiert werden.*

Genußmindernd wirken sich zudem Zeitmangel und Hektik aus, in denen sich Freizeitkonsum heute abspielt. *Zum echten Genuß gehört die Muße* — die Möglichkeit, sich persönlich einzulassen und ganz zu konzentrieren. Im Verweilen genießen, heißt schließlich, Erlebnisse nachklingen zu lassen.

Andererseits fällt auf, daß der Gedanke an „früher" zu *nostalgisch-verklärter Sicht* verleitet. So gesehen wird wohl auch der heutige Freizeitkonsum in dreißig Jahren als „die schöne alte Zeit" beurteilt werden. Massenwohlstand und Massenkonsum gehören nun einmal zusammen. Die heutige Konsumentengeneration mag als passiver und bequemer, satter und anspruchsvoller charakterisiert und kritisiert werden — sie ist dennoch nur das Spiegelbild einer Gesellschaft, die auf den beiden Säulen Produktion und Konsumtion aufgebaut ist und bleibt.

Freizeitkonsum: einst und jetzt
Neigung zur nostalgischen Verklärung

Freizeitkonsum früher:	Freizeitkonsum heute:
○ familienbezogener	○ massenhafter
○ naturverbundener	○ technischer
○ anstrengender	○ bequemer
○ aktiver	○ passiver
○ billiger	○ teurer
○ neuer	○ alltäglicher
○ weniger	○ vielfältiger
○ bescheidener	○ anspruchsvoller
○ neugieriger	○ satter
○ positiver	○ kritischer
○ Auto überhaupt	○ Auto als Statussymbol
○ Kino	○ Fernsehen, Video
○ Radio	○ Tuner, Tape, CD
○ Nord- und Ostsee	○ Florida / Australien
○ Mit der Familie	○ Mit dem Freundeskreis
○ Begrenztes Angebot	○ Grenzenloser Markt

Wortprotokoll einer Gruppendiskussion

A: „Vor 20 Jahren hat man weniger Geld gehabt. Man hat mehr aus Eigeninitiative gemacht."
B: „Das ist es."
C: „Man hat mehr improvisiert. Man war spontaner."
B: „Das ging im Laufe der Zeit verloren."
D: „Man hatte Wünsche, die man sich damals nicht erfüllen konnte, und die man sich heute erfüllt. Es muß ja ständig was Neues gebracht werden, damit keine Monotonie aufkommt. Es muß ja irgendwo verkauft werden."
B: „Das tut mir so weh, wenn ich das höre: ‚Daß keine Monotonie aufkommt.' Wenn ich zwei oder drei Kinder habe, dann konnte ich vor 20 Jahren in den Stadtpark gehen. Das kann ich heute noch."
D: „Dann kommen Ihre Kinder aus dem Kindergarten und erzählen Ihnen, was der (oder die) aus dem Kindergarten alles machen: ‚Warum machen wir das nicht auch?'"
A: „Ja, so ist es."
E: „Oder: ‚Die anderen sind schon im Freizeitpark gewesen. Wann gehen wir?' Dann gehen wir hin und 150 Mark sind weg!"
F: „Ich bin der Ansicht, daß das Freizeitangebot als solches heute so riesengroß und vielfältig ist, daß man es nicht mehr überblicken und auch keine Vergleiche mehr ziehen kann, weil ich durch die Umwelt oder die Kinder gezwungen bin, das Angebot wahrzunehmen. Wenn der Sohn merkt, die ganze Klasse war schon im Freizeitpark und wir noch nicht..."
G: „...warum tangiert Sie das eigentlich so, wenn der so mault?"
F: „Ich kann doch nicht sagen: ‚Nee, ich habe die Orchideen schon fünfmal gesehen, ich kann die nicht mehr sehen.'"

> E: „Ich sehe das so: Weil ich was möchte, muß ich meinen anderen Familienmitgliedern auch was gönnen. Wenn ich exklusiv bin, gilt das für die anderen auch."
> H: „Nur: Die Menschen wollen eine Auswahl haben. Und die ist heute größer geworden. Die Vielfalt hat sich vermehrt."
> E: „Aber unser Freizeitverhalten nicht."
> D: „Ich kann doch heute meiner 13jährigen Tochter nicht sagen: ‚Du ziehst das an!' Die erklärt mich für bekloppt."
> B: „Da hat sie recht."
> D: „Nur: Das, was sie will, kostet einen Haufen Geld."
> B: „Das war bei uns genauso."
> D: „Wenn ich mit ihr essen gehe, kann ich nicht sagen: ‚Du ißt den Kinderteller.' Die greift sich zielbewußt das Teuerste heraus."
> B: „Wenn andere Leute so was machen, ist das doch noch kein Grund, es selber auch zu tun."
> F: „Wenn ich das richtig verstanden habe, sind die Ansprüche gestiegen." Allgemein: „Ja."

In der fast nostalgisch-romantischen Rückschau auf den Freizeitkonsum von „einst" mit seinen Erlebnisinhalten von

- Eigenleistung,
- Muße,
- Genuß,
- echter Befriedigung und
- persönlicher Bereicherung

erscheint der heutige Freizeitkonsum wie ein flüchtiges, schales Vergnügen. Im heutigen Freizeitkonsum

- wird keine persönliche Anstrengung mehr gefordert. Die einzige Leistung besteht darin, den „ganzen Freizeitstreß durchzuhalten" und die „durchorganisierten Angebote" auch zu nutzen;
- wird man von einem Konsumangebot zum anderen gehetzt: „Man muß die vielen Möglichkeiten alle ausnutzen, dazu sind sie ja da". Die Angebote lassen einen kaum mehr zu sich selbst, zur Ruhe kommen („Man muß den Ski-Paß ausnutzen, obwohl man eigentlich schon kaputt ist");
- wird Genuß gesucht, aber meist nur Zerstreuung und Amüsement gefunden.

Was einst als begrenztes Angebot überschaubar und finanzierbar war, erweckt jetzt den Eindruck eines schier grenzenlosen Marktes. Bescheidenheit hat sich zur Anspruchsrevolution gewandelt:

- Nicht mehr der Autokauf erscheint wichtig, sondern die Automarke als Demonstration von Statussymbolen.
- Technologische Neuerungen wie Tuner, Tape, CD und MC lassen das alte Radiogerät vergessen.

○ Und die Sommerfrische an der Nord- und Ostsee rückt in den Hintergrund von Erlebnistouren nach Florida und Australien. Aus der Anspruchsrevolution droht in Zukunft eine Angebotsexplosion zu werden.

6. Der Alptraum von morgen

Über die Zukunftsentwicklung des Freizeitkonsums herrschen — auf der subjektiven Ebene — fast abenteuerliche Vorstellungen. Es fehlt an sozialer Phantasie, sich die künftige Konsumwelt anders vorstellen zu können als sie heute ist. In der subjektiven Wahrnehmung wird daher die heutige Wirklichkeit ganz einfach „fortgeschrieben" — allerdings mit negativem Vorzeichen. Aus der ganz persönlichen Sicht erscheint die Zukunft des Freizeitkonsums

In der Science-fiction-Perspektive wird die Gleichschaltung der Bedürfnisse durch eine übermächtige Freizeitindustrie als größte Gefahr gesehen.

nicht nur als eine konsequente Fortsetzung, sondern als eine *dramatische Steigerung der heutigen Gewohnheiten*. Von der subtilen Werbung über die Ausfüllung der letzten Marktnischen bis zur massenhaften Verschuldung.

Aus den subjektiven Zukunftsvisionen läßt sich keinesfalls ableiten, wie die künftige Konsumwelt wirklich aussehen wird. Wohl läßt die vorherrschende Tendenz zur Dramatisierung darauf schließen, daß es auch heute vereinzelt schon latente *Ängste vor einer organisierten Freizeitwelt* gibt. Ein *übersteigerter Konsumerismus*, der kaum persönliche Initiative und eigene Aktivität mehr läßt, wird als Hauptgefahr gesehen.

> In der subjektiven Zukunftsprojektion fehlt der Konsumwelt von morgen der echte Bezug zu den menschlichen Bedürfnissen und Wünschen. Man befürchtet, daß sich Freizeitkonsum in Zukunft fast nur noch in durchorganisierten Freizeitzentren abspielt.

Auf die Frage, wie eine Alternative bzw. bessere Konsumwelt vorstellbar und erreichbar wäre, kommt zumeist die stereotype Antwort: *„Man müßte noch einmal ganz von vorne anfangen können"*. Dahinter steht das persönliche Eingeständnis, nicht von selbst aus eigener Kraft dazu fähig zu sein. Man erhofft sich den Anstoß von außen — *eine Art „Urknall"* oder *„Phönix aus der Asche"*. Das Gefühl herrscht vor, die alte Welt müsse erst einmal untergehen, ehe eine neue, bessere Welt auferstehen könne.

Als extreme Alternative wird das *Bild einer archaisch-fernen Idealwelt* gezeichnet, die unserem heutigen Leben fremd ist und unsere persönlichen Möglichkeiten weitgehend überfordert: Der souveräne Mensch, der bewußt lebt und alles selber macht, der harmonisch in und mit der Natur lebt und sich auf seine inneren Werte besinnt, muß noch geboren werden.

Resümee: Eine konkrete und realisierbare Alternative zum heutigen Freizeitkonsum ist für die meisten nicht vorstellbar — allenfalls als *„deus-ex-machina"-Lösung* von außen. Man kann sich hierzu nur die extreme Alternative „Zurück zur Natur", also Verzicht auf Zivilisation, Kultur und Konsum vorstellen.

> Konsumterror oder Konsumverzicht gibt es nur im Alptraum, nicht in Wirklichkeit. *Im subjektiven Empfinden der Menschen löst eine konsumlose Freizeit mehr Ängste aus als ein durchorganisierter Freizeitkonsum.* Die Vorstellung, die Freizeit ohne Konsum „fristen" zu müssen, erweist sich als Horrorvision: Man fürchtet die totale Konfrontation mit sich selbst mehr als den totalen Freizeitkonsum.

Man hat Angst vor dem Verlust von sozialen Statussymbolen und damit auch vor Einschränkungen der eigenen gesellschaftlichen Identität. Die Folgen wären Isolation und Vereinsamung, aber auch Langeweile und Überdruß, weil man die entstehende Leere nicht aus eigener Kraft füllen könnte. Die *Assoziationskette „Nichtstun"/„Stille"/„Tod"* kommt auf. Entsprechend negativ und

Eine bessere Konsumwelt ist für die meisten nur als »Phönix aus der Asche« vorstellbar: als »Urknall«-Lösung von außen, nicht als Bewußtseinsänderung von innen.

abwehrend sind die persönlichen Reaktionen. Das Wissen um die eigene Unzulänglichkeit, den arbeitsfreien Teil des Lebens ohne Konsum gestalten und für das eigene Tun selbst Verantwortung tragen zu müssen, erzeugt Unbehagen. Zum Teil kommt Panikstimmung auf - *die Angst vor dem persönlichen Nichts*:

- ○ ,,Dann wird es in meiner Freizeit öde. Dann ekelt es mich vor dem Wochenende und ich freue mich auf den Montag''.
- ○ ,,Was uns heute als Freizeit dient, ist überwiegend materiell. Wenn das mal wegfällt, steht man da und hat im Grunde nichts, auch gefühlsmäßig nichts mehr''.
- ○ ,,Und weil die Leute keine eigenen Ideen haben, muß ihnen jemand auf die Sprünge helfen''.

Freizeitwelt ohne Konsum	
Chancen und Gefahren	
Chancen / Möglichkeiten	**Gefahren / Ängste**
○ Zur Ruhe kommen	○ Verlust von Statussymbolen
○ Sich selbst finden	○ Langeweile, Überdruß
○ Eigene Ideen entwickeln	○ Vereinzelung, Einsamkeit
	○ Angst vor dem persönlichen Nichts
○ Selbst die Initiative ergreifen	○ Leere
○ Die eigene Identität entdecken	○ Stille, Tod

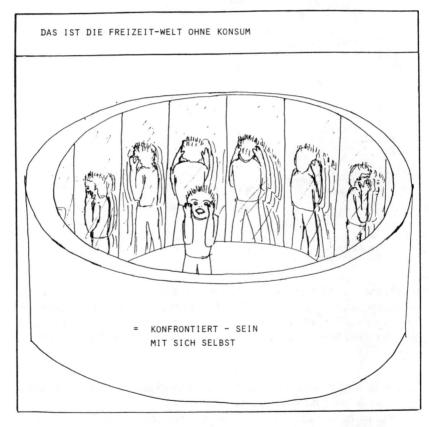

DAS IST DIE FREIZEIT-WELT OHNE KONSUM

= KONFRONTIERT - SEIN MIT SICH SELBST

Sehr viel schwerer kann man einer konsumlosen Freizeit „positive Seiten" abgewinnen. Man flüchtet sich in die Vorstellung „Was alles möglich wäre, wenn ...": Eine *Idylle zwischen Bummeln und Basteln*. Da wird gemalt und musiziert, gedichtet und gesungen, meditiert und nachgedacht. Ein einig Volk von Dichtern und Denkern — zumindest in der Phantasie. Hier spiegeln sich durchaus Defizite des heutigen Freizeitlebens wider. So könnte man auch leben, vieles würde man intensiver erleben. Dennoch: Ein Hauch von Langeweile schwingt mit; es fehlen Erlebnishöhepunkte, an die man zeit seines Lebens gewöhnt ist. Natürlich könnte man dann mehr eigene Ideen entwickeln und selbst Initiative entfalten, wobei sich die Frage stellt, warum man das bisher nicht schon gemacht hat. Letztlich verbleibt nur die unerfüllte Sehnsucht nach mehr Selbstfindung, die Hoffnung, in einer konsumlosen Freizeit „eher" zur Ruhe zu kommen und sich selbst finden zu können:

○ „Ich finde es einfach schön, wenn man wieder selbst etwas erfinden und spontan irgend etwas machen kann, was man nicht kaufen muß".
○ „So eine Freizeit ohne Konsum: Das bringt einfach mehr".
○ „Man könnte die Freizeit wieder für sein inneres Gleichgewicht nutzen".

Die Argumente erscheinen plausibel: Im Konsumüberfluß kann man immerhin noch „ganz individuell konsumieren". Den Konsumenten ist es „dreimal lieber, mit wenig Geld, das zu kaufen, was wir wollen, als viel Geld und keine Angebote zu haben".

Freizeit ohne Konsum
Was alles möglich wäre, wenn ...

○ Wandern	○ Spazierengehen
○ Joggen	○ Radfahren
○ Trampen	○ Tanzen
○ Baden	○ Bummeln
○ Basteln	○ Malen
○ Musik hören	○ Musizieren
○ Lesen	○ Schreiben
○ Dichten	○ Singen
○ Spielen	○ Meditieren
○ Sich unterhalten	○ Mit Freunden treffen
○ Kirche besuchen	○ Sozial engagieren
○ Ausruhen	○ In der Sonne liegen
○ Entspannen, Relaxen	○ Ausschlafen
○ Faulenzen, Nichtstun	○ Seinen Gedanken nachgehen

Bei einer konsumlosen oder zumindest konsumärmeren Freizeit stünden sich viele selbst im Wege. Trägheit, Bequemlichkeit und die Gewöhnung an den Konsum lassen daher den *Konsumverzicht* als *illusionär* erscheinen. Was bleibt, ist lediglich die persönliche Hoffnung: „Irgendwann wird ein Anspruch in den Menschen wach werden, daß sie sagen: ‚Wir wollen aus uns heraus. Wir wollen uns nicht immer was vorsetzen lassen. Wir wollen uns entfalten und uns selber finden' — irgendwann in fünf, zehn oder dreißig Jahren" ... oder nie.

7. Der ideale Freizeitkonsum

Das Hauptdefizit des heutigen Konsumverhaltens in der Freizeit ist schnell gefunden: Sinnentleerung. Die persönlichen Vorstellungen über den „idealen Freizeitkonsum" setzen genau hier an. Man will nicht mehr konsumieren „um des Konsums willen". Der ideale Freizeitkonsum soll vielmehr mit subjektiv wichtigen Inhalten gefüllt werden, die das Leben bereichern und „einen persönlich weiterbringen". Im einzelnen bedeutet dies zum Beispiel:

Statt bei sich selbst anzufangen, warten viele auf den Anstoß von außen oder den Impuls durch andere.

○ *Maßvoll konsumieren*
Qualität vor Quantität setzen („Statt dreimal in der Woche in mieser Kneipe lieber einmal in angenehmer Atmosphäre" — "Lieber einmal zur Berlinale als

viermal ins Lokalkino" — "Lieber einen guten als drei schlechte Anzüge kaufen").

○ *Bewußt konsumieren*
Ein eigenes Ziel vor Augen haben („Sich eine TV-Sendung ansehen und wissen, warum (z.b. für bewußte Entspannung oder gezielte Information)" — "Lieber nach Eigeninteresse ein Buch kaufen als zwei Bücher aus der Bestsellerliste ungelesen in den Schrank stellen").

○ *Kritisch konsumieren*
Genügend Spielraum für eigene Ideen behalten. Wer eigene Ideen hat, ist kritisch und konsumiert auch kritisch („Kritisch konsumieren kann heißen, auf Tropenholz oder Äpfel aus Südafrika zu verzichten").

○ *Genußvoll konsumieren*
Sich Zeit und Muße zum Genießen nehmen („59er Chablis über den ganzen Tag verteilt trinken'' — „Auch einmal ohne schlechtes Gewissen konsumieren").

Natürlich hat auch der „ideale Freizeitkonsum" seine zwei Seiten: Was dem Konsumenten ideal erscheint, muß nicht auch für den Produzenten gelten (und umgekehrt). Beide haben ganz unterschiedliche Interessenlagen.

Auf den ersten Blick erscheinen die Idealvorstellungen ebenso anspruchsvoll wie realisierbar: Aufnehmen — Reflektieren — Profuktiv werden. Doch liegen zwischen Wunsch und Wirklichkeit eine Reihe von Barrieren. Zum großen Teil sieht man die Hinderungsgründe bei sich selbst:

○ Die Macht der Gewohnheit und der Alltagstrott verhindern das Kennenlernen und Ausprobieren von wirklich Neuem.
○ Die Unfähigkeit, die Initiative zu ergreifen und selbst aktiv zu werden.
○ Die Angst, sich vor den anderen zu exponieren und zum Außenseiter zu werden.
○ Die Angst vor der Konfrontation und dem Alleinsein mit sich selbst.

Aber auch das soziale Umfeld (Familie, Freundeskreis, Freizeitclique, Werbung, Medien, Öffentliche Meinung u.a.) verursacht eine Reihe von Widerständen, so daß der Traum vom idealen Freizeitkonsum nicht in Erfüllung geht. Im Wissen um die inneren Barrieren und äußeren Widerstände wartet man auf den Anstoß von außen oder den Impuls durch andere.

8. Resümee

Das Wort „Freizeitkonsum" weist auf zwei emotional ganz unterschiedliche Erlebnissphären hin:

○ Erstens wird das Vorstellungsbild vom *Freizeit-Bereich* geprägt, von den spontanen Assoziationen einer bunt schillernden (Traum-)Welt, in der das Grundgefühl der Freiheit vorherrscht.

○ Zweitens wird der *Konsum-Bereich* assoziiert, der mit einer Vielzahl gesellschafts- und ideologiekritischer Warnzeichen verbunden ist: Wer Konsum sagt, denkt gleich „Zwang" und „Kommerzialisierung" mit.

Im merkwürdigen Kontrast zur Faszination des Freizeit- und Erlebniskonsums steht die öffentlich demonstrierte Distanz zu „Konsum" und „Konsumverhalten". Der Konsumbegriff ist negtaiv besetzt; darin schwingt „unüberhörbar etwas Abschätziges" mit (Rosenberger 1992, S. 12). Daß Konsumieren Spaß macht, wird persönlich eingestanden, aber öffentlich mißbilligt.

Das Janus-Gesicht des Freizeitkonsums wäre leichter zu ertragen, stünden wir nicht in einer langen protestantisch-calvinistischen Tradition, die einen selbstbewußt gelebten Hedonismus weitgehend suspekt erscheinen läßt. Dies gilt vor allem dann, wenn der Genuß wie beim Freizeitkonsum erst für

---

Freizeitleben mit weniger Konsum
Zwischen Bangen und Hoffen

Ängste
○ Verlust vielfältiger Kontaktmöglichkeiten und Treffpunkte
○ Weniger Möglichkeiten zur Ablenkung von eigenen Problemen
○ Weniger Fluchtgelegenheiten
○ Weniger Möglichkeiten zum Aggressionsabbau
○ Verminderung des Zwangs zum Arbeiten
○ Über-Forderung durch mehr Eigeninitiative, weniger Passivität
○ Weniger positives („schönes") Lebensgefühl
○ Mehr Vereinsamung

Hoffnungen
○ Mehr Qualitäts-, Natur- und Umweltbewußtsein
○ Konsumwelt auf ökologischer Basis
○ Alternativen zur Massenmotorisierung
○ Mehr Konsumkritik in den Medien
○ Mehr Information, Beratung, Aufklärung
○ Weniger (Pseudo-)„Individualisierung" und Vereinzelung
○ Weniger Vermarktung
○ Weniger Konsumstreß und Konsumneurosen

„schnöden Mammon gekauft" werden muß: „Glück ist nicht käuflich". Die sozial-ethische Bewertung macht den Freizeitkonsum immer zu einem *Balanceakt* zwischen Freiheit und Zwang, echtem Genuß und oberflächlicher Zerstreuung.

Nicht Freizeit ohne Konsum, sondern *Freizeit mit weniger Konsum* kann eine Alternative für die Zukunft sein. Der Weg dahin ist weit und risikoreich, er ist mit vielen Ängsten ‚gepflastert'. Aber es gibt auch begründete Hoffnungen. Denn: Es muß einen Ausweg geben, „muß, muß, muß" (Bertolt Brecht).

V. Freizeitkonsum auf der Verhaltensebene. Die rationale Dimension

Die qualitativen Forschungsergebnisse gingen den Motivations- und Bedürfnisstrukturen des Freizeitkonsums auf den Grund. Neben dieser psychologischen Innenseite soll nun die Außenseite, d.h. die Verhaltensebene analysiert werden. Da hier das eigene *Konsumverhalten im Mittelpunkt* steht und zudem mehr die rationale (und weniger die emotionale) Dimension angesprochen wird, sind eher nüchtern-pragmatische als emotionalisiert-dramatische Aussagen zu erwarten. Der Freizeitkonsum ist Teil des realen Freizeitverhaltens. Die zentrale Frage lautet hier nicht: ,,Freizeitkonsum: Ja oder Nein?", sondern: ,,Wieviel Freizeitkonsum ist (für mich persönlich) richtig oder wichtig?" Freizeitkonsum gehört zum Leben. Hobby, Sport oder Urlaubsreise werden als persönliche Lebensqualität empfunden, auf die niemand mehr verzichten will.

> **Wörter des Jahres**
> **Ausdruck wachsender Freizeitorientierung**
> 1977: Szene
> 1978: Disco
> 1980: Rollerskating
> 1982: Neue Deutsche Welle
> 1983: Aerobic
> 1984: Breakdance
> 1985: Yuppie
> 1987: Kondom
> 1989: Reisefreiheit
> 1991: Autodiät
> 1992: Kollektiver Freizeitpark

Vielleicht fing alles mit den Kinos in den 60er Jahren an, die plötzlich halb leer standen und eine Filmkrise heraufbeschworen. Seither haben wir uns an modische Freizeitwellen gewöhnt. Ob Freibad oder Bürgerhaus, Wollstube oder Fitneßcenter, Illustrierte oder Fernsehen, Kurort oder Ausflugsgebiet — über Besucherzahlen, Benutzerfrequenzen und Einschaltquoten entscheidet der Bürger in seiner Freizeit, durch sein Tun oder Nicht-Tun. Freizeitinteressen und Freizeitverhaltensweisen verändern sich laufend. Nicht selten wird dieser Wandel erst registriert, wenn die Freizeitanbieter schon in den roten Zahlen stecken oder vor einem Besucherschwund stehen.

1. Motive

Eine Freizeitbeschäftigung muß in erster Linie Spaß machen: Auf diesen einfachen Nenner läßt sich die Frage nach den Motiven beantworten. Im Gegensatz zum „Muß"-Charakter von Schule, Ausbildung und Erwerbsarbeit werden Freizeitbeschäftigungen freiwillig gewählt und nach persönlicher Lust und Laune ausgeübt. 90 Prozent der Bevölkerung geben als Hauptmotiv für

Motive für persönliche Freizeitbeschäftigungen
Spaß ist das Hauptmotiv

Frage: »*Warum üben Sie diese Beschäftigung aus?*«
(Mehrfachnennungen möglich)

Alle Befragten (N = 2.000)　　　　　　　　　　　　In Prozent

Motive für die Ausübung von persönlichen Freizeitbeschäftigungen:

Macht Spaß	90
Gut für die Gesundheit	50
Ausgleich zu meiner Arbeit	41
Gern mit anderen Menschen zusammen	33
Für mich persönlich etwas tun	30
Gern etwas Neues ausprobieren	14
Im Moment aktuell	12
Etwas Besonderes	12

Eine Freizeitbeschäftigung muß in erster Linie Spaß machen, sonst wird sie erst gar nicht ausgeübt.

die Ausübung ihrer persönlichen Freizeitbeschäftigung an: „Macht Spaß". Nach der subjektiven Einschätzung der Befragten muß die Lieblingsbeschäftigung in der Freizeit sozusagen ‚per definitionem' Spaß machen, sonst würde sie erst gar nicht ausgeübt.

Alle anderen Motive wie die Förderung der Gesundheit, der Ausgleich zur Arbeit oder das Kontaktmotiv erscheinen dagegen zweitrangig. Schließlich ist der Wunsch, gern mit anderen Menschen in der Freizeit zusammenzusein, immer auch mit Spaß und Freude verbunden, was wiederum zu persönlichem Wohlbefinden beiträgt.

> Bei der Auswahl und Entscheidung für eine bestimmte Freizeitbeschäftigung ist ein *Motivbündel* wirksam, bei dem das *Spaßmotiv grundlegend* und für alle anderen Beweggründe prägend ist.

Eine Freizeitbeschäftigung „muß" Spaß machen — die eine mehr, die andere weniger. Die Antworten auf die Frage, welche Beschäftigungen heute „besonders großen Spaß machen", überraschen auf den ersten Blick: *Die attraktivsten Freizeit-"Aktivitäten" sind Passivitäten.* Besonders großen Spaß machen z.B.

○ Ausschlafen (39 %)
○ In Ruhe Tasse Kaffee/Tee, Bier trinken (34 %)
○ Faulenzen, Nichtstun (29 %).

Hingegen werden Freizeitaktivitäten, die ihren Namen wirklich verdienen, also Eigenaktivitäten herausfordern, nicht gerade besonders freudvoll empfunden. Die Begeisterung dafür hält sich bei der Bevölkerung in engen Grenzen:

○ Sport treiben (16 %)
○ Fahrrad fahren (13 %)
○ Heimwerken (12 %)
○ Sich in Bürgerinitiativen engagieren (4 %).

Offensichtlich hört für die meisten Bundesbürger der Spaß auf, wenn eine Tätigkeit Eigeninitiative, persönliche Überwindung oder gar körperliche Anstrengung erfordert.

Andererseits: Die in der öffentlich-moralischen Diskussion oft vorschnelle Gleichsetzung von Spaß mit Amüsement hat im subjektiven Empfinden der Bevölkerung die geringste Bedeutung. Was heute im Leben wirklich Spaß und Freude macht, ist primär eine Empfindung der *Freiheit von Sorge, Zeitdruck und Geldnot*. 60 Prozent der Bevölkerung verbinden mit dem Wort „Spaß" erst einmal die Vorstellung, keine Sorgen zu haben, und 59 Prozent genießen das Zeit-Haben und Ohne-Zeitdruck-Sein. Eine große Bedeutung kommt auch der eigenen Motivation zu: Nur was man gerne und freiwillig tut, macht auch wirklich Spaß. Und für jeden zweiten Bundesbürger ist „Spaß haben" identisch mit „sich frei fühlen".

> Eine *Rehabilitation des Spaß-Begriffs* wird notwendig. Spaß ist nur mehr zu einem geringeren Teil flaches Vergnügen oder oberflächliches Amüsement. Spaß ist viel mehr ein Lebensgefühl in einer Mischung aus Freiheit, Freiwilligkeit und Lebensfreude. Wer mit Menschen zu tun hat, die mit Spaß an einer Sache beschäftigt sind, wird ein hohes Maß an Motivation erwarten können — ob am Arbeitsplatz oder in der Vereinstätigkeit.

Mit dem Wort „Spaß" verbinden einige Bevölkerungsgruppen ganz unterschiedliche Vorstellungen:

- *Selbständige und Freiberufler* genießen am meisten im Vergleich zu allen anderen Berufsgruppen die „Ausübung einer selbständigen Arbeit".
- Bei *Leitenden Angestellten* kommt Freude erst richtig auf, wenn sie „ohne Zeitdruck sein" können.
- *Beamte* sind besonders glücklich, wenn sie eine Aufgabe, „ein bestimmtes Ziel" vor Augen haben.

Spaß ist heute eine Chiffre für vieles, ein Ausdruck für Lebenszufriedenheit genauso wie für hochgradige Motivation. Spaß haben heißt vor allem: Augenblicklich keine Sorgen haben, weder unter Zeitdruck noch unter Geldnot leiden und etwas gern und freiwillig tun.

2. Ideengeber

In der Fachdiskussion ist die Frage nach den Anregern, Ideengebern oder gar „geheimen Verführern" für persönliche Freizeitbeschäftigungen von zentraler Bedeutung. „Wer hat Sie auf die Idee gebracht, dieses zu tun?" Die Antworten auf diese Frage fallen klar und eindeutig aus.

Die meisten Beschäftigungen werden schon von früher Kindheit an ausgeübt. Drei Viertel der Bevölkerung verweisen auf die *Macht der eigenen Gewohnheit*. „Mache ich schon lange" heißt, die Beschäftigung ist zur Gewohnheit, fast alltäglich geworden, wird beinahe schon immer ausgeübt. Lieblingsbeschäftigungen in der Freizeit sind in den seltensten Fällen von Modeströmungen abhängig. Zumeist werden sie schon so lange praktiziert, daß sie wie Essen und Schlafen zur „lieben Gewohnheit" geworden sind.

Impulse für neue Freizeitbeschäftigungen gehen von den *Freunden* (44 %) oder der *Familie* (35 %) aus. Ihre Wirksamkeit als Ideengeber ist verständlich, denn meist agieren sie selbst als Freizeitpartner — beim Auto- oder Radfahren, beim Sporttreiben oder Ausgehen. Sie wirken als tatkräftige Multiplikatoren: Sie begeistern und regen an und sorgen zugleich dafür, daß aus der Freizeitidee eine Freizeitbeschäftigung wird.

Überraschend gering wird auf den ersten Blick der Einfluß der *Medien* (12 %) eingeschätzt. Die Medien bereiten den Boden für Entscheidungen vor

— die handlungsleitenden Anstöße zum Selbermachen aber gehen von Familie und Freunden aus.

> Die Medien betätigen sich als Inspiratoren, Freunde und Familie als Transporteure. Multiplikatoren sind sie alle.

Das bedeutet: Freunde und Familie werden bewußt als ganz persönliche Ideengeber wahrgenommen. Die Anregungen durch Medien werden eher unbewußt aufgenommen. Ihr tatsächlicher Wirkungsgrad ist wahrscheinlich größer als die relativ geringe subjektive Einschätzung vermuten läßt.

Ähnliches mag für den Wirkungsgrad der *Schule* (10 %) gelten. Eigentlich gehört zum unmittelbaren Bildungsauftrag der Schule auch die konkrete Vorbereitung der Schüler auf den außerberuflichen Teil des Lebens. Die Schule müßte also auch direkter Initiator und Anreger sein. Der Deutsche Ausschuß für das Erziehungs- und Bildungswesen hatte vor einem Vierteljahrhundert die Einführung der Hauptschule mit der Begründung vorgeschlagen, sie solle nicht nur Unterrichtsanstalt sein, sondern „für das Leben in der schulfreien Zeit die Initiative der Jugendlichen anregen". Außerdem solle ein 10. Schuljahr dazu beitragen, „daß die arbeitsfreie Zeit im späteren Leben tieferen Gehalt gewinnt" (Deutscher Ausschuß 1966, S. 354 und 383).

Nach der subjektiven Einschätzung der Befragten sind *Schulen bis heute bloße Unterrichtsanstalten* geblieben. Nur jeder zehnte Bundesbürger meint, die Schule sei auch ganz persönlich eine Lernstätte für die Freizeit gewesen.

3. Was in der Freizeit am meisten getan wird

Freizeit ist nicht nur Konsumzeit. Sie ist ebenso Zeit für sich selbst, in der man für sich selbst etwas tun und seinen Gedanken nachgehen kann. Sie ist aber auch Sozialzeit, Zeit für soziales Engagement oder ehrenamtliche Mitarbeit. Von der Bürgerinitiative bis zur Wochenendfahrt reicht die Vielfalt der heutigen Freizeitmöglichkeiten. Von den vorhandenen Möglichkeiten wird aber — je nach Bevölkerungsgruppe — unterschiedlich Gebrauch gemacht.

Was in der Freizeit am meisten getan wird Medienkonsum und Telefonieren, Familie und Freunde		
Von je 100 Befragten übten „in der letzten Woche oder am Wochenende" aus:		
	West	Ost
Fernsehen	87	92
Radio hören	73	81
Zeitung, Illustrierte lesen	72	80
Telefonieren	66	29
In Ruhe Kaffee/Tee, Bier trinken	62	63
Mit der Familie zusammen sein	61	62
Mit Freunden zusammen sein	55	45
Ausschlafen	52	50
Repräsentativbefragungen von 2000 Personen ab 14 Jahren im Bundesgebiet West und 600 Personen ab 14 Jahren im Bundesgebiet Ost jeweils im August 1992 B.A.T Freizeit-Forschungsinstitut 1992		

Als häufigste Freizeitbeschäftigung werden genannt: Medienkonsum und Telefonieren. Die Rangliste wird angeführt von Fernsehen, Zeitung lesen und Radio hören. Auffallend ist, daß die alltäglich ausgeübten Freizeitbeschäftigungen fast durchweg *entspannenden Charakter* haben und sehr stark die *Gefühlsebene* betonen. Der Freizeitalltag ist offenbar kaum durch aktivierende Elemente bestimmt. Es dominieren die ganz persönlichen Empfindungen. Fast alle Sinne werden angesprochen, was auch in der Wortwahl zum Ausdruck kommt: „Sehen" — „Lesen" — „Hören" — „Trinken" — „Sein" — „Schlafen". Prononciert formuliert:

Die alltäglichen Freizeitbeschäftigungen sind *mehr eine Empfindung als eine Betätigung*. Aktivitäten außer Haus haben vergleichsweise wenig Bedeutung. Sie sind eher die Ausnahme als die Regel.

Am Feierabend gilt der Grundsatz: Nur keine Anstrengung, um am nächsten Tag wieder fit zu sein. Sanfte Berieselung und leichte Lektüre kommen dem Entspannungsbedürfnis am meisten entgegen. Was zählt, ist die Geborgenheit in den eigenen vier Wänden, das Gefühl von Harmonie mit sich selbst und dem eigenen Zuhause — bei einer Tasse Kaffee oder einem Glas Bier, bei Musik oder Fernsehen.

Die alltägliche Freizeitgestaltung trägt rekreative, rezeptive und passive Züge. Die Grundhaltung ist mehr entspannend und aufnehmend als aktiv und gestaltend. Und: *Freizeitkonsum im Sinne von Geldausgeben spielt im Freizeitalltag (= am Feierabend) keine wesentliche Rolle.* In den alltäglichen Freizeitbeschäftigungen wird nur indirekt konsumiert (z.B. Gartenarbeit, Kaffee trinken). Charakteristisch ist eher eine mentale Konsumhaltung (Fernsehen, Radio hören, Lesen). Für das direkte Konsumieren und Geldausgeben fehlt einfach die Zeit und die innere Ruhe. Freizeitkonsum ist die Ausnahme, nicht die Regel im Alltag.

4. Was in der Freizeit am wenigsten getan wird

Was in der Freizeit am wenigsten getan wird Was mit Aktivität, Initiative und Zeitaufwand verbunden ist		
Von je 100 Befragten übten „in der letzten Woche oder am Wochenende" aus:		
	West	Ost
Im Freundeskreis handwerklich tätig sein	7	6
Freizeitpark besuchen	7	5
In Kirche / Partei / Verein ehrenamtlich tätig sein	7	3
Oper / Konzert / Theater besuchen	5	4
Rock-, Pop-, Jazzkonzert besuchen	5	3
Museum / Kunstausstellung besuchen	4	4
In Spielhalle gehen	3	2
Sich in einer Bürgerinitiative engagieren	2	2
Repräsentativbefragungen von 2 000 Personen ab 14 Jahren im Bundesgebiet West und 600 Personen ab 14 Jahren im Bundesgebiet Ost jeweils im August 1992		
B.A.T Freizeit-Forschungsinstitut 1992		

Bei den Beschäftigungen, die in der Freizeit am wenigsten ausgeübt werden, werden nur solche genannt, die mit viel Planung und Zeitaufwand, Unternehmungslust und Außer-Haus-Aktivität, Initiative und Engagement verbunden sind. Tätigkeiten, bei denen man das eigene Haus verlassen muß, sind offensichtlich weniger gefragt. Infolgedessen rangieren außerhäusliche Freizeitorte wie Freizeitparks, Spielhallen, Museen, Kunstgalerien, Opernhäuser und Konzertsäle am unteren Ende der Aktivitätsskala. Vor allem fordern diese Beschäftigungen Eigeninitiative heraus. Entsprechend dynamisch und aktivitätsbezogen ist die Wortwahl: „Gehen" — "Besuchen" — "Engagieren". Das Engagement in einer Bürgerinitiative steht zwar an letzter Stelle, läßt sich aber auch positiv deuten: Über eine halbe Million Bundesbürger ab 14 Jahren haben sich in der vergangenen Woche in einer Bürgerinitiative engagiert, d.h. freiwillig einen Teil der eigenen Freizeit in Belange der natürlichen und sozialen Umwelt investiert.

Was also in der Freizeit am wenigsten ausgeübt wird, kostet
○ Eigeninitiative,
○ Zeit,
○ Geld und
○ Nerven.

Um beispielsweise Karten für ein bestimmtes Opern- oder Popkonzert zu bekommen, muß wochenlang vorher die Bestellung vorgenommen oder beim Kartenvorverkauf geduldiges Warten und Schlangestehen in Kauf genommen werden. Zur Ausübung solcher Freizeittätigkeiten reichen Bereitschaft und Entschluß nicht aus. Es muß geplant, Zeit aufgewendet und Geld zurückgelegt, vor allem die persönliche Trägheit und Bequemlichkeit überwunden werden. Dazu sind nur sehr wenige bereit und in der Lage. Die meisten verbringen ihre Freizeit lieber spontan und ungeplant, gehen Zufallsbeschäftigungen nach und leben mehr unbewußt in den Tag hinein.

So einheitlich die Antworten im Bevölkerungsdurchschnitt erscheinen, so unterschiedlich sind die Freizeitbeschäftigungen bei einem Vergleich zwischen Männern und Frauen:

○ Frauen favorisieren mehr kommunikativ-entspannungsorientierte Freizeitbeschäftigungen. Sie telefonieren deutlich mehr als Männer (w: 61 % — m: 48 %), lesen mehr Bücher (w: 38 % — m: 28 %) und schreiben mehr Briefe (w: 20 % — m: 12 %). Jede sechste Frau besucht regelmäßig die Kirche (w: 17 % — m: 11 %) und fast jede dritte Frau zählt das „Sich-in-Ruhe-Pflegen" zur häufigsten Freizeitbeschäftigung (w: 30 % — m: 19 %). Insbesondere Telefonieren und Briefeschreiben deuten darauf hin, daß Frauen stärker an einer Kontaktaufnahme interessiert sind oder stellvertretend für die übrigen Familienmitglieder die Kommunikation nach draußen nicht abreißen lassen.

○ Männer praktizieren mehr ein aktiv-leistungsbezogenes Freizeitverhalten. Fast jeder dritte Mann ist zu Hause regelmäßig handwerklich tätig (m: 29 % —

w: 11 %). Auch das aktive Sporttreiben ist bis heute eine männliche Domäne geblieben (m: 20 % — w: 11 %), der Besuch von Sportveranstaltungen ebenfalls (m: 14 % — w: 6 %). Bemerkenswert ist auch, daß deutlich mehr Männer Erotik und Sex zu den am häufigsten ausgeübten Freizeitbeschäftigungen zählen, wie das auch immer zu deuten sein mag (m: 24 % — w: 18 %). Und für jeden vierten Mann ist der beste Platz noch immer an der Theke in der Kneipe (m: 24 % — w: 12 %).

Im Unterschied zu den Frauen zeigen die Männer in ihrem Freizeitverhalten eine stärkere Leistungsorientierung in Verbindung mit dem Außer-Haus-Charakter vieler Tätigkeiten. Die weiblichen Freizeitaktivitäten wirken vielfach anspruchsvoller. Dies ist nicht etwa eine Frage der Berufstätigkeit der meisten Männer: Denn deutlich mehr berufstätige Frauen (40 %) als berufstätige Männer (25 %) zählen Bücherlesen zu ihren Hauptbeschäftigungen in der Freizeit.

Andererseits bestätigen die Forschungsergebnisse auch: Die klischeehaft anmutenden Äußerungen über „typisch weibliches" oder „typisch männliches Verhalten" sind kein Vorurteil. Ganz im Gegenteil: Das Klischee ist die Wirklichkeit.

○ Die Frauen handarbeiten (w: 24 % — m: 1 %) und die Männer heimwerken (w: 11 % — m: 29 %) mehr.
○ Die Frauen gehen öfter in die Kirche (w: 17 % — m: 11 %) und die Männer gern in die Kneipe (w: 12 % — m: 24 %).
○ Die Frauen lesen gern ein Buch (w: 38 % — m: 28 %), die Männer sehen sich mehr als Frauen Videofilme an (w: 14 % — m: 23 %).

Dies ist keine Vision aus der Macho-Welt, sondern ein Spiegelbild der heutigen Wirklichkeit. Das Klischee stimmt (noch) mit der Wirklichkeit der 90er Jahre überein.

5. Konsumabhängigkeit von Freizeitaktivitäten

In der wirtschaftswissenschaftlichen Freizeitforschung wird die Konsumrelevanz von Freizeitaktivitäten untersucht und im einzelnen bestimmt, wie weit die Ausübung verschiedener Freizeitbeschäftigungen von bestimmten Konsumausgaben abhängig ist. Dabei wird unterschieden zwischen

○ der Ausgabenotwendigkeit von Freizeitbeschäftigungen,
○ der Ausgabebereitschaft der Konsumenten und
○ den tatsächlichen Ausgaben für Freizeitzwecke.

Insbesondere die *Ausgabenotwendigkeit für verschiedene Freizeittätigkeiten* sagt etwas über den Grad der Konsumabhängigkeit von Beschäftigungen aus.

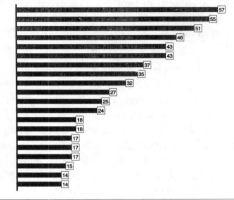

Es ist plausibel, daß z.b. das Spazierengehen gegenüber dem Reisen weniger zwingend mit Geldausgeben verbunden ist. Doch wie lassen sich z.b. Lesen und Fernsehen hinsichtlich der Ausgabenotwendigkeit miteinander vergleichen? Harald Wachenfeld führte 1987 im Rahmen seiner Grundlagenstudie zum „Marketing für Freizeitangebote" ein sogenanntes „Expertenrating" durch, an dem sich Freizeitforscher und Marketingmanager im Freizeitmarkt beteiligten. Sie wurden danach gefragt, wie stark ihrer Meinung nach die Ausübung von Freizeitbeschäftigungen mit Konsumausgaben verbunden sind. Die Befragungsergebnisse (vgl. Wachenfeld 1987, S. 97) ergaben im einzelnen

○ eine sehr starke Konsumabhängigkeit bei den Aktivitäten Reisen und Wochenendausflüge sowie

○ eine starke Konsumabhängigkeit in den Bereichen Essen und Trinken, Fotografieren und Filmen sowie für den Besuch von Veranstaltungen in der Freizeit.

Die Ergebnisse befriedigen nicht; sie reichen über eine gewisse Plausibilität nicht hinaus. Die „Experten" spiegeln letztlich nur die gesunde Volksmeinung wider.

Konsumintensive Freizeitbeschäftigungen machen nicht nur am meisten Freude, sie bereiten offenbar auch den größten Genuß. Sie sind kein einfallsloser Zeitvertreib, sondern stellen *„das" Ereignis*

○ *des Tages* (z.B. Einkaufsbummel, Kneipe),

○ *der Woche* (z.B. Tanzen / Disco, Einladung, Fest / Fête, Wochenendfahrt) oder

○ *des Monats* (z.B. Essengehen, Volksfest besuchen)

dar. Diese Freizeitbeschäftigungen werden erlebnismäßig nur noch von „dem" Ereignis des Jahres übertroffen: der Urlaubsreise. Charakteristisch für die meisten genannten Beschäftigungen ist, daß sie selten ausgeübt werden und nicht alltäglich sind. *Der Ereignischarakter kostet Geld* — zumindest im subjektiven Bewußtsein. Objektiv kann beispielsweise das Sporttreiben — über das ganze Jahr gesehen — teurer sein als der einmalige Besuch eines Freizeitparks oder Volksfestes. Was subjektiv am meisten Geld kostet, sind Essengehen und Einkaufsbummel. Bei der Ausübung dieser Tätigkeiten bekommt die Mehrheit der Bevölkerung die Geldknappheit zu spüren. Wer sich hier viel leistet, muß das Geld woanders wieder einsparen. Wer sich verausgabt, muß sich in der übrigen Lebensweise einschränken.

„Nur die Gedanken sind frei". Und: „Wer schläft, sündigt nicht". Diesen Eindruck vermitteln die Antworten auf die Frage, was denn in der Freizeit „gar kein Geld" kostet. Ausschlafen und faulenzen, seinen Gedanken nachgehen und über wichtige Dinge reden — diese Beschäftigungen sind im persönlichen Leben wichtig und wertvoll und für alle kostenlos zu haben. Ohne großen Aufwand und unabhängig von Wohlstand oder teuren Anschaffungen kann sich jeder *in seinen eigenen vier Wänden wohlfühlen*, Fernsehen und Radio hören, mit sich allein und ungestört sein, den eigenen Gedanken freien Lauf lassen und das Nichtstun mit großem Vergnügen kultivieren. Es ist fast das *Sinnbild orientalischen Müßiggangs* — eine Lebenskunst allerdings, die nur wenige beherrschen.

Was kostenlos ist, muß nicht anforderungslos sein. Denn aus der Freizeitbeschäftigung wird schnell Geschäftigkeit. Viele haben Schwierigkeiten, ökonomisch mit der eigenen Zeit umzugehen und auch mal nichts zu tun.

> Konsum-Ablenkungen werden oft dankbar aufgegriffen, weil die Konfrontation mit sich selbst nur schwer zu ertragen ist.

Freizeitbeschäftigungen, die nichts kosten, erfordern vor allem *Eigeninitiative und Selbstreflexion*. Es ist viel bequemer und einfacher, gedankenlos zu konsumieren, als sich bewußt mit sich selbst zu beschäftigen. Wer spazierengehen oder Fahrrad fahren, den eigenen Gedanken nachgehen oder den Gottesdienst besuchen will, muß entscheidungs- und initiativfreudig sein und darf sich in der Freizeit nicht einfach nur phlegmatisch treiben lassen. Bewußt faul und müßig sein kann mehr innere Aktivität bedeuten als manche äußere Betriebsamkeit. Muße ist die „Vorbedingung jedes freien Gedankens, jeder freien Tätigkeit" (Jünger 1968, S. 14 f.).

Nicht unausgesprochen bleiben darf die Tatsache, daß diese Form innerer Freiheit erst gewonnen und gelebt werden kann, wenn auch die äußeren materiellen Bedingungen relativ gesichert sind. Arbeitslose oder alte Menschen können auf den ersten Blick „Millionäre an Zeit" sein und doch keine Zeit zur eigenen inneren Ruhe finden. Denn „Zwangsfreizeit" kann wie verlorene Lebenszeit empfunden werden.

6. Was in der Freizeit viel Spaß macht und nichts kostet

Die schönsten Dinge im Leben kosten nichts. Die Rangliste der Aktivitäten, die in der Freizeit viel Spaß machen und nichts kosten, wird angeführt von Ausschlafen, Faulenzen und Nichtstun. Es handelt sich um ganz persönliche

Was in der Freizeit viel Spaß macht und nichts kostet
Für sich selbst und für andere etwas tun

Frage: *»Sagen Sie mir bitte für jede der von Ihnen genannten Beschäftigungen,*
1. ob sie Ihnen keinen, etwas oder viel Spaß beziehungsweise Freude gemacht hat,
2. ob sie gar kein, etwas oder viel Geld gekostet hat.«

Alle Befragten (N = 2.000) — In Prozent

	»Macht viel Spaß«	»kostet gar kein Geld«
Ausschlafen	29	33
Faulenzen/Nichtstun	23	28
Wandern/Spazierengehen	21	23
Fahrradfahren	18	20
Sex/Erotik	13	12
Unterhaltungsspiele	11	8
Über wichtige Dinge reden	11	17
Musik machen/Musizieren	4	3
Im Freundeskreis handwerken	3	3
Ehrenamtlich tätig sein	3	3

Alle Nennungen, die in den Antworten (»viel Spaß« und »kein Geld«) mindestens die Hälfte der Gesamtnennungen (»habe ich gemacht«) umfassen.

Die schönsten Dinge im Leben kosten nichts. Nicht alles, was im Leben Freude macht, ist käuflich.

Beschäftigungen, die wie Sex und Erotik auch, für das persönliche Wohlbefinden wichtig sind. Rekreative Tätigkeiten wie Fahrradfahren und Spazierengehen, Musik machen und Spielen zählen ebenso dazu.

Die Freude bei der Ausübung dieser Tätigkeiten und die persönliche Erfüllung gehören unmittelbar zusammen. So kann es nicht überraschen, daß auch die ehrenamtliche Tätigkeit in Kirche, Partei oder Gewerkschaft in dieser Rangliste vertreten ist.

> Wer einen Teil seiner Freizeit freiwillig in ehrenamtliches Engagement investiert, muß ganz einfach Freude daran haben. Schließlich ist das Engagement mit Zeitaufwand, Anstrengung und Mitarbeit verbunden. Die hohe Eigenmotivation in Verbindung mit dem Sozialcharakter der Tätigkeit vermittelt offenbar deutlich mehr Freude als Frust.

Ein ermutigendes und hoffnungsvolles Signal für alle, die den Weg in die Ehrenamtlichkeit noch nicht gefunden haben. Und eine Widerlegung der verbreiteten Auffassung, alles im Leben, was Spaß mache, koste auch Geld.

7. Was in der Freizeit gern getan würde, wenn es nicht so teuer wäre

Für die Bundesbürger ist „Essen gehen" das teuerste Freizeitvergnügen. 38 Prozent der Bevölkerung würden gern öfter ein Restaurant aufsuchen, wenn es nicht so teuer wäre. Vor allem Haushalte mit Kindern unter 14 Jahren äußern diesen Wunsch (48 %). Aber auch die Landbevölkerung (43 %) ist überdurchschnittlich daran interessiert. Geradezu existentiell sind von dieser Frage die geschiedenen Frauen betroffen: Über zwei Drittel (68 %) von ihnen würden die Gelegenheit zum Ausgehen gern öfter wahrnehmen, wenn nicht die Kosten und vielleicht auch ihre eigene soziale Situation im Wege stünden.

Anders sieht es bei dem Theater-Besuch aus. Doppelt so viel Frauen (39 %) wie Männer (19 %) würden gerne ins Theater, in die Oper oder ins Konzert gehen, wenn dies Vergnügen nicht so teuer wäre. Dieser Ansicht sind vor allem die verwitweten Frauen (48 %) und die Frauen im Alter von 50 bis 59 Jahren (51 %).

Für mehr Rock-, Pop-, Jazzkonzertbesuche (70 %) sprechen sich hingegen die 14- bis 17jährigen Jugendlichen aus, die auch öfter ins Kino gehen würden (51 %), wenn die eigene Freizeitkasse es zuließe und das Kinovergnügen erschwinglich wäre.

Beim Besuch eines Bundesliga-Fußballspiels trennen sich die Freizeitwege der Geschlechter. Der Anteil der Männer, die darüber klagen, aus Kostengründen auf den Besuch verzichten zu müssen, ist zehnmal so hoch (30 %) wie bei den Frauen (3 %). Hauptinteressenten für den Besuch von Bundesligaspielen sind die männlichen Jugendlichen. Jeder zweite männliche Jugendliche im Alter von 14 bis 19 Jahren (52 Prozent) hält die Bundesliga für *zu teuer.*

8. Was sich viele wünschen: Freizeit ohne Geldprobleme

Jeder dritte Bundesbürger gibt sich „wunschlos glücklich", kann also spontan keine Konsumwünsche nennen oder konkretisieren. Zur Gruppe der wunschlos Glücklichen zählen vor allem die über 55jährigen (46 %), die vermutlich schon vieles haben, jedenfalls weniger offene Wünsche äußern.

Die Intensität der Konsumwünsche ist nicht unbedingt mit der Höhe des Einkommens gekoppelt. Bezieher von Einkommen über 3500 DM äußern nicht wesentlich mehr Konsumwünsche als Bezieher von Einkommen unter 1000 DM. Und die Bezieher von Einkommen unter 2000 DM melden die gleichen Ansprüche an wie die Verdiener über 2000 DM. *Nicht mit dem Einkommen, sondern mit dem Alter ändern sich die Konsumansprüche*:

○ 82 Prozent der unter 34jährigen
○ 72 Prozent der 35- bis 49jährigen
○ 66 Prozent der 50- bis 59jährigen und
○ 52 Prozent der über 60jährigen

weisen auf unerfüllte Konsumwünsche hin. Die Wünsche bleiben, aber mit zunehmenden Alter vermindert sich die Intensität der Wünsche.

Ein Blick in die Liste der konkreten Wunschvorstellungen zeigt: Kein Konsumrausch allgemein, sondern

○ *Sehnsucht nach Exklusivität und Außergewöhnlichem* (Pferdesport, Flugsport, Golfspiel, Segeln)
○ mit dem *Nimbus des Verschwenderischen und „sündhaft Teuren"* (Teures Auto, schicke Kleider, Opernbesuch, Essen gehen)
○ und einem *Hauch von Ereignis und Abenteuer* (Fern-, Weltreisen, Fallschirmspringen, Tauchen).

Die Bundesbürger wollen nicht von allem noch mehr haben oder Geld ausgeben um des Konsumierens willen. Sie wünschen sich vielmehr das, was sich bisher nur wenige leisten können. Dabei erweist sich die Weltreise als populärster Freizeittraum.

**Wunschvorstellung:
Freizeit ohne Geldprobleme**
Reisen ist der populärste Freizeittraum

Frage: »Welche Freizeitbeschäftigung würden Sie gern ausüben, wenn es keine Geldprobleme gäbe?«
(Offene Frage)

Alle Befragten (N = 2.000)	In Prozent
Reisen, Fernreisen, Weltreisen	24
Ballspiele (Tennis, Squash u. a.)	8
Wassersportarten (Segeln, Surfen, Tauchen u. a.)	7
Theater/Oper/Konzert besuchen	7
Essen gehen	5
Flugsport/Fallschirmspringen	4
Pferdesport	3
Teures Auto, Motorrad fahren	3
Wintersport	2
Auto/Motorsport	2
Golf spielen	2
Schicke Kleider kaufen	1
Ohne Angabe/ Keine Wünsche	31

Die unerfüllten Konsumwünsche der Deutschen sind auf Exklusivität, Verschwendung und einen Hauch von Abenteuer gerichtet.

9. Freizeitkonsum zwischen Freiheit und Anpassung

Noch offener als die Frage nach dem subjektiven Genuß oder Verdruß des Freizeitkonsums war bisher die Frage nach den tatsächlichen Freiheitsgraden oder Anpassungszwängen des Freizeitkonsumenten. Seit der Konsumkritik der „Frankfurter Schule" (Adorno, Habermas, Horkheimer) blieb der unausgesprochene Verdacht bestehen, daß

- sich die Freiheit des Konsumenten darin erschöpft, lediglich zwischen verschiedenen Angeboten auswählen zu können, und
- das Konsumieren von Freizeitangeboten nicht eigentlich Freiheit bietet, sondern nur den Anschein, daß es sie gibt.

Wie frei ist der Freizeitkonsum wirklich? Kann man noch von Freiheit sprechen, wenn man zur Wahrnehmung eines bestimmten Freizeitangebotes Mitglied in einem Verein werden „muß" oder sich aus „Gefälligkeit" für andere zur Ausübung bestimmter Freizeitbeschäftigungen „verpflichtet fühlt"? Und kann man sich den subtilen Anpassungszwängen von Familie, Freundeskreis und Freizeitclique überhaupt entziehen? Die folgenden Ausführungen geben eine Antwort darauf, wie der Freizeitkonsument die *Gratwanderung* zwischen Freiheit und Anpassung empfindet und bewältigt.

Viele Freizeitbeschäftigungen lassen sich erst ausüben, wenn man einem Verein beitritt, Mitglied wird und Beitrag zahlt. Müssen diese Auflagen nicht als Zwang oder Verpflichtung empfunden werden? Und widersprechen sie nicht dem wachsenden Bedürfnis der Menschen, sich gerade in der Freizeit spontan und unabhängig entscheiden und agieren zu können? Die Mehrheit der Bundesbürger sieht und beurteilt dies anders. *Zwei Drittel der Bundesbürger finden es gut, daß es Vereine gibt.* Schließlich könnte man allein die Anlage und Geräte für die Ausübung bestimmter Freizeitbeschäftigungen — insbesondere im sportlichen Bereich- gar nicht bezahlen. Vereine haben ihre Berechtigung, sind gut, ja geradezu notwendig, um Kosten zu sparen und manchen freizeitkommerziellen Zwängen zu entgehen.

Doch auch die Vereinsmitgliedschaft ist nicht umsonst. Die positive Beurteilung von Vereinen ist bei Beziehern von Einkommen unter 2 500 DM deutlich geringer (57 %) als vergleichsweise bei Beziehern von Einkommen über 2 500 DM (69 %).

> Die Vereinsmitgliedschaft spart Geld, kostet aber auch Geld. Für untere Einkommensgruppen stellt der Vereinsbetrag durchaus eine finanzielle Barriere dar.

Mehr psychische und soziale als ökonomische Gründe sind dafür verantwortlich zu machen, daß vor allem die Vereinsmitgliedschaft — je nach Familienstand — unterschiedlich beurteilt wird. *Verheiratete und Familien fühlen sich von den Vereinen am meisten angesprochen.* Die größten Vorbehalte zeigen geschiedene Frauen. 57 Prozent sprechen sich gegen Vereine aus. Unter der Dominanz von Männern, Singles, Paaren und Familien fühlen sich geschiedene Frauen offensichtlich nicht sonderlich wohl. Die soziale Integrationskraft der Vereine ist hier in Zukunft stärker gefordert.

Was freiwillig beginnt, kann schon bald zur Gewohnheit oder lästigen Pflicht werden. Oder aus Wohlgefallen wird bloße Gefälligkeit. Die Freizeitkonsumenten haben zunehmend das Gefühl, daß auch in der Freizeit der Katalog sozialer Verpflichtungen ständig wächst. Freundschaftsdienste werden schnell zur Hilfe auf Gegenseitigkeit und damit zur Verpflichtung. Fast jeder zweite Befragte (46 %) gibt an, im Freundes- und Bekanntenkreis nur deshalb handwerklich tätig zu sein, um den Freunden und Bekannten einen „Gefallen zu tun". Ob man nun Lust hat oder nicht, bei jedem Wetter und jeder Jahreszeit — die handwerkliche Tätigkeit muß gemacht werden, wenn sie anfällt.

Die Reihe der Freizeitbeschäftigungen, die aus Gefälligkeit für andere getan wird, ist relativ umfangreich. Jeder dritte Zoobesucher will den Kindern damit einen Gefallen tun. Und jeder dritte Museumsbesucher nimmt Rücksicht auf Ehepartner, Freund oder Freundin, auch wenn das eigene Interesse für die Sache relativ gering ist. Nicht alle, die ihren Hund am Feierabend oder Wochenende ausführen, tun dies aus persönlicher Begeisterung. Die Kinder mögen vielleicht Spaß beim Spielen haben: Beim Hund-Ausführen aber hört der Spaß für viele auf. Die größte Unlust zeigen die 18- bis 24jährigen (66 %). Beim „Briefe schreiben" hört für 41 Prozent der Männer (Frauen 23 %) das Freizeitvergnügen auf. Sie schreiben, aber mehr aus Schuldgefühl, schlechtem Gewissen oder moralischem Pflichtgefühl.

Viele Konsumaktivitäten in der Freizeit werden vor allem den Kindern zuliebe ausgeübt. Man will ihnen ein paar schöne Stunden bieten — im Freizeitpark, auf dem Flohmarkt oder auf dem Volksfest. Jeder vierte aber geht gezwungenermaßen hin, um kein Spielverderber zu sein. Die Kinder „wollen", was die Erwachsenen „sollen". Das Vergnügen der einen kann zur Überwindung, Anstrengung oder Langeweile der anderen werden.

Selbst Einladungen oder Besuche haben unter dem Pflichtcharakter zu leiden. *Jeder vierte Mann betrachtet Einladungen und Besuche als reine Pflichterfüllung.* Und auch das ehrenamtliche Engagement in Kirche, Partei oder Gewerkschaft ist nicht nur mit Spaß und Selbstbestätigung verbunden: Jeder fünfte engagiert sich und nimmt sich „in Pflicht", um den Mitgliedern der Gemeinde, der Partei oder der Gewerkschaft einen Gefallen zu tun.

10. Das subjektive Freiheitsbarometer der Freizeit

Wie frei oder abhängig fühlen sich die Freizeitkonsumenten eigentlich? Eine solche Frage läßt sich eigentlich nur subjektiv beantworten. So ist auch das „subjektive Freiheitsbarometer der Freizeit" zu sehen. Die Frage „Fühlen Sie sich in Ihren Entscheidungen, etwas zu tun oder nicht zu tun, frei oder abhängig?" spricht bewußt das ganz persönliche Empfinden an.

Das Freiheitsbarometer der Freizeit

Nach der subjektiven Einschätzung der Befragten

Frage: »*Wenn Sie an Ihre eigenen Freizeitbeschäftigungen denken, fühlen Sie sich in Ihren Entscheidungen, etwas zu tun oder nicht zu tun, frei oder abhängig? Sagen Sie mir das bitte mit Hilfe dieser Skala, die von 1 = ›völlig frei und unabhängig‹ bis 7 = ›abhängig, keine Entscheidungsfreiheit‹ geht. Mit den Ziffern 2 bis 6 können Sie Ihre Meinung abstufen.*«

Alle Befragten (N = 2.000)   In Prozent

»Fühle mich frei und unabhängig« (Werte 1, 2, 3)

Gesamt/Alle Befragten	82
Beruf	
Selbständige, Freie Berufe	62
Leitende Angestellte/Beamte	71
Sonstige Angestellte/Beamte	82
Facharbeiter/Arbeiter	87
Rentner/Pensionäre	87
Familienstand	
Verheiratete	76
Ledige	83
Geschiedene	91
Verwitwete	93

Selbständige und Freie Berufe laufen Gefahr, sich in der Freizeit selbst zu verplanen und aus Freizeitaktivitäten Verpflichtungen im Dienste der Arbeit zu machen.

Abhängig Beschäftigte (Arbeiter, Angestellte, Beamte) fühlen sich in in der Freizeit am freiesten — vielleicht weil der Unterschied zur Arbeit besonders groß ist und der Kontrast besonders stark empfunden wird. Über 80 Prozent von ihnen genießen die Freiheit von der Arbeit. Im Gegensatz dazu *fühlen sich die sogenannten ,,Freien Berufe" in ihrer Freizeit am wenigsten frei.* Sie sind auch nach Feierabend und am Wochenende ‚noch in der Arbeit'. Sie können zwar frei arbeiten, aber weniger frei über ihre Freizeit verfügen. Damit ist nicht gemeint, daß die Freizeit nur mit Arbeit ausgefüllt ist, sondern eher mit Freizeitaktivitäten — im Dienste der Arbeit. Dazu gehören Besuche, Einladungen, gesellschaftliche Verpflichtungen oder die Mitgliedschaft in lokalen Vereinen. *Selbständige und Freie Berufe können in der Freizeit nicht immer machen, was sie wollen.*

Dies gilt gleichermaßen für Leitende Angestellte, die nach Feierabend nicht aus ihrer Verantwortung entlassen sind. Hinzu kommt durch die in der Regel größere Zahl von Arbeitsstunden während der Woche ein entsprechender familiärer Nachholbedarf: Die Familie fordert ihr Recht. Die Folgen: Nur knapp drei Viertel (71 %) der Leitenden Angestellten und Beamten sowie zwei Drittel (62 %) der Selbständigen und Freien Berufe können die Frage nach der Freiheit ihrer Freizeit bejahen. Alle anderen fühlen sich von der *Pflichten-Hypothek* so gedrückt, daß sie das mögliche Freiheitserlebnis in der Freizeit nicht genießen können. Meist sind es selbstauferlegte Pflichten. Viele Selbständige sind in der Gefahr, sich selbst zu verplanen. Arbeiter und Rentner hingegen genießen ihre „verdiente" Freizeit — und wenn es nur die kleinen Freuden des Alltags sind. Ledige, Geschiedene und Verwitwete bescheinigen sich sehr viel höhere Freiheitsgrade in der Freizeit als Verheiratete. Der Gewinn familiärer Geborgenheit geht mit einem Verlust an individueller Freiheit einher. Beides zugleich ist nicht zu haben.

Die Ergebnisse deuten daraufhin, daß die Freiheitsgrade der Freizeit wesentlich von der eigenen Lebenssituation (Beruf, Familienstand) bestimmt werden und weniger von der Fähigkeit, problembewußt über die eigene Freiheit reflektieren zu können. Befragte mit Hauptschulabschluß fühlen sich generell genauso frei in der Freizeit (83 %) wie Befragte mit Abitur (82 %).

In diesem Zusammenhang bietet sich ein interessanter Vergleich zwischen Beruf und Freizeit an:

---

82 Prozent der Bundesbürger fühlen sich in der Freizeit frei und unabhängig, aber nur 36 Prozent im Beruf. Die „Frei'-Zeit trägt ihren Namen zu Recht. Sie gewährt mehr individuelle Frei-Zeiten und Frei-Räume. Sie bietet deutlich mehr Dispositions- und Entscheidungsmöglichkeiten.

Nur drei Prozent der Befragten diagnostizieren sich selbst eine geringe Entscheidungsfreiheit in der Freizeit. Bei aller Vielfalt und Lawinenhaftigkeit des Freizeitangebots, die den einzelnen in seinen Konsumentscheidungen bedrängen könnten — auf die subjektive Einschätzung der persönlichen Freiheit in der Freizeit übt dies kaum einen Einfluß aus.

Man spürt den Konsumdruck von außen, aber die Konsumentscheidung wird von innen heraus gefällt. *Im Vergleich zu den Restriktionen des Arbeitslebens fühlt man sich in der Freizeit fast wie ein „freier Mensch".*

11. Der Freizeitkonsum der Zukunft

○ *Mehr Streß als Ruhe*
Wie wird sich das Konsumverhalten in der Freizeit entwickeln? Werden die Menschen in der Zukunft von einem Konsumangebot zum anderen hasten? Oder werden sie mehr Ruhe haben und zu sich selbst finden? Welche Zukunftsvorstellungen haben die Bundesbürger selbst?

Die Mehrheit der Bevölkerung befürchtet, daß der Freizeitkonsum in Zukunft zum Konsumstreß wird. Nach der subjektiven Vorstellung der Bundesbürger kann sich das Konsumangebot in Zukunft nur noch steigern. Die Konsumenten werden Mühe haben, das Angebot zu überschauen. Die Vorstellung von unüberschaubarer Fülle und Vielfalt beunruhigt.

○ *Aktivität und Passivität halten sich die Waage*
Wenn im Freizeitleben keine Ruhe einkehrt, werden die Menschen dann in Zukunft aktiver werden und ihre Passivität aufgeben? Werden sie ihre Freizeit selbst aktiv gestalten und eigene Ideen und Initiativen entwickeln? Oder geben sie für alles, was Spaß macht, nur Geld aus?

Die Frage nach Aktivität oder Passivität findet bei der Bevölkerung gleich viele Anhänger. 50 Prozent erwarten in der Zukunft ein passives Freizeitverhalten, 49 Prozent erhoffen sich eine aktive Freizeitgestaltung. Andererseits zeigt sich: *Je höher das Bildungsniveau desto kritischer wird die Zukunft gesehen.*

So werden sich in Zukunft wohl Aktivität und Passivität die Waage halten. Denn viele gehen in den Prognosen vom eigenen Verhalten aus. *Wer heute schon ein aktives Freizeitverhalten praktiziert, erwartet auch von der Zukunft mehr Eigenaktivität*: Und wer beispielsweise in der Freizeit sportlich aktiv ist, rechnet für die Zukunft mit mehr aktiver Freizeitgestaltung. Wer aber mehr Fernsehen als eigene Freizeitbeschäftigung favorisiert, entwirft ein Zukunftsbild, in dem der passive Freizeitkonsum dominiert.

○ *Im Spannungsfeld von Spontaneität und Verplanung*
Ein letztes Mal wurden den Befragten zwei Zukunftsbilder alternativ zur Wahl gestellt: Werden die Menschen ihre Freizeit spontaner und unabhängiger gestalten oder werden sie in Zukunft ihre Freizeit fast nur noch organisiert und verplant verbringen?

Auch hier zeigt sich in den Antworten der Befragten, daß die Zukunftsentwicklung der Freizeit Chance und Problem zugleich sein wird. Nach Meinung der Bevölkerung wird es in Zukunft die spontane Freizeit (51 %) genauso geben wie die verplante Freizeit (48 %). Die Bevölkerung schätzt *Spontaneität und Verplanung etwa gleichermaßen bedeutsam* ein. Sie macht sich weder illusionäre Hoffnungen, daß alle Menschen plötzlich spontan werden, noch hat sie übertriebene Angst vor verplanter Freizeit. Der Zukunft von Freizeit und Konsum sieht sie auf den ersten Blick relativ gelassen entgegen.

VI. Marketing von Erlebniswelten. Trendsignale

1. Lebenslust als Leitthema des nächsten Jahrzehnts

„Oh Jahrhundert! Oh Wissenschaften. Es ist eine Lust zu leben". Dieser Ausruf stammt aus der Zeit Anfang des 16. Jahrhunderts, aus dem Munde des humanistischen Gelehrten Ulrich von Hutten, einem ebenso lebenslustigen wie streitbaren Anhänger des Reformators Martin Luther. In bewegten, insbesondere unruhigen Zeiten feiert Huttens Wort Wiederauferstehung. Angesichts der Veränderungen in Europa lebt dieses Wort wieder auf. „Es ist eine Lust zu leben" könnte zum Leitthema des nächsten Jahrzehnts in West- und Osteuropa werden.

Alles ist in Bewegung. Wir leben in einer Zeit, in der selbst das Wort im Munde veraltet. Schnellebig ist die Zeit. Bewegte Zeiten, nervige Neunziger: Lebendig, unruhig, gestreßt? Ist dies der Zeitgeist der neunziger Jahre? Je unruhiger das neue Jahrzehnt beginnt, desto mehr werden sich die Menschen schon bald nach Ruhe sehnen. Für das nächste Jahrzehnt bahnt sich auf den ersten Blick ein bemerkenswerter Wandel an: Der *Eindruck einer Konterrevolution* drängt sich fast auf. Für die Menschen wird es immer wichtiger, Zeit und Muße für sich selbst zu finden. Das ist der Hauptwunsch, der ganz obenan steht. Jeder zweite Bundesbürger will sich in Zukunft intensiver seinen Hobbys widmen. Auf den zweiten Blick erkennt man: Eine gute Absicht nur. Bei vielen entsteht gleich wieder die Angst, etwas in der Überfülle der Termine und Möglichkeiten zu verpassen. *Das Konsumangebot wächst, das Zeitbudget aber wird nicht größer.* So sieht man förmlich den Zeitgeist dahinjagen — vom Bürosessel auf den Autositz, vom Arbeitsplatz zum Tennisplatz, von der Gymnastik zur Vernissage und zurück zum Spätprogramm im 15. Fernsehkanal. Und weiter zur Wochenendreise. Mit einem Wort: Streß — Konsumstreß, Kontaktstreß, Erlebnisstreß.

Wenn es nach den persönlichen Wünschen der Bevölkerung geht, dann könnte bzw. sollte die nächste Zeit eigentlich von einem neuen Lebensstil geprägt sein: Mehr Ruhe für sich und weniger Freizeit-Aktionismus mit anderen, mehr Zeit für kulturelle Interessen und weniger Jagd durch die Fernsehkanäle.

Hier deuten sich psychologisch verständliche Reaktionen auf den Erlebnis-Streß der 80er Jahre an. Doch die Freizeitwirklichkeit vermittelt ein anderes Bild: Noch bestimmen Fernsehleidenschaft und Kontaktzwänge im Familien-, Freundes- und Bekanntenkreis den Freizeitalltag: Fernsehen, Beschäftigung mit der Familie, Zusammensein mit Freunden und private Verpflichtungen gegenüber Bekannten führen nach wie vor die Rangskala der häufigsten Freizeitbeschäftigungen an.

Ganz im Gegensatz dazu die persönlichen Ansprüche an die Zukunft: Der Fernsehkonsum soll drastisch reduziert werden. Nur noch jeder fünfte will künftig seine Freizeit vor dem TV-Gerät verbringen. Auch die Freizeitgestaltung mit anderen soll ihre heute noch dominierende Bedeutung verlieren. Standen Familie, Freunde und Bekannte bisher für jeden zweiten Deutschen im Mittelpunkt der freien Zeit, so wünscht sich dies für die Zukunft nur jeder Dritte.

> Der Eindruck entsteht: Das Fernsehen raubt und die anderen verhindern Freizeit nach eigenen Vorstellungen. Gesucht werden Rückzugsmöglichkeiten und weniger Beziehungsstreß. Man will seine Ruhe wiederhaben.

Nach der Wunschvorstellung der Bevölkerung müßten die 90er Jahre *eigentlich ein privatistisches Frei-Zeitalter* werden. Als Reaktion auf die unruhigen 80er Jahre entsteht ein Wunschbild von Ruhe und Geborgenheit, *beinahe eine neue Bürgerlichkeit* mit Zügen einer Biedermeier-Kultur: Werden wir immer bürgerlicher? Entwickeln wir uns zu Egomanen, die die mentale Kraft eines Tennisspielers mehr schätzen als die soziale Fähigkeit des Mitmenschen in Nachbarschaft und Freundeskreis?

Seit den Zeiten des Wandervogels, der Jugend- und der Hippiebewegung kehren solche antizivilisatorischen Stimmungen und Strömungen in regelmäßigen Zeitabständen wieder. Derzeit ist eine neue Flucht in das Privatleben beobachtbar: New Age und Esoterik, Parapsychologie und transzendentale Meditation, Segelfliegen, Drachenfliegen und Tiefseetauchen, Sekten, Psychotherapien und Psychopharmaka, Tarot, Runen und I Ging sind die Ausdrucksformen einer Flucht in den Privatismus. Amerikanische Großunternehmen wie Ford, IBM und General Motors stellen bereits spezielle New-Age-Trainer an. Und an der betriebswirtschaftlichen Fakultät der Stanford University enthält der Lehrplan auch Seminare zur Meditation und Traumdeutung.

Werden die nächsten Jahre einem „neuen Kleinbürgertum" (Pierre Bourdieu) gehören — verbunden mit der *Pflicht zum privaten Glück und Genuß:* „To have fun" — man muß genießen und glücklich sein? Genuß ist nicht nur erlaubt, sondern geradezu vorgeschrieben. Genießen statt Anstrengen, Selbstfindung statt Disziplin, Ruhe statt Betriebsamkeit — so könnte die Devise lauten. *Die Menschen auf der Suche nach dem inneren Frieden.* Der neue Weg zu

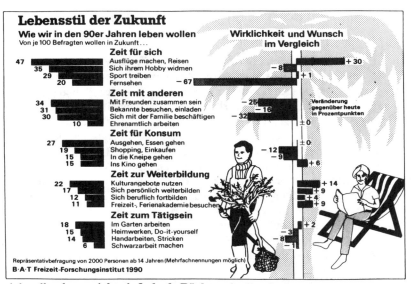

sich selbst kann nicht einfach als Rückzug in die eigenen vier Wände mißverstanden werden, wenn auch unverkennbar ist, daß es derzeit in der Möbelbranche boomt wie seit den Glanzzeiten der sechziger Jahre nicht mehr. Die Menschen haben bisher *zu sehr nach außen gelebt*, sie wollen wieder in sich selbst hineinhören: Was will ich eigentlich?

Vordergründig werden mitunter Vergleiche zu den amerikanischen *Couch-Potatoes* hergestellt, die mit der Kartoffelchip-Tüte in der Hand auf dem Sofa liegen und dauerfernsehen. In der Liebe zu TV und Video glauben einige schon eine spezifische Form amerikanischer Meditation gefunden zu haben. In Wirklichkeit ist die Couch-Potatoe-Gemeinde so alt wie das Fernsehen, so einsam wie der Langstreckenläufer und so faul wie die Kartoffel. Couch-Potatoes sind auf deutsch nichts anderes als Stubenhocker: träge, phlegmatisch und bequem. Auch alle Versuche, aus dem immer stärker werdenden Bedürfnis nach Sich-selber-Leben einen Trend zur „neuen Häuslichkeit" zu konstruieren, müssen deplaziert erscheinen. Hier wird das „traute Heim" mit inneren Werten verwechselt.
„Cocooning" (Popcorn 1992) soll die neue Bewegung heißen — in Anlehnung an den Kokon, der Schutzhülle, mit der sich die Raupe des Seidenspinner-Schmetterlings von der Außenwelt abschirmt. Es ist schon immer so gewesen: Wer mit Konflikten in der Partnerschaft oder mit Ärger im Berufsalltag konfrontiert ist, wer also mit sich und der Welt ins Reine kommen will, neigt schon mal zum selbstgewählten Rückzug auf Zeit. Aber ein neuer Freizeittrend „Cocooning" läßt sich daraus nicht ableiten.

2. Das Leitbild des innengeleiteten Konsumenten

Die Unlust an der Oberflächlichkeit vieler Freizeitbeschäftigungen und Freizeitangebote wird Bewegung in die 90er Jahre bringen. Der Wunsch nach einem neuen Weg zu sich selbst ist eine Antwort auf die Kurzlebigkeit und Unsinnigkeit vieler Freizeitmoden, -rituale und -gewohnheiten. Die *Selbstbesinnung auf das Beständige*, was dem Leben einen Sinn gibt, wird immer wichtiger. Gerade in Zeiten großen Wohlstands und großer gesellschaftlicher Veränderungen wird den Menschen zunehmend bewußt, daß es nicht nur darauf ankommt, die Welt zu verändern, sondern sich selber.

Vielleicht erfährt in Zukunft das Leitbild des „innengeleiteten" Menschen Wiederauferstehung. Der amerikanische Soziologe David Riesman hat diesen Typus schon vor über dreißig Jahren in seinem Buch „Die einsame Masse" beschrieben. *Im innengeleiteten Typus lebt der Renaissancemensch wieder auf.* Er hält nichts von oberflächlichen geselligen Beziehungen, ist nicht auf die Signale von anderen angewiesen und läßt sein Verhalten nicht von außen steuern. Der innengeleitete Mensch hat seine eigenen Lebensprinzipien so verinnerlicht, daß er auch dann nicht ins Wanken gerät, wenn die Anerkennung durch die anderen oder die Gesellschaft ausbleibt. Er ist imstande, die Flut und Vielfalt der Einflüsse und Angebote „wie in einem Brennglas zu vereinen und dann moralisch zu verarbeiten" (Riesman 1958, S. 37). In einem *Zeitalter des Überflusses* ist der Individualist mit hoher persönlicher Verantwortung gefordert, der ständig über sich und seine Lebensziele nachdenkt.

Doch die Kluft zwischen Wunsch und Wirklichkeit ist groß, fast zu groß. Als Ausdruck ganz persönlicher Unzufriedenheit ist auch der Wunsch zu werten, in Zukunft mehr Zeit für die persönliche Weiterbildung zu haben (+9), Freizeit- und Ferienakademien zu besuchen (+9) und von der Vielfalt des Kulturangebots mehr Gebrauch zu machen (+14). „*Tu was für dich selbst*" könnte das Credo der neunziger Jahre lauten — falls nicht das Festhalten an alten Gewohnheiten den eigenen Zukunftsplänen im Wege steht oder die selbstauferlegte Ruhe den Bundesbürgern auf die Nerven geht.

> Es bleibt festzuhalten: Wollen, Können und tatsächliches Tun sind nicht dasselbe. Auch in Zukunft wird es eine Kluft zwischen Wunsch und Wirklichkeit geben, wobei weniger ökonomische, familiäre oder gesundheitsbedingte Einschränkungen die Diskrepanz herbeiführen als vielmehr ganz persönliche Hemmnisse. Konkret: Phlegma und Trägheit, Gewohnheit und Bequemlichkeit stellen — psychologisch gesehen — die größte Aktivitätsbremse dar.

Viele warten lieber auf den Anstoß von außen oder durch andere, statt sich selber einen Ruck zu geben und das Verhalten zu ändern. Die Erfahrung lehrt: Die meisten Menschen lieben das Regelmäßige, Beständige, die Kontinuität im Alltagsleben. So werden die meisten Menschen auch versuchen, den neuen Herausforderungen des nächsten Jahrzehnts — erst einmal mit alten Gewohnheiten zu begegnen. Nicht die außergewöhnlich großen Gedanken, eher die alltäglich kleinen Gewohnheiten werden das Leben der Menschen in den nächsten Jahren bestimmen. Generationen wandeln sich, Gewohnheiten kaum. Wertewandel besteht nicht darin, daß sich die Menschen plötzlich verändern, sondern darin, daß die jüngere Generation die ältere ablöst.

3. Das Leben in der Zwei-Stunden-Gesellschaft

Die Menschen bekommen in Zukunft ein anderes Verhältnis zur Zeit. Das Zeitbudget wird genauso kostbar wie das Geldbudget. Zeit ist Leben und nicht mehr nur Geld. Genauso wichtig wie das Gelddenken wird das Zeitdenken. In einem Zeitalter des Überflusses muß die Wohlstandsgeneration die Erfahrung machen: *Auch Konsum konsumiert Zeit.* Und weil die Menschen in Zukunft immer höhere Konsumansprüche stellen, nimmt ihr Gefühl von Zeitknappheit zu. Was haben sie schon von einem Einkaufsbummel, wenn sie ihn nicht in Ruhe genießen können? Im gleichen Maße, wie die Produktivität der Arbeitszeit steigt, versuchen sie auch die Konsumzeit zu steigern und immer mehr in gleicher Zeit zu erleben. Konsumwünsche werden miteinander kombiniert — der Einkaufsbummel mit dem Treffen von Freunden, das Essengehen mit dem Knüpfen geschäftlicher Verbindungen oder die Urlaubsreise mit dem Erlernen neuer Sportarten. *Auf diese Weise nimmt die Konsum-Produktivität zu, aber die freie Verfügbarkeit von Zeit ab.*

In ein Bild gebracht: Der gestreßte Arbeitnehmer trinkt nach Feierabend ein Glas Bier, raucht dazu eine Zigarette, knabbert Kartoffel-Chips, schlägt die Zeitung oder Illustrierte auf, sieht sich die Tagesschau an und unterhält sich dabei mit der Familie, während er noch in Gedanken bei der Arbeit weilt — alles zur gleichen Zeit mit unterschiedlicher Intensität und ganz unterschiedlichem persönlichem Gewinn. Die eigenen Gedanken sind am wichtigsten, das Gespräch mit der Familie hat Sekundärcharakter, das Zeitunglesen wird zur Drittaktivität, das Fernsehen zur Viertaktivität usw. Im gleichen Maße, wie in Zukunft die Einschaltquoten steigen, sinkt die Bedeutung des Fernsehens als Primäraktivität. Fernsehen bekommt Nebenbei-Funktion, weil *der Zeitdruck mit dem Überangebot wächst.*

Aus einer vergleichenden Zeitbudget-Studie der Jahre 1978 und 1988 geht hervor: Ob Beschäftigung allein, mit dem Partner oder mit den Kindern — *alles, was über zwei Stunden dauert, stagniert oder geht zurück* (B.A.T Freizeit-Forschungsinstitut 1989, S. 16). Die Menschen sind in Zukunft für viele Tätigkeiten aufgeschlossen — solange sie nicht über zwei Stunden dauern. Das bekommt auch der Partner zu spüren: Die gemütlichen 3-Stunden-Abende zu Hause mit dem Partner werden seltener. Offensichtlich gehen Geduld und innere Ruhe bei der Ausübung zeitaufwendiger Beschäftigungen langsam verloren. Leben im 2-Stunden-Takt — spätestens alle zwei Stunden wollen die Freizeitkonsumenten etwas Neues erleben. Ohne sich lange niederzulassen, springen sie von einem Ereignis zum anderen. „Hopping" nennen das die Amerikaner.

○ *„Tele-Hopping",* die Jagd durch die Fernsehkanäle und die Suche nach immer neuen Programm-Höhepunkten, ist zur Alltagsroutine vieler TV-Konsumenten geworden. Wenn Nachrichten langweilig oder Kultur- und Bildungsprogramme anstrengend werden, „springen" die Konsumenten einfach weiter. Selbst Sport- und Unterhaltungssendungen, die länger als zwei Stunden dauern, bleiben von den Tele-Hoppern nicht verschont. Wenn die Tele-Hopper aktiv werden, sinken die Einschaltquoten rapide. Dabei sind sie noch meilenweit von den Ausmaßen amerikanischer Tele-Hoppings entfernt. Die USA haben kürzlich die Rechte für die ZDF-Sendung „Wetten, daß ...?" aufgekauft. Die Show ist jetzt in den USA erfrischende 30 Minuten kurz. Die Begründung dafür lautet: „Sonst sieht bei uns keiner zu".

○ *„Party-Hopping"* ist ein neuer Geselligkeitssport. Länger als zwei Stunden bleibt kein moderner Freizeitmensch auf einem Fest. Dann wird zur nächsten Party gehüpft. Bei der einen ist das Essen besser, bei der nächsten sind die Gäste sympathischer und bei der dritten klirren die Gläser für die Karriere.

○ Bei Jugendlichen grassiert zudem das *„Kino-Hopping":* In großstädtischen Kinopalästen mit mehreren Räumen wechseln die jugendlichen Zuschauer von einem Film zum anderen — um den jeweiligen Höhepunkt nicht zu verpassen.

○ Junge Leute praktizieren in ihren Ferien immer mehr das *„Rail-Hopping":* Mit dem Inter-Rail-Ticket in der Tasche hüpfen sie von einer Großstadt zur anderen: „Heute hier — morgen fort". Sie verbringen mitunter mehr Zeit im Zug als an irgendwelchen Reisezielen. Aus dem Transportmittel Bahn machen sie einen besseren Aufenthaltsraum, in dem sie reisen, speisen und schlafen. So werden aus Reisezielen Umsteigepunkte für Rail-Hopper.

○ Mit *„Island-Hopping"* peilt die Touristik neuerdings die Zukunft an: Zwei, drei oder mehrere Ferieninseln können als sogenannte „Entdecker-Kombinationen" gebucht werden. Interessierte Inselhüpfer können in zehn Tagen Mallorca, Menorca und Ibiza gleichzeitig „testen". Weitere Inselhüpfer-Angebote gibt es in der Karibik und in der Südsee, auf Tahiti, Fidschi und den Cook-Inseln. Vom Kilometer- und Flächenfraß spricht niemand.

○ Und für den Winterurlaub gibt es mittlerweile das *„Ski-Hopping",* bei dem länderwechselnd zwischen Österreich, Italien und Jugoslawien gewedelt werden kann. Was als Angebot für „Pistengourmets" propagiert wird, spricht mehr den Vielfraß als den Feinschmecker an.

> Sieht so die Zukunft des Freizeitmenschen aus? Am Donnerstagabend Kinohopping, am Freitagnachmittag Frustrationseinkäufe — drei CD-Platten und zwei Bücher und dann keine Zeit mehr, sie zu hören und zu lesen. Am Wochenende drei Einladungen und Besuche und im nächsten Urlaub weit reisen, oft wechseln und kurz bleiben?

„Wer holt mich hier wieder raus?" — dies könnte vielleicht der letzte psychologische Aufschrei des FreiZeitMenschen sein, der sich am Ende selber im Wege steht oder sich wieder nach *weniger* Wahlmöglichkeiten sehnt. Er will letztlich *Lebenszeit zurückkaufen*, die er zuvor durch Erlebnisse am laufenden Band verloren hat. *„Am besten mehrere Leben leben"* — ein unerfüllbarer Traum. So könnte der *Stressman* nach dem Jahr 2000 das werden, was der Walkman in den 80er und 90er Jahren war — ein Entspannungsgerät mit sanften elektrischen Impulsen zur Beruhigung des Gehirns. Ein Stressman auf dem Kopf und eine Lichtschleuse im Wohnzimmer, die unseren Blutdruck und Pulsschlag kontrolliert: „Ein Alarmsignal wird ertönen, wenn irgend etwas nicht stimmt..." (Popcorn 1992, S. 91).

4. Der Individualisierungsschub in der Freizeit

Wir gehen einer Zeit entgegen, in der die Freizeitangebote immer vielfältiger und zielgruppenspezifischer werden, in der sich jeder „sein" Aktivitätenspektrum aussuchen, d.h. andere Angebote ausblenden und auch anderen Gruppierungen aus dem Wege gehen kann. *Die sozialen Schichten driften in der Freizeit immer mehr auseinander.* Sie gehen ihre eigenen Wege. Jeder sucht und findet „seinesgleichen". Aus den vorliegenden Forschungsdaten geht hervor:

1. Wie keine andere Bevölkerungsgruppe favorisieren *Arbeiter* in ihrer Freizeit das Heimwerken zu Hause und den Besuch von Sportveranstaltungen und Volksfesten.
2. *Angestellte* und *Beamte* bevorzugen das Fahrradfahren, das Baden- und Shoppinggehen. Keine andere Gruppe übt diese Freizeitaktivitäten so häufig und so intensiv aus.
3. *Leitende Angestellte* konzentrieren sich in ihrer freien Zeit auf Bücherlesen, persönliche Weiterbildung und Essengehen.
4. *Selbständige* und *Freiberufler* sind am meisten in Verein, Partei oder Kirche ehrenamtlich tätig und besuchen besonders häufig zur Entspannung Flohmärkte und Basare.

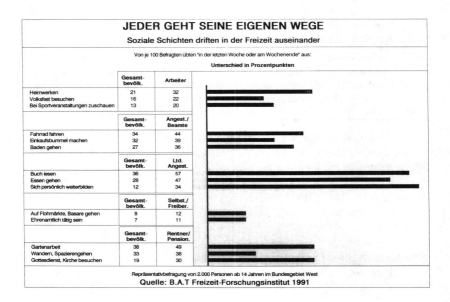

5. *Rentner* und *Pensionäre* wandern in ihrer Freizeit besonders gern, gehen am meisten in die Kirche und verwenden viel freie Zeit für die Gartenarbeit.

Die wachsende Kommerzialisierung der Freizeit schafft *subtile Wohlstandsgrenzen*, die kaum wahrnehmbar sind, weil sich die einzelnen Bevölkerungsgruppen in ‚ihre' Markt-Segmente und Konsum-Nischen ‚ganz individuell' zurückziehen können. Die freizeit- und konsumbezogenen Individualisierungen haben zur Folge: Objektiv vorhandene Ungleichheiten werden durch die Angebots- und Aktivitätsvielfalt in der Freizeit sozial entschärft. Die befürchtete Zwei-Klassen-Gesellschaft wird subjektiv kaum mehr wahrgenommen, weil sie sich im individualisierenden Freizeitkonsum auflöst bzw. verschwimmt. Der *Vielfalt der Freizeitorte und Freizeitsituationen*, wo die einen sich treffen und die anderen sich aus dem Wege gehen, entspricht die Vielfalt freizeitorientierter Lebensstile. Klasse und soziale Schicht werden wegindividualisiert.

Ursache hierfür ist ein von dem Soziologen Ulrich Beck so genannter „*Fahrstuhl-Effekt*" (Beck 1986, S. 124). Das Mehr an Geld und Zeit, Bildung und Wohlstand, also die Anhebung des Lebensstandards hat dazu geführt, daß fast alle Bevölkerungsgruppen heute insgesamt „eine Etage höher fahren". *Die Wohlstandsgesellschaft löst die Klassengesellschaft auf; es entwickelt sich ein gemeinsames „Interesse am Massenwohlstand"* (K.O. Hondrich 1988). Der Marxsche Klassengegensatz ist zwar nicht ganz verschwunden, aber sozial weitgehend bedeutungslos geworden. Er hat keine Sprengkraft mehr. Und aus ehemals gegensätzlichen entwickeln sich vielfach verflochtene gemeinsame Interessen. Die Individuen wollen und können — das ist historisch neu — erstmals *massenhaft genießen*, auch wenn der Massenwohlstand neue Grenzen und Entwertungen produziert. Denn wenn das Auto und die Urlaubsreise für alle da sind, bringen überlastete Straßen überfüllte Feriengebiete mit sich, was wiederum neue Probleme und neue Wünsche erzeugt.

Es bleibt festzuhalten: Freizeit und Wohlstand fördern das Verschwinden traditioneller Sozialmilieus. *Die sozialen Klassenwelten lösen sich in individualistische Freizeitwelten auf.* Und die wachsende Kommerzialisierung der Freizeit bewirkt, daß sich die Unterschiede zwischen Lebensstilen und Konsumstilen immer mehr verwischen. Der große Individualisierungsschub findet außerhalb der Erwerbsarbeit statt und macht aus Berufs-Gruppen und sozialen Schichten Markt-Individuen und Freizeit-Konsumenten („Consumo — ergo sum!").

5. Der drohende Identitätsverlust

Freizeit, Wohlstand und Wertewandel verändern die Gewohnheiten der Konsumenten. Dies spiegelt sich auch im Warenkorb des Normalverbrauchers wider, den das Statistische Bundesamt Wiesbaden zur Berechnung der tatsächlichen Lebenshaltungskosten entrümpeln mußte. Der Konsum ist in den letzten Jahren ein neuer Typ geworden. Schwarz-Weiß-Fernseher? Sie verstauben in den Regalen. Schmalfilm-Kameras? Im Zeitalter der Videotechnik sind sie ein Relikt vergangener Zeiten. Der Normalverbraucher gibt sein Geld heute lieber für Walkman, Expander, Tennisschläger, Videokamera und UV-Oberkörperbräuner aus. Dies sind die aktualisierten Konsumgewohnheiten; sie umfassen alles, was ein Durchschnittshaushalt heute zum Leben braucht: Von den Autokosten bis zur Kinokarte. Die *Umschichtung im Warenkorb* ist zum Spiegelbild von Freizeit und Wohlstand geworden.

Fast die Hälfte der Bevölkerung (45 %) zählt sich mittlerweile zur Gruppe der Erlebniskonsumenten, die sich in ihrer Freizeit Außergewöhnliches leisten, auch wenn sie dafür gelegentlich zu viel Geld ausgeben oder gar über ihre Verhältnisse leben. Zugleich scheint „Otto-Normalverbraucher" in die Jahre zu kommen: Während die Generation der über 50jährigen überwiegend am Prinzip des Versorgungskonsums festhält, tendieren die jüngeren und mittleren Generationen immer mehr zum Erlebniskonsum. Sie haben und genießen ihren Wohlstand. Der Luxus von gestern — Auto, Sekt, Farbfernseher und Urlaubsreise — ist für sie zum Normalverbrauch von heute geworden.

Der freizeitorientierte Erlebniskonsum stellt die interessanteste und attraktivste Konsumart dar. Während der lebensnotwendige Konsum zur Befriedigung von Grundbedürfnissen mehr als Muß und Pflicht empfunden wird, signalisiert der Freizeitkonsum das Erleben von Schönem und Außergewöhnlichem — in individuell unterschiedlicher Form und Intensität. Schöner leben wollen viele. Sich das Leben so schön wie möglich zu machen ist aber nicht nur eine Frage der Einkommenshöhe. Wer wie die Singles oder die Paare keine Kinder zu versorgen hat und auf Familienmitglieder keine Rücksicht nehmen muß, kann eher daran denken, nur den eigenen Interessen nachzugehen.

Der *Trend zum Erlebniskonsum* ist auch eine Antwort auf Tendenzen zur Gleichförmigkeit im Lebensstil: Weg vom Einheitstypus des Normalverbrauchers — hin zur Vielfalt, zur Differenzierung, zur scheinbaren Einzigartigkeit und Individualisierung. Während Musik und Mode, Wohn- und Eßkultur immer internationaler und damit auch austauschbarer werden, wächst das Bedürfnis nach Abgrenzung, die Suche nach der ganz persönlichen Nische. Ob McDonalds in Moskau oder Benetton in Budapest — ein vom industrialisierten Freizeitkonsum geprägter Lebensstil breitet sich explosionsartig auf der ganzen Welt aus. *Konsumwellen kennen keine Grenzen mehr.*

Das Bewußtsein setzt sich durch: Die nationale Identität droht verlorenzugehen und auf der Strecke bleibt das unverwechselbar Individuelle. Mit dem Freizeitkonsum ist immer auch ein schaler Geschmack von Oberflächlichkeit verbunden. Die Folge ist: Niemand will sich in Zukunft mehr auf eine Marke festlegen lassen. *Die Gratwanderung zwischen „In‑Sein und Außenseiter-Sein wird immer schmaler.* Der amerikanische Zukunftsforscher John Naisbitt brachte es auf die Formel: „Je ähnlicher wir uns werden, desto stärker betonen wir unsere Individualität" (Naisbitt 1989, S. 195). Fraglich und fragwürdig ist allerdings, ob dies wirklich als „Triumph des Individuums" gewertet werden kann. Denn das Motto „Jeder für sich" kann schließlich auch zu einer *Schwächung der individuellen Verantwortlichkeit* führen.

6. Das Zeitalter des E-(rlebnis)Menschen

In Zukunft wird es also nicht „den" neuen Verbraucher geben — eher eine neue Konsumentengeneration, die mehrheitlich ins Lager des Erlebniskonsums wechselt. Die neunziger Jahre könnten als *Jahrzehnt des E-Menschen* (des Erlebniskonsumenten) in die Konsumgeschichte eingehen. Sage mir, ob du genußvoll konsumierst — und ich sage dir, ob du ein E-Mensch bist. Was für den traditionellen V-Menschen (den „Versorgungskonsumenten") Arbeit und Geldverdienen waren und sind, das ist für den E-Menschen die Lust am Geldausgeben. *Freizeit heißt Konsum; nach Feierabend regiert die Lust am Geldausgeben*: Statt Selberkochen Essengehen, statt Klavierstunde Besuch eines Musicals, statt Sporttreiben im Verein lieber Fahrt zum nächsten Bundesligastadion, statt Freizeitkurs in der Volkshochschule lieber Vergnügungskonsum im Freizeitpark, statt einmal im Jahr Erholungsurlaub lieber rund ums Jahr Erlebnistrips.

> Der E-Mensch steht in Zukunft Schlange vor Freizeitattraktionen wie früher der V-Mensch vor Lebensmittelläden.

Der Trend zum Erlebniskonsum hat eine Kehrseite: *Mehr arbeiten — für die Freizeit.* Immer mehr junge Leute (1986: 44 % - 1989: 52 %) im Alter von 14 bis 29 Jahren wollen mittlerweile mehr arbeiten, um „sich in der Freizeit mehr leisten zu können". Der hohe Stellenwert kostspieliger Freizeitbeschäftigungen hat seinen Preis: Jugendliche nehmen schon während der Schulzeit Teilzeitjobs an — nicht, um das Einkommen der Familie zu erhöhen, sondern um sich Luxusartikel, insbesondere teure Kleidung, Reisen, Sport- und Hobbyartikel leisten zu können. Für die Freunde und die Familie bleibt dann eben weniger Zeit.

Die neue E-Generation geht mit Schulden ganz anders um als ihre Vorfahren. Dies bedeutet: Das Kreditkarten-Zücken, das amerikanische, australische und englische Verbraucher heute schon so perfekt beherrschen, kann in Zukunft sichtbarer Ausdruck einer neuen Form der Konsumabhängigkeit werden: *„Kreditsucht",* über die Verhältnisse leben und sich verschulden. In Australien schon heute als *„credit junkies"* bekannt, wird die Kauflust dieser Verbrauchergruppe meist größer als ihre Kaufkraft sein. Die Klagen über „zu hohe Geldausgaben beim Freizeitkonsum" nehmen zu — vor allem bei der Generation der 14- bis 19jährigen (1986: 53 % — 1989: 57 %). Immer mehr leben über ihre Verhältnisse („Stil ist, nicht viel Geld zu haben, aber es auszugeben"). Sie stürzen sich in den Kaufrausch, spielen die Rolle von Spendaholikern, indem sie sich etwas Gutes gönnen oder leisten — und schrecken auch vor Schulden und Krediten nicht zurück.

Ihr Konsum-Credo lautet: „Ich möchte endlich so viel Geld verdienen, wie ich ausgebe." Sie leisten sich oft mehr, als sie sich eigentlich leisten können. Und weil sie den Lebensstandard ihrer Eltern kaum mehr erreichen können, drohen sie zu *sozialen Absteigern* zu werden, die sich mit Gelegenheitsjobs („McJobs") über Wasser halten. Die Kindheit im Wohlstand verbracht entwickeln sie sich zur „Generation X", wie sie der kanadische Schriftsteller Douglas Coupland in seinem Roman beschreibt (Coupland 1992). Sie leben in einer Seifenblase, wollen „alles" — und zwar jetzt. Sie zeigen sich in den Wünschen erlebnisorientierter, in den Ansprüchen widersprüchlicher und im Verhalten weniger berechenbar. Die einzelnen Konsumenten werden so widersprüchlich wie die moderne Gesellschaft auch. Die *Paradoxien individueller Konsum- und Lebensstile* sind ein Spiegelbild wachsender Gegensätze und Widersprüche in der Gesellschaft.

Die neue E-Generation scheint „born to shop", zum Kaufen geboren zu sein. Sie neigt zu *Impuls- und Schnellkäufen.* Kommen amerikanische Verhältnisse auf uns zu? Jeder zweite Amerikaner kehrt vom Shopping mit Sachen zurück, an die er vorher noch nicht gedacht hat. Als Impulskäufe gelten in der verhaltenswissenschaftlichen Konsumforschung alle ungeplanten Produktkäufe, die erst am Point of Sale entschieden werden. Der Konsument agiert dabei nicht, sondern er reagiert — meist als Folge von Reizsituationen mit hohem Aktivierungspotential. Der Anteil impulsiver Käufe („unplanned purchases") an allen Kaufakten schwankt beispielsweise zwischen 30 Prozent bei Speiseeis und 71 Prozent bei Tafelschokolade (Tölle 1987, S. 141 f.).

Shopping kann in Zukunft immer zweierlei bedeuten: *Lebenslust und Langeweileverhinderung.* Einkaufszentren, Malls und Passagen werden nicht nur Walhallas des Erlebniskonsums sein, sondern auch Fluchtburgen für Menschen, die der Langeweile und Vereinsamung entfliehen wollen. Sie konsumieren „aus Frust heraus", als Ersatz für ein gutes Lebensgefühl. Die Lust auf Konsumieren entspringt dann der Unlust an der eigenen inneren Leere.

Der Genuß ist nicht umsonst zu haben. Er bedeutet Verzicht auf Mittelmaß: Sich *Qualität und Luxus* leisten zu können, aber dafür auch in anderen Bereichen Billigwaren und Opferkäufe in Kauf nehmen zu müssen. Mal Cartier und Champagner, mal Aldi und McDonalds. Billig und teuer schließen sich nicht mehr gegenseitig aus. Im Zuge des Wertewandels verändert sich das Konsum-Credo der 70er und 80er Jahre: Aus dem *„Und-und-und"- Verbraucher* (Stereo und Farbfernseher und Zweitwagen und 3-Wochen-Reise) wird ein *„Hier-mehr-, dort-weniger"-Verbraucher*: Heute CD-Player, dafür morgen die Jeans ein paar Monate länger tragen; im Frühjahr ein neuer Wagen, dafür im Sommer weniger lang in die Ferien fahren; am Wochenende beim Ausgehen und Shopping nicht auf den Pfennig achten, dafür eine Woche lang einfache Kost zu Hause. Am Sonntag den großen Mann markieren und am Montag Erbsensuppe löffeln. Der Verbraucher wird zur gespaltenen Persönlichkeit, der das Einsparen ebenso beherrscht wie das Verschwenden. So kommt es zur *Polarisierung im Kaufverhalten:* Trotz knapper Budgets boomen Low-Level-Marken aus den unteren Preissegmenten *und* Spitzenprodukte. Auf der Strecke bleiben langfristig Produkte der mittleren Preisklasse.

> Vielleicht kommen ja bald italienische Verhältnisse auf uns zu: In Neapel soll es Fußball-Fans geben, die lieber eine kleinere Wohnung nehmen, um für das Ersparte ins Fußballstadion rennen zu können.

Der Verbraucher von morgen stellt zugleich die protestantisch-puritanische Konsummoral auf den Kopf: Die „Verzicht-kommt-vor-Genuß"-Moral entwickelt er zur *„Erst-Genuß-dann-Verzicht"-Einstellung. Aus dem End-Verbraucher wird ein „Vorab-Forderer"* (G. Gerken). Schecks und Kreditkarten machen es möglich: „Genieße das Leben jetzt — zahle später". Eine Mischung aus Gefühl und Genuß, Lebenslust und Lebensstil läßt die Menschen zeitweilig in einem Schloß romantischer Träume schwelgen — wohlwissend, daß jedes Schwelgen auch wieder in einem Darben endet. Aber man hat dann wenigstens etwas erlebt und gelebt: „Ich habe dann nicht das Gefühl, daß das Geld futsch ist. Ich bin vielmehr froh, daß ich das erleben durfte" (Jugendlicher).

Der Engländer John Campbèll sieht die psychologischen Wurzeln dieser neuen Konsumethik in der Zeit der Romantik. In der Romantik begann der Genuß. Der Verbraucher von morgen wird in seinem Verhalten zunehmend durch eine romantische Konsumethik geprägt, in der der Genuß eine tragende Säule ist. Insofern zeichnet sich für die Zukunft eine *Verbraucher-Revolution* ab, in der neben Nützlichkeit und Notwendigkeit auch Vergnügen und Genuß einen eigenen, gleichwertigen Stellenwert bekommen. Dies erklärt beispielsweise, warum heute mindestens genausoviel Autos zum eigenen Vergnügen und nicht nur aus Notwendigkeit gekauft werden. Die protestantische und die romantische Konsumethik gehen eine Vernunftehe ein. Und der Verbraucher von morgen lebt in der Spannung zwischen Lebensnotwendigkeit und Illusionierung des Lebens. Diese Spannung zwischen zwei kulturellen Traditionen gleicht einem Tanz auf dem heißen Vulkan. Im täglichen Leben muß jeder Verbraucher seine ganz persönliche Abstimmung treffen. Der Verbraucher von morgen wohnt und lebt in zwei Gebäuden: Im *eisernen Käfig* („iron cage") der wirtschaftlichen Notwendigkeit und im *luxuriösen Schloß* romantischer Träume und Genüsse.

7. Die neue Erlebnisgeneration

„In", „neu" und „modisch": Mit dieser Formel lassen sich die Wünsche einer neuen Erlebnisgeneration umschreiben, für die Gegenwarts- und Genußorientierung fast Synonyme werden: „I like Genuß — sofort!" Die junge Generation der 14- bis 29jährigen, die in Zukunft den Ton und Trend angibt, spielt und kostet immer mehr ihre Rolle als Konsumpionier aus:

○ Der Anteil der jungen Leute, die besonderen *Wert auf „modische Freizeitkleidung"* legen, nimmt stetig zu (1985: 55 % - 1991: 63 %). „Outfit" und „Klamotten" sind und werden „das" Statussymbol.
○ „*In*" *und im Trend sein* ist zu einem Grundbedürfnis der jüngeren Generation geworden (1985: 51 % — 1991: 60 %). Sie will und muß wissen, was „in" ist: Sie hat geradezu Angst vor dem Out-Sein. Sie lebt im Hier und Jetzt, will und muß immer dazugehören. Fast steht sie unter dem Zwang oder Drang, sich ständig an das „In"-Sein anzupassen.

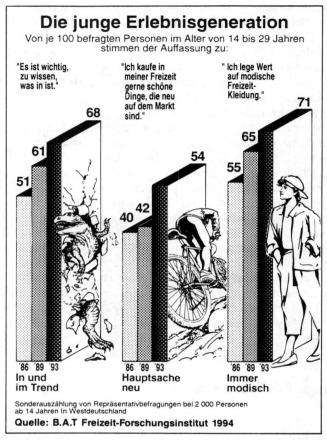

○ Die jüngere Generation lebt zunehmend nach der Devise „Öfter mal was Neues". Das Neueste, das Non-plus-Ultra ist gerade gut genug. *Alles, was „neu auf dem Markt" ist*, wird immer attraktiver (1986: 40 % — 1991: 48 %). Ständig das Brand-Neue und Hoch-Aktuelle kaufen zu wollen, kann schnell an die finanziellen Grenzen stoßen. Vom Geldausgeben zum Verausgaben ist oft nur ein Schritt.

Die neue Erlebnisgeneration kann sich in Zukunft längerfristige Markentreue kaum mehr leisten — finanziell schon, nicht aber sozial- bzw. erlebnispsychologisch gesehen. Markentreue widerspricht dem Trend zur Schnellebigkeit der Zeit und der Spontaneität und Flexibilität des Konsumenten. Das 1. Gebot des Erlebniskonsumenten lautet: *„Sei der erste! Tu das, was in der Luft liegt ..."* Der Erlebniskonsument ändert sich oft schneller als das Marketing.

Infolgedessen *stagniert das persönliche Interesse, beim Einkauf "auf bekannte Marken" zu achten* (1986: 39 % — 1991: 37 %). Die Produzenten bekannter Marken werden in Zukunft das Kunststück fertigbringen müssen, das alte Markenimage zu pflegen und zugleich auf dem neuesten Stand von Trends und modischen Strömungen zu sein. Konservatives und Progressives, Klassisches und Hochmodisches müssen sich ergänzen und dürfen keine Gegensätze mehr sein. Eine Markenstrategie, die fast einer Quadratur des Kreises gleicht.

Nur für die ältere Generation hat Markenbewußtsein noch einen besonderen Wert: Als *Orientierungshilfe und Symbol für Sicherheit* („Da weiß man, was man hat ..."). Und weil es nur selten gelingt, alte Marken mit jungen Szene-Attributen auszustatten, ist Markenbewußtsein bei jüngeren Zielgruppen deutlich weniger verbreitet (von Marken mit Evergreen-Charakter oder Leitartikel-Funktion abgesehen).

Das ständige In-neu-und-modisch-sein-Müssen setzt klassische Markenartikel unter Druck, weil Produkte als jederzeit austauschbare Konsumartikel angesehen werden. *Genauso wichtig wie der Waren-Nutzen wird der Erlebnis-Nutzen von Produkten*: Die individualistische Freizeitaura, die sie umgibt, der Ereignischarakter, der den Konsumenten zum Kurz-Zeit-Helden macht, und die modische Zeitströmung, für die Zukunft schon heute begonnen hat.

Weil die Moden so schnell wechseln, muß sich auch das Image einer Marke entsprechend wandeln. Dies ist nur durch *aufwendige Werbung und Promotion* (bis zu zehn Prozent des Umsatzes) möglich, die Produktinnovationen begleiten und unterstützen. Der Verdrängungswettbewerb im Freizeitmarkt Sportartikel beispielsweise (vgl. Nike/Reebok versus Adidas/Puma) zeigt: Das *Wettrennen um die Käufergunst* kann man nur gewinnen, wenn man

○ erstens den Wandel von Branchenmodel frühzeitig erkennt und sich abzeichnende Trends verstärkt,
○ zweitens den Draht zur Jugend nicht verliert und
○ drittens ständig für innovative und modische Produkte sorgt.

Nur wenn sich das Produkt mit der Zeit wandelt, wächst und verändert, so daß die Marke selbst zum Symbol für Wandel wird, werden die Erwartungen des instabilen Konsumenten erfüllt: *Die Marke als Trendsignal und das Produkt als Erlebnis*. Markenhersteller müssen zum Dienstleister für Erlebnisse werden und Erlebnislandschaften inszenieren, in denen sich der *Konsument als Mitspieler* individualisieren kann. Marken müssen in Zukunft als Ereignisse inszeniert werden: Die Marken-Strategie wird zum Ereignis-Marketing („event marketing"), zur *erlebnisaktivierenden Inszenierung* der Marke. Was früher der Marktplatz für Begegnungen und der Jahrmarkt für Aktualitäten waren, könnte in Zukunft das inszenierte Markenumfeld für die Identifizierung und Individualisierung des Konsumenten sein. Der Konsument erlebt dabei, wer er im Augenblick gerade ist oder in Zukunft sein möchte.

Vom Marken-Hopping zum Identitäts-Hopping ist vielleicht nur ein Sprung: Wechseln die Menschen in Zukunft ihre „Identität" wie ihre Marke oder ihre Kleidung?

8. Pioniere des Erlebniskonsums

Eine spezifische Auswertung der Einstellungen zum Freizeitkonsum nach soziodemographischen Merkmalen, soweit sie jeweils eine Zustimmung von mindestens 51 Prozent finden (also die Mehrheit der jeweiligen Bezugsgruppe charakterisieren) ergibt folgendes Bild der *Konsumpioniere im Bundesgebiet West*:

Pioniere des Erlebniskonsums
Welche Gruppen in Westdeutschland den Ton und Trend angeben

1. **Wert auf modische Kleidung legen** (Gesamtbevölkerung 1985: 38 % — 1991: 42 %)
○ 14- bis 19jährige (73 %)
○ Weibliche Auszubildende (79 %)
○ Männliche Auszubildende (52 %)
○ Berufstätige Frauen bis 34 Jahre (64 %)
○ Berufstätige Männer bis 34 Jahre (56 %)
○ Ledige Frauen (69 %)
○ Ledige Männer (52 %)

2. **Wichtig zu wissen, was „in" ist** (Gesamtbevölkerung 1985: 35 % — 1991: 42 %)
○ 14- bis 17jährige (86 %)
○ Weibliche Auszubildende (65 %)
○ Männliche Auszubildende (61 %)
○ 18- bis 24jährige (56 %)
○ Berufstätige Frauen bis 34 Jahre (58 %)
○ Ledige Frauen (59 %)
○ Ledige Männer (54 %)

3. **Mehr arbeiten wollen, um sich mehr leisten zu können** (Gesamtbevölkerung 1985: 27 % — 1991: 32 %)
○ Männliche Auszubildende (52 %)
○ 14- bis 34jährige Männer (51 %)
○ Singles (53 %)

4. **Gern kaufen, was neu auf dem Markt ist** (Gesamtbevölkerung 1985: 26 % — 1991: 27 %)
○ 14- bis 34jährige (56 %)
○ Ledige Frauen (53 %)
○ Singles (52 %)

5. **Auf bekannte Marken achten** (Gesamtbevölkerung 1985: 32 % — 1991: 32 %)
○ Keine Bevölkerungsgruppe mit Zustimmung von mind. 51 %

Die Übersicht macht deutlich, daß vor allem die jüngeren Leute von Konsumtrends abhängig sind. Mehr als alle anderen Bevölkerungsgruppen stehen sie unter einem fast sozialen Druck des Konsumieren-Müssens. Der soziale Druck geht vornehmlich von der Clique der Gleichaltrigen aus: Wer dazugehören will, muß sich anpassen, muß sich in Aufmachung und Lebensstil so verhalten, wie es schon immer von „der" Jugend gefordert wurde: Daß sie der Zeit vorauseilt, für Neues und Veränderung aufgeschlossen ist und eigene Lebensformen für sich entdeckt, die sich von der Erwachsenengeneration unterscheiden.

> Die heutige Jugend, im Wohlstand aufgewachsen, löst den historischen Innovationsanspruch auf ihre Weise: Sie orientiert sich an dem, was „modisch", „in" und „neu" ist. Sie definiert sich — zum Teil unbewußt — über den Konsum.

Für die Mehrheit der jungen Generation gilt: Sie will sich von der Erwachsenenwelt abheben und bedient sich dabei der Konsumsymbole, die die Erwachsenen für sie bereitgestellt haben. Auf diese Weise kann „in" sein genauso uniform sein. Der vermeintlich unkonventionelle Ausstieg aus der Erwachsenenwelt wird zum angepaßten Einstieg in die Konsumgesellschaft. Und der Anpassungskonsum von heute erweist sich als Eintrittsbillett in die Erwachsenenwelt von morgen.

Die Mehrheit der Jugendlichen zeigt erste Erscheinungen einer *Abhängigkeit vom Freizeitkonsum*. 58 Prozent der 14- bis 17jährigen (Gesamtbevölkerung: 26 %) sind der Meinung, daß viele Freizeitbeschäftigungen bei Hobby und Spiel erst richtig Spaß machen, wenn man dafür „die beste, modernste Ausrüstung zur Verfügung hat". Dies gilt vor allem für die männlichen Jugendlichen. Rund zwei Drittel (63 %) der männlichen Jugendlichen im Alter von 14 bis 17 Jahren verlieren die Lust an einer Freizeitbeschäftigung, wenn sie dafür nicht das „Beste" und „Modernste" zur Verfügung haben.

> Viele Jugendliche wollen Konsumpioniere sein und stehen gleichzeitig am unteren Ende der Einkommensskala. Sie wünschen sich Steigbügel aus Gold und haben kaum Geld in der Tasche. Bei dieser Kluft zwischen Wunsch und Wirklichkeit sind Konflikte vorprogrammiert.

Schon 1984 fand das B.A.T Freizeit-Forschungsinstitut in einer Repräsentativumfrage heraus, daß 63 Prozent der 14- bis 19jährigen Jugendlichen (Gesamtbevölkerung: 40 %) über „zu hohe Geldausgaben beim Freizeitkonsum" klagten. Sie gerieten dadurch in Situationen, die sie persönlich „belasteten" und bei denen sie sich „unter Druck gesetzt bzw. gestreßt fühlten": *Der Anpassungskonsum hatte Konsumstreß zur Folge.* Dieser Konsumstreß hat sich weiter verstärkt. Über zwei Drittel der Jugendlichen (68 %) klagen über den „Streßfaktor Freizeitkonsum" (B.A.T Freizeit-Forschungsinstitut 1990). Die

Jugend ist hungrig auf Neues, auf noch Interessanteres und noch Witzigeres. Deshalb fassen auch „neue Marken" schnell Fuß bei ihr. Durch ihr unvergleichliches Informationssystem, die Multiplikation in der Gruppe, weiß sie auch schneller über Neuheiten Bescheid (Melzer-Lena 1991, S. 63). Die junge Generation zeigt an, ob Neues und Hochmodisches auch tragfähig für die Zukunft ist.

Wenn der Konsumgenuß zum Verdruß wird, sind wiederum die jungen Leute am meisten betroffen. Das schlechte Gewissen plagt sie, weil sie in der Freizeit öfter über ihre Verhältnisse leben. Die größten Probleme zeigen die Jugendlichen:

○ Die 14- bis 19jährigen Jugendlichen sind bei ihren Freizeitbeschäftigungen mehr *von Angeboten, die Geld kosten, abhängig* als ihnen lieb ist (1984: 50 % — 1991: 56 %).
○ Die Jugendlichen haben öfter das Gefühl, daß sie *in der Freizeit zu viel Geld ausgeben* (1984: 45 % — 1991: 56 %)
○ Angesichts der zu hohen Geldausgaben beim Freizeitkonsum haben die meisten Jugendlichen auch das Gefühl, sie sollten *mehr aus ihrer Freizeit machen* (1984: 62 % — 1991: 58 %).

So gehört etwa jeder zweite Jugendliche einer Erlebnisgeneration an, die sich im Sog der Werbung und unter dem Druck der Gleichgesinnten den Konsumzwängen kaum mehr entziehen kann („Konsum-Kids") — ganz im Gegensatz zur überwiegenden Mehrheit der Kriegs- und Nachkriegsgeneration, die nicht nur mit Konsum und Überfluß, sondern auch mit Armut und materieller Not zu leben gelernt hat.

9. Erlebniswelten: Das Erlebnis triumphiert über die Bedarfsdeckung

---

Erlebnismarketing. Ein Beispiel aus der Praxis

Die Ausgangssituation: Was einst als Sommerfrische Europas galt, hatte plötzlich keine Zukunft mehr. Anfang der 80er Jahre gingen die Zahlen der Sommerurlauber in allen Alpenländern kontinuierlich zurück. Die Alpen verloren ihren Glanz und ihre Anziehungskraft. Der touristische Strom ging an den Bergländern vorbei in Richtung Süden. „Publikumsverweigerung" wurde für die 90er Jahre befürchtet. Nur ein neues Erlebniskonzept konnte die Talfahrt des Sommertourismus stoppen.

Das Erlebniskonzept: Wandern hatte für viele Urlauber einen Hauch von Langeweile bekommen: „Nur durch die Gegend latschen — das ist fad!" Wandern mußte daher mit neuen Erlebnisinhalten angereichert werden, damit auch die jüngere Generation daran

> wieder Gefallen fand. Für diese neue Urlaubergeneration geht Erlebnis vor Erholung. Sie will zwar in Bewegung sein und Naturnähe genießen, aber auch gemeinsam etwas erleben, was nachhaltige Eindrükke hinterläßt. Zur Aktivität muß sich Attraktivität gesellen. Urlauber wollen auf Erlebnistour gehen: Nicht nur wandern — auch erleben. So wurde vom Autor das Konzept „*Erlebnis-Sommer Bregenzerwald*" entwickelt und zielgruppenspezifisch aufbereitet:
>
> ○ Für die jungen Pfadfinder ab 6 Jahren wurden Radtouren, Bergabenteuer und Grillwanderungen angeboten.
> ○ Auf die Jugendlichen warteten Wildwasserfahrten und Höhlenwanderungen.
> ○ Familien mit Kindern erwartete ein Gipfelfrühstück beim Sonnenaufgang.
> ○ Für Singles und junge Erwachsene ab 18 Jahren gab es die Berghüttentour „Erlebnis Berg" als 2-Tage-Wanderung mit Übernachtung und Matratzenlager, Grillparties am Wasser und Fotosafaris.
> ○ Für Ehepaare, die auch einmal ohne Kinder etwas unternehmen wollten, wurden Alphüttentouren und kulinarische Wanderungen angeboten.
> ○ Auch an die wachsende Zahl von Alleinreisenden, insbesondere älteren Frauen, war gedacht: Handwerkstouren zu Holzschnitzern, Sattlern und Holzschuherzeugern oder Steinbocksuchen mit Gespür und offenen Augen.
> ○ Und für die Senioren gab es Kräuter-, Moor- und Kneippwanderungen. Selbst verregnete Sommertage waren kein Hindernis mehr. Für solche Fälle wartete „Die totale Regentour", in der es genußvoll durch die Pfützen ging. Die Umsetzung dieses Erlebniskonzepts in die Praxis ergab: Die neuen Erlebnistouren mit Naturgefühl, Geselligkeit und einer Prise Abenteuer brauchten plötzlich den Zug ‚gen Süden' nicht mehr zu fürchten. Sommertourismus war wieder ‚in'…

Der Wandel vom Versorgungs- zum Erlebniskonsum kündigt sich schon seit Jahrzehnten an (vgl. Szallies/Wiswede 1990, S. 44 ff.):

○ Ende der *40er Jahre* hatten die Konsumenten nur eines im Sinn: Essen und Kleidung. Dafür gaben sie rund drei Viertel ihres Einkommens aus.
○ In den *50er Jahren* begannen die Konsumenten nach einer Phase der materiellen Entbehrungen ihre Grundbedürfnisse zu befriedigen. Die sogenannte „Freßwelle" setzte ein.
○ Die *60er Jahre* erlebten eine erste „Konsumwelle" — vom Staubsauger über den Kühlschrank bis zum Fernseher und Auto.
○ In den *70er Jahren* entwickelte sich eine neue Nachfrageautomatik: Wachsende Bevölkerung + wachsende Kaufkraft + wachsende Freizeit. Eine gewaltige Freizeitindustrie entstand.
○ In den *80er Jahren* rückte der Wertewandel, genährt vom Zeitgeist des sogenannten Postmaterialismus, in den Mittelpunkt der Konsumszene. „Noname"-Produkte kamen auf den Markt.
○ In den *90er Jahren* werden die Konsumgewohnheiten vom Schlagwort „Lifestyle" beherrscht und die private Nachfrage von neuen Trendgruppen bestimmt: Junge Doppelverdiener, berufstätige Frauen mit qualifizierter Ausbildung, vermögende Etablierte im Alter zwischen 40 bis 60 Jahren ohne

	Erlebnishandel (übergreifende Themen)	Versorgungshandel (das Produkt)
Nahrungs-/ Genußmittel	**Schlemmerparadies:** frische Produkte, echte Saisonspezialisten, Luxusprodukte, Bioprodukte	Basisprodukte, Hartware
Drogerie/Kosmetik	**Schönheit/Fitneß:** Depotprodukte	Haushaltsprodukte
Textilien/Schuhe	**Outfit-/Typgestaltung:** Designer-Kollektionen, Trend/Modeware, hochwertige Ware, Exklusiv-Ware	Standardware für den Haushalt/die Familie
Möbel/Einrichtungsgegenstände	**Ambiente/Lebensstil:** hochwertige Ware, Kunstgegenstände	Basisprodukte
Haushaltswaren Glas/Porzellan	**Lebensstil:** hochwertige Ware/Geschenkartikel	Basisprodukte
Unterhaltungselektronik/ Elektro/Foto	**Ton-/Bild-/Lichterlebnisse:** hochwertige Einführungsprodukte, limitierte Auflagen, beratungsintensive Produkte	Standardware (Reifeprodukte)
Büro-Kommunikation Tele/Möbel	hochwertige Einführungsprodukte	Basisprodukte
Do-it-yourself	—	entspricht der Logik, Geld zu sparen
Sport	Fashion + Exklusivsportarten hochpreisige Ware mit Informationsbedarf	alle Basisprodukte
Elektro-Großgeräte	**Kochstudios:** beratungsintensive/hochwertige Produkte	Basisprodukte
Uhren/Schmuck	Luxus und Standard	preiswerte Produkte
Buchgeschäfte	Spezialitäten und Standard	Taschenbücher und preiswerte Sortimente

Quelle: G. Redwitz: Handelsentwicklung (1990), S. 277

Kinder bzw. ohne Kinder im Haushalt und Senioren mit überdurchschnittlichem Einkommen.

Für die Entwicklung *bis zum Jahre 2000* künden sich zwei grundlegende Änderungen in der Bedürfnis- und Kaufstruktur der Konsumenten an: Erstens haben Freizeit, Wohlstand und Mobilität zur Folge, daß die Menschen in Zukunft beides zugleich haben und genießen wollen: Zeit zum Leben *und* Freude am Leben. Die Genußorientierung des Lebens nimmt zu und immer mehr Menschen können sich den Wunsch nach mehr Lebensgenuß auch erfüllen. Und zweitens verstärkt sich die *Polarisierung von Versorgungskonsum und Erlebniskonsum.* Die Verbraucher wollen mehr Konsumerlebnisse. Die Erlebnisqualität wird zum wichtigen Kaufkriterium. Produkte ohne Erlebniswert verlieren an Attraktivität. Aus dem Fachhandel wird der Erlebnishandel (vgl. Redwitz 1990, S. 277 f.).

**Vom Versorgungs- zum Erlebniskonsum
Ein Beispiel aus der Praxis**

Zürich 1948, drei Jahre nach Kriegsende. Ein junger Mann stellt eine Theke mitten in einen gastronomischen Betrieb. Die Kollegen in Zürich lachen. Der junge Mann nennt sein Konzept „Snack-Bar & Caféteria" und ist seinen Kollegen weit überlegen. Denn er hat längst erkannt, daß er seine Gäste nicht nur versorgen muß — er muß ihnen ein dreifaches Erlebnis geben:
1. Ein visuelles Erlebnis:
Sehen und gesehen werden
2. Ein verbales Erlebnis:
Kommunikation im besten Sinne
3. Ein sinnliches Erlebnis:
Feines Essen und Trinken für die Lust auf Genuß

Alles an diesem Konzept war ungewöhnlich und von heiterer Zwanglosigkeit. Damit schuf der junge Mann eine neue Marketing Basis. Sein Name: *Ueli Prager, Mövenpick-Macher.*

Die Theke in Insellage, enge Bauformen, lustige Mitarbeiter und eine geballte Ladung an Kommunikation und Spaß hat inzwischen viele Nachahmer gefunden: Von der Erlebnisgastronomie bis zu Deutschlands größter Erlebniskneipe PUPASCH in Hamburg von der Hübsch & Koch Gruppe...

Ein Umfeld von
○ ansprechendem Ambiente,
○ lockerer Atmosphäre und
○ kommunikativer Animation

erklärt die Attraktivität des Erlebniskonsums. Auf diese Weise kann beispielsweise in einem Restaurant eine gute Atmosphäre mitunter wichtiger als eine gute Küche sein (vgl. GFM-Getas / Varta-Umfrage 1992) und Urlauber können mehr Wert auf eine gemütliche Atmosphäre im Zimmer als auf viel Komfort und Luxus im Hotel (B.A.T Studie „Urlaub 91/92") legen. Ambiente, Atmosphäre und Animation kommen nicht von selbst — sie hängen ganz entscheidend von der *Qualifikation des Personals* ab. Mitarbeiter, die sich gelangweilt geben, gestreßt fühlen oder Gast- und Kundenorientierung mit „Anmache" verwechseln, schaffen nicht das atmosphärische Umfeld für Erlebniskonsum.

Beim Versorgungskonsum achtet der Konsument auf den Preis und favorisiert preisaktive Konsumorte; beim Erlebniskonsum ruft er dagegen nach emotionaler Stimulierung, nach Unterhaltung und Serviceorientierung. Wer als Anbieter in Handel und Industrie auf Erlebniskonsum setzt, kann sich dem Preisdruck des Versorgungskonsums (Diller 1987, S. 49) entziehen. Zum Erlebniskonsum gehören immer *psychologische Nutzenversprechungen*, die eine Antwort darauf geben, was der Konsument emotional davon hat, wenn er ein Produkt oder eine Dienstleistung kauft (Tostmann 1987, S. 117). Hilfreich sind hierbei Visualisierungen, die emotionale Erlebniswerte besser und schneller transportieren.

Die *„Lust-auf-Genuß"-Welle* der vergangenen Jahre erklärt sich wesentlich aus der wachsenden Freizeitorientierung in Verbindung mit der Kultivierung hedonistischer Lebens- und Konsumstile. Wirklich luxusbetonte Erlebniswelten werden allerdings auch in Zukunft nur für ein begrenztes Verbrauchersegment infragekommen (Raffée / Wiedmann 1987, S. 200).

Zukunftsprognose: Die jüngere Generation als Lebensstilpionier
Aus der Sicht von 1983

Die jüngere Generation hat sich zum Lebensstilpionier entwickelt. Sie lebt neue Sinnorientierungen des Lebens vor, die mittlere und ältere Generation folgen mit „time-lag" nach. Als neue Lebensorientierungen bilden sich tendenziell heraus:

○ *Wachsende Freizeitorientierung*
(Freizeit als Medium der Lebenserfüllung)
○ *Wachsende Erlebnisorientierung*
(Tendenz zum aktiven Erleben und intensiven Ausleben)
○ *Wachsende Genußorientierung*
(Starke Betonung des Lebensgenusses)
○ *Wachsende Gegenwartsorientierung*
(Nur die Gegenwart zählt, das Hier-und-Jetzt und nicht die Zukunft)
○ *Wachsende Natur- und Umweltorientierung*
(Interesse am natürlichen Leben — Primat von Natur und Umwelt vor Technik und Fortschritt).

Quelle: H.W. Opaschowski: Arbeit. Freizeit. Lebenssinn? Orientierungen für eine Zukunft, die längst begonnen hat, Opladen 1983, S. 75

Was aus der Sicht von Zukunfts- und Freizeitforschung Anfang der 80er Jahre als Trendsignal formuliert wurde, ist mittlerweile zum Ausgangspunkt für eine stärkere Erlebnisorientierung im Handel, in Marketing und in der Werbung geworden. Dies hat zur Folge: Es werden solche *Produkte präferiert*, die der zunehmenden *Freizeit-, Genuß-, Natur- und Umweltorientierung* Rechnung tragen (vgl. Weinberg 1988, S. 190) und sich auszeichnen durch:

○ Vermittlung von Freizeiterlebnissen und Lebensfreude
○ Beitrag zu einem anspruchsvollen und individuellen Lebensstil
○ Natürlichkeit, Gesundheit, Umweltverträglichkeit.

Es wächst das Bedürfnis des Konsumenten nach emotionaler Anregung, d.h. konkret nach *emotionalen Konsumerlebnissen*. Die Komsumenten wollen Gefühle kaufen und keine Ware. Sie wollen den Gefühlswert (also den ideellen, nicht den materiellen Wert einer Ware) mit ihrer eigenen Person verbinden. *So werden aus Marken Erlebnisobjekte* („Levi's", „Sony", „Swatch" u.a.) und die Produkte werden mit Emotionen geradezu ‚aufgeladen'. Die Wirkung kommt einem ‚Turbo-Effekt' gleich: „Ich *muß* es haben". Hauptursachen für die wachsende Erlebnisorientierung (Kroeber-Riel 1986) sind:

1. **Informationsüberlastete Konsumenten**
   Die Bedeutung der Bilder, der visuellen Kommunikation und alles visuell Erlebbaren wird größer.
2. **Gesättigte Märkte**
   Immer mehr Märkte erreichen die Sättigungsphase. Viele ausgereifte Produkte werden zunehmend austauschbarer und Produzenten können sich kaum noch voreinander unterscheiden.

So entwickeln konkurrierende Anbieter zur Imageprofilierung immer mehr *sinnlich-visuelle Erlebnisstrategien für Werbung und Produktdesign*. Die Erlebnisstrategien müssen dabei immer zweierlei leisten: Sie müssen in der Gefühls- und Erfahrungswelt verankert sein und einen realen Beitrag zur Lebensqualität der Konsumenten leisten, also Lebensqualitäten wie Familie, Freunde und Freizeit einbeziehen.

Das puritanische Berufsethos, der Hauptträger der Arbeitsmotivation von einst, gilt nicht länger mehr als Eintrittskarte zum Paradies. Mit der Ausbreitung des Wohlstands wollen immer mehr Menschen in den westlichen Industrieländern *das Paradies auf Erden erleben*. Sie dehnen und kosten ihren Freizeitkonsum bis zur letzten Neige aus („Montagsmorgens mit dem Koffer ins Büro"). Mit der Entdeckung eines genußfreudigen Freizeitstils entsteht auch eine „neue Genußmoralität" (Wiswede 1990): Konsum muß Spaß machen und beim Konsumieren darf einem nichts entgehen.

Einkaufszentren werden zu Erlebnisinseln und Freizeitgüter zu Vehikeln des Erlebniskonsums. „Transmaterialismus" nennen Sozialwissenschaftler diesen Wandel vom vordergründigen Besitzbedürfnis zum kultivierten Erleben. Der Gipfel des Erlebnisgenusses besteht dann darin, „hiervon nicht zu sprechen" (Höhler 1989, S. 154). *Das Erlebnis triumphiert über die Bedarfsdeckung*: Erlebniskonsum ist mehr Erregung als Sättigung, mehr Happening als Lebenssicherung, mehr Haben als Sein. Das Wie wird wichtiger als das Was. Eine Art *narzißtisches Konsumerleben*.

Zum motivationalen Gehalt des Erlebniskonsums gehören Schlüsselbegriffe wie Lust und Freude, Atmosphäre zum Träumen, ein Gefühl wie im Urlaub. Dieses Erleben stellt sich in aller Regel nicht von selbst ein, es muß geplant und arrangiert werden. „Marketing von Erlebniswelten" heißt die neue Zauberformel.

> **„Erlebniskonsum ist ..."**
> ... „wenn man konsumiert und das Herz dabei schneller schlägt";
> ... „wenn man sich tolle Sachen kauft";
> ... „wenn man Freude am Einkaufen hat";
> ... „wenn man sich etwas Besonderes leistet, worauf man Lust hat";
> ... „wenn man sich an schönen Sachen erfreut, sie anguckt, ohne sie gleich besitzen zu müssen";
> ... „wenn die Atmosphäre beim Shopping stimmt";
> ... „wenn man ins Schlemmerlokal essen geht";
> ... „wenn man sich wie im Urlaub fühlt".

MARKETING VON ERLEBNISWELTEN
Kriterien. Instrumente. Wirkungen.

RAHMENBEDINGUNGEN	KRITERIEN
* Gesättigte Märkte * Ausgereifte Produkte * Hoher Lebensstandard/Wohlstand * Wachsende Freizeitorientierung * Wachsende Genußorientierung * Wachsendes Umweltbewußtsein * Wertewandel	* unverwechselbar, prägnant, nicht austauschbar * einmalig, einzigartig, ereignisbezogen * neuartig, aktuell, trendbezogen * emotionalisierend, individualisierend, lebensstilprägend * orientierbar, übersichtlich, klar, einprägsam
	INSTRUMENTE * Differenzierungs-, Marktnischenstrategie * Produktgestaltung, -qualität, Markenpolitik * Preisstrategie * Verkaufsförderung, persönliche Ansprache * Werbung, Public Relations
	WIRKUNGEN * Aufmerksamkeit, Anmutung, Attraktivität * Akzeptanz, Glaubwürdigkeit * Bedeutsamkeit, Wichtigkeit * Wahrnehmung, Resonanz, Kaufabsicht

Marketing von Erlebniswelten bezeichnet eine unternehmerische Grundhaltung, Betriebe oder Angebote so markt- und zielgruppengerecht zu führen und zu gestalten, daß sie gleichermaßen

○ den gegenwärtigen und künftigen Erfordernissen des Marktes und
○ den gegenwärtigen und künftigen Erwartungen des Konsumenten

entsprechen. Beide, Markt-Erfordernisse wie Konsumenten-Erwartungen, kommen ohne Freizeitbezug und Erlebnisorientierung kaum mehr aus.

Die Begründung liegt nahe: Die Menschen haben in Zukunft mehr Zeit zum Leben und wollen auch mehr Freude am Leben haben. Sie suchen Erlebnisse, ja *Erlebnissteigerungen: Sie wollen intensiver leben.* Durch Einbeziehung der

Erlebnisdimension in Marketingüberlegungen kann es eher gelingen, den eigenen Marktanteil auszubauen, den Umsatz zu erhöhen oder den Absatzrückgang zu stoppen. Erlebnisorientiertes Marketing macht das Konsumieren zum Happening und Sinnesreiz: Auge, Ohr, Tastsinn, Gaumen und Geruch werden möglichst gleichzeitig angesprochen. Lebensfreude und Konsumfreude, Lebensgenuß und Konsumgenuß bilden eine Einheit.

Erlebnismarketing setzt auf emotionale Erlebniswerte, also sinnliche Produkt- bzw. emotionale Konsumerlebnisse. Jedes Produkt bekommt auf diese Weise „sein" *individuelles Erlebnisprofil*. Die materiell technische und funktionale Produktqualität bleibt wichtig; subjektiv wichtiger aber wird die Frage, welchen Beitrag das Produkt zur *Verbesserung und Bereicherung der Lebensqualität des Konsumenten* leisten kann. Damit verbunden sind Ansprüche wie subjektive Bedeutsamkeit, Wichtigkeit und Zufriedenheit. Erlebnismarketing endet nicht bei der Befriedigung individueller Bedürfnisse, sondern zielt darauf, daß die Befriedigung auch subjektiv wahrgenommen wird, damit sich Lebenszufriedenheit einstellen kann (vgl. Zapf 1977; Mitchell 1983; Konert 1986).

Marketing von Erlebniswelten hat nachweisbare Folgen:

○ In erlebnisorientierten Geschäften wird die Ladenatmosphäre zum wichtigsten Motiv für die Wahl der Einkaufsstätte: Die *Verweildauer* wird länger, die *Kundenzahl* größer und der *Umsatz* höher (vgl. Diller/Kusterer 1986).
○ Längere Verweildauer und größere *Ausgabebereitschaft* werden wesentlich durch die Stimulierung der emotionalen Eindrücke „Vergnügen" und „Erregung" ausgelöst (vgl. Donovan/Rossiter 1982).
○ Die Erlebnisorientierung steigt mit dem Überraschungsreichtum, der Lebendigkeit, dem Aufregenden, der Interessantheit und dem Nichtalltäglichen. Allerdings darf der Überraschungsgehalt nicht zur Überforderung des Konsumenten führen (Weinberg 1988, S. 196). Ein *ausgewogenes Spannungsverhältnis* von abwechslungsreicher Animation und beruhigender Atmosphäre ist anzustreben.

Faszination Freizeit: Elemente des Erlebnismarketings
F = Freisein + Faulenzen
R = Reisen + Relaxen
E = Einkaufsbummel + Essengehen
I = Inselgefühl + In-sich-Gehen
Z = Zuhören + Zusammensein
E = Exotik + Erotik
I = Interesse + Individualisierung
T = Tanzen + Träumen

Die Philosophie des Erlebniskonsumenten lautet: „Ich *will*. Ich will es *haben*. Ich habe es mir *verdient*." Die entscheidende Motivation ist nicht der Bedarf, sondern der Wunsch nach Sich-Verwöhnen-Wollen. Dieser Wunsch hat etwas „aggressiv Forderndes" (Popcorn 1992, S. 50) — so wie man sein Recht einklagt. Die neue Erlebnisgeneration, im Wohlstand aufgewachsen, ist durch ein ausgeprägtes Anspruchsdenken charakterisiert. Vielleicht wird man in Zukunft in der Geschichte der Jugendforschung nicht nur die *68er-Protestgeneration*, sondern auch die *90er-Erlebnisgeneration* thematisieren müssen...

Ein Wandel vom *Leben als Überleben* zum *Leben als Erleben* zeichnet sich ab. Damit ändern sich auch die Einstellungen zum Leben grundlegend. Eine ehemals schöne Nebensache wird fast zur Hauptsache und ein Nebeneffekt bekommt den Charakter einer Lebensaufgabe. Jenseits des Überlebens beginnen die Erlebnisse: *Ereignisse, die eigentlich Nebenprodukte sind* (Elster 1987). Wird am Ende dieser Entwicklung das Leben selbst zu einem einzigen Erlebnis? „Erlebe dein Leben!" heißt dann der kategorische Imperativ unserer Zeit (Schulze 1992, S. 59). Die Erlebnisorientierung richtet sich auf das Schöne als Synonym für positiv bewertete Erlebnisse: Auf einen schönen Feierabend, ein schönes Wochenende oder einen schönen Urlaub, schließt aber auch Erlebnisse bei der Arbeit und am Arbeitsplatz nicht aus. Erlebnisorientierung ist dann kein Privileg der Freizeit mehr, dringt vielmehr in immer mehr Bereiche des Alltagslebens ein.

Doch wohin führt die ständige Steigerung des Erlebniskonsums, wenn in immer größerer Dichte Ereignis auf Ereignis folgt? Drei Erlebnisstufen sind feststellbar:

○ Die erste Erlebnisstufe ist durch das *„Immer-Mehr"* gekennzeichnet: Mehr TV, mehr Kino, mehr Kneipe, mehr Shopping und mehr Reisen *(Erlebnissteigerung).*
○ Die zweite Erlebnisstufe ist durch das *„Immer-Kürzer"* charakterisiert. Weil zwischen den einzelnen Erlebnisangeboten und -episoden immer weniger Zeiträume frei sind, wird die durchschnittliche Erlebnisdauer immer kürzer: Kurzfilm, Kurztrip und Kurzandacht *(Erlebnisintensivierung).*
○ Die dritte Erlebnisstufe endet unweigerlich im *„Immer-Oberflächlicher":* Noch mehr erleben in gleicher Zeit, z.B. mit einem Auge fernsehen und gleichzeitig mit dem anderen Zeitung lesen, dazwischen zu Abend essen und mit halbem Ohr den Familiengesprächen lauschen *(Erlebnisstreß).*

Die Angst, etwas zu verpassen, und die Befürchtung entgangener Lebensfreude sind die Hauptursachen von Erlebnissteigerung, Erlebnisintensivierung und Erlebnisstreß. Sie sind zugleich die geheimen und scheinbar unerschöpflichen *Ressourcen des Erlebnismarktes der Zukunft.* Andererseits steht das Erlebnismarketing („Eventmarketing") selbst in der Gefahr der Übersteigerung, wenn es mehr Erlebnismöglichkeiten anbietet als der einzelne Konsument psychisch und ökonomisch verkraften kann. Unter Beachtung der Ressourcen Zeit und Geld, Aufmerksamkeit und Konzentration gilt auch für das *Erlebnismarketing: Weniger kann manchmal mehr sein.* Das Leben wird nicht durch Erlebnisstreß, sondern durch Erlebnistiefe und „viele kleine Zufriedenheiten" (Schulze 1992, S. 449) bereichert. Nur so kann der Erlebnismarkt eine Wachstumsbranche mit Zukunft sein.

In den folgenden Praxisbeispielen spiegeln sich einzelne Freizeitträume wider — vom Relaxerlebnis Baden bis zum Traumerlebnis Urlaub. In Zukunft wollen die Menschen bewußter leben und sich auch mehr Zeit zum Genießen ohne schlechtes Gewissen nehmen. Sie befreien sich von den Fesseln des puritanischen Erbes und wenden sich einer Konsummoral zu, die *das unbefangene Genießen des Lebens* wieder zuläßt. Freude am Leben muß nicht mehr moralisch gerechtfertigt werden. Sie können und dürfen sich für moralisch halten, auch wenn sie Geld ausgeben und Erlebnisse konsumieren.

Erlebnisinflation?
„Was man nicht alles erleben muß!"
(Altes Sprichwort)

> „Unsere Erlebnisse sind viel mehr das, was wir hineinlegen, als das, was darinliegt."
> (*Friedrich Nietzsche*)
> „Die meisten verwechseln Dabeisein mit Erleben"
> (*Max Frisch*)

Erlebniskonsum hat nur noch wenig mit Bedarfsdeckung, aber um so mehr mit Auswahl und Entscheidung, Kauflust und Lebensgenuß zu tun.

VII. Marketing von Erlebniswelten. Praxisbeispiele

1. Erlebniswelt Reisen: „Die populärste Form von Glück"

1.1 Reisen als Grundbedürfnis

Der Normalkonsument hatte nach dem Krieg nur eines im Sinn: Essen und Kleidung. Dafür gab er drei Viertel seines Einkommens aus — heute ist es nur mehr ein Drittel. Vor dem Hintergrund weitgehend gesättigter Märkte wird der *erlebnisorientierte Freizeitkonsum* immer attraktiver und wichtiger. Das Existenzminimum zur Befriedigung von Grundbedürfnissen wie Essen/ Trinken, Wohnen und Kleiden ist für die überwiegende Mehrheit der Bundesbürger weitgehend gesichert. Die Beantwortung der Frage, in welchen Bereichen ihnen „finanzielle Einsparungen am schwersten fallen", fällt in der Einschätzung der west- und ostdeutschen Bevölkerung ganz unterschiedlich aus:

○ Wenn die Westdeutschen ihren Lebensstandard einschränken müßten, dann würde ihnen die finanzielle Einsparung bei der Urlaubsreise mittlerweile genau so schwer fallen wie die Einschränkung der Geldausgaben für die lebensnotwendige Kleidung und die Wohnungseinrichtung. *Die Urlaubsreise ist bei den Westdeutschen zu einem Grundbedürfnis geworden* — notwendig zum Leben wie Wohnen und Kleiden auch. Die Urlaubsreise ist kein Luxusgut mehr. Die „schönsten Wochen des Jahres" gehören zum Leben wie Arbeiten, Essen oder Trinken.
○ In der ostdeutschen Bevölkerung hat die Urlaubsreise inzwischen den gleichen Stellenwert wie im Westen erreicht, wenn auch der Alltagskonsum im Umfeld von Essen/Trinken, Wohnen und Kleiden in der Konsumpriorität noch etwas höher liegt. *Was für die Westdeutschen die Urlaubsreise, ist für die Ostdeutschen das Auto.* Ostdeutsche sind eher noch bereit, sich in der Kleidung einzuschränken als auf den Autokauf zu verzichten. Das Auto hat für sie eine außergewöhnlich hohe Konsumpriorität (West: 32 % — Ost: 43 %). Dafür müssen sie mehr ihren alltäglichen Freizeitkonsum einschränken. Im Vergleich zu den Westdeutschen messen sie dem Geldausgeben beim Ausgehen, für Sport und Hobbies eine deutlich geringere Lebensbedeutung bei.

Es ist offensichtlich: Der Wohlstand verändert die Konsumprioritäten. Eine neue Generation, im Wohlstand aufgewachsen, befindet sich *im Sog der „Erlebniswelt Freizeit".*

Deutlich wird dies am Beispiel des Generationenvergleichs: Für die jüngere Generation der 14- bis 34jährigen haben drei Lebensbereiche höchste Priorität: Erstens Essen und Trinken (48 %), zweitens Ausgehen (Disco, Kneipe, Restaurant: 46 %) und drittens Kleidung (45 %). Hier bewahrheitet sich eine frühere Trendaussage: „Der Urlaub bekommt ernsthafte Konkurrenz vom Freizeitalltag, der immer erlebnisreicher wird: Auto, Hobby und Sport, Shopping, Aus- und Essengehen garantieren Erlebiskonsum rund umd die Uhr" (B.A.T Studie „Urlaub 89/90", Hamburg 1990, S. 43).

Auch die Urlaubsreise kann in Zukunft in den Sog bzw. Strudel der Erlebniswelt Freizeit geraten, zumal die Freizeitmobilität immer attraktiver wird: Die Tagesfahrt, der Wochenendausflug oder die drei- bis viertägige Kurzreise. Die freizeittouristischen Unternehmungen garantieren schließlich Erlebnisintensität: Mobilität und Aktivität genauso wie Kommunikation und Konsum. Die Grenzen zwischen Freizeittourismus und Urlaubstourismus werden immer fließender. Und Reisen kann alltäglich werden.

Die zunehmende *Verstädterung und Motorisierung in den Ballungszentren* verstärkt zudem den Mobilitätsdrang. Mit zunehmender Ortsgröße wächst nicht nur das Bedürfnis nach Erholung und Entspannung: Die Großstädter verreisen auch am meisten. Die Ursachen: Höhere Kaufkraft, aber auch Dauerstreß und höhere Umweltbelastungen, unter denen Großstädter in der Regel leben müssen: Lärm, Staub und Autoabgase.

Jeder dritte Deutsche lebt heute in einer Großstadt. Nach Ermittlungen des Deutschen Städtetages gibt es derzeit 83 Großstädte in West und Ost mit rund 25,7 Millionen Einwohnern. 13 Städte haben mehr als 500000 Einwohner, darunter die Millionenstädte Hamburg und München und die Dreimillionenstadt Berlin (Statistisches Jahrbuch des Deutschen Städtetages 1992).

Die Reiselust der Großstädter		
Von je 100 Befragten haben 1991 eine längere Urlaubsreise von mindestens zwei Wochen gemacht:		
Einwohner aus Orten	West	Ost
○ bis 4999 Einwohner	32	27
○ von 5000 bis 19999 Einwohner	41	29
○ von 20000 bis 99999 Einwohner	47	45
○ Großstädter	53	56
Quelle: B.A.T Freizeit-Forschungsinstitut 1992		

Geradezu spiegelbildlich zu den Lebensverhältnissen in den Großstädten sind die Urlaubserwartungen, die Großstädter im Vergleich zu anderen Bevölkerungsgruppen mit der Reise verbinden: Im Grünen wohnen, Natur vor der Tür, idyllische Landschaft und freie unberührte Natur: ,,Die" Herausforderung an die Reiseveranstalter in den nächsten Jahren.

1.2 Anforderungen an Reiseziele

Auf repräsentativer Basis wurden 2 600 Personen ab 14 Jahren danach gefragt, welche Merkmale, Eigenschaften und Anforderungen sie persönlich für ,,am wichtigsten" halten bei der Auswahl ihres Urlaubszieles. Eine vorgelegte Checkliste mit 40 verschiedenen Kriterien erleichterte die Entscheidungsbildung. Berücksichtigt wurden dabei Gesichtspunkte wie z.B.

○ *Ökologische Voraussetzungen*
(Naturbelassene Umwelt, umweltfreundlicher Ferienort u.a.)
○ *Infrastrukturelle Bedingungen*
(Erreichbarkeit, Wanderwegenetz, Fahrradwege, Sportmöglichkeiten, Spielplätze u.a.)
○ *Räumliche Gegebenheiten*
(Hotel/Pension, Zimmer u.a.)
○ *Materielle Angebote*
(Swimmingpool, Liegestühle, Kino, Diskothek, Spielcasino u.a.)
○ *Personelle Angebote*
(Ärztliche Betreuung, Animations-, Fitness-, Ausflugsprogramme u.a.)
○ *Atmosphärische Angebote*
(Gastfreundschaft, gemütliche Atmosphäre, Service, Sauberkeit u.a.).

Die Ergebnisse der Umfrage deuten darauf hin: Deutsche in Ost und West können offensichtlich auch im Urlaub ‚nicht aus ihrer Haut heraus'. Nicht der Preis und nicht die Küche, weder Fitness- noch Animationsprogramme sind für die Deutschen bei der Auswahl ihrer Urlaubsziele entscheidend. Für sie zählt nur eins: *Sauberkeit*. Zwei Drittel der deutschen Urlaubsreisenden halten Sauberkeit für die wichtigste Anforderung, die ein Urlaubsziel heute erfüllen muß. Vor allem für Frauen (71 % — Männer: 59 %) beginnt Ferienqualität erst einmal bei der Sauberkeit. Ein Quartier, das ihren kritischen Blicken nicht standhält, hat kaum eine Chance. Eine noch so perfekte Reiseorganisation (West: 21 % — Ost: 28 %) oder eine vorzügliche Küche (West: 35 % — Ost: 30 %) können Mängel in der Sauberkeit nicht vergessen machen.

Und noch in einer anderen Hinsicht findet der Mentalitätsgraben zwischen Ost- und Westdeutschen nicht statt. Jeder zweite Bundesbürger — ob

Die neue Wohlstandsgeneration
Im Sog der „Erlebniswelt Freizeit"

Von je 100 Befragten geben an, in welchen Bereichen ihnen „finanzielle Einsparungen am schwersten fallen":

Alltagskonsum

	14–34 J.	55 J. u. ält.	Unterschied junge zu älterer Generation
Essen/Trinken	48	53	−5
Kleiden	45	32	+13
Wohnen	35	40	−5

Freizeitkonsum

	14–34 J.	55 J. u. ält.	
Ausgehen (Disco, Kneipe, Restaurant)	46	14	+32
Urlaubsreisen	40	33	+7
Auto	35	22	+13
Hobbies	34	18	+16
Unterhaltungselektronik (CD, Video, TV)	29	8	+21
Zeitschriften, Bücher	23	20	+3
Sporttreiben, -ausrüstung	21	5	+16
Wochenendausflüge	20	20	0
Kino, Theater, Oper, Konzert	12	16	−4
Besuche von Sportveranstaltungen	8	4	+4
Garten	5	21	−16

Quelle: B·A·T Freizeit-Forschungsinstitut 1991
Repräsentativbefragung von 2.000 Personen ab 14 Jahren im Bundesgebiet West

aus Ost oder West — erwartet vom Reiseziel erst einmal „*gemütliche Atmosphäre*". Wo die Gemütlichkeit aufhört, fängt der Ärger an. Und dies ist nicht etwa eine Generationenfrage: Die Nachkriegsgeneration der 30- bis 49jährigen fordert vom Urlaubsort mehr Gemütlichkeit (53 %) als etwa die Kriegs- und Vorkriegsgenerationen der über 65jährigen (49 %). Die deutsche Gemütlichkeit stirbt nicht aus! Moderne *Gastfreundschaft* (West: 43 % — Ost: 47 %) kann Gemütlichkeit nur bedingt ersetzen. Gemütlichkeit erhofft und wünscht man sich, Gastfreundschaft erwartet und fordert man.

> Bildhaft gesprochen: Die Gemütlichkeit ist das Öl, das den verschiedenen Teilen des Urlaubsmotors ein ruhiges Funktionieren ermöglicht, während die Gastfreundschaft das Benzin darstellt, das den Urlaubsmotor zum Laufen bringt.

Im Zeitalter des Massentourismus und der Massenmotorisierung, aber auch des Tempos und der Hochgeschwindigkeit kann das Kriterium der Erreichbarkeit für manche Urlaubsziele zur Existenzfrage werden. Etwa jeder zweite Urlauber macht seine persönliche Entscheidung von der „*guten Erreichbarkeit*" des Reiseziels abhängig. Umständliches Umsteigen oder schlechte Erreichbarkeit mit Pkw oder Bus werden für jeden zweiten Urlauber zum Ausschluß-Kriterium. Und wenn ein Urlaubsort noch so aufwendige und attraktive Freizeiteinrichtungen bereitstellt, z.B. Spielcasino (2 %), Kino (7 %), Theater/Oper/Konzert (9 %), oder eine „wetterunabhängige Badelandschaft unter Dach" (8 %) — die gute Erreichbarkeit ist ebenso konkurrenzlos wie unverzichtbar. *Ein Urlaubsziel muß gut erreichbar bleiben — mit welchem Verkehrsmittel auch immer. Sonst verliert es seine Attraktivität.*

Jugend im Urlaub: Kneipe und Disco wichtiger als intakte Umwelt

Frage: „Was ist für Sie persönlich entscheidend bei der Auswahl Ihres Urlaubszieles? Nennen Sie die Merkmale, Eigenschaften und Anforderungen, die für Sie am wichtigsten sind".
Basis: 718 Befragte im Alter von 14 bis 29 Jahren (West: 549 — Ost: 169) Für je 100 Befragte sind am wichtigsten:

	Deutsche insgesamt	Westdeutsche	Ostdeutsche
Kneipen, Cafés, Restaurants	44	47	32
Diskotheken, Tanzbars	42	43	40
Preiswerte private Unterkunft	42	37	59
Sportmöglichkeiten	40	42	35
Naturbelassene Umwelt	36	39	26
Umweltfreundlicher Ferienort	33	33	34

Quelle: B.A.T Freizeit-Forschungsinstitut 1992

Alle reden von Umwelt — auch der deutsche Urlauber kann und will hier keine Ausnahme machen: Zwei von fünf Urlaubern träumen von einer „naturbelassenen Umwelt" oder wählen ganz gezielt einen „umweltfreundlichen Ferienort" aus. Auffallend ist hierbei, daß die jüngere Generation der 14- bis 29jährigen im Vergleich zu den anderen Altersgruppen am wenigsten Wert auf Umweltfreundlichkeit legt.

> Für die junge Generation sind Kneipen und Cafés im Urlaub wichtiger (44 %) als ein umweltfreundlicher Ferienort (33 %), Diskotheken und Tanzbars attraktiver (42 %) als eine naturbelassene Umwelt (36 %) am Reiseziel.

Wenn ‚sanfter Tourismus' bedeutet, daß man dabei Erleben und Vergnügen einschränken soll, dann sind offenbar viele Jugendliche entschlossen, lieber auf Umweltfreundlichkeit als auf Urlaubsspaß zu verzichten. Umweltbewußtsein darf offensichtlich nicht weh tun. Für jugendliche Urlauber hört im Entscheidungsfall beim sanften Tourismus der Spaß auf, wenn im Ferienort nichts los ist ...

Offensichtlich wird sanfter Tourismus bei der jungen Generation mehr demonstriert als realisiert. Fast jeder zweite westdeutsche Jugendliche zieht einen Urlaubsort mit Rummel und Kneipenszene (47 %) einem umweltfreundlichen Ferienort vor. Und bei den ostdeutschen Jugendlichen siegt immer noch die Ökonomie („preiswerte private Unterkunft": 59 %) über die Ökologie („naturbelassene Umwelt": 26 %).

Es bleibt festzuhalten: Bei der Auswahl ihrer Urlaubsziele haben für zwei Drittel der jugendlichen Urlauber Gesichtspunkte wie „naturbelassene Umwelt" oder „umweltfreundlicher Ferienort" keine entscheidende Bedeutung. Während die Touristikbranche gerade noch rechtzeitig dabei ist, Grün zur großen Modefarbe zu erklären („Grün von oben bis unten, von vorn bis hinten. Kein Prospekt, keine Pressemitteilung, kein Kurdirektor mehr ohne die penetrantesten Bekenntnisse zum ‚sanften Tourismus', zur Ökologie" / Süddeutsche Zeitung vom 4. Februar 1992, S. 31), steigen die ersten jungen Leute schon wieder aus oder ändern sich erst gar nicht. Für zwei Drittel der jungen Leute gehört das Kriterium der Umweltfreundlichkeit heute nicht gerade zur wichtigsten Entscheidung bei der Auswahl ihres Urlaubszieles. Offensichtlich gilt noch immer, was schon Mitte der 80er Jahre repräsentativ herausgefunden wurde: Großzügig ist die Bereitschaft, auf „kleine Laster" (z.B. wildes Campen, Rauchen im Wald) zu verzichten, trotzig bis ablehnend aber ist die Haltung, wenn die persönliche Freiheit eingeschränkt oder gar auf bestimmte Urlaubsvergnügungen verzichtet werden soll: „Es gibt viele Umweltbewußte, aber nur wenige Verhaltensveränderer" (Band 6 der B.A.T Schriftenreihe 1985, S. 31 und 39).

> Die ökologische Opferbereitschaft, die vielleicht noch im Alltag praktikabel ist, stößt im Urlaub an ihre erlebnispsychologische Schmerzgrenze ...

Demonstriertes Umweltbewußtsein droht zum *reinen Lippenbekenntnis* zu werden, wenn es an die Substanz der Urlaubsqualität geht, der Ferienort also *reich an intakter Natur, aber arm an Abwechslung und Unterhaltung* ist. Dieses Verhalten macht eine Erfahrung des ADAC in der Reisesaison 91 verständlich. Laut forderten die Mitglieder vom ADAC, er möge doch auch ein Ferienziel anbieten, ,,in dem die Natur noch in Ordnung sei". Daraufhin habe man die Halbinsel Eiderstedt an der Nordsee in das Programm aufgenommen: ,,Aber kein einziger Urlauber hat dieses naturbelassene Ferienziel gebucht" (Welt am Sonntag vom 1. Dezember 1991, S. 71). Also mußte man dieses Ferienziel wieder aus dem Programm nehmen. Die Begründung dafür lautete: ,,Keiner will nach Eiderstedt".

1.3 Ferne, Wärme und Weite. Trendziele der 90er Jahre

Wenn es nach den persönlichen Reisevorstellungen der Deutschen geht, dann könnte der Ferntourismus in den nächsten Jahren einen wahren Boom erleben. *Der ,,Teutonengrill" fände dann in der Karibik statt und Florida könnte das Mallorca von morgen sein.* 2.600 Bundesbürger ab 14 Jahren wurden nach den Reisezielen gefragt, die ihrer Meinung nach ,,im Trend" liegen, wo man einfach hinreisen ,,muß". Das Befragungsergebnis deutet darauf hin, daß die *Sehnsucht der Deutschen nach fernen, sonnigen Inselwelten* immer stärker wird: Für zwei von fünf Bundesbürgern ist die Insellandschaft der Karibik ,,das" Trendziel der 90er Jahre. Jeder dritte favorisiert zudem die Inselkette der Keys in Florida und jeder vierte Bundesbürger denkt an die 1.200 Inseln auf den Malediven. Die Inselsehnsucht der Deutschen scheint fast grenzenlos zu sein: Neben der Südsee-Welt (25 %) werden auch die Inseln von Hawaii (24 %) genannt.

1492 landete Kolumbus in der Karibik; fünfhundert Jahre später hat das ,,Abenteuer Karibik" nichts von seiner Faszination verloren. Die Deutschen träumen nicht mehr nur davon, sie wollen auch wirklich dorthin. Wer in den 90er Jahren ,,mitreden" will, ,,muß" St. Lucia, Everglades oder Waikiki gesehen und erlebt haben. *Ferne, Wärme und Weite lenken die Trendreiseziele der Deutschen in der Zukunft.* Dafür spricht auch die Attraktivität von Reisezielen, die Wildnis und endlose Weite erwarten lassen: Australien (23 %) und Rußland (20 %), Kalifornien (20 %), Westen der USA (19 %) und Kanada (19 %). Fernab vom Zivilisationsstreß locken Naturschönheiten zwischen Tundra, Canyon und Nationalparks.

Für Ziele in der Kälte können sich die Deutschen deutlich weniger erwärmen: Himalaya/Nepal (9 %), Anden/Peru (6 %), Sibirien (8 %) und Grönland (7 %) werden nach Meinung der Befragten kaum zu Massenzielen der 90er Jahre werden, zumal sich fast nur die jüngere Generation dafür begeistern

kann. Andererseits sollte schon zu denken geben: Wenn die Befragten ihre Zukunftsvorstellung zur Zukunftswirklichkeit werden ließen, dann würden
- 5,6 Millionen Deutsche in das Himalaya-Gebiet aufbrechen und
- 4,4 Millionen eine Grönlandreise unternehmen.

Die Natur- und Umweltverträglichkeit wäre infragegestellt, weil diese Gebiete einen solchen massentouristischen Ansturm nicht verkraften könnten.
Trendziele haben ihre Trendsetter. Mit dem Alter und der Lebensphase verändern sich auch die Reisewünsche. Was gestern noch als „Muß" galt, wird plötzlich fragwürdig, wenn man einen Familie gründet:

- Wie keine andere Bevölkerungsgruppe favorisieren *Jugendliche* Kanada und den Westen der USA als Trendziele der 90er Jahre.
- Für *junge Erwachsene* im Alter von 18 bis 24 Jahren liegen hingegen Australien und Neuseeland besonders im Trend.
- 25- bis 49jährige *Singles*, die finanziell und zeitlich besonders frei und unabhängig disponieren können, zählen zu den Reisetrends der 90er Jahre Hongkong und Singapur, Thailand und Brasilien, Florida und Karibik.
- Für *Familien* mit Kindern unter 14 Jahren liegen die Fernziele der Zukunft relativ nah: Frankreich, Griechenland und Skandinavien.

In einem sind sich fast alle Bundesbürger einig: Von insgesamt vierzig möglichen Trendzielen stößt ein Reiseziel auf wenig Resonanz (nur 4 Prozent Zustimmung): Für 96 Prozent der Deutschen hingegen ist die „Arabische Halbinsel" als Urlaubsreiseziel einfach zu heiß — politisch und klimatisch.

1.4 Reisepioniere. Wegbereiter eines neuen Reisestils

„Reisepioniere": An dieses Wort werden wir uns wohl erst gewöhnen müssen. *Reisepioniere sind Wegbereiter eines neuen Reisestils.* Pionierhaft beschreiben sie neue Wege, machen Ernst mit dem Anspruch „neuen Reisens", scheuen sich auch nicht, einstweilen eine Minderheit zu sein. Veränderungen künden sich schließlich immer in Minderheiten an. Reisepioniere entwickeln ihre eigenen Vorstellungen vom Reisen und Urlaubserleben, setzen neue Maßstäbe, die vielleicht in Zukunft für viele interessant und erstrebenswert werden können. Reisepioniere sind sich ihrer Vorreiterrolle durchaus bewußt. Ganz gezielt betreten sie Neuland und wollen der Zeit voraus sein. Sie verstehen sich als Individualisten, nicht als Außenseiter. Die Gratwanderung zwischen Individualität und Außenseitertum ist allerdings schmal.

In einem *Zeitalter des Massentourismus* setzt sich zunehmend das Bewußtsein durch: Als „Tourist" droht man die eigene Identität zu verlieren und auf der Strecke bleibt das unverwechselbar Individuelle. Mit dem Massentourismus ist immer auch ein schaler Geschmack von Oberflächlichkeit verbunden. Je mehr die Reiseziele („Sonne" — „Süden" — „Mediterranes") austauschbar erscheinen und die „Pauschalangebote" von Reiseveranstaltern sich immer ähnlicher werden, desto stärker betonen die Urlauber ihre Individualität. Sie wollen sich nicht normieren oder vereinnahmen lassen. Im touristischen Angebot fordern sie für sich selbst ständige Durchlässigkeit, wollen spontan von einem Angebot zum anderen springen und sich nicht mehr auf einen bestimmten Veranstalter festlegen.

Reisepioniere distanzieren sich von „Angebotsdiktat", „Gruppenzwang" oder „Terminkorsett". Sie müssen dabei manche organisatorische Hürde überspringen oder gar erkaufen („Es war schon immer etwas teurer...") also ihren individualistischen Reisestil gegen viele formelle Widerstände durchsetzen. *Ihre Reise- „Spontaneität" muß den Reise- „Organisationen" zwangsläufig zu schaffen machen.* Die Veranstalter versuchen daher, erst einmal Verständnis zu entwickeln — mit kleinen Zugeständnissen: Vom täglichen Linienflug bis zur „Comfort Class" beim Charterflug, von der „individualistischen Pauschalreise" bis zum „individuellen Programm für Weltenbummler".

Reisepioniere geben sich mit solchen marginalen Differenzierungen nicht zufrieden. In kritischer Distanz zum touristischen System spiegeln sich in ihrem Verhalten *Autonomiebestrebungen* wider — auch und gerade als Folge des Trends zur Individualisierung, der mittlerweile fast alle Lebensbereiche (Familie, Beruf, Freizeit, Urlaub u.a.) erfaßt. Reisepioniere sind keine Erfindung von heute, wenn auch ihre Konturen in den letzten Jahren immer prägnanter werden, wie dies die B.A.T Tourismusstudien der letzten Jahre beweisen.

○ **1984** führte das B.A.T Institut erstmals im deutschsprachigen Raum systematische Repräsentativbefragungen zum Problembereich Umwelt, Freizeit und Tourismus durch und prognostizierte, daß Freizeiter und Urlauber in Zukunft „sanfter" würden, was auch eine *„sanfte Tourismus-Industrie"* zur Folge haben müsse. „Umweltverträglichkeitsprüfungen", „Öko-Bilanzen" und ein neues „Ökomarketing der Freizeit- und Tourismusindustrie" wurden seinerzeit schon gefordert. Ebenfalls 1984 kam das B.A.T Institut in seiner ersten Urlaubsanalyse zu dem Ergebnis: Das als ‚Rekordjahr der Spätbucher' in die neuere Touristikgeschichte eingehende Jahr 1983 signalisiere „einen grundsätzlichen Wandel in der Einstellung zur Urlaubsreise". Der Urlauber wolle „weg von zeitlicher Verpflichtung". Zudem reise er in Zukunft „öfter und kürzer", so daß ein *zweiter Urlaubsmarkt der Kurzreisen* entstehe (B.A.T Presseinformation/ Feb. 1984).

○ **1985** wurde nachgewiesen, daß sich der Kurzurlaub zu einer Art „Intensivurlaub" entwickle, der „in gedrängter Zeit die Erlebnisvielfalt der längeren Reise" ersetze. Jeder vierte Kurzurlauber sei bereits ein Kurzreisender „aus Prinzip", der „grundsätzlich" nur mehr kurze Reisen unternehme. Außerdem zeichne sich ein neuer Typus des *„Spontanreisenden"* ab, der erheblich zur „Verunsicherung der Reisebranche" beitragen könne. Der neue Spontanreisende sei ein „Spätbucher aus Passion" und habe ein „Gespür für Zeit und Geld" (B.A.T Presseinformation/Feb. 1985).

○ **1986** wurde auf eine weitere neue Urlaubsform aufmerksam gemacht: Man urlaube „*lieber in Intervallen*". Zwei von fünf Bundesbürgern blieben im Urlaub gelegentlich zu Hause. Ursache sei eine zunehmend „ungleiche Einkommensverteilung im Urlaubsmarkt": Wer ohnehin viel reise, werde „künftig noch mehr Geld für den Urlaub ausgeben". Wer aber knapp bei Kasse sei, werde „immer weniger verreisen können" (B.A.T Studie „Urlaub 85/86", Hamburg 1986).

○ **1987** wurde eine „neue Urlaubergeneration" beschrieben, die „individuelle Urlaubsplanung" einer „organisierten Urlaubsgestaltung" vorziehe. „Unabhängig reisen nach eigenen Wunschvorstellungen" sei gefragt. Der „Do-it-yourself-Urlaub nach dem Baukastensystem" sei keine Zukunftsvision mehr. Für die Zukunft gelte: *„Die Individualtouristen kommen"* (B.A.T Studie „Urlaub 86/87", Hamburg 1987).

○ **1988** wurde auf veränderte Komfortbedürfnisse der Urlauber hingewiesen. Komfort werde „einfach vorausgesetzt" und gehöre für viele schon zur „Grundausstattung". Erwartet werde fast ein „Rund-um-Service für's Wohlgefühl", so daß der Traum vom *„Komfort- und Verwöhnurlaub"* in Erfüllung gehe. Zugleich rücke zunehmend die „reiseerfahrene" mittlere und ältere Generation in den Vordergrund mit mehr „Berufs- und Lebenserfahrung, Hobby- und Bildungsinteressen". Eine fast *profihafte „neue Selbständigkeit" des Urlaubers* könne der Branche zu schaffen machen, weil an das „Erlebnisprodukt" Urlaub „höchste Ansprüche" gestellt würden. Zugleich wurde dargelegt, daß es den „Einheitstypus Urlauber" nicht mehr geben könne, weil jeder „ganz individuell" verreisen und für sich „fast alles" haben wolle. Mit den „spezifischen Vorstellungen" der Urlauber sei zwangsläufig „eine stärkere Spezialisierung des Angebots" verbunden — von der *„Studienreise"* bis zur *„Abenteuerreise"*. Selbst Pauschalveranstalter müßten sich „immer mehr zu Spezialveranstaltern" wandeln, um flexibel auf neue Wünsche wie „öfter, kürzer und spontaner" und „ohne Plan und Termindruck" reagieren zu können (B.A.T Studie „Urlaub 87/88", Hamburg 1988).

○ **1989** standen „Traumvorstellungen von Freiheit und Abenteuer" im Mittelpunkt der Untersuchungen. *„Abenteurer"* und *„Globetrotter"* wollten im Urlaub ihr „Wunschbild vom besseren Leben" verwirklichen. Besonders groß sei der „Erlebnishunger" der Jugendlichen, die „Reiseziele mit Erlebnisqualität" forderten (B.A.T Studie „Urlaub 88/89", Hamburg 1989).

○ **1990** wurde die vielfach propagierte „Single-Welle im Urlaubsmarkt" als Legende entlarvt. Kaum eine(r) wolle mehr „allein verreisen". Selbst Singles hielten nichts von *Solo-Reisen*. Zwei Drittel der Singles würden sich bereits vor Antritt der Reise geeignete Urlaubspartner suchen. Die Reiseentwicklung der letzten Jahre zeige zudem eine wachsende soziale Kluft zwischen „Spar- und Billigtouristen" auf der einen und „*Komfort- und Luxusurlaubern*" auf der anderen Seite. Die jährliche Urlaubsreise werde „für den Durchschnittsverdiener zu teuer". Im übrigen stoße die Normalität des Urlaubslebens langsam an ihre erlebnispsychologischen Grenzen. Alltags- und Langeweileempfindungen stellten sich ein: Die „Neigung zu einem mobileren Reiseverhalten" nehme zu: „Heute hier — morgen fort". Das Reiseverhalten nehme *nomadenhafte Züge* an, bei dem mitunter „mehr Zeit für das Unterwegssein als an irgendwelchen Reisezielen verbracht" werde. Insbesondere die „*Interrailer*" seien die Trendsetter dieses mobilen Reiseverhaltens, die „aus Reisezielen Umsteigepunkte" machten (B.A.T Studie „Urlaub 89/90", Hamburg 1990).

○ **1991** schließlich wurde die wachsende Sehnsucht der Urlauber nach „*intakter Umwelt*", „sauberer Landschaft" und „grünen Oasen" beschrieben, die sich nicht mehr von „gestylter Umwelt" täuschen lassen wollten. Im übrigen gelangte die Studie zu dem Ergebnis: „Die Zukunft wird nicht nur *einer* Ferienwelt, sondern vielen und vielfältigen Ferienwelten gehören" (B.A.T Studie „Urlaub 90/91", Hamburg 1991).

Der Streifzug durch wesentliche Forschungsergebnisse der letzten Jahre macht deutlich: Zukunftsforschung fängt bei der sensiblen Beobachtung von Gegenwart an. Kontinuierliche Gegenwartsanalysen — in einen systematischen Zusammenhang gebracht — schärfen zwangsläufig den Blick für neue Entwicklungen und Veränderungen. Der Vorwurf der Spekulation kann den Anspruch der Innovation nicht treffen — einer Innovation, die auf Kontinuität basiert. Voraussagen heißt in erster Linie: Beobachten, was geschieht und was sich verändert. Es ist nachweisbar, daß fast alle wesentlichen Merkmale einer *neuen Generation von Reisepionieren* im Reiseverhalten der letzten Jahre ansatzweise vorhanden sind.

Das sich abzeichnende *neue Denken im Tourismus* ist keine Erfindung professioneller Gesellschaftskritiker, sondern Ausdruck des sozialen Wandels im allgemeinen und eines veränderten Anspruchsniveaus der Urlauber im besonderen, die „immer anspruchsvoller, d.h. reiseerfahrener, qualitätsbewußter, kritischer und fordernder" werden (B.A.T Studie „Urlaub 87/88"/1989, S. 45). Im Prozeß dieses Wertewandels bilden sich neue Urlaubsformen heraus, die von Reisepionieren vorgelebt und vorerfahren werden: Als Globetrotter, Abenteurer oder Nomade, als Sponti, Interrailer oder Reiseprofi, als Kurzurlauber, Intervaller oder Ökotourist.

Die Veränderungen im Reiseverhalten bildeten die Basis für eine umfassende Repräsentativumfrage zur Ermittlung und Bestimmung der neuen Generation von Reisepionieren. 2.600 Personen ab 14 Jahren (2 000: West — 600:

Ost) wurde eine Liste mit einer Reihe möglicher neuer Trends im Urlaubsverhalten vorgelegt. Die Befragten sollten entscheiden, welche Aussagen ihrer persönlichen Meinung nach „am besten das künftige Urlaubsverhalten" beschreiben — unabhängig davon, ob sie „persönlich diesen Reisestil mögen oder eines Tages selbst verwirklichen wollen". Um zu Tendenzaussagen zu gelangen, waren maximal 7 Nennungen (von insgesamt 13) möglich.

Dabei konnte davon ausgegangen werden, daß sich die Befragten in ihrem Urteil von ihren eigenen Einsichten und Erfahrungen leiten ließen, was die Ergebnisse auch bestätigen: So gaben beispielsweise am meisten die Jugendlichen an, daß die Interrailer in Zukunft den Reisetrend bestimmen würden oder die Singles glaubten, daß „man" in Zukunft „am liebsten allein" verreisen würde. Was die Befragten als Zukunftstrend projizierten, praktizierten sie meist selbst schon. In ihren Trendaussagen spiegelte sich eigenes Reiseverhalten wider. Und so stellt sich aus gesamtdeutscher Sicht die Zukunft des Urlaubsverhaltens dar:

○ *„Kurzurlauber"* werden in Zukunft an Zahl und Bedeutung gewinnen. Über ein Drittel der Bevölkerung ist der Auffassung, daß die Menschen in Zukunft *„lieber kürzer, dafür aber öfter rund ums Jahr verreisen"* wollen. Insbesondere Großstädter (40 %) und Höhergebildete mit Abitur oder Hochschulabschluß (44 %) favorisieren diesen Reisetrend. Die Ziele für Kurzurlauber müssen gut erreichbar und die deutsche Sprache darf kein Handicap sein. Kurzurlauber suchen mehr Erlebnis als Erholung beim Einkaufsbummel oder beim Essen landestypischer Spezialitäten im Restaurant. Bevorzugt werden Reiseziele der kurzen Zeiten und kurzen Wege. Bei einer guten Verbindung und Erreichbarkeit sind für sie selbst Kurztrips in die Türkei oder in die Karibik vorstellbar. „Zur Beachparty in die Karibik" — ein auch für Kurzurlauber attraktives und mögliches Trendreiseziel.

○ *„Globetrotter"* werden zunehmend den bloßen Erholungsurlauber ablösen. Eine neue Wohlstandsgeneration von Jugendlichen, jungen Erwachsenen und Singles *„will die ganze Welt sehen und jedes Jahr ein neues Reiseziel kennenlernen"*. Neu und faszinierend muß die jährlich wechselnde Palette der Reiseangebote sein. Noch geben sie sich mit einer Steigerung des Bisherigen zufrieden: Südsee statt Süditalien, Hawaii statt Türkei, Florida statt Mallorca. Ihr Drang nach Neuem scheint fast grenzenlos zu sein. Doch ihr Anspruch, die „ganze Welt" sehen zu wollen, täuscht: In Wirklichkeit suchen sie nur Sonne, Wärme und Exotik und fühlen sich wohl, wenn sie in der Sonne liegen und gelegentlich Baden oder Sport treiben können. Und Restaurants, Cafés und Kneipen sorgen für die Geborgenheit der Gleichgesinnten. Globetrotter sind eigentlich nur für sich selbst da — und die ganze Welt als Kulisse.

○ *„Ökotouristen",* immer auf der Suche nach *„intakter Natur, sauberer Landschaft und Feriengebieten mit kontrollierter Umweltqualität",* bilden die dritte große Trendgruppe der Zukunft. Sie geben sich „ökotouristisch", nicht unbedingt umweltbewußt: Reiseverzicht ist ein Fremdwort für sie und Kanada und Australien kommen ihnen gerade recht. So wird „öko" eher zum Synonym für „exklusiv", und hinter dem Typus des Ökotouristen verbergen sich mehrheitlich „Yuppies" (young urban professionals). Ökotouristen kommen aus Großstädten und Ballungszentren, sind hochgebildet und gutverdienend. Sie können es sich leisten, auf Ausflügen durch das Landesinnere Natur und Landschaft zu genießen und sich an Folkloristischem zu erfreuen. Ökotouristen wollen keine Massentouristen sein. Ursprünglichkeit und Unberührtheit lassen sie sich etwas kosten. Ein Hang zur Bescheidenheit läßt sich hieraus jedoch nicht ableiten.

○ *„Intervaller",* die vierte Hauptgruppe der Reisepioniere, weist in die Zukunft, indem sie an die Gegenwart anknüpft. Immer mehr Bundesbürger stoßen an die Grenzen der Finanzierbarkeit ihrer Urlaubsreise, wollen aber dennoch die Urlaubsreise als ein Stück Lebensqualität nicht aufgeben: Sie verreisen einfach *„nicht mehr jedes Jahr";* mal machen sie Urlaub zu Hause, mal sind sie unterwegs. Sie reisen in Intervallen, wie es Landbewohner schon immer tun. Insbesondere Familien mit Kindern gehören in Zukunft zu den Intervallern, die sich aus finanziellen Gründen für das Rotationsprinzip *„Mal verreisen, mal zu Hause bleiben"* entscheiden müssen. Anders verhält es sich mit den Jungsenioren im Alter von 50 bis 64 Jahren, die den gelegentlichen Urlaub zu Hause als neue Lebensqualität wiederentdecken. Die Intervaller stellen die genügsamste Urlaubsgruppe dar: Sie geben sich schon zufrieden, wenn sie ein Zimmer mit schöner Aussicht haben und es für die Kinder einen Spielplatz in der Nähe gibt, wenn sie sowohl fernsehen als auch wandern können. Ansonsten träumen sie von einer Urlaubsreise nach Frankreich.

○ *„Prestigetouristen"* müssen es in Zukunft sich und anderen beweisen: Wenn alle zu jeder Zeit und an jeden Ort verreisen können, *„reizt nur noch das Außergewöhnliche, wo noch nicht jeder war".* Die wahren „In"-Ziele können dann nicht mehr Europa oder Amerika sein. China beispielsweise, auch Ägypten oder die Südsee werden favorisiert. Prestigetouristen müssen frei, unabhängig und gut verdienend sein. Selbst in der Fremde wollen sie auf ihren gewohnten Komfort nicht verzichten. Sie wählen Ferienanlagen aus, die modernen Ansprüchen standhalten. Auf Reisen und Ausflügen wollen sie etwas sehen und erleben, solange der Komfort nicht darunter leidet. Selbst Disco und Spielcasino gehören zu den unverzichtbaren Wünschen der Prestigetouristen.

○ *„Komforturlauber"* werden in Zukunft manchen Spartouristen ersetzen. Im Urlaub verreisen heißt für sie, *„vor allem Luxus und Komfort genießen".* Im Urlaub soll es so behaglich und bequem wie zu Hause sein — mit einem zusätzlichen Hauch von Luxus: Klimaanlage, Fernsehen auf allen Kanälen und perfekter Service rund um die Uhr. Die Komforturlauber gehören zu den Besserverdienenden, die sich ihren Reisekomfort verdient zu haben glauben: Die teure Reise nach Japan, den 5-Sterne-Komfort in Mexico oder die Vergnügungsreise durch Florida.

O *„Spontis"* als neue Reisepioniere setzen sich mehrheitlich aus Singles und jungen Leuten zusammen, wobei Männer überrepräsentiert sind. Viele sind relativ frei und unabhängig und leben ihre Spontaneität aus, d.h. *„erst kurz vor Urlaubsbeginn entscheiden sie sich, wohin die Reise geht".* Ihre Urlaubsansprüche und -aktivitäten bewegen sich durchaus im Konventionellen zwischen Baden, Bummeln und Shopping. Das könnten sie auch zu Hause tun — doch zu den Spontis gehört die weite Reise: Hongkong, Karibik und Australien. Das macht gerade den besonderen Reiz aus: Die Spontaneitätsleistung wird umso größer empfunden, je weiter das Reiseziel entfernt ist. So beweisen sie sich Mut, Offenheit und kalkuliertes Risiko.

O *„Abenteurer"* wollen viele sein. Fast ein Fünftel der deutschen Bevölkerung (18%) glaubt, daß in Zukunft *„Abenteurertouren mit wenig Gepäck und viel Improvisation"* immer gefragter sein werden. Natur-Reiseziele stehen im Vordergrund: Island, Bali und Java. Gesucht werden dann Natur-Bademöglichkeiten, intensive Kontakte mit Einheimischen und internationale Atmosphäre. Abenteurer zeigen sich besonders sensibel für fremde Kulturen und Naturlandschaften.

O *„Nomaden"* stellen eine moderne Spielart der Zug- und Reisevögel dar. Das Unterwegssein ist für sie das Wesentliche: *„Urlaub heißt Reisen. Man bleibt nur kurz an einem Ort, dann reist man weiter".* Man begnügt sich mit dem Notwendigen, bescheidet sich mit einer Kochgelegenheit, ist glücklich über vorhandene Fahrradwege. Man ist durch das Lesen von Reiseführern gut über Land und Leute informiert und sucht auch den direkten Kontakt zu Einheimischen. Die Nomaden sind die eigentlich umwelt- und sozialverträglichen Reisenden, die ganz gut auf Technik, Motorisierung und Komfort verzichten können und sich auch sozial sensibel für einheimische Belange zeigen. Die modernen Nomaden fühlen sich in Skandinavien am wohlsten und auch in der Türkei. Nomaden machen ihre Lebenshaltung zum Reisestil.

O *„Studienreisende"* werden auch in Zukunft bei Frauen, Älteren und Höhergebildeten überrepräsentiert sein. Den Urlaub empfinden sie als persönliche Bildungsreise. Hier möchten sie *„in erster Linie Kultur und Kunst erleben".* Sie treten „belesen" ihre Reise an, „besichtigen" kunsthistorische Bauwerke und „besuchen" Museen, Theater und Konzerte. Den Studienreisenden als neuen Reisepionieren reichen Italien und Griechenland, Ägypten und Türkei als Studienziele nicht mehr. Östliche Kulturen rücken in den Vordergrund: Japan und Rußland, aber auch Estland, Lettland und Litauen.

○ *„Interrailer"* lieben das Aussteigen auf Zeit — mit dem Rückflugticket in der Tasche. Junge Leute, insbesondere Schüler und Studenten, nutzen die Schul- und Semesterferien für Reisen auf ihre Art: Sie genießen ihr Freisein und die Freiheit, *„mit Rucksack und Interrail-Ticket ohne festes Ziel einfach losfahren"* zu können, obwohl sie sich doch immer an den gleichen Zielen treffen — an den griechischen Gestaden oder im Westen der USA. Hier gehen sie ihren eigenen Interessen nach, gehen tanzen oder ins Kino und nutzen jede Gelegenheit zum Lernen von Fremdsprachen. Für die Interrailer ist die Reise ein Übergangsstadium zwischen Ausbildung und Beruf.

○ *„Reiseprofis"* werden die anspruchsvollsten Urlauber der Zukunft sein. Sie *„kennen schon die halbe Welt".* Es fällt ihnen immer schwerer, überhaupt noch interessante Reiseziele zu finden. Sie haben viel Reiseerfahrung — meist schon von Berufs wegen (Leitende Angestellte) — und müssen erkennen, daß wirklich Interessantes immer seltener wird: So halten sie Ausschau nach Nepal und Himalaya oder wollen nach Südafrika reisen. Sie legen großen Wert auf eine naturbelassene Umwelt, ohne deswegen auf ein gutes Hotel verzichten zu wollen.

○ *„Solisten"* bleiben Einzelgänger. Die Freizeit- und Ferienwelt der Zukunft lebt von Geselligkeit und gemeinsamem Erleben. Da ist für Einzelreisende kaum Platz. Dennoch: Singles, die in der Anonymität der Großstädte leben, werden oft im Urlaub zu Solisten wider Willen, auch wenn sie von sich selbst behaupten, *„am liebsten allein"* zu verreisen. Sie haben manchmal keine andere Wahl. Andererseits gehören zu den Solisten auch Großstädter, die alleinlebend oder nicht ganz bewußt die Einsamkeit im Urlaub suchen: *„Im Urlaub kann es nicht einsam genug sein".* Die Solisten werden nie zu einer Massenbewegung werden, aber eine ernstzunehmende Zielgruppe im touristischen Massenmarkt bleiben.

Mehr Zeit, mehr Geld und mehr Bildung: Diese drei Faktoren haben in den letzten Jahren schon die Zahl der Kurzurlauber, der Studien- und der Abenteurerreisenden millionenfach anwachsen lassen (vgl. Tabelle). In Zukunft wird das Heer der Reisepioniere immer größer und vielfältiger werden.

Trendsetter: Von den 80er zu den 90er Jahren Vergleichsdaten aus den Reiseanalysen (Westdeutschland)		
	1982	1990
Kurzurlauber	14,1 Mio	18,1 Mio
Studienreisende (Studien-, Besichtigungs-,Bildungsurlaub)	1,5 Mio	5,5 Mio
Abenteurer (Abenteuerurlaub)	0,4 Mio	1,3 Mio
Quelle: *Studienkreis für Tourismus:* „RA 82" und „RA 90", Starnberg 1991		

1.5 Der neue Individualismus im Tourismus. Marktchancen für Nischenveranstalter

Es zeigt sich: Der Massentourismus kann nur überleben, wenn er die Notwendigkeit zum Massenhaften durch die Möglichkeit zur Individualisierung vergessen macht. Dazu muß die individualistische Formel „Jedem das Seine" neu definiert werden: Denn nicht jeder Veranstalter kann allen alles bieten. Reiseveranstalter werden ganz unterschiedliche *Eigen-Profile* entwickeln müssen, mit denen sich Urlauber *identifizieren* und gleichzeitig von anderen *abgrenzen* können. Das „Einheitsprodukt Urlaubsreise" wird es in Zukunft nicht mehr geben.

> Der standardisierte Urlaub von der Stange wird sich dem Trend zur Individualisierung anpassen müssen. Dem individualisierten Wunschurlaub nach dem Baukastenprinzip, bei dem sich persönliche Reisewünsche zu einem Individualurlaub zusammenfügen lassen, gehört die Zukunft.

Die künftigen Reisepioniere prägen das *Bild einer neuen Urlaubergeneration* zwischen Anspruch und Widerspruch:

○ Sie wollen spontan verreisen, frei und flexibel bleiben und den Urlaub ganz individuell gestalten. Und sie wollen mobil bleiben — auch im Urlaub. Aus Angst vor Langeweile wird die ständige Bewegung und Abwechslung gesucht, der Orts-, der Szenen- und der Stimmungswechsel.
○ Und sie stellen immer höhere Qualitätsansprüche an die Reiseziele: Umwelt- und Erlebnisqualität, Schnee- und Sonnengarantie zugleich. Sie wollen fast alles haben: Der Anspruch droht zum Widerspruch zu werden. Die Reiseziele sollen Ruhe und Rummel gleichzeitig bieten.

Die veränderten Urlaubsansprüche erfordern andere Urlaubsangebote. Im einzelnen bedeutet dies: Die Bedürfnisse steuern den Bedarf und nicht umgekehrt. In den Urlaubsangeboten von morgen müssen sich die Wünsche und Erwartungen der neuen Reisepioniere widerspiegeln.

Die Reisepioniere verpflichten die Urlaubsanbieter zur *Flexibilität rund um die Uhr*. Von der kurzfristigen Buchung über flexible Öffnungs- und Essenszeiten bis hin zur flexiblen Angebotsplanung, die auch bei schlechtem Wetter noch flexibel reagieren kann. Urlauber werden bis mittags frühstücken und spät abends noch Shopping gehen wollen. Sie suchen spontane Erlebnisse und das alles ohne Verbindlichkeit und sichtbaren Organisationsaufwand. Die Schlüsselwörter ihres neuen Urlaubserlebens sind:

○ Herr seiner Zeit sein, zeitliche Reglements meiden und großen Wert auf die eigene Bewegungsfreiheit legen.
○ Seinen eigenen Urlaubsstil finden und individuell ausgestalten.

○ Ungestört sein und Kontaktnähe durch Kontaktdistanz suchen, also Gemeinsamkeit auf Zeit erleben, aber sich jederzeit wieder zurückziehen können.
○ Sich wohlfühlen und auch in der Fremde auf Behaglichkeit nicht verzichten.

Ist der Individualreisende überhaupt noch organisierbar? Der Reisemarkt der Zukunft individualisiert sich so sehr, daß er manchem Megaveranstalter im gleichen Maße Absatzprobleme bescheren kann wie er *neue Marktchancen für Nischenveranstalter* eröffnet. Der Massentourismus der Zukunft wird sich zum Zielgruppentourismus mit Service für Individualisten entwickeln müssen. Je größer die Großen werden, desto mehr Chancen bieten sich für die Kleinen. Als Marktnischen-Anbieter taktieren sie eher unauffällig und außerordentlich flexibel. Auf den Bedürfniswandel der Konsumenten können sie schneller reagieren und sich entsprechend anpassen, während die Megaveranstalter eher dazu neigen, den Wandel erst einmal zu „übersehen", zu vernachlässigen oder zu verdrängen (vgl. Konert 1986, S. 21).

Für die Reisepioniere, die im Alltag schon fast alles haben, ist der Urlaub vielleicht das letzte Nischenerlebnis für Individualisten. In den subjektiven Vorstellungen der Deutschen scheint die Zukunft des Reisens und der Reisepioniere relativ ungetrübt zu sein, auch wenn oder gerade weil die äußeren Umstände ganz andere Zeichen setzen: Über drei Millionen Arbeitslose im eigenen Land, Rezession in den USA und Hungersnot in Rußland. Die deutschen Urlaubsreisenden aber lassen sich kein schlechtes Gewissen einreden. Eher gilt für sie der Grundsatz: „Jetzt erst recht" oder: „Im Urlaub bin ich Egoist" — der Alltag ist hart genug.

Und auch die neueren wissenschaftlichen Erkenntnisse über einen beträchtlichen Ozonabbau über der nördlichen Erdhalbkugel geben den Menschen wenig Anlaß zu großer Sorge. Offensichtlich praktizieren sie im kleinen das, was das Berliner Umweltbundesamt im großen als beruhigende Agenturmeldung verbreiten läßt: „Für die Menschen in Deutschland besteht zur Zeit noch keine Gefahr". Auf der individuellen Erlebnisebene bedeutet dies: „Genieße das Leben jetzt!". Und selbst wenn es schlimmer werden würde, bliebe immer noch als letzte Hoffnung: „Jetzt kann uns nur noch ein Urlaub retten!"

Der Wandel von der *Erholungs- zur Erlebnisorientierung* wird auch die „Urlaubsmärkte der Zukunft" (vgl. Abbildung) verändern:

○ Das umfangreichste Marktsegment wird in Zukunft der Relaxurlaub sein, der den traditionellen Erholungsurlaub ablöst. Sonnen, Ruhen und Entspannen stehen dann im Mittelpunkt des Relaxbedürfnisses. Hier geht es nicht mehr nur um körperliche Erholung. Der Relaxurlauber will zur Ruhe kommen und in Ruhe gelassen werden (mitunter auch von der eigenen Familie). Kein Streß und weniger Hektik, der Relaxurlaub soll die Seele und die Nerven beruhigen.

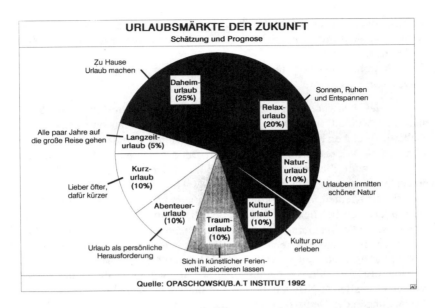

○ Natururlaub stellt das zweite Marktpotential der Zukunft dar: Und je mehr öffentlich über Umweltprobleme im Tourismus diskutiert wird, umso größer wird das persönliche Bedürfnis, inmitten „schöner Natur" zu urlauben. Die Ansprüche der Urlauber ändern sich, das Verhalten kaum. Die ökologische Revolution im Tourismus findet nicht statt. Der Reiseveranstalter „muß" mehr Umweltqualität bieten, weil der Urlauber mehr fordert, aber selbst kaum etwas dazu beiträgt.

○ Nicht mehr nur Sonne tanken und mehr als Meer erleben heißt der Grundsatz der Teilnehmer am Kultururlaub. Sie wollen Kultur pur erleben und nachhaltige Erinnerungen mit nach Hause nehmen. Weit reisen und Weitblick bekommen gehören für sie zusammen.

○ Der Traumurlaub wird zur größten Herausforderung für klassische Feriengebiete. Das Zaubern von Illusionierungen und Traumwelten, sozusagen Kulissenzauber so echt wie möglich, ist nicht gerade die Stärke klassischer Ferienanbieter vom Schwarzwald bis St. Moritz. Sich in künstlichen Ferienwelten perfekt illusionieren lassen wird in einer zunehmend erlebnisärmeren Arbeitswelt für viele Menschen ein geradezu natürliches Bedürfnis.

○ Der Abenteuerurlaub gehört in Zukunft zu den letzten Abenteuern des Freizeitmenschen, der sich zeitweilig ebenso angst- wie lustvoll als Kurz-Zeit-Held erleben will. Der Urlaub wird zur ganz persönlichen Herausforderung, die im Arbeitsalltag nur mehr bedingt gefunden werden kann.

○ Small is beautiful. Mancher Kurzurlaub wird den traditionellen Jahresurlaub ersetzen. Und je kürzer der Aufenthalt desto höher die durchschnittlichen Pro-Kopf-Tagesausgaben. Dem Kurzurlaub der kurzen Zeiten und kurzen Wege gehört die Zukunft.

○ Ein völlig neues Marktsegment wird in Zukunft der Langzeiturlaub sein. Ein alter Traum kann Wirklichkeit werden: Alle paar Jahre auf die große Reise gehen. Der „Superurlaub" eröffnet dann neue Angebotschancen für die Touristikbranche. Arbeitnehmer sparen jahrelang ihren Resturlaub an, um sich endlich ihren Lebenstraum von der Weltreise zu erfüllen.

○ Die zweifellos größte Überraschung für alle Reiseveranstalter mag das starke Urlaubssegment Daheimurlaub sein. Zu Hause Urlaub machen wird nicht länger als Verlegenheitslösung empfunden. Der Daheimurlaub, der Urlaub in der eigenen Stadt, bekommt eine eigene Faszination. Für eine wachsende Zahl von Menschen kann die Ferienwelt von morgen wie die Freizeitszene von heute sein. Exotische Restaurants, tropische Badelandschaften und karibische Feste kann man schließlich auch zu Hause erleben.

2. Erlebniswelt Medien: „Live dabeisein ist alles"

2.1 Leit- und Leidmedien des Freizeitverhaltens

1953 besaßen keine tausend Bundesbürger ein Fernsehgerät. Zu den beliebtesten Freizeitbeschäftigungen der Westdeutschen zählte die Aktivität *„Aus dem Fenster schauen".* Vierzig Jahre TV-Erfahrung haben inzwischen ganze Generationen geprägt. Schon 18jährige haben im Laufe ihres Lebens durchschnittlich mehr Zeit vor dem Fernsehschirm verbracht (rd. 13 000 Stunden) als in der Schule (rd. 12 000 Stunden). Für keine andere Freizeitbeschäftigung wurde mehr Zeit aufgebracht. Es wurde immer schwerer, etwas aus erster Hand zu erleben — von überall her gab es bereits Fernsehbilder.

Für die erste Fernsehgeneration in den 50er bis 70er Jahren hatte der Fernsehkonsum freizeitfüllende Funktion. Berechnungen der Medienforschung ergaben, daß der durchschnittliche Fernsehzuschauer 3 000 Stunden im Jahre schlief, 2 000 Stunden arbeitete und 1 000 Stunden vor dem Fernsehgerät zubrachte. Schon „4 Wochen ohne Fernsehen", das bekannte Fernsehentzugsexperiment von 1975/76, hatte fatale Folgen für das Zusammenleben:

Herr Schneider:	„Was ist denn mit dir?"	
Frau Schneider:	„Nichts." (*längere Pause*)	
Frau Schneider:	„Zeit, daß er wieder kommt." (*weint*) „Entschuldigung, ehrlich, es wird wirklich Zeit, daß der wieder kommt."	

Student:	„Findest du, daß ihr euch so viel mehr gestritten habt?" Frau Schneider: „Ja, finde ich." *(Pause)* „Wie sagt man, man achtet mehr auf den anderen, was derjenige tut, ja? Und das kann manchmal zur Katastrophe führen, weil man dann wieder mehr zum Nörgeln hat, ehrlich! So was kann, ich kann das einfach nicht ab, ja? Ich brauche meine Ruhe, es geht nicht. Es wird Zeit, daß der kommt, wirklich. Die Woche ist bald rum, heute ist Mittwoch."
Student:	„Ja, jetzt ist es bald ausgestanden."

Quelle: W. Bauer (u.a., Hrsg.): 4 Wochen ohne Fernsehen, Berlin 1976, S. 97 f.

Fernsehlose Zeit stellte sich nicht als die erhoffte Chance für das Zusammenleben und die Familie dar. Die Betroffenen wurden von Langeweile überwältigt, von Stille beunruhigt und hatten mehr Zeit zum Streiten. Die außergewöhnliche Sog- und Anziehungskraft des Fernsehens wurde bestätigt. *Der fehlende Fernsehapparat hinterließ ein Vakuum.* Zwanzig Jahre TV-Erfahrung hatte die Lebenskunst des Mit-sich-selber-Beschäftigens verkümmern lassen. Das neue Fernsehzeitalter hatte keinen „neuen Menschen" hervorgebracht, eher einen abhängigen TV-Konsumenten. Das Medium Fernsehen erwies sich als Droge, die Sucht erzeugte. Ein „Entzug" für vier Wochen hinterließ psychische Leere. Das Ende der vierwöchigen Tele-Abstinenz endete in dem Satz: „Jetzt haben unsere Abende wieder einen Sinn". Die Entziehungskur war gescheitert.

Für die ersten Jahrzehnte des neuen Fernsehzeitalters galt: *TV beherrschte das Freizeitverhalten der meisten Bundesbürger.* Erste Sucht-Symptome waren erkennbar, wenn verschiedene Freizeitbeschäftigungen immer mehr zurückgedrängt oder nur mehr sporadisch ausgeübt wurden, weil sich — zunächst aus Gewohnheit, dann aus innerem Zwang — ein unbewußtes Dauerbedürfnis nach Fernseh- und Videokonsum entwickelte. Die „Sucht"-Auswirkungen waren sicher anders als bei Alkoholismus oder Drogensucht, die psychosozialen Verlaufserscheinungen aber ähnelten sich sehr.

Als Sucht-Symptome konnten gelten:

○ *Fernsehen beherrschte das Freizeitverhalten*
  Es bestimmte fast den ganzen Lebensrhythmus und legte Essens-, Besuchs- und Schlafzeiten fest.

○ *Außer-Haus-Aktivitäten wurden eingeschränkt*
  Die Außenkontakte wurden reduziert, gleichzeitig wurde die Wichtigkeit des Privatlebens in der Familie hervorgehoben.

○ *Neigung zum heimlichen Medienkonsum nahm zu*
  Verschiedene Tarnungsmanöver (z.B. das Gerät leiser stellen) sollten die Mediensucht vor anderen verschleiern.

○ *Fernsehen übte einen inneren Zwang aus*
Mit dem Einschalten des Fernsehgeräts entstand ein unwiderstehliches Verlangen, ohne Unterbrechung so lange zu konsumieren, bis beinahe Symptome des „Betrunkenseins" auftauchten.
○ *Funk-Stille wirkte beängstigend*
Gereizte Stimmung und aggressives Verhalten traten auf, wenn „nichts im Fernsehen", der Empfang gestört oder das Fernsehgerät gar defekt war.
○ *Dauerkonsum von Fernsehen erzeugte Schuldgefühle*
Die Dauerberieselung wurde persönlich belastend erlebt, aber nach außen kaschiert bzw. vor anderen nicht zu erkennen gegeben.

Fernsehsüchtiges Freizeitverhalten entstand nicht wie ein Blitz aus heiterem Himmel, sondern kündigte sich in zwei kritischen Vorstadien an:

○ Die *erste Phase* war durch ein Unbehagen über die eigene Freizeit gekennzeichnet: Man hatte viel freie Zeit, wußte aber nichts mit sich anzufangen. Die mangelnde Fähigkeit zum eigenen Freizeitgestalten verleitete zu beiläufig ziellosen und unbewußten Freizeitbeschäftigungen. Zeittotschlagen und lustloses Gammeln, Gefühle der Leere und ungeplante Zufallsbeschäftigungen dominierten.
○ Die *zweite Phase* war durch gedankenlosen Medienkonsum charakterisiert: Man schaute pausenlos zu, obwohl man lieber etwas anderes tun wollte, aber man konnte sich einfach nicht losreißen. Die wechselnden Programme wurden zu Schleppern für schlappe Konsumenten ohne Eigenantrieb. Aus dem gedankenlosen Medienkonsum wurde die Macht der Gewohnheit. Man konnte nur noch abschalten, wenn das Gerät eingeschaltet war.

Die kritische Phase des permanenten Medienkonsums mündete in die *chronische Phase* der „zwanghaften Fernsehsucht". Diese Beobachtung machte der amerikanische Soziologe Harold L. Wilensky. In ausführlichen Befragungen der verschiedensten Berufsgruppen ermittelte Wilensky schon vor dreißig Jahren bei Teilen der amerikanischen Bevölkerung ein geradezu „zwanghaftes Betrachten schlechter TV-Programme als Zeitvertreib" (Wilensky 1963, S. 127). Als Hauptursache für die unbefriedigende Zuflucht zum Dauer-Fernsehen führte Wilensky die *geringe Freizeitkompetenz* an. Eine gering entwickelte Freizeitkompetenz fand Wilensky

○ zu 17 % in Berufsgruppen mit langer Arbeitszeit,
○ zu 57 % in Berufsgruppen mit mittlerer Arbeitszeit,
○ zu 65 % in Berufsgruppen mit kurzer Arbeitszeit.

Fehlende Freizeitkompetenz ließ sich offenbar leicht durch Medienkonsum kompensieren bzw. richtiger: kaschieren (denn das ruhelose Unbehagen über sich selbst blieb).

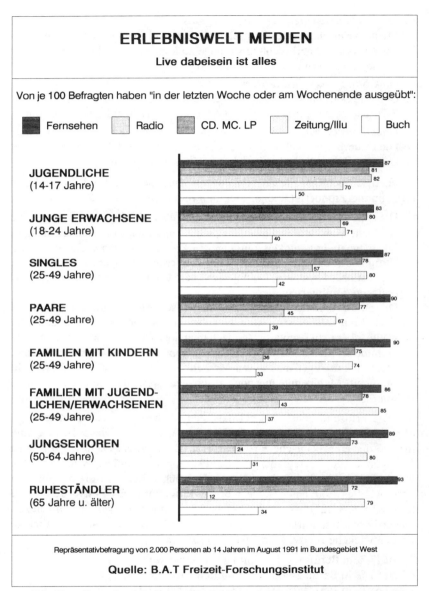

Die Rangliste der häufigsten Freizeitbeschäftigungen wird in den 80er und 90er Jahren angeführt von Fernsehen, Radio hören, Zeitung / Illustrierte lesen, CD / Cassetten hören und Buch lesen. Freizeit ist Medienzeit. Innerhalb des Medienkonsums in der Freizeit kommt es zu deutlichen Verschiebungen und Gewichtsverlagerungen. *Der Fernsehkonsum erreicht seinen Sättigungsgrad* und läßt sich nicht mehr wesentlich steigern. *Hauptgewinner scheint eher das Radio zu sein.* Wenn dieser Trend anhält, können im Jahre 2010 die Einschaltquoten im Radio genauso hoch wie die Einschaltquoten im Fernsehen sein. Trendsetter dieser Entwicklung sind schon heute die jungen Leute, für die Radiohören genauso wichtig wie Fernsehen ist.

2.2 „Fernsehen pur" nicht mehr gefragt

Wenn in Deutschlands guten Stuben der Fernseher läuft, schauen immer weniger hin. *Für zwei Drittel der Bevölkerung ist das Fernsehen zur Nebensache geworden.* Fernsehen ist nach wie vor eine der am häufigsten genannten Freizeitbeschäftigungen, doch nur mehr eine Minderheit der Bevölkerung gibt an, sich voll auf das Programm zu konzentrieren. Die überwiegende Mehrheit der TV-Konsumenten wendet sich vom Bildschirm ab und anderen Dingen zu: Es wird gelesen und gegessen, gebügelt und gebastelt, man unterhält sich, telefoniert mit Freunden oder macht Schularbeiten. Und jeder zehnte Bundesbürger gibt zu, vor dem Fernseher zeitweilig einzuschlafen. 2 000 Personen ab 14 Jahren wurden 1991 danach gefragt, ob sie an ihrem letzten Fernsehabend „nur ferngesehen" haben oder nebenbei „mit anderen Dingen beschäftigt" waren.

Das Ergebnis: Während das TV-Programm läuft, gehen in vielen Haushalten die einzelnen Familienmitglieder ihren persönlichen Beschäftigungen nach — *so als ob es das Fernsehen nicht gäbe.* Die *Männer* lesen Zeitung, essen gemütlich zu Abend, führen nebenbei noch familiäre Pflichtgespräche und schlafen auch zeitweilig ein. Sechs Prozent der Männer haben den letzten Fernsehabend zeitökonomisch genutzt und schnell mit den Kindern gespielt. Beim Fernsehen haben sie nichts verpaßt und die Kinder konnten sich auch nicht beschweren.

Ganz anders das TV-'Vergnügen" der *Frauen*: In jedem zehnten Haushalt haben die Frauen das Bügelbrett vor dem Fernseher aufgebaut. Und jede sechste Frau (18 %) war am letzten Fernsehabend mit Stricken beschäftigt. Fünf Prozent der Frauen nutzen den gemeinsamen Fernsehabend, um in Ruhe ein Buch zu lesen oder sich der eigenen Schönheitspflege — von der Gesichtsmaske bis zur Hand- und Fußpflege — zu widmen, während der Familienvater mit den Kindern durch die Wohnung tollt.

Die Interessenvielfalt der Zuschauer hält mit der Programmvielfalt der TV-Sender nicht Schritt, ja mit der Vielfalt der Sender nimmt eher die Einfalt der Zuschauer zu. Wer heute und in Zukunft die Mehrheit der Zuschauer erreichen will, braucht sich fast nur noch auf zwei Programmangebote zu konzentrieren:

Die TV-Verflachungsspirale droht

Nachrichten und politische Magazine bleiben auf der Strecke

Von je 100 Befragten, die "gestern abend ferngesehen" haben, nennen als Sendungen:

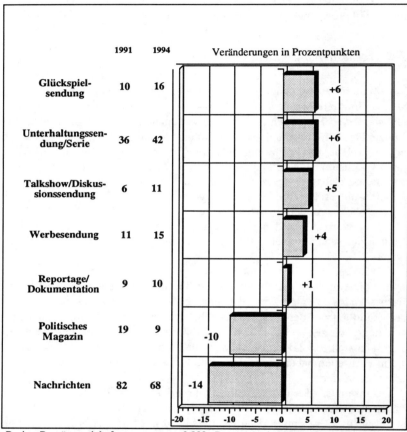

Basis: Repräsentativbefragungen von 2.000 Personen ab 14 Jahre im Februar 1991 und Februar 1994 in Westdeutschland

B.A.T Freizeit - Forschungsinstitut 1994

○ Nachrichten zur Information
○ *Spielfilm zur Unterhaltung*

Beide Sendungen sprechen mehr Zuschauer an als alle übrigen Programme zusammen. Der amerikanische Nachrichtensender CNN und der deutsche Spielfilmsender PREMIERE zeigen offensichtlich die Richtung an, wohin die TV-Reise in Zukunft gehen kann: Weil die Konkurrenz anderer Freizeitangebote immer größer wird, können und müssen sich die Zuschauer in Zukunft in ihrer Programmauswahl beschränken („Small is beautiful"). Beide Sendeformen bleiben zudem unter der Zwei-Stunden-Zeitgrenze. Länger als zwei Stunden kann kein moderner Freizeitmensch mehr bei „einer" Sache verweilen. Dann schleicht sich Langeweile ein oder Angst kommt auf, vielleicht „irgendetwas zu verpassen".

Da die jüngere Generation immer häufiger das Radio als mobiles Freizeitmedium nutzt, wird die „Tagesschau'- und „heute'-Dominanz in Zukunft zwangsläufig an Bedeutung verlieren. Nachrichten können dann an jedem Ort und zu jeder Zeit mehr gehört als gesehen werden. Und die Rentner von heute, die treuesten Nachrichten-Zuschauer im Fernsehen (Einschaltquote: 89 %), werden von jüngeren Generationen mit anderen Sehgewohnheiten abgelöst.

2.3 Fernsehprogramme im Wochenverlauf

Alles hat seine Regeln und Rituale, auch das Fernsehen am Feierabend. Im Wochenverlauf zeichnen sich deutliche Interessenverschiebungen ab:

○ Der *Montag* gehört den Fernsehmuffeln. Das Fernsehmarathon des langen Wochenendes klingt noch nach. Die Umstellung auf die neue Arbeitswoche fällt nicht leicht. Der Fernseher läuft, aber mehr nebenbei.
○ Der *Dienstag* ist ein Tag der Information. Jeder vierte Zuschauer schaltet politische Magazine ein. Und das Interesse an Nachrichten erreicht auf breiter Ebene einen einsamen Spitzenwert.
○ Am *Mittwoch* wird Bergfest gefeiert; die Wochenmitte ist erreicht. Mittwoch ist ein Tag der Entspannung: Da läßt man sich zerstreuen und unterhalten. Kurzzeit-Ablenkungen sind gefragt. Zwei von fünf Zuschauern schalten irgendeine „Serie" ein.
○ Der *Donnerstag* ist ein Durchschnittstag. Von allem etwas. Keine Tief- und Höhepunkte. Die Spannung steigt — das lange Wochenende steht bevor.
○ Der *Freitag* ist „das" Tor zum Wochenende, der schönste Tag der Woche, zum Fernsehen viel zu schade — allenfalls vor, zwischen oder nach den „eigentlichen" Freizeitereignissen kommt TV infrage. Attraktiv sind Vorabendprogramme und Spätfilme bis tief in die Nacht oder in den frühen Morgen.
○ Der *Sonnabend* ist der TV-Höhepunkt der Woche. Gefragt sind Spaß und Spannung, Spielfilm und Sport.

○ Der *Sonntag* gehört der Familie. Fernsehzeit ist und muß gleichzeitig Familienzeit sein.

2.4 „Abschalt"-Quoten bei Sport- und Werbesendungen

Für die meisten Zuschauer ist Fernsehen zur Nebensache geworden. Welche Sendungen sind davon vor allem betroffen, welche weniger? Aufmerksamkeit und Konzentration der Zuschauer sind bei Sport- und Werbesendungen am geringsten. Nur mehr eine Minderheit konzentriert sich voll auf das Programm. Die meisten Zuschauer verhalten sich dagegen wie ‚Aussteiger auf Zeit', die langsam die Geduld verlieren — selbst bei spannenden Sportübertragungen:

○ Für die *Frauen* ist die Sportschau-Zeit die beste Zeit zum ungestörten Telefonieren. Jede fünfte Frau greift regelmäßig zum Telefonhörer, wenn die Sportsendung im Fernsehen beginnt. Während keiner anderen Fernsehsendung haben Frauen so viel Zeit und Ruhe und Muße zum Telefonieren.
○ Auch die *Männer* entwickeln bei langatmigen Sportsendungen eine ganz spezielle Zeitökonomie: Jeder dritte Mann ißt während der Sportsendung zu Abend — jeder siebte Mann schläft regelmäßig während der Sendung ein und wacht mitunter erst zum Tie-Break oder Elfmeter-Schießen wieder auf. Im Stadion oder auf dem Centre Court sind die Zuschauer voll dabei, vor dem Fernseher dämmern sie zeitweilig weg.

Im TV-Sport regiert nach wie vor das „1:0". Bloße Quantität wird oft mit Qualität verwechselt. Zwischen einer Vielzahl von Bundesligaspielen die freie Auswahl zu haben oder zwischen drei miteinander konkurrierenden Sportarten wählen zu können, ist nicht dasselbe. *Die Zuschauersportinteressen haben sich gewandelt.* Auch Frauen entdecken den Sport, aber auf ihre Weise: Von Tennis und Tanzen bis zu Reiten, Segeln oder Wasserski.

Während über zwei Drittel der Männer (68 %) mit dem sportlichen TV-Angebot glücklich und zufrieden sind, ja jeder siebte männliche TV-Zuschauer den Stellenwert des Sports im Fernsehen sogar noch für „zu gering" hält, klagen zwei von fünf Frauen über einen „zu großen Stellenwert" des Sports im Fernsehen: Der Anteil der TV-Kritiker ist bei den Frauen (39 %) doppelt so hoch wie bei den Männern (17 %). Nur jede zehnte Frau interessieren Sieger und Gewinner. Jede vierte Frau hebt dagegen den Geselligkeitsaspekt hervor (26 %), der für sie weitaus wichtiger als das Erlebnis einer sportlichen Höchstleistung (12 %) ist. Das Schaulaufen interessiert sie mehr als die eigentliche Pflicht (vgl. B.A.T Studie „Sport in der Freizeit"/1987, S. 29 ff.).

DIE HEIMLICHEN "ABSCHALTQUOTEN" BEIM FERNSEHEN

Bei Sport- und Werbesendungen schauen die meisten Zuschauer weg

Von je 100 Befragten, die "gestern ferngesehen" haben, haben sich während der Sendung "mit anderen Dingen beschäftigt":

Werbesendung/Werbeblock	77
Sportsendung	71
Politisches Magazin	68
Spielshow/Quizsendung	67
Dokumentation/Reportage	66
Serie/Unterhaltungssendung	61
Spielfilm	58
Nachrichten	57
Talk Show	56

Repräsentativbefragung von 2.270 Personen ab 14 Jahren, die "gestern ferngesehen" haben, im Bundesgebiet West

Quelle: B.A.T Freizeit-Forschungsinstitut 1991

> Die TV-Macher in Sachen Sportübertragung müssen umdenken bzw. zurückdenken: Sport dient seit altersher der Unterhaltung („disportare" = sich zerstreuen). Ästhetik, Show, Spaß und Unterhaltung, vor allem *sportliche Aktivitäten als Freizeiterlebnisse*, müssen mehr in den Vordergrund rücken. Die „Sportberichterstatter" müssen sich in Zukunft zu *Animateuren einer Erlebniswelt Sport* wandeln — sonst wandern TV-Zuschauer ab oder schalten um.

Zur großen Enttäuschung für Fernsehanstalten und Werbetreibende muß die Analyse des Zuschauerverhaltens bei *Werbesendungen* werden:

○ Wenn das Programm durch Werbung unterbrochen wird, schalten 84 Prozent aller *Frauen* innerlich ab und auf andere Dinge um: Sie fangen an, sich mit der Familie zu unterhalten, spielen mit den Kindern oder schreiben Briefe. Lediglich 16 Prozent der TV-Zuschauerinnen blicken während der Werbesendung gebannt auf die Mattscheibe. Keine andere Fernsehsendung erfährt bei Frauen einen so geringen Aufmerksamkeitsgrad.
○ *Männer* reagieren ganz anders. Jeder dritte läßt sich durch den Werbeblock nicht ‚blocken' und schaut einfach weiter zu. Jeder zweite aber wird zum TV-Hopper, schaltet „kurz mal um auf einen anderen Sender" oder fängt in irgendeiner Zeitschrift an zu blättern. Nur 1 Prozent der Männer reagieren ausgesprochen originell: Bei Werbesendungen schalten sie einfach den Ton ab und warten gelassen auf die Fortsetzung des weiteren Programms...

Überraschend gering ist das Interesse an *Quiz- und Glücksspielsendungen*, auch wenn die Sendeanstalten den Eindruck einer „Nation im Spielfieber" vermitteln wollen. Im gleichen Maße, wie sich die Game-Shows auf allen Kanälen fast inflationär verbreiten, sinken Zuschauerinteresse und Zuschauerbindung. Das Desinteresse steigt offenbar proportional mit der Zahl der Game-Shows. Die Angebotspalette der Game-Shows reicht mittlerweile von Spiel-Shows für Kinder („Klack"/RTLplus) über Vermittlungsaktionen für Singles („Herzblatt"/ARD) bis zu traditionellen Quiz-Sendungen für das ältere Publikum im Stile von „Der große Preis"(ZDF). Zunehmend werden dabei amerikanische Serien einfach kopiert: So heißt das „Herzblatt" im amerikanischen Original „Love Connection", „The Price is Right" wurde zu „Der Preis ist heiß" und „Wheels Fortune" wird jetzt „Glücksrad" genannt. Da die Zahl der wie Pilze aus dem Boden schießenden Shows kaum noch zu steigern ist, müssen die Gewinnsummen ständig erhöht werden, damit das Interesse des TV-Publikums nicht nachläßt. Die Robert Lembke Show „Was bin ich?" kam früher noch mit 50 Mark aus, die Mitspieler bei „Hopp oder Topp" von Tele 5 können jetzt bis zu 250 000 Mark gewinnen. Der Wettstreit um Einschaltquoten hat seinen Preis.

Die Game-Shows sind austauschbar geworden — von den Spielabläufen über die Spielgewinne bis zu den modischen Kostümierungen der Moderatoren. Die Zuschauer schätzen die Game-Shows realistisch als das ein, was sie wirklich sind: *Lücken- und Pausenfüller, bloße Zeitvertreiber*. Die Zuschauer können dabei jederzeit ein- und wieder aussteigen. So schadet sich das Fernsehen auf Dauer selbst: Es wird belang- und bedeutungslos. Eigentlich kann man den Verantwortlichen nur die Erkenntnisse der Spielforschung empfehlen: „Kill the game — before it dies".

Das Gegenteil trifft für *Nachrichten, Talk-Shows und Diskussionssendungen* zu: Wer diese Sendungen wählt (und nicht ausschaltet), ist auch gedanklich dabei. 44 Prozent der Talk-Show-Zuschauer sehen „nur fern" und lassen sich weder durch Familiengespräche noch durch Zeitungslektüre ablenken. Talk-Shows und spannende Diskussionssendungen haben bis jetzt ihren *Ereignischarakter* bewahrt. Die Zuschauer spüren dies und fühlen sich *„live dabei"* — wie bei den aktuellen Nachrichten.

Die Faszination von Nachrichten und Talk Shows ist wesentlich in ihrer *Live-Situation* begründet. Diese Sendungen spiegeln unmittelbare Aktualität wider. Zeitungen am nächsten Morgen können, wie es im Fachjargon heißt, nur noch ‚nachklappen' bzw. sich ‚nachträglich' mit der Fernseh-Wirklichkeit auseinandersetzen. Die Fakten sind dann weitgehend bekannt, jetzt erwartet der Leser Hintergrundinformationen, die die TV-Nachrichten ‚verarbeiten'.

Dies erklärt auch, warum beispielsweise das Fernsehen bis heute die wichtigste Informationsquelle in Sachen Umweltschutz und Umweltberatung darstellt (vgl. Opaschowski 1991, S. 78 ff.). Die Information erfolgt hier durch Wort und Bild; die TV-Zuschauer können sich konkret bildhaft Umweltprobleme vorstellen. Die Visualisierung ermöglicht gleichsam innere Bilder, anschauliche Darstellungen, die emotional wirken, persönlich ansprechen und in höchstem Maße glaubwürdig erscheinen. Das Radio hingegen kann keine Bildwelten, die betroffen machen, vermitteln. Dies trifft zwar für die Illustrierten nicht zu — doch fehlt ihnen die Tagesaktualität, so daß sich ihre Informationswirkung in Grenzen hält. Das Fernsehen als Unterhaltungsmedium wird in Zukunft durch die Konkurrenz vielfältiger Freizeitangebote immer entbehrlicher — das *Fernsehen als aktuelles und glaubwürdiges Informationsmedium* aber ist durch nichts zu ersetzen. Wer also die ausführlichen Wort-Sendungen aus den TV-Programmen verbannt und die „Ent-Wortung" durch Bilder-Flut ersetzt, beraubt sich der eigenen Kompetenz und Glaubwürdigkeit.

2.5 *„Switching", „Hopping" und „Zapping" als stiller Protest*

1991 haben sich noch 44 Prozent der Zuschauer voll auf das TV-Programm konzentriert; 1994 ist der Anteil der Zuschauer, die an der Gewohnheit „Fernsehen pur" festhalten, weiter auf 36 Prozent gesunken. Die überwiegende

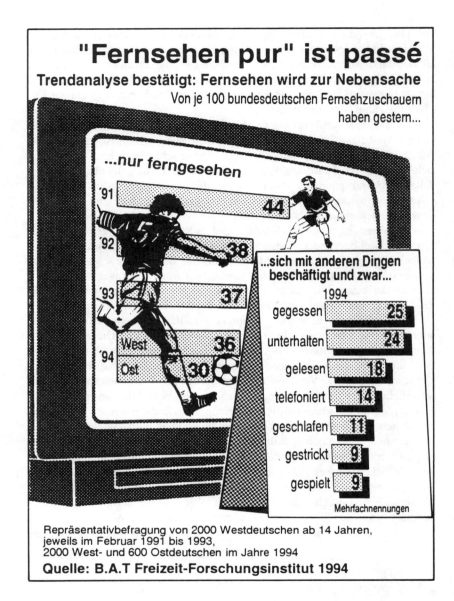

Mehrheit der TV-Konsumenten beschäftigt sich mittlerweile beim Fernsehen mit anderen Dingen (1991: 56 % — 1994: 64 %).

Die Zeiten, in denen die gesamte Familie vor dem Bildschirm saß, gehören der Vergangenheit an. Vor allem Familien mit Kindern unter 14 Jahren proben den sanften Fernsehboykott und wenden sich anderen Beschäftigungen zu. Einpersonen-Haushalte hingegen demonstrieren bisher noch eine größere TV-Treue. Im Vergleich zu allen anderen Haushalten weisen sie die geringsten „inneren Abschaltwerte" auf, wenn auch hier das Wegsehen im Vergleich zum Vorjahr merklich zunimmt. Aus *Gewohnheit und Bequemlichkeit* bleiben dennoch die meisten TV-Geräte eingeschaltet. Dahinter verbirgt sich auch die *Angst, vielleicht etwas zu verpassen.* Andererseits wird der Feierabend nicht mehr vom Fernsehprogramm beherrscht. Im Gegenteil: Die Freizeitbedeutung des Fernsehens läßt nach, während gleichzeitig die Einschlafquoten steigen. Jeder achte TV-Zuschauer in Familienhaushalten ist vor dem Fernseher „zeitweilig eingeschlafen".

Auffallende Unterschiede in den Fernsehgewohnheiten zeigen sich bei den Befragten je nach *Schulbildung.* Bei Personen mit Haupt- und Volksschulbildung kann sich nur eine knappe Mehrheit für Nebenbei-Beschäftigungen begeistern. Ganz anders die TV-Gewohnheiten der Befragten mit Abitur: 80 Prozent machen das Fernsehen zum Begleitmedium. Während das Gerät läuft, lesen sie intensiv oder unterhalten sich mit anderen.

„Fernsehen pur" (= „nur fernsehen") verliert als Freizeitgewohnheit auf breiter Ebene an Bedeutung. Und dies ist nicht mehr nur eine Generationenfrage. Im Zeitvergleich der Jahre 1991 / 1992 fällt auf, daß die Konzentration auf das Fernsehprogramm *bei allen Altersgruppen* nachläßt. Dieser plötzliche Einbruch kommt nicht von ungefähr: Seit 1985 haben sich die Aufwendungen für TV-Werbung mehr als verdoppelt. Und nach den Erhebungen der GfK-Fernsehforschung ist die Zahl der ausgestrahlten Werbeminuten pro Tag seit 1985 von 51 auf 223 Minuten gestiegen. Dabei sind nur ARD, ZDF, SAT.1 und RTL plus berücksichtigt. Unter Einbezug von Pro 7 und Tele 5 kommt man auf sechs Stunden Werbung pro Tag. Seit 1992 können nach dem neuen Rundfunkstaatsvertrag TV-Sendungen noch mehr als bisher *durch Werbeblöcke zerstückelt* werden. Die neuen „Werbeinseln" bescheren den Fernsehanstalten mehr Einnahmen:

○ ARD und ZDF unterbrechen jetzt Sendungen, die länger als 45 Minuten dauern, durch einen Werbeblock.
○ Privatsender können sich bei einem Spielfilm, der länger als 110 Minuten dauert, drei Werbeinseln leisten. Unterhaltungssendungen, Serien und Dokumentarfilme werden mittlerweile nach 20 Minuten „Normalsendung" durch Werbung unterbrochen.

Diese Umstellung hat wesentlich zur Verärgerung der TV-Zuschauer beigetragen. Je mehr TV-Werbung gesendet wird, desto mehr wenden sich die Zuschauer anderen Beschäftigungen zu. *Die Aufmerksamkeitswerte werden deutlich geringer.* In 12 Monaten nahm daher der Anteil der Bevölkerung, der beim Fernsehen liest, von 15 auf 19 Prozent zu. Auch Telefonieren weist einen Zuwachs auf.

Die Unterbrechung eines Spielfilms durch Werbung löst geradezu *massenhaftes Fluchtverhalten* aus:

○ Die Mehrheit der Bevölkerung (1991: 44 % — 1992: 53 %) schaltet schnell auf einen anderen Sender um.

○ Und zwei von fünf TV-Zuschauern (1991: 33 % — 1992: 43 %) verlassen fluchtartig das Zimmer.

Die Folge: Mehr TV-Werbung flimmert immer mehr am Zuschauer vorbei...

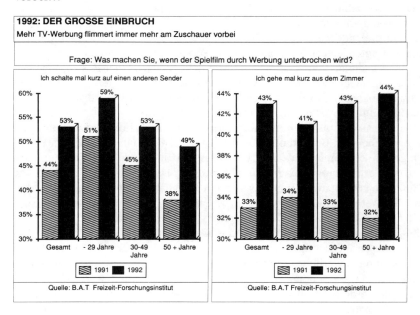

Relativ stabil in der Zuschauergunst erweisen sich *TV-Sendungen mit Live-Charakter*: Politische Magazine, Sportsendungen, Nachrichten sowie Dokumentationen und Reportagen. Diese Sendungen spiegeln unmittelbar Aktualität wider. Im gleichen Maße, wie das Fernsehen als Unterhaltungsmedium durch die Konkurrenz anderer Freizeitangebote immer entbehrlicher wird, wächst seine Bedeutung als aktuelles Informationsmedium. Die Information durch Wort und Bild hat keine Konkurrenz zu fürchten. Bei informativen Live-Sendungen hat das Fernsehen seinen Ereigniescharakter bewahrt.

Erkenntnisse der internationalen Kommunikations- und Werbeforschung lassen darauf schließen, daß bei einer möglichen Ausdehnung der Werbezeiten im Fernsehen Produkte oder Dienstleistungen keineswegs besser oder leichter bekanntgemacht werden können. Die TV-Werbung stößt zunehmend auf Akzeptanzprobleme. Sie löst bei den Zuschauern *psychische Barrieren* aus und wird deutlich mehr als etwa bei der Printwerbung in Zeitungen und Illustrierten *als lästig empfunden*. Eine Repräsentativuntersuchung des Linzer IMAS-Instituts für Markt- und Sozialanalysen ergab: Printwerbung kommt besser an als Fernseh-Spots. 43 Prozent der Befragten ab 16 Jahren finden die Fernsehwerbung „lästig", hingegen nur 29 Prozent die Werbung in den Printmedien (IMAS 1991).

Es ist davon auszugehen, daß das persönliche Unbehagen und die innere Distanz zum TV bei noch längeren Werbeblöcken eher zunimmt. Akzeptabel erscheinen allenfalls Sekunden-Spots und kurze Unterbrechungen. Im gleichen Maße, wie sich Werbeblöcke ausweiten würden, könnte die Wirkungsqualität der TV-Werbung sinken, weil sich viele Zuschauer entmündigt fühlen und entsprechend aggressiv zur Wehr setzen würden, d.h. *sie „knallen" dann die TV-Werbung einfach „ab"* — *'Zapping" nennen das die Amerikaner*. Die Fernbedienung wird zum „Werbekiller", indem der unerwünschte Werbeblock ausgeblendet bzw. abgewählt wird. Die Umschaltgewohnheit „Zapping" kann zur größten Herausforderung der Zukunft für TV-Sender und TV-Werber werden. Dann helfen vermutlich auch veränderte Werbestrategien nicht weiter, wie z.B. bei McCann-Erickson: „Wenn die Zuschauer unsere Werbung nicht sehen wollen, dann müssen wir die Spots eben attraktiver machen" (Handelsblatt vom 16. Juli 1991). Eher kann angenommen werden, daß der heutigen Verlagerung der Werbegelder von den Printmedien zum Fernsehen in naher Zukunft eine *Trendwende* bevorsteht. Daran wird auch eine mögliche Ausdehnung der TV-Werbezeiten nicht viel ändern können.

Die erste „Fernsehgeneration", die Anfang der fünfziger Jahre im Erwachsenenalter die Einführung des Fernsehens miterlebte, ist heute über 60 Jahre alt. Für diese Generation bildeten Familienleben und Fernsehkonsum weitgehend eine Erlebniseinheit. Für keine andere Freizeitbeschäftigung hat sie mehr Zeit aufgebracht: Fernsehen bestimmte ihren Zeitablauf von Feierabend und Wochenende, *ja die erste Fernsehgeneration hatte „eine Art Beamtenverhältnis"* (Ulli Potofski / RTL PLUS) zum Fernsehen. Die ARD-„Tagesschau" war eine Institution, das ZDF-„Sport-Studio" auch. Gewechselt wurde nicht.

2.6 Ursachen, Folgen und Folgerungen

Inzwischen wächst eine neue Generation heran, die in der Marketingsprache den Namen „*Konfetti-Generation*" (Wyss 1987) trägt, weil sie die Fülle der Informationen nur noch konfettiartig nebeneinander aufnehmen kann. Wegen der Vielzahl anderer Einflüsse bleiben viele Impressionen bruchstückhaft; nur persönlich Wichtiges wird zu einem eigenen Mosaikbild bzw. zu einer Bildercollage zusammengefügt. Da zudem außerhäusliche Freizeitbeschäftigungen immer attraktiver werden, verändern sich zwangsläufig auch die Fernsehgewohnheiten:

- Fast drei Viertel (73 %) der mittleren Generation im Alter von 30 bis 49 Jahren halten „Fernsehen pur" für reine Zeitverschwendung. Sie stehen mitten im Leben und „benutzen" das Fernsehen als Nebenbei-Medium, um für die eigenen und eigentlichen Interessen mehr Zeit zu gewinnen.
- Die Treue zum TV-Sender läßt nach. Action, News und Entertainment werden immer austauschbarer. Im Mittelpunkt des Interesses steht das eigene Zeitbudget und die Frage „Wann? Wo? Was?". Die wachsende *Ich-Zentrierung (anstelle der Sender-Orientierung)* wird in Zukunft auch die Inhaltsstruktur von Programmzeitschriften verändern. Veränderungen künden sich immer in Minderheiten an. Stirbt die alte Fernsehgeneration aus? Verliert die junge Generation die Lust am Fernsehen? Werden in Zukunft auch noch die Dauer- und Pur-Fernseher den Spaß am Zuschauen verlieren?

Schon heute stehen *„Zeit für sich" und „Zeit mit anderen" an der Spitze der Wunschskala.* Das Fernsehen folgt erst an letzter Stelle, obwohl es nach wie vor die am meisten ausgeübte Freizeitbeschäftigung ist. Für diesen Widerspruch zwischen Wunsch und Wirklichkeit lassen sich vor allem zwei Gründe anführen:

- Fernsehen als *Haupt*-Beschäftigung in der Freizeit findet eine relativ geringe gesellschaftliche Anerkennung, weil in der leistungsorientierten Gesellschaft das Leitbild der aktiven und „sinnvollen Freizeitgestaltung" vorherrscht. Was diesem Leitbild nicht entspricht, wird öffentlich tabuisiert und privat (mehr mit Schuld- als mit Lustgefühlen) praktiziert.
- Die Freizeit vorwiegend zum Fernsehen nutzen, erzeugt beim einzelnen persönliches Unbehagen, weil das Fernsehen von dem abhält, was in der Freizeit-Wunschskala an oberster Stelle steht: *Entspannung für sich und Erlebnis mit anderen.* Intensive Fernsehnutzung hat außerdem zur Folge, daß kaum Zeit für eigene Hobbies bleibt.

Was die Menschen zum Fernsehen als Freizeitbeschäftigung besonders motiviert, sind Information, Unterhaltung und Anregung. In der Fachsprache: *Infotainment und Animation.* In der subjektiven Einschätzung der TV-Zuschauer spielt der Informationswert einer Sendung „die" zentrale Rolle. In Wirklichkeit aber hat der Unterhaltungswert eine viel größere Bedeutung, sonst wären die Einschaltquoten bei Unterhaltungssendungen nicht so hoch.

Viele demonstrieren nach außen Informationshunger, favorisieren aber in den eigenen vier Wänden Unterhaltung am laufenden Band.

Hierfür sind hauptsächlich soziale Hemmungen maßgebend. Das Informationsbedürfnis hat eine sozial höhere Akzeptanz. Viele Zuschauer verstecken sich daher gerne hinter dieser „niveauvollen" Fassade.
Das Fernsehen droht zum Opfer seiner eigenen Philosophie zu werden. Immer mehr an den passiv unterhaltsamen Medienkonsum gewöhnt, werden sich die Zuschauer schon bald vom Fernsehen ab- und anderen Bereichen zuwenden, wenn die Fernsehanstalten nicht umgehend

○ die *Dimension Unterhaltung* und
○ die *Dimension Information* um
○ die *Dimension Anregung*

ergänzen und neubeleben. Ohne die Einbeziehung dieser dritten Dimension Anregung, also der Zuschauerbeteiligung, wird der Attraktivitätsverlust des Fernsehens unaufhaltsam sein.

Attraktives Fernsehen ist überraschendes und gleichzeitig aktivierendes Fernsehen. Die Zuschauer werden also gelangweilt den Kasten ausschalten, wenn die animativ-aktivierende Machart nicht stimmt.

> Ein Fernsehen, das Langeweile verursacht und nicht verhindert, ist eigentlich überflüssig. Daran kann weder den Fernsehzuschauern noch den Fernsehmachern gelegen sein.

Für die Zukunft ist absehbar: *Im gleichen Maße, wie die Einschaltquoten steigen, sinkt die Bedeutung des Fernsehens.* Fernsehen bekommt Nebenbei-Funktion, weil die Konkurrenz anderer Freizeitbeschäftigungen immer größer wird und der persönliche Zeitdruck wächst. Der Ereignischarakter des Fernsehens geht zunehmend verloren. Damit büßt das Fernsehen zwangsläufig auch seine Freizeitattraktivität ein. Droht den Programm-Machern in Zukunft der sanfte Fernseh-Boykott? Während das TV-Programm läuft und die Fernsehstudios Hektik und Betriebsamkeit verbreiten, schalten die einzelnen Familienmitglieder innerlich ab und auf andere Dinge um.

Der Druck auf die Fernbedienung wurde beispielsweise im Dezember 1991 durch den ARD-ZDF-Doppelkrimi „Mörderische Entscheidung" auch offiziell sanktioniert und gefördert. Der SPIEGEL jubelte den TV-Machern zu: Sie hätten den „alten Traum von der Emanzipation des Publikums" verwirklicht und dem Fernsehen „einen kreativen Schub verpaßt" (SPIEGEL 50/1991, S. 264). In Wirklichkeit ging der Schub als ‚Schuß nach hinten' los: Das angeblich innovativste TV-Experiment seit der Erfindung der Fernbedienung erwies sich eher als *Umschalt-Flop*.

Zwar wurden Neugier, Sensationslust und Effekthascherei befriedigt, aber die Identifikation des Zuschauers mit den handelnden Personen blieb auf der Strecke. Die meisten Zuschauer haben „den Faden verloren" und schwankten zwischen Wirrwarr, Ärger, Frust und zerhackten Dialogen. So schürte der Film lediglich die *Angst, auf dem anderen Kanal etwas zu verpassen* — was nur eine andere Umschreibung für das Phänomen „*Freizeitstreß*" war. Der mündige TV-Benutzer wurde gerade nicht herausgefordert. Vielleicht war es eher eine „Mörderische Entscheidung" für die TV-Anstalten selbst: Was als TV-Boom erwartet wurde, könnte zum TV-Bumerang werden. Das Experiment hat Hopping, Switching und Zapping, das Um- und Ausschalten des TV-Programms, gesellschaftsfähig gemacht.

Für die Zukunft zeichnet sich das *Bild einer neuen TV-Generation* ab, wie es sich schon heute im Fernsehverhalten der jüngeren Generation widerspiegelt:

> 1. Die *Einschaltquoten* bleiben relativ stabil.
> 2. Die *Primäraktivität* „Nur fernsehen" geht deutlich zurück, während gleichzeitig *Nebenbei-Beschäftigungen* immer wichtiger werden.
> 3. Die *Umschalt- und inneren Abschaltquoten* nehmen auf breiter Ebene zu. Die meisten TV-Zuschauer werden in Zukunft auch „TV-Hopper" und „TV-Zapper" sein, die aus Langeweile von einem Kanal zum anderen „springen" und unliebsame Sendungen per Knopfdruck „abschießen".
> 4. Die *Dauer von TV-Sendungen* wird zunehmend kürzer — als Reaktion auf die gewandelten Freizeitgewohnheiten der Zuschauer („Fast-Food-TV" im Halb-Stunden-Rhythmus).
> 5. Die „*Einschlaf*"-*Quoten* werden in Zukunft geringer sein, weil immer weniger Zuschauer aus Gewohnheit oder Pflichtgefühl vor den TV-Geräten bis zum Sendeschluß sitzen, liegen oder ausharren wollen.

Die Fernsehanstalten werden sich umstellen und auf den spontanen TV-Konsumenten, der jederzeit ein- und wieder aussteigen möchte, einstellen müssen. Konzentration und Aufmerksamkeit lassen nach. Und zur Haupt-Action-Zeit am Feierabend zwischen 19.00 und 21.00 Uhr wird die Konkurrenz anderer Freizeitbeschäftigungen immer größer, die Reichweite von Werbesendungen entsprechend kleiner. Die Vorabend- und Spätabendprogramme könnten in Zukunft den klassischen Fernsehabend verdrängen.

> Früher haben die Fernsehprogramme die Freizeitgewohnheiten verändert; in Zukunft werden die Freizeitgewohnheiten die Fernsehprogramme verändern.

3. Erlebniswelt Bücher: „Vom Stubenhocker zum Mental-Jogger"

3.1 Bücherlesen als neue Lebenskunst

Wie die Mainzer Stiftung Lesen in ihrer Bücher-Analyse über die Lesegewohnheiten der Deutschen ermittelte, bringen die Deutschen das Kunststück fertig, immer mehr Bücher zu kaufen, gleichzeitig aber immer weniger Bücher zu lesen. In den achtziger Jahren stiegen die Umsätze auf dem Buchmarkt um 40 Prozent. Im gleichen Zeitraum griffen 41 Prozent „weniger als dreimal im Monat" zu einem Buch und jeder fünfte las und liest überhaupt kein Buch mehr. Zwischen sechs und zehn Prozent aller deutschen Haushalte verfügen nicht einmal über ein Buch (Stiftung Lesen 1991). *Lesen heißt in Zukunft immer mehr Zeitungs- und immer weniger Buchlektüre.* Dickleibige Bücher „läßt" man allenfalls noch lesen — via Literaturcassette auf der Autobahn. Vorgelesene Romane können dann „der" Lesegenuß für unterwegs sein. Aus dem Lesebuch wird das Hörbuch, aus dem Leser der Kopf-Hörer. Und Goethe lebt weiter — als heimlicher Beifahrer.

Die elektronischen Medien verdrängen das Buch; eine Bewegung weg vom Buch droht. Bis zum Jahre 2000 ist mit einem dramatischen Anstieg von Nicht-Lesern und Nicht-Buchkäufern zu rechnen. Diese erschreckende Tendenz wird auch durch andere Erhebungen gestützt und bestätigt (z.B. Institut für Demoskopie Allensbach / SPIEGEL-Dokumentation „Bücher" 1990):

○ Vor acht Jahren haben 30 Prozent der Bevölkerung selten oder so gut wie nie zu einem Buch gegriffen. 1990 war der Anteil der Nicht-Leser auf 46 Prozent angestiegen. Wenn diese Entwicklung so anhält, *werden im Jahr 2000 zwei Drittel der Bundesbürger kein Buch mehr in die Hand nehmen.*
○ Die Unlust am Lesen geht mit einem entsprechenden Kauf-Verzicht einher. 1983 gehörten 39 Prozent der Bevölkerung zu den Nicht-Buchkäufern. 1990 ist der Anteil der Buchkauf-Verweigerer auf 47 Prozent, also knapp die Hälfte der Bevölkerung angestiegen (Buchreport Nr. 44 v. 31. Okt. 1990). In die Zukunft projiziert bedeutet dies: *Im Jahre 2000 werden die meisten Bundesbürger keinen Buchladen mehr betreten.*

„Durchschnittszahlen" über steigende Buchtitelproduktionen täuschen über das starke Gefälle zwischen Haushalten, die viele Bücher und Haushalten, die gar keine Bücher besitzen, hinweg. So bleibt für die Zukunft ein kleiner Trost: Was auch in anderen Freizeitbereichen gilt (z.B. im Tourismus, wo die bisherigen Mehrfach-Reisenden heute und in Zukunft noch mehr verreisen werden) trifft in gleicher Weise für den Buchmarkt zu: Der Anteil der hoch motivierten Buchliebhaber, die mehr als zehn Bücher pro Jahr kaufen, lag 1983 bei 11 Prozent und 1990 bei 14 Prozent. In den nächsten zehn bis fünfzehn Jahren kann immerhin ein Fünftel der Bevölkerung zur Gruppe der Mehrfach-Buch-Käufer gehören. Vielleicht werden in Zukunft deutlich mehr Bücher gekauft als wirklich gelesen. Und der Geschenkkäufer und Mitbringselkonsument wird den „Buchmenschen" oder die „Leseratte" in die exotische Hobbyecke drängen. So bleibt manch reich beschenktem Freizeitkonsumenten in seiner Zeitnot nur eine Strategie: *„Anlesen, wegstellen — und vergessen!"*

Angesichts von Reizüberflutung und Angebotsvielfalt läßt auch die *Konzentration* beim Lesen nach. Die *Lesegeschwindigkeit* nimmt gleichzeitig zu: In Zukunft wird nicht nur weniger, sondern auch schneller gelesen. Jede sich bietende „Pause" zwischen zwei Freizeitereignissen wird als Schnell-Lese-Gelegenheit genutzt. So kann es nicht weiter überraschen, daß die neuere Forschungsstudie „Lesen im Medienumfeld", in der die Ergebnisse einer Repräsentativbefragung von 3205 westdeutschen Bundesbürgern ausgewertet werden, geradezu das Bild einer *Generation von Fast-food-Medienkids* vermittelt (vgl. Fritz 1991, S. 67). In konkreten Zahlen heißt dies beispielsweise:

○ Fast jeder zweite Bundesbürger (46,7 %) liest gewohnheitsmäßig „beim Essen".
○ Etwa 3,3 Millionen lesen „bei der Hausarbeit", 600000 „wenn Besuch da ist", 440000 „beim Telefonieren" und 735000 „im Auto".

Eine neue Lebenskunst des Lesens breitet sich offenbar aus. Wenn diese Entwicklung so anhält, könnte sich in Zukunft angesichts von „Superstau" und „Verkehrsinfarkt" ein Volk von Autofahrern zu einem Volk von Gelegenheitslesern entwickeln. Die Lesezeit, die hier gewonnen wird, kann dann zu Hause wieder für andere Unternehmungen genutzt werden. Die Lesekultur wandelt sich zur Lesepause.

3.2 Bücherlesen als Hindernis für Freizeitmobilität

Das Buch hat sich bisher nicht als Trendsetter des Freizeitverhaltens gezeigt. Zum Teil steht die Nutzung des Buchs sogar im Gegensatz zur wachsenden Freizeitorientierung des Lebens. Vor allem Kinder und Jugendliche sehen die Schwerpunkte ihrer Freizeitorientierung

○ im geselligen Zusammensein mit Freunden
○ in wohnungsunabhängigen Außer-Haus-Aktivitäten
○ in aktionsbezogener Mobilität.

Nach Ansicht der Bevölkerung fördert intensives Bücherlesen Einzelgänger und Stubenhocker. Dies wird durch die Selbsteinschätzung der Kinder und

Quelle: BUCHREPORT Nr. 10 vom 5. März 1992

Jugendlichen bestätigt. Als praktische Hindernisse für die intensivere Nutzung des Buchs als Freizeitlektüre werden genannt und beklagt:

○ der Mangel an Kommunikation mit Freunden,
○ die Bindung ans Haus und der hohe Zeitaufwand des Bücherlesens, das kostbare (Frei-)Zeit kostet und
○ die geringe Verknüpfung mit den eigenen Freizeitinteressen.

Kommunikation, Außer-Haus-Aktivität und Mobilität werden durch Bücherlesen offenbar mehr verhindert als gefördert. Dem Buch ist bisher der Anschluß an den allgemeinen „Trend zu transportablen Medien", wie er sich besonders in der Entwicklung der elektronischen Medien abzeichnet (Walkman, Cassettenrekorder, Autoradio u.a.), kaum gelingen.

3.3 Das Buch als Freizeitmedium der Zukunft

Im Hinblick auf die wachsende Konkurrenz anderer Freizeitangebote wird es unerläßlich sein, das Buch als Freizeitmedium stärker ins öffentliche Bewußtsein zu bringen. Die Funktionsvielfalt des Buches als ein wichtiges Leitmedium des Freizeitverhaltens ist überzeugend darzustellen:

○ *Das Buch als Erholungsförderer*
Bücherlesen ist erholsam und entspannend, gleicht Belastungen und Überforderungen aus. Bücherlesen fördert das persönliche Wohlbefinden. Es ist ein Relaxing-Elixier für den Feierabend. Umfang und Gestaltung des Buchs müssen entsprechend sein, damit die Freizeitbeschäftigung Lesen nicht zur Anstrengung wird, die nur Überwindung kostet.

○ *Das Buch als Mußehelfer*
Zur Ruhe kommen, mehr Selbstbesinnung und innere Muße sind gefragt. Dies gilt für alle Altersgruppen. Die (Wieder-)Entdeckung des Buchs als beruhigendes Mußemedium — vor allem zur Zeit der ,,Sonntagabendkrise" — steht noch aus. Die Muße selbst wird eine Renaissance erleben.

○ *Das Buch als Zeitvertreiber*
Das Mehr an Freizeit wird nicht nur sinnerfüllte Lebenszeit bringen. Es wird auch Leerzeit geben, die überbrückt oder gefüllt werden will. Bücherlesen kann hier zum Zeitvertreib, auch zum ‚Zeittotschlagen' werden. Leichte Freizeitlektüre dient dann der Ablenkung, Zerstreuung und dem Vergnügen — als Pausenfüller oder Langeweileverhinderer.

○ *Das Buch als Kommunikationspartner*
Das Buch kann eine zeitweilige Hilfe gegen Vereinsamung sein — auch gegen ‚Einsamkeit in der Zweisamkeit'. Als fiktiver Gesprächspartner kann es — neben Hörfunk und Fernsehen — das Fehlen echter sozialer Beziehungen vorübergehend vergessen machen, wenn auch nicht ersetzen. Die Zahl der 1-Personen-Haushalte wie auch die Zahl alleinstehender alter Menschen wird in Zukunft erheblich zunehmen.

○ *Das Buch als Informationsvermittler*
Mit dem Einzug der neuen Medien wird die Informationsflut gesteigert werden. Die Anforderungen an die individuelle Aufnahmefähigkeit werden größer. Taschenbücher werden hier zum aktuellen Informationsdienst, orientieren über Neues und wichtige Ereignisse. Sie halten den Leser auf dem laufenden und geistig beweglich, d.h. auf dem ‚Stand der Zeit.' Niedrigpreisige ,,Schnellschüsse", unredigierten Manuskripten vergleichbar, werden im Interesse der Aktualität in Kauf genommen.

○ *Das Buch als Bildungsberater*
Bildung wird in Zukunft weniger an berufliche Verwertbarkeit gebunden sein. Der lebensbereichernde Aspekt der Persönlichkeitsbildung wird wichtiger werden. Die aktive und interaktive Freizeitpersönlichkeit ist gefragt. Gesucht werden Lernanregungen für einen freizeitkulturellen Lebensstil, die Schule und Berufsausbildung nicht vermittelt haben und auch kaum vermitteln können. Das Buch kann zum Bildungs- und Lebensberater werden.

○ *Das Buch als Hobbybegleiter*
Hobbies werden für immer mehr Menschen zum Zweitberuf, gelten als lebenswichtig und unverzichtbar. Entsprechend groß ist ihr Interesse an praktischen Anleitungen. Das Buch als nützlicher Ratgeber und Begleiter für Surfen und Segeln, Basteln und Do-it-yourself, Tier- und Gartenpflege kann sich zu einem der wichtigsten Segmente im Buchmarkt entwickeln, wenn es freizeitdidaktisch aufbereitet ist — anregend zum Lesen und Schauen, leicht verständlich in der praktischen Umsetzung und kostengünstig im Preis.

○ *Das Buch als Freizeitanimateur*
Animation wird zum Schlüsselwort in der Freizeitbranche. Freizeitmedien müssen immer auch Animationsmedien sein — motivieren und ermutigen, anregen und aktivieren. Von dem Freizeitmedium Buch müssen Impulse ausgehen für neue Interessengebiete und Freizeitbeschäftigungen. Das Buch sollte den Freizeitgewohnheiten der Bürger möglichst mit Zeitvorsprung vorauseilen und nicht mit timelag hinterherhinken. In der Funktion als Animateur muß es inspirieren, neugierig machen, Anstoß für neue Freizeiterlebnisse und Medium für Erlebnislernen sein.

3.4 Die neue Freizeitprofilierung

Neue Leser-Persönlichkeiten, ‚wie sie im Buche stehen', kommen nicht von selbst. Das Freizeitimage des Buches muß verbessert und der Erlebniswert des Lesens gesteigert werden. Vor allem in der jüngeren Generation muß eine höhere Freizeitwertigkeit des Lebens erreicht werden.

Auch die *Buchhandlung* muß sich zu einem Anziehungspunkt für Freizeitinteressen entwickeln, zu einem kulturellen Freizeitzentrum als Buch-Club, Bücher-Bistro oder Buch-Café, das attraktiv und nicht steril wirkt, zu einer Stätte der Anregung und des Wohlfühlens, die zum Verweilen einlädt. Der Buchkauf darf keine Streß-Rallye mehr sein, bei der die drei „B" des Buchhandels (Bedienung/Beratung/Besorgung) in den Augen des Kunden als Pflichtprogramm erscheinen.

Viele Einkäufe werden heute nicht geplant, sondern im Vorbeigehen und -schlendern beinahe nebenbei erledigt. Im Mittelpunkt steht der Erlebniswert des Shoppings. Werden die Buchhandlungen den künftigen Freizeitkonsumenten nicht nur Zeit und Geduld entgegenbringen, sondern auch Atmosphäre und Ambiente bieten können, Orte und Gelegenheiten für Entspannung, Anregung und Mußegenuß? Werden die Buchhandlungen den wachsenden Freizeit-Set-Wünschen der Kunden Rechnung tragen (Beispiel Sportgeschäft: Tennisschläger + Tenniskurs + Tennisreise; Buchhandlung: Kunstführer + VHS-Kurs + Studienreise)? Die Buchhandlungen der Zukunft verkaufen nicht mehr in er-

Freizeitmedium Buch

Freizeitfunktionen und Zukunftschancen des Buches

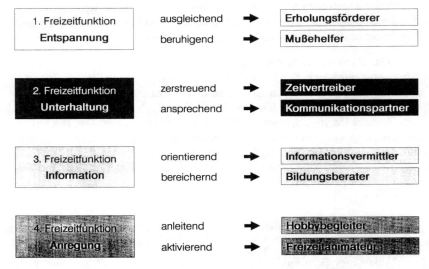

ster Linie Bücher, sondern lassen die Sehnsucht nach dem Lesen lebendig werden.

Neue Aufgaben kommen auch auf die *öffentlichen Bibliotheken* und *Bücherhallen* zu, die sich zu Freizeiteinrichtungen wandeln, also vor allem dann geöffnet haben müssen, wenn andere Bildungseinrichtungen geschlossen sind: Am Feierabend, am Wochenende und in den Ferien. Mit der Buch-Ausleihe allein ist es nicht mehr getan. Die Bibliothek muß zum Freizeit-Treff, der Bibliothekar zum Animateur für Freizeit-Angebote ‚rund ums Lesen' werden wie z.B. Schreibwettbewerbe, Bücherbingo, Buchstabenbasteln, Märchenlesungen, Hobbykurse, Basteltreff, Videofilme, Kassettenhören, Preisausschreiben und Ferienprogramme.

Der *Buchmarkt* der Zukunft verlangt nach einer neuen Freizeitprofilierung der Bücher:

○ Die Bücher müssen *formal* mobiler und transportabler werden. Sie müssen in der Form handlich und griffig, in der Machart robust (sozusagen „stoff- und reißfest", „wind- und wasserdicht") und in der Größe mitnahme- und freizeitfreundlich sein (Prototyp: Walkman im Westentaschenformat; Taschenbuch mit abwaschbarem Umschlag).

○ Die Bücher müssen *motivational* selbst zum Stimulus und Anreger für Freizeitmobilität werden, dürfen also Freizeitmobilität nicht erschweren oder gar blockieren. Sie müssen sich an den fünf Freizeit- „S" (Selbermachen/ Spontaneität/Sozialkontakt/Sichentspannen/Spaß) orientieren, persönliche Freizeitbedürfnisse inspirieren helfen und zu ihrer Verwirklichung Mut machen.

○ Die Bücher müssen *inhaltlich* an den verschiedensten Freizeitaktivitäten anknüpfen und vorhandene Freizeiterlebnisse bereichern helfen, ja selbst zum Freizeiterlebnis werden. Sie müssen einerseits Begleit- und Anleitungsmedium, andererseits auch Erlebnismedium mit Eigenwert sein.

○ Die Bücher müssen *medial* (in Werbung, Präsentation, Image) Freizeitwerte widerspiegeln. Was für das Freizeitleben wünschens- und erstrebenswert ist, muß insgesamt auch für die Bücher gelten: Lebensfreude, Offenheit, Geselligkeit, Aktivität, Dynamik, Mobilität u.a. Darüber hinaus müssen die Bücher als persönlichkeitsbildende Freizeitmedien stärker ins öffentliche Bewußtsein gebracht werden.

Kurz: Wenn eine Bewegung weg vom Buch verhindert werden soll, muß das Buch als Freizeitmedium gestärkt und aufgewertet werden. Am Ende dieses Prozesses kann ein neues Produkt stehen — "das" Medium für Muße und Genuß: Das Buch.

3.5 Nebenwirkung 1: Banalisierung der Lesekultur

Eine stärkere Freizeitprofilierung des Buchs wird allerdings auch ihre Schattenseiten haben: Kommt es zur Banalisierung der Lesekultur? Werden der Fast-Food-Boom in der Restauration und die Game-Show-Schmalkost im Fernsehen entsprechend leichte Lese-Kost zur Folge haben? Der Freizeitmensch des Jahres 2000, vom 500-Seiten-Opus entwöhnt und an Schnellimbiß-Kultur gewöhnt, wird keinen langen Lese-Atem mehr haben. Freizeitlektüre ist für den sofortigen Verzehr bestimmt, ohne lange Vorreden genießbar und für den jederzeitigen Leseeinstieg oder das Weiterlesen geeignet. Register, Markierungen und farbige Symbole weisen Wege, verleiten und verführen zum Durchblättern oder Nachschlagen. Nur selten wird noch ‚ein ganzes Buch' gelesen — allenfalls in Krisensituationen: Im Krankenhaus, bei Scheidung oder Tod des Partners, bei plötzlicher Erwerbslosigkeit oder unfreiwilliger Frühpensionierung. Hier wird das Buch zur Lebenshilfe. Lebenskrisen machen aufgeschlossen für Tiefsinn und Selbstbestimmung.

3.6 Nebenwirkung 2: Kommerzialisierung der Lesekultur

Und noch eine problematische Besonderheit kann den Buchmarkt des Jahres 2000 verändern: Der *Trend zur Individualisierung* wird auch vor dem Buch nicht haltmachen. In Fernsehwerbung und ganzseitigen Farbanzeigen wird der Haushaltstyp III (= Besserverdienende) mit hochwertigen Buchausgaben umworben, die Lebensart erkennen lassen. Nicht mehr Simmel und Konsalik lassen grüßen, sondern die *Buch-Signets von exklusiven Medienclubs*, die über Bilder, Bücher, Poster und Cassetten das ‚savoir vivre de loisir' erspüren lassen, die neue Freizeitlust am Leben. So entstehen Markenzeichen mit hohem Identifikationswert für Leute, die sich Zeit zum Leben nehmen. Erkennungsmerkmale für eine neue „leisure class", die sich sichtbar vom Freizeitproletariat der Masse abheben will. Thorstein Veblens „feine Leute" von 1899 kommen wieder. Sie demonstrieren Müßiggang wie zu Zeiten der griechischen Philosophen, in denen Nachdenklichkeit ein Zeichen von Muße, Freiheit und Geld war. Denken und Verschwenden könnten zu Statussymbolen einer gutverdienenden Mußeklasse werden, die Muße lebt, während andere Freizeit haben. Auf der Welle demonstrativen Müßiggangs wird auch das Buch als *Accessoire* ganz gut weiterleben können.

3.7 Rückbesinnung als Zukunftsperspektive

Mit einer stärkeren Freizeitprofilierung des Buchs wird die Qualität des Lesens eine andere werden. Martin Walsers existenzielle Leseerfahrungen aus den 60er Jahren werden im Jahr 2000 eine Seltenheit sein: „Ein Buch ist für mich eine Art Schaufel, mit der ich mich umgrabe. Mir macht das Lesen, dieses Herumgraben in mir selbst, oft mehr Vergnügen als das Atmen, ja es macht mir zuweilen das Atmen wieder vergnüglicher" (Walser, Frankfurt 1965, S. 124). Wohl bleibt Lesen auch in Zukunft ein vergnüglicher Vorgang, wenn es zum (be)sinnlichen Freizeiterlebnis wird.

Im ursprünglichen Wortsinne hatte Lesen eigentlich immer die Bedeutung des Auswählens, Aufhebens und Sammelns (vgl. Trauben-, Ährenlese). Ungeeignetes wurde ausgesondert, Zerstreutes aufgenommen. Lesen und Begreifen gehörten zusammen. Lesen als sinnlicher Vorgang, der gleichermaßen Augen, Hand, Herz und Verstand anspricht, ist in den letzten Jahren weitgehend in Vergessenheit geraten. Bilderwelt und Sprechblasenstil haben die Sinne verkümmern lassen.

Die Wiederherstellung des *Lesens mit allen Sinnen* steht noch aus. Bücherlesen muß wieder ein sinnlicher Vorgang werden, der die ganze Persönlichkeit fordert und fördert, der aus Bildgeschädigten Lesehungrige macht. Bilder, Bücher, Musikkassetten wachsen dann zusammen, werden zu einem multimedialen Freizeiterlebnis. Das Buch allein genügt nicht mehr. Sehen, Lesen, Hören, Greifen, Fühlen — alles muß gleichzeitig möglich sein in dieser *neuen Schule der Sinne*, die sinnliche Wahrnehmung und Sinnvermittlung miteinander verbindet. Die intellektuelle Lesekultur als Folge des Bildungsbooms der 70er und 80er Jahre läßt sich nicht mehr weiter steigern. *Die Zukunft gehört einer multimedialen Erlebnis-Kultur, die alle Sinne anspricht.* Wir werden künftig wieder Bücher als freizeitkulturelle Medien begreifen oder gar mit geschlossenen Augen lesen lernen — umgeben von Farbe, Formen, Fantasie. Gegen die eindimensionale Übersättigung durch Bilder setzen wir den Einfallsreichtum, die eigene Vorstellungskraft, die Imagination, die Spontaneität des Gefühls, die sinnliche Erfahrung, das spielerische Erleben der eigenen Fähigkeiten: Mehr freiverfügbare Zeit schafft mehr Luft und Lust zum Leben, gibt innere Spielräume für die eigene Persönlichkeitsentwicklung frei.

Neben einer technisierten Medien-Landschaft wird es eine emotionalisierte Medien-Kultur geben: Wer morgen leben (und nicht gelebt werden) will, wird selber lesen, Musik machen, mit eigenen Händen etwas gestalten oder sich freiwillig für andere engagieren müssen. „Abhängige Beschäftigung" ist nicht mehr für alle da; die meisten werden sich in Zukunft selbst beschäftigen müssen. Wie nie zuvor werden sie mehr mit sich und ihrer freien Zeit etwas anfangen müssen. Und mehr als je zuvor werden *menschliche Fähigkeiten* gefordert sein. In Zukunft wird immer beides gelten: Vom Streß, ein Freizeitmensch zu sein und: Vom Glück, ein Buchleser zu sein.

> Die Schlüsselfrage für die Zukunft kann nicht lauten: „Wie erreiche ich, daß die Menschen wieder mehr Bücher lesen?" — sondern: „Wie muß sich das Buch-Marketing ändern, damit die Menschen wieder Spaß am Lesen haben?"

Im Freizeitmedium Buch muß sich die Funktionsvielfalt des Freizeitverhaltens widerspiegeln. Das Buch darf also nicht

○ die Kommunikation
○ den Drang nach draußen und
○ die Unternehmungslust

in der Freizeit behindern. Das Buch muß selbst zum *Motor für Freizeitaktivitäten* werden. Vom Buch müssen Impulse ausgehen, die neue Freizeitinteressen entdecken helfen. Und im Hinblick auf eine künftige Freizeitentwicklung, in der die Aktions- und Erlebnisorientierung auf die Spitze getrieben wird, muß das Buch immer dann *Rückzugsnische und Oase der Individualität* sein können, wenn Kontaktstreß und Erlebnisboom den Menschen auf die Nerven gehen.

3.8 Bücherlesen als „Mental-Jogging"

Wer darüber klagt, daß die Menschen in ihrer Freizeit immer riskantere Abenteuer suchen, sollte lieber nach attraktiven Alternativen Ausschau halten. Der Freizeitmensch der Zukunft braucht nicht nur physische, sondern auch *geistige Herausforderungen*, die den Kopf fit und den Geist mobil halten. Immer mehr Menschen treiben derzeit ihre Diät- und Sportprogramme auf die Spitze und vergessen dabei den geistigen Genuß: Die Schärfung der Sinne durch das Training für den Geist. Mitunter ist der Bauch weg und der Kopf leer...

Für die Zukunft sollte gelten: *Bodybuilding ist out und Mental-Jogging in*. Beim Mental-Jogging („Mejo") kann jeder seine intellektuelle Belastung selbst dosieren. Und was die schwere Hantel für den Körper, ist dann die anspruchsvolle Lektüre für den Kopf. „Leseförderung", richtig verstanden, kann die wirksamste Methode sein, um bis ins hohe Alter geistig fit und auch körperlich gesund zu bleiben.

Ein gesunder Geist in einem gesunden Körper kommt nicht von selbst. Wir befinden uns derzeit auf dem besten Wege zu einer langlebigen Gesellschaft. Die Lebenserwartung der Deutschen nimmt jährlich um etwa 3,5 Monate zu. Wer nach dem Jahr 2000 in den Ruhestand geht (derzeitiges Durchschnittsalter: 57,9 Jahre) hat noch ein Vierteljahrhundert zu leben. Wenn der ältere Mensch auf dem Stand der Zeit bleiben will, muß er geistig gefordert werden, um seine Leistungsfähigkeit zu erhalten. Wer also in Zukunft sein geistiges Interessenspektrum nicht erweitert und trainiert, läuft Gefahr, im Heer der Langweiler unterzugehen.

Die Buchbranche wäre gut beraten, *Lesen als „brain gym"* zu fördern, als ideales Mental-Jogging für jung und alt. Statt Psyche und Geist den Mind Machines und Literaturcassetten zu überlassen, sollte eine breite Lesebewegung in Gang gesetzt werden, die dem Trend zum Bodybuilding einen neuen *Trend zum Selberdenken* gegenüberstellt.

4. Erlebniswelt Kultur: „Zwischen Boom und Business"

4.1 Von der Hochkultur zur Freizeitkultur

Der kommunalen Kulturpolitik ist es in den letzten Jahren gelungen, eine haltbare Brücke zwischen dem klassischen Kulturangebot in Theater- und Konzertsälen, das nur von einer Minderheit wahrgenommen wurde, und einem weit verzweigten freizeitkulturellen Programmangebot auf Straßen und

Plätzen der Innenstadt und in entfernt gelegenen Außenbezirken, in Fabrikhallen, Verwaltungsgebäuden und Schulzentren, das alle Sozial- und Altergruppen anspricht, zu schlagen. Die in den letzten Jahren verstärkten Bemühungen, die Kunst zu den gegenwärtigen gesellschaftlichen Problemen in Beziehung zu setzen, haben einen *Prozeß der Entmythologisierung des Kulturbegriffs* ausgelöst. Mit entscheidend für diesen Wandlungsprozeß ist die wachsende Bedeutung der Freizeit, die die Voraussetzungen zur Demokratisierung von Kultur und Kunst gschaffen hat.

Die Kultur paßt sich wieder den Besuchern an und nicht die Besucher der Kultur. Infolgedessen sind beispielsweise Museen nicht mehr nur Sammler, Bewahrer und Konservierer originaler Kunstwerke, sondern *kreativ-kommunikative Lernorte im Freizeitbereich*. Dazu gehören Informations- und Zeitungsräume, Kunstbücher- und Zeitschriftenarsenale mit Lesezone, Spielezentren und Diskotheken, bookshops mit Grafik-Editionen, Informationstheken mit Artotheken, Videotheken mit Reprotechnik, Zonen für stille, halblaute und laute Beschäftigungen, Gesellschafträume mit Espresso, Caféteria oder Snack-Bar. Die räumliche Ausstattung korrespondiert mit dem ständig wechselnden Sachangebot. Film, Funk, Fernsehen, Musik und Dichtung werden in das Veranstaltungsangebot einbezogen. Künstler arbeiten im Museum, Besucher haben Gelegenheit zur aktiven Betätigung an, in und mit den Kunstobjekten. Sonderveranstaltungen wie Beat-, Pop- und Soul-Konzerte erschließen neue Besucherkreise.

Freizeitkultur wird für immer breitere Bevölkerungsschichten attraktiv. Die *soziale Dimension*, d.h. die Qualität des Zusammenlebens in der Familie, im Freundeskreis, in Gruppe und Verein, stellt ein wesentliches Bestimmungsmerkmal der Freizeitkultur dar. Erlebnispsychologisch gesehen werden Museums- und Konzertbesuche, Literatur-"Studien" und Vorträge als traditionelle Kultur („reine" Bildung) empfunden, wenn sie allein genossen werden. Freizeitkultur beginnt mit dem „Unterhaltungs"wert, wenn also eine kulturelle Veranstaltung „in Gesellschaft erlebt" wird. Das Miteinander-Sehen, -Hören und -Reden gibt der Kultur eine interessante Facette, „entstaubt" Kultur und macht sie „lebendiger". Bildungskultur ist dann Unterhaltungskultur.

> Der Verstand sorgt für die Bildungskultur, aber das Herz schlägt für die Freizeitkultur in einer Mischung aus Unterhaltung und Erlebnis.

Neben der sozialen Komponente der Freizeitkultur (soziale Geborgenheit, gemeinsame Freude) ist der *sinnliche Erlebnischarakter* fundamental: In der Freizeitkultur wollen die Menschen Kultur hautnah be-greifen und als direkte sinnliche Berührung er-leben. Mit der Musik vibrieren, sich in Trance tanzen, sich beim Pop-Konzert bis zur Erschöpfung verausgaben, Zirkusluft schnuppern und immer hautnah (d.h. „live") dabeisein. Freizeitkultur bekommt existentielle Bedeutung — im Gegensatz zur traditionellen Hochkultur, die für viele Menschen schwer greif- und begreifbar war.

Die wachsende Attraktivität der Freizeitkultur zeigt die Schwachstellen traditioneller Kulturangebote. Kultur wünscht man sich näher und konkreter, anfaßbarer und erfahrbarer. „Nähe" ist in diesem Fall wörtlich zu nehmen: Man will sich Kultur in seinen Stadtteil, in das Wohnumfeld, ja sogar in die eigene Wohnung (z.b. durch TV, Video, Bücher) holen. Das elitäre Anspruchsdenken der Hochkultur wird in der Freizeitkultur deutlich relativiert. Kultur wird breiten Bevölkerungsschichten zugänglich, wird populärer und im guten Sinne volkstümlicher (vgl. die Renaissance der Volksmusik).

Resümee: Freizeitkultur ist leichter, unterhaltsamer und erlebnisreicher. Während die Hochkultur nach dem subjektiven Empfinden der Bevölkerung für die Zukunft „bildete", lebt Freizeitkultur im Hier und Jetzt („Jetzt will ich etwas sehen, fühlen und erleben"). Freizeitkultur ist *gegenwartsbezogen* („aktuell") und gleichermaßen *personen- und sozialorientiert* („menschlich"). Die Hochkultur wird vom Sockel geholt, aber nicht gestürzt; sie lebt weiter in der Freizeitkultur. Und auch die Freizeitkultur wird ernst genommen — nur mit dem Unterschied, daß man ihr den Ernst nicht anmerkt, weil er nicht anstrengend und langweilig, sondern unterhaltsam und erlebnisreich ist.

4.2 Schlangestehen vor Konzertkassen

Der Kulturbereich geht einer expansiven Zukunft entgegen. Denn noch nie hat es eine Generation gegeben, die mit soviel Zeit und Bildung aufgewachsen ist. Der Anteil der Kulturinteressenten kann sich bis zum Jahr 2000 fast verdoppeln. Insbesondere in der nachelterlichen Lebensphase, in der die erwachsenen Kinder aus dem Hause gehen, werden zunehmend Eltern zwischen 45 und 60 Jahren ihre kulturellen Interessen neu entdecken und weiter entwickeln — ein Musikinstrument lernen, Malkurse besuchen, Kunstgeschichte-Vorlesungen hören oder Gesangsunterricht nehmen. Aktiv überwinden sie auf diese Weise das sogenannte „Leere-Nest-Syndrom" und erfüllen sich zugleich alte Jugendträume. Doch das Interesse an der Kultur macht auch vor der jüngeren Generation nicht Halt.

> Die Menschen werden in Zukunft vor Konzertkassen, Museen und Kunstausstellungen Schlange stehen wie die Nachkriegsgeneration vor Lebensmittelläden.

Das wachsende Interesse an der Kultur ist auch eine Folge der Bildungsexplosion der letzten Jahre. Mit dem „Drang zum Abitur" (z.B. 1952: 4 % — 1991: 24 %) hat sich das Bildungsniveau auf breiter Ebene erhöht. Auch wenn es zu einer Verdopplung der Besucherzahlen binnen eines Jahrzehnts kommen sollte, wird es „die Kulturgesellschaft" noch lange nicht geben. Kultur bleibt bis auf weiteres das Anliegen einer Minderheit.

Für die Zukunft zeichnet sich eine *Interessenverlagerung vom Sport zur Kultur* ab. Das Interesse am Zuschauen bei Sportveranstaltungen geht zurück, während gleichzeitig der Besuch kultureller Veranstaltungen immer attraktiver wird. Damit bestätigt sich eine Entwicklung, die der amerikanische Zukunftsforscher John Naisbitt als „Megatrend 2000" auf dem Weg ins nächste Jahrtausend gekennzeichnet hat. Gemeint ist ein revolutionierender Wandel im Freizeitverhalten, bei dem sich die Rangfolge der Dinge, für die man Geld ausgibt, grundlegend verändert: „Während der neunziger Jahre wird die Kultur allmählich den Sport als wichtigste Freizeitbeschäftigung der Gesellschaft ablösen" (Naisbitt 1990, S. 75).

> Finden in Zukunft VIP-Parties mehr in Museen, Opernhäusern und Musik-Festivals als auf Tennis-Courts und in Sportstadien statt? Sport und Kultur werden sich einen harten Wettbewerb liefern — in der Gunst um die Besucher und die Sponsoren.

Während Sportereignisse vorwiegend Männer ansprechen, erreichen Kulturereignisse Frauen gleichermaßen. In der Ansprache neuer Zielgruppen wird das *Kultursponsoring* dem Sportsponsoring überlegen sein und sich daher im Sponsoringmarkt der Zukunft expansiv entwickeln, während gleichzeitig der Anteil des Sportsponsoring zurückgeht. In Verbindung mit umfassenden Freizeitinszenierungen wird die Vorstellung von der „brotlosen" Kunst und Kultur schon bald in Vergessenheit geraten.

Kultur-Sponsoring eröffnet neue Möglichkeiten für Wirtschaft und Industrie (insbesondere für Markenartikler), wie aktuelle Beispiele demonstrieren:

○ Das Musical „Sag mir, wo die Blumen sind" von Marlene Dietrich ist im Theater am Kurfürstendamm Berlin auf eine Mindest-Laufzeit von 1993 bis 2000 ausrichtet (Titelsponsoring „Friedrich Kurz präsentiert mit ...")
○ „Europa Musicale 1993" — als größtes europäisches Musikereignis vom 1. bis 31. Oktober 1993 in München gefeiert, weil es mit dem Auftritt von 31 führenden europäischen Symphonieorchestern verbunden ist — kommt ohne Hauptsponsoren, Co-Sponsoren, Sponsoren und Patenschaften für die Orchester nicht mehr aus.

4.3 Wirtschaftsfaktor Kultur: Von der Subvention zur Investition

Der Kulturbereich hat ein überdurchschnittliches Wachstum hinter sich. So stieg die Bruttowertschöpfung im Kulturbereich in den achtziger Jahren jahresdurchschnittlich um 5,1 Prozent, in der Gesamtwirtschaft aber nur um

4,7 Prozent. Rund 800 000 Personen sind derzeit mit der Schaffung, Vorbereitung und Bewahrung von Kunst und Kultur befaßt, was etwa 2,9 Prozent aller Erwerbstätigen entspricht (Ifo-Institut München: Ifo-Schnelldienst 3/92).

Kunst und Kultur werden zu *wirtschaftsträchtigen Sympathieträgern*: Museumsdirektoren fahren mit Eiscremewerbung auf dem Dienstwagen durch die Stadt, um den Ankauf einiger Bilder zu sponsern (Weber 1990, S. 44). Sergiu Celibidache konzertiert mit den Münchner Philharmonikern im Werksgelände eines Automobil-Sponsors. Am Ende kann man überhaupt nicht mehr unterscheiden, wer eigentlich Sponsor, Veranstalter oder Intendant ist. Die Förderung der schönen Künste durch die Wirtschaft steht in voller Blüte. Manager, die mit der Zeit gehen, *halten sich Künstler...*

Für die Zukunft gilt: Der Kultursektor wächst schneller als die Gesamtwirtschaft. Kultursponsoring macht die Kultur auch für die Privatwirtschaft attraktiv. Der Wachstumsfaktor Kultur hört auf, ein bloßer Kostgänger des Staates zu sein. Jede vom Staat für das Theater ausgegebene Mark kommt etwa 1,6mal wieder zurück (Seegers 1992, S. 13). Kultur zahlt sich aus, lockt Touristen in die Stadt, macht Subventionen langfristig zu Investitionen.

Wirtschaftsfaktor Kultur Von der Subvention zur Investition	
Zum Beispiel Hamburg (45 000 Arbeitsplätze im Kulturbereich):	
3 Staatstheater	45 Privattheater*
7 Staatliche Museen	40 Private Museen
	100 Galerien
	100 Buch-, Zeitungs- und Zeitschriftenverlage
	* darunter z.B. die Neue Flora („Das Phantom der Oper"), das größte ständige Musiktheater Europas

Kultur als Standortfaktor mit Blick auf wirtschaftliche Begleiteffekte und urbane Attraktivität wird in den nächsten Jahren eine Hauptantriebskraft für die Kulturpolitik und die notwendige Erhöhung von Kuturetats sein. Fast alle Städte werden dazu übergehen, einen eigenen *Kultursommer* zu kreieren, eine Art fünfte Jahreszeit, die allen Städtetouristen und Daheimurlaubern Kulturangebote rund um die Uhr bietet: Festivals und Open-Air-Konzerte, Theaterpremieren und Kunstausstellungen, Kultur- und Kreativwochen. Eine Mischung aus Rock und Rokoko, Sommerakademie, Musical und Festspiel: *Freizeit mit Kultur.*

4.4 Kulturtourismus: „Man" geht eben hin

Sonderausstellungen machen Museumsbesuche zum Freizeitereignis: Ein freizeittouristisches „Muß" für viele. Manche Bewahrer des Musealen werden die Massenhaftigkeit als *Kulturtourismus* beklagen, andere hingegen sehen in dieser Bewegung eine gelungene Demokratisierung der Kultur: Kulturelle Einrichtungen werden zu Orten der Freizeitbeschäftigung, wo man etwas sinnlich erleben kann. Bildungsbarrieren werden abgebaut; die Kulturlandschaft wird zum Erlebnisraum für ein breites Publikum: „Man" geht eben hin.

Kulturtourismus bedeutet dabei immer zweierlei: Erstens die *ständige Attraktivierung* des Kulturangebots für immer breitere Bevölkerungsschichten. Und zweitens die *systematische Erschließung* der Kultur für den Tourismus. Ersteres ist eine Frage der Animation, letzteres eine Aufgabe von Marketing und Management. Der Kulturtourismus als Planungs- und Managementaufgabe steht erst noch in den Anfängen. In Zukunft werden etablierte Reiseveranstalter Kunst und Kultur systematisch vermarkten: Vom folkloristischen Heimat- und Kulturabend für Urlaubsgäste bis zur organisierten Flugreise nach Paris zur Toulouse-Lautrec-Ausstellung. In Ostfriesland gibt es beispielsweise bis heute kein Florenz, aber Ostfriesland hat mittlerweile eine eigene „Regionalagentur für Kulturtourismus" ins Leben gerufen, die von der Entdeckung der dörflichen Orgel und des lokalen Hobbymalers bis zum Besuch der Kunsthalle Emden alles anbietet und organisiert.

Hamburg hat heute schon fast so viele Museumsbesucher wie Einwohner und Schleswig-Holstein zählt mehr Besucher als Einwohner. In Berlin kommen auf einen Einwohner gar mehr als zwei Museumsbesucher. Und in Weimar, der Stadt der deutschen Klassik, kursiert neuerdings in Museumskreisen das Wort: „Drängeln bei Goethe ist wieder angesagt". Jede halbe Stunde wird die Besucherschleuse für 200 Personen im Goethewohnhaus geöffnet: Auf 400 qm Fläche drängeln sich in Spitzenzeiten etwa 400 Besucher, ein Besucher pro qm. Alle wollen Goethe *authentisch er-leben und be-greifen*. Die Folge: Die Stiftung Weimarer Klassik hat mit dem Problem der sogenannten *Durchlaßfähigkeit* zu kämpfen. In ihrer Raumnot wird bereits über eine Lösung nachgedacht: Wege und Zeiten sollen genau reglementiert und die Besucher im Eiltempo durchgeschleust werden. Vom mündigen Museumsbesucher müßte man sich dann für immer verabschieden. Dabei wäre das Problem viel einfacher zu lösen gewesen, wenn Goethe weitsichtiger geplant hätte: Der Herr Geheimrat hat einfach zu klein gebaut ...

Dem massentouristischen Ansturm auf die Kulturszene werden manche Städte personell in Spitzenzeiten nicht gewachsen sein. Die „italienische Lösung" wird wohl Abhilfe schaffen: Um z.B. die Öffnungszeiten der Museen zu garantieren, wurden in Italien in der Sommersaison 1991 zusätzlich rund 2 000

ERLEBNISWELT KULTUR

Die Folgen von Freizeitentwicklung und Bildungsexplosion

Von je 100 Befragten finden attraktiv:

	Theater	Oper	Konzert	Museum
JUGENDLICHE (14-17 Jahre)	43	20	36	37
JUNGE ERWACHSENE (18-24 Jahre)	50	28	48	46
SINGLES (25-49 Jahre)	47	35	51	50
PAARE (25-49 Jahre)	54	37	51	53
FAMILIEN MIT KINDERN (25-49 Jahre)	54	31	42	49
FAMILIEN MIT JUGEND-LICHEN/ERWACHSENEN (25-49 Jahre)	48	31	42	49
JUNGSENIOREN (50-64 Jahre)	57	37	47	53
RUHESTÄNDLER (65 Jahre u. mehr)	59	46	53	55

Repräsentativbefragung von 2.000 Personen ab 14 Jahren
im August 1991 im Bundesgebiet West

B·A·T Freizeit-Forschungsinstitut

‚Bedienstete auf Zeit' angestellt, unter ihnen eine große Zahl von Wehrdienstverweigerern, die sich freiwillig zum *Kulturdienst* verpflichteten. Wer sich in Zukunft dem Sog der Massenkultur entziehen will, muß wieder zum Individualisten werden und eine ganz persönliche Museumsdidaktik praktizieren:

Guten Gewissens sieben Säle ignorieren, um dann im achten eine Stunde zu verweilen...

Kulturgenuß — und nicht nur Passagen, Pubs und Pinten — lockt Touristen und Einheimische zum Freizeiterleben in der Stadt. Elektronische Reservierungssysteme sorgen problemlos für Reisetickets und Eintrittsbilletts. Freizeit- und Fremdenverkehrsplaner werden versuchen, Freizeitlandschaften in Kulturlandschaften umzuwandeln, so wie es derzeit das EG-Marketing-Konzept „Via Romana" vorsieht, das Ausflugsziele wie Museen, Herrensitze und archäologische Sehenswürdigkeiten zu einer modernen *Kulturachse* von Düsseldorf entlang des Niederrheins bis in die Niederlande verbinden will.

Wird es in Zukunft — neben dem Rechtsstaat — auch eine Neudefinition des „Kulturstaats" geben? Neue Kathedralen der Staatskultur: Staatsgalerien, Museumspaläste und Kunsttempel? Kommt eine *Kultur-Lawine* auf uns zu? Jeder hat Kultur — alles wird Kultur: Stadtteilkultur, Szenenkultur, Eßkultur. Wird man in Zukunft nirgendwo mehr verschont bleiben können von Kultur und Kunst? Biergärten werden zu Jazzbühnen, Waschsalons zu Lesestuben für Dichter aller Art und Frei- und Hallenbäder zu Auftrittsstätten für Kleinkünstler, Musiker und Kabarettisten. Wenn die Kultur auf diese Weise baden geht, werden die Badegäste zu Kulturkonsumenten wider Willen.

Mitte der 80er Jahre warnte der Amerikaner Neil Postman die Menschen vor einem *Zeitalter der kulturellen Verwüstung*, wenn also das kulturelle Leben zu einer endlosen Serie von Unterhaltungsveranstaltungen verkommt: „Es gibt zwei Möglichkeiten, wie der Geist einer Kultur beschädigt werden kann. Im ersten Fall — Orwell hat ihn beschrieben — wird die Kultur zum Gefängnis; im zweiten Fall — ihn hat Huxley beschrieben — verkommt sie zum Varieté" (Postman 1985, S. 189). Gegen die McDonaldisierung der Kultur lassen uns die Philosophen und Ethiker im Stich.

Früher konnte man sich noch auf das Schwimmbad freuen. In Zukunft soll die Kultur „stärker verfreizeitet" werden — und zwar so, daß man es nicht merkt: Meuchlings bilden könnte die Formel für eine falsch verstandene Kulturpädagogik werden. Das Freizeitbad „muß" sich dann zum „Kulturbad" wandeln. So jedenfalls sieht es der Sponsor dieser Idee: das Bundesministerium für Bildung und Wissenschaft (Nahrstedt 1992, S. 6). Wird man sich in Zukunft den staatlichen Kulturzwängen überhaupt noch entziehen können, weil man sich selbst beim Baden noch kulturell „qualifizieren" muß? Wird Kultur zur staatsbürgerlichen Pflicht?

Oder bewahrheitet sich die Prognose des Komponisten Arthur Honegger aus den 50er Jahren, die Kultur werde in Zukunft nicht an Blutarmut, sondern an Überfülle sterben? Spezielle „Events-Marketing"-Agenturen werden versuchen, Konzerte, Festivals und Ausstellungen jeweils als „das" gesellschaftliche Ereignis des Jahres zu verkaufen und Kulturdenkmäler als touristische Werkzeuge zu Kulturboutiquen zu vermarkten, damit sie profitabel werden.

Künstler werden zu Wanderausstellern im Kaufhaus und Kunststudenten präsentieren rund um die Uhr Filme, Kunstwerke und Theaterstücke. Der Konsument kann Kunst genießen, während er Freizeithemden betrachtet oder Jeans und T-Shirts ausprobiert (vgl. „Beck-Forum" in München). Wenn die Kultur zur gigantischen 365-Tage-Software von Großunternehmen verkommt, bei der die Magie der großen Zahl über die Inhalte regiert und die Kultur zur bloßen Ware und zum Wirtschaftsfaktor wird, spätestens dann *wird aus Kultur wieder Konsum (Kultur-Business)*.

Nicht die Versteinerung und Konservierung von Kultur wird zum Problem, eher das Gegenteil: Die zwanghafte Demonstration von Aktualität („Man muß heute") in Verbindung mit der wachsenden Kommerzialisierung. Die Besucher rennen von der Premiere zur nächsten Vernissage, von Museum zu Museum. Am Ende werden sie selbst museal.

> Kultur und Konsum werden wohl in Zukunft eine Vernunftehe eingehen: Manche Kulturveranstaltungen gleichen dann mehr einer Konsummeile wie umgekehrt auch viele Konsumspektakel ohne kulturelle Rahmenprogramme nicht mehr auskommen. Freizeit 2001 — das heißt: Kultur und Konsum, Kreativität und Kommerz.

Die Frage liegt nahe, ob sich nicht das wachsende Interesse an Kulturangeboten und die wachsende Angst vor einer übersteigerten Kommerzialisierung der Freizeit in ihren Wirkungen gegenseitig aufheben können. Eine solche Situation wird wohl kaum eintreten — zu groß sind und bleiben die *Ungleichgewichte zwischen Kultur und Konsum*. Vom Haushaltsvolumen der öffentlichen Hand werden heute gerade 1 Prozent für die gesamte Kultur ausgegeben — für alle Theater, Orchester, Museen und Bibliotheken zusammen. Selbst eine künftige Verdoppelung des Kulturetats auf dann 2 Prozent könnte die Kluft zum Freizeitkonsum nicht schließen:

○ Auf einen Konzertbesucher kommen mindestens zwei Kino- oder drei Kneipenbesucher.
○ Und einem Museumsbesucher stehen fünfmal so viele Restaurantbesucher und fast achtmal so viele Einkaufsbummler gegenüber.
○ Andererseits gibt es dreimal mehr Besucher im Theater als bei Bundesligaspielen (20 Mio. bzw. 6,1 Mio).

Es ist unbestritten: Die *„Kultur-für-alle"*-Bewegung in den 70er und 80er Jahren hat den Stellenwert der Kultur im Freizeitleben der Bevölkerung verändert. Zur Kultur-Euphorie besteht dennoch kein Anlaß. Denn das Institut für Freizeitwirtschaft errechnete in nüchternen Zahlen: 110 Millionen Freizeitstunden verbringen die Bundesbürger pro Jahr im Theater, 42 Millionen Stunden im Konzert (davon 8,7 Millionen in Konzerten mit klassischer Musik) und 70 Millionen Freizeitstunden in Museen. Beeindruckende Zahlen auf den ersten Blick; *relativ gesehen machen alle Konzert-, Theater- und Museumsbesuche gerade anderthalb Prozent der gesamten Freizeit aus* (SPIEGEL/Institut für Freizeitwirtschaft 1983, S. 27 ff.). Eine Verdoppelung des Kulturanteils bis zum Jahr 2001 würde dann gerade drei Prozent des Frei-Zeit-Budgets in Anspruch nehmen.

> Für die Zukunft gilt: Die Kultur boomt, aber der Konsum explodiert. Im Rahmen der allgemeinen Steigerung des Bildungsniveaus zieht die Kultur immer mehr Interessenten an, aber der Konsum erreicht die Masse.

5. Erlebniswelt Sport: „Die schönste Nebensache der Welt"

5.1 Phänomen Sport

Noch nie in der Geschichte der Menschheit wurde so viel Zeit und Geld in den Sport investiert. Die „Erlebniswelt Sport" ist zum Konsumartikel geworden. Sport ist ein Phänomen. Sport ist Massenbewegung und Modeerscheinung, Lebensstil und Lebensgefühl, Kommunikation und Kommerz. In dem Maße, in dem die technologische Entwicklung körperliche Anstrengung in der Arbeit immer entbehrlicher macht, steigt die Attraktivität sportlicher Freizeitaktivitäten. Nicht von ungefähr spielt Sport in den Industrieländern eine größere Rolle als dort, wo man für das Überleben noch hart arbeiten muß. *Sport als Massenbewegung setzt relativen Wohlstand und genügend Freizeit voraus.*

Ohne die expansive Freizeitentwicklung wäre die weite Verbreitung des Sports nicht möglich gewesen. *Mit der Entstehung der modernen Freizeit ist auch die Geschichte des modernen Sports verbunden.* Die Freizeit hat in den letzten Jahrzehnten viel bewegt. Und auch im Sport hat sich viel bewegt. Die Zahl der im Deutschen Sportbund (DSB) organisierten Sportler hat sich in den letzten vierzig Jahren vervielfacht. Und selbst bei stagnierender Bevölkerungszahl verzeichnete der organisierte Sport noch Zuwachsraten. Der Deutsche Sportbund (DSB) als Spitzenverband der Vereine zählt heute rund 24 Millionen Mitglieder. Der Sport gehört zu den *fünf Hauptbereichen der Freizeit (Tourismus, Medien, Kultur, Sport und Konsum)*, die eine außerordentlich expansive Entwicklung hinter sich und noch kein Ende der Zuwachsraten vor sich hat.

Das Zusammenspiel zwischen Sport und Industrie auf der Basis von Leistung und Gegenleistung („Sportsponsoring") ist mittlerweile ein selbstverständlicher Bestandteil der Kommunikationspolitik von Unternehmen geworden. Dazu gehören im einzelnen:

DIE DEUTSCHEN UND IHR SPORT

Eine gesamtdeutsche Bilanz

Angaben in Prozent aller Befragten:

SPORTLER	Gesamt	West	Ost
Gelegenheitssportler	21	20	22
Aktivsportler	16	17	13
Leistungssportler	1	1	-
AUSGEÜBTE SPORTARTEN			
Radfahren/Mountain-Biking	11	11	11
Schwimmen/Baden	11	12	7
Gymnastik/Aerobic	7	7	7
Jogging	6	6	6
Fußball	6	6	5
Tennis	5	6	1
Fitness-Training	2	2	3
Wandern	2	2	3
Kegeln/Bowling	2	2	2
Badminton	2	2	2
Volleyball	2	2	2
Handball	2	2	1
Skilaufen	2	2	1
Squash	2	2	-
NICHTSPORTLER			
Sportinteressierte	27	26	30
Nicht-Sportinteressierte	35	36	35

Repräsentativbefragung von 2.600 Personen ab 14 Jahren in Deutschland

B·A·T Freizeit-Forschungsinstitut 1994

○ *Veranstaltungswerbung*
  Bei Tennis-, Golf- oder Fußballturnieren bringen sich Unternehmen als „Hauptsponsor" ins Geschäft.
○ *Testimonialwerbung*
  Bekannte Sportler werben als Zeuge („Testimonial") für die Qualität eines Produkts.
○ *Bandenwerbung*
  Die Bandenflächen sowie zusätzliche „Reiter" (Werbeträger auf dem Boden) werden bei Sportveranstaltungen zur Verbreitung von Werbebotschaften genutzt.
○ *Trikotwerbung*
  Sportkleidung und Sportausrüstung werden als wandelnde Litfaßsäulen eingesetzt.

Erfolgreiche Sportler und interessante Sportveranstaltungen gelten heute als wirksame Werbeträger. Ein Beispiel erfolgreicher Bandenwerbung: „Für BOSS-Werbeleiter Gert Flosdorff waren diese 120 Sekunden (= zwei Minuten Davis-Cup in der Tagesschau) ‚wie ein Lotto-Sechser'" (Roth 1986, S. 248). Über das Zuschauer- und damit auch Sponsoreninteresse entscheidet wesentlich der *Prestigefaktor einer Sportart* („Man" geht zum ...). Der gesellschaftliche Stellenwert, der einem ständigen Wandel unterliegt, beeinflußt auch das Medieninteresse. Sportsponsoring hat in den letzten Jahren hohe Steigerungsraten erfahren: 1983 investierten Unternehmen in Deutschland etwa 50 Millionen Mark in die Werbung mit dem Sport; 1992 waren es über 1,4 Milliarden Mark, was etwa drei Prozent der gesamten Werbeaufwendungen der Wirtschaft entspricht. Weil das Fernsehen für weltweite Verbreitung sorgte, wuchs auch das Interesse der Wirtschaft am Sport.

Im nächsten Jahrzehnt wird allerdings die wachsende Konkurrenz von Kultursponsoring (aber auch Sozio- und Ökosponsoring) für Stagnation oder gar Rückgang des Sportsponsoring sorgen. Im übrigen eignet sich der Sport durch seine Anfälligkeit für Leistungstiefs und Dopingskandale immer weniger als stabiler Imagefaktor für Unternehmen.

5.2 Hintergründe einer Massenbewegung

Vor über zwanzig Jahren leitete der amerikanische Mediziner Kenneth Cooper mit seinem Bestseller „Aerobics" die moderne Fitness-Bewegung ein. Er lieferte die medizinische Begründung für eine neue Bewegungsund Gesundheitsphilosophie oder richtiger: für einen sportlichen Lebensstil. Gleichzeitig wurde die Spaß-Komponente in der sportlichen Freizeitbetätigung wiederentdeckt.

> Die heutige Faszination des Freizeitsports lebt wesentlich von dem *Schlüsselwort „Spaß"*. Eine Phase der Wiederentdeckung des Ego und Eros im Sport hat begonnen — gegen bloßes Kräfte-Messen um seiner selbst willen, gegen Krankheit und Kräfteverfall, gegen Passivität und Schlappheit. Was Wett-Kampf und Karriere-Streben im Beruf, sind Schau-Spiel und Selbst-Darstellung im Freizeitsport geworden. Hier herrschen nicht Ernst und Nüchternheit vor, sondern sinnliche Erfahrung, spielerisches Erleben des ganzen Körpers, Spontaneität des Gefühls. *Sportlichkeit ist ein Lebensgefühl.*

Vor über zehn Jahren sagte das B.A.T Freizeit-Forschungsinstitut für die Zukunft folgende Entwicklungen (vgl. Band 3 der B.A.T Schriftenreihe zur Freizeitforschung 1981, S. 9 ff.) voraus:

Erstens: Einen *Trend zur Bewegungsaktivität* als Ausdruck eines freizeitorientierten Lebensgefühls nach mehr Körperlichkeit im engen Zusammenhang von seelischer Verfassung, Körperhaltung und Haltung zum Leben. Im Mittelpunkt werde das eigene Bemühen um persönliches Wohlbefinden — auch und gerade für sportlich Ungeübte — stehen.

Zweitens: Die *Flucht aus den etablierten Institutionen.* Eine deutliche Ent-Institutionalisierung werde im Freizeitverhalten beobachtbar sein mit der Folge jederzeit kündbarer Zeitmitgliedschaften, Engagements auf Zeit oder Abruf.

Drittens: Eine *Veränderung des „Freizeitangebots unter Dach"* mit vielfältigen sportlichen Betätigungsmöglichkeiten für alle Freizeitanbieter. Die Frage stellte sich damals: „Entsprechen die vorhandenen öffentlichen Freizeiteinrichtungen dem neuen Freizeitlebensstil? Ein Umdenken tut not ..." (1981, S. 15f.).

Der damalige DSB-Präsident Willi Weyer hielt ein Umdenken noch für entbehrlich: „Wir werden kein Land der Fitness-Center und Sportstudios" (1983). Inzwischen hat die kommerzielle Freizeitwelle den organisierten Sport überrollt. Statt Turnhallen-Atmosphäre warten jetzt Spiegel und Teppichboden, Schwimmbad und Solarium, Sauna und Massage, Clubsessel und Cafeteria auf die Studio-Besucher. *Das Ambiente übt mehr Anziehungskraft aus als das Vereinstrikot.* Die organisierte Sportbewegung individualisiert sich zusehends.

Kommerzielle Sportzentren prägen den urbanen Freizeitwert einer Stadt oder Region. Die Besucherschaft läßt sich mit vier Attributen charakterisieren:
○ Jung
○ Urban
○ Gebildet
○ Gut verdienend.

Kommerzielle Sportzentren sind vor allem ein Treffpunkt und Kommunikationszentrum der jungen Generation. Zwei Drittel der Jugendlichen (63%)

MOTIVE DES SPORTTREIBENS

Wohlbefinden wichtiger als Leibesübungen

Beweggründe für das Sporttreiben

Primärmotive

Positive Motivation	Negative Motivation
* Spaß (71%) * Gesundheit (60%) * Fitneß (48%)	* Bewegungsmangel-Ausgleich (37%) * Ausgleich zur Arbeit (30%) * Streß-Abbau (30%)

Sekundärmotive

Psychische Motivation	Physische Motivation	Soziale Motivation
* Sich wohlfühlen (21%) * Eigene Trägheit überwinden (19%) * Sich entspannen (14%) * Stärkung des Selbstbewußtseins (6%)	* Kondition stärken (22%) * Gut für die Figur (19%) * Körperliche Herausforderung (13%) * Körpererfahrung (6%)	* Mit anderen Menschen zusammen sein (23%) * Gruppenerlebnis haben (10%) * Nette Leute kennenlernen (7%) * Freunde gewinnen (4%)

* Zeitvertreib (10%)
* Erfolgserlebnis/Etwas leisten (8%)
* Grenzerlebnis/Leistungsgrenze erfahren (6%)

Befragung von 986 Personen ab 14 Jahren, die „gelegentlich", „regelmäßig" oder „Leistungs-"Sport treiben (auf der Basis einer Repräsentativumfrage von 2.600 Personen ab 14 Jahren in Deutschland)

B·A·T Freizeit-Forschungsinstitut 1994

und jeder zweite junge Erwachsene im Alter von 18-29 Jahren (51 %) finden kommerzielle Sportzentren besonders attraktiv. Etwa die Hälfte der Bevölkerung in Großstädten und Ballungszentren (49 %) gehört zur potentiellen Nutzerschaft von Sportzentren. Überrepräsentiert sind auch die Besserverdienenden mit Haushalts-Nettoeinkommen über 3500 DM und die Höhergebildeten mit Universitätsabschluß.

Kommerzielle Sportzentren sprechen offensichtlich Zielgruppen an, die auch in anderen Freizeitmärkten begehrt und heiß umworben sind. Sie sind finanzkräftig, kommen aus großstädtischen Einzugsbereichen, sind jung und verfügen über eine überdurchschnittliche Bildung. *Die Nutzer kommerzieller Sportzentren* nehmen vielfach auch die *Rolle von Konsumpionieren* ein.

Die Kommerzialisierung des Sports bleibt nicht ohne Folgen: Der Sportfan wandelt sich zum Sportkonsumenten. Aus Sport wird Konsum und aus Konsum Sport. Sportkonsum = Konsumsport. Sport wird gebraucht und verbraucht. Sportkonsum gleicht dem *Shopping zwischen einzelnen Sportarten* (vgl. Rittner 1987, S. 41). Manche Fitness-Studios und Sport-Boutiquen erinnern an Goldminen, die nach einer eigenen „Ökonomie des Sports" (Heinemann 1984) verlangen. Ephraim Kishon brachte es auf den Punkt: „Es geht im Sport nicht ums Geschäft. Es geht auch darum, daß die Fans nichts davon merken" (Kishon o.J., S. 205).

Die sportlichen Voraussetzungen für alle (nicht nur besserverdienende) Bürger nachhaltig zu verbessern, muß eine wichtige Aufgabe der Landes- und Kommunalpolitik in den nächsten Jahren werden. Das sich verändernde Freizeitverhalten der Bundesbürger macht eine ressortübergreifende Freizeitpolitik notwendig, die Grün- und Bäderplanung, Sport- und Kulturpolitik miteinander koordiniert. Eine zukunftsbezogene Freizeitpolitik darf wirtschaftliche Interessen nicht aus dem Auge verlieren: Eine *bedarfsgerechte Freizeitentwicklungspolitik* ist zugleich eine wirksame Investitionspolitik für die Freizeit von morgen. Die Förderung kommerzieller Sportzentren bereichert den urbanen Freizeitwert einer Stadt oder Region.

Ein sich breit entwickelndes Spektrum an Freizeiterwartungen und Freizeitaktivitäten zwingt zur *Abkehr von monofunktionalen Freizeiteinrichtungen*. Monofunktionalität war und ist ein Ausdruck veralteter Monostrukturen und Monokulturen, so daß man früher

○ in der Bücherhalle nur Bücher lesen und ausleihen,
○ im Hallenbad nur schwimmen,
○ in der Tennishalle nur Tennis spielen konnte.

In monofunktionalen Freizeiteinrichtungen konnte meist nur ein Freizeitbedürfnis befriedigt werden. Zeitgerechte und zukunftsorientierte Freizeiteinrichtungen aber zeichnen sich durch *Bedürfnis- und Motivbündelungen* aus wie z.B. durch Ermöglichung von Bewegung *und* Entspannung *und* Kontakt *und* Spaß usw. Je mehr Bedürfnisse durch eine Freizeiteinrichtung gleichzeitig angesprochen werden, desto größer ist die Anziehungskraft für potentielle Nutzer, was auch den Einzugsbereich der Freizeiteinrichtung vergrößert. Die moderne Sportwissenschaft spricht mittlerweile gar vom „Motivmix" und meint damit eine Art *Allianz von Gesundheits-, Fitness- und Schlankheitsmotiven* in Verbindung mit „narzißtischer Zurschaustellung und Huldigung des eigenen bodys" bis hin zum Voyeurismus: „showing me — showing you" (W. Elser 1991, S. 95). Im Kern deutet der DSB-Slogan „Sport ist mehr" auf diese veränderte Einstellung hin, was allerdings atmosphärische Folgen hat: Multidimensionales Freizeiterleben verlangt nach entsprechendem Ambiente — vom Konsumtempel bis zur Wellnessoase.

Die Struktur des öffentlichen Freizeitangebots war bisher wesentlich mitbestimmt von der sozialpolitischen Zielsetzung, eine möglichst flächendeckende Versorgung einzelner Stadtteile zu erreichen. Der *Gedanke der Grundversorgung* förderte Einheitsbauten und verhinderte weitgehend die Entwicklung unterschiedlicher, auch miteinander konkurrierender Angebotsspezialisierungen. Viele öffentliche Freizeiteinrichtungen sind durch gleiche Grundausstattungen gekennzeichnet. Sich einen *„eigenen Namen"* zu machen oder sich ein *„eigenes Gesicht"* zu geben, war und ist auf diese Weise kaum möglich.

Multifunktionale Freizeitsportanlagen müssen sich in Zukunft zu *All-Aktivitäten-Zentren* für Freizeit und Sport weiterentwickeln und „Freizeit unter Dach" in *Mehrzweck-Pavillons* ermöglichen. Diese Mehrzweck-Pavillons könnten Erlebniswelten bereitstellen. In der Hauptfunktion würden sie Sportzentren sein, in der Nebenfunktion (z.B. in den Sommer-Schulferien) könnten sie als vorübergehende *Spielwelt für Kinder* oder an Wochenenden als *Ausstellungshalle* (z.B. für neue Sportgeräte) genutzt werden. Damit könnte die Auslastungskapazität deutlich erhöht werden.

5.3 Brücke zwischen Arbeit und Freizeit

Zwischen den beiden Extremen Arbeit und Freizeit nimmt der Sport heute eine mittlere Position ein. Er gehört erlebnismäßig weder zum einen noch zum anderen Bereich, kann eher ein (Ver-)Mittler zwischen beiden Welten sein. *Der Sport schlägt — idealerweise — eine Brücke zwischen Berufswelt und Freizeitalltag.*

Der Sport steht zwischen zwei Leistungssystemen, ist zwischen Eigenleistung (Do-it-yourself), die überwiegend selbst bestimmt wird, und Fremdleistung (Arbeit/Schule) angesiedelt, deren Leistungsanforderungen weitgehend von außen oder von anderen gesetzt werden. Sport weist strukturelle Ähnlichkeiten mit beiden Leistungssystemen auf, schließt sowohl Freiwilligkeit als

DIE PSYCHOLOGISCHE FUNKTION DES FREIZEITSPORTS

FREIZEITSPORT ALS (VER)MITTLER ZWISCHEN ARBEITSWELT UND FREIZEITWELT

auch Zwang ein. Zwei Drittel der Bevölkerung sind der Auffassung, daß Sport viel bzw. sehr viel mit Leistung zu tun hat — nur noch übertroffen von der Schule (91 %) und der Arbeit (94 %).

> Zudem hat Leistung immer zwei Gesichter: Fleiß und Anstrengung auf der einen, Erfolg und Anerkennung auf der anderen Seite. Das eine ist ohne das andere nicht zu haben.

Dies spiegelt sich auch in den persönlichen Äußerungen wider:

○ „Es hat mich gefreut, wenn die Leute gesagt haben, ich habe eine Leistung erbracht".
○ „Wenn Sie keinen Erfolg haben, ist die ganze Woche verhunzt".

Für die persönliche Leistung im Freizeitsport ist die Selbstbestätigung und die Anerkennung durch andere fundamental.

Bei Sport „*denkt man*" zunächst an Training und körperliche Schwerstarbeit, an Muskelkater und persönliche Mißerfolge. Auf der „*Erlebnis-Ebene*" hingegen sieht die sportliche Betätigung in der Freizeit ganz anders aus. Für die überwiegende Mehrheit der Bevölkerung bedeutet Freizeitsport

○ mehr Entspannung als Anstrengung,
○ mehr Spiel als Kampf,
○ mehr Freiheit als Zwang.

Was Sport in der Freizeit „persönlich bedeutet", läßt die Schattenseiten des Sporttreibens fast vergessen — zumindest in der Wunschvorstellung. Der Eindruck entsteht, als hätten die Befragten in den Antworten mehr ihre eigenen Idealvorstellungen und weniger die Realität des Freizeitsports beschrieben. Bei der Antwort „Sport in der Freizeit *ist* …" wurde wohl immer auch „Sport in der Freizeit *sollte sein* …" mitgedacht:

○ Die *Kameradschaft* steht ganz obenan; Konkurrenz spielt fast keine Rolle. Besonders hoch wird auch das *Gemeinschaftserlebnis* bewertet. Die Bedeutung der Individualität erscheint zweitrangig. Die Sozialfähigkeit des Sports wird beschworen, zumal viele Freizeitsportarten zugleich Mannschaftssportarten sind.
○ Überraschend ist ebenfalls, daß der *Entspannungscharakter* des Freizeitsports höher eingeschätzt wird als der Anstrengungscharakter.
○ Fundamental ist die Dimension der *Freiheit*. Freizeitsport und Zwang schließen sich fast gegenseitig aus.

Die persönliche Bedeutung des Freizeitsports auf einen Nenner gebracht: *Freizeitsport ist eine freiwillig gewählte, ebenso entspannende wie vergnügliche Freizeitaktivität mit sportlichem Charakter, spielerischen Elementen und geselliger Note.* Für den Freizeitsportler hat die Sportbetätigung überwiegend Neigungscharakter — selbst dann, wenn sie mit körperlicher Anstrengung verbunden ist. Sport wird spielerisch als Freizeitbeschäftigung erfahren, als Bewegungsaktivität auf freiwilliger Basis. Die Mischung aus Sport, Spiel,

Spaß und Geselligkeit macht die besondere Faszination des Freizeitsports aus. In den persönlichen Vorstellungen ist Freizeitsport zwischen den beiden Polen Spiel und Spitzensport angesiedelt. Die Lustkomponente des Spiels und die Leistungskomponente des Spitzensports bestimmen das zentrale Verständnis von Freizeitsport.

> Freizeitsport erscheint als eine Kombination von Lust und Leistung. Leistung wird als Vehikel zum Lustgewinn gesehen.

Leistung ist das Mittel und Lust das Ziel des Freizeitsports.

- In der *Lustkomponente* kommt die genußvolle Seite der sportlichen Betätigung in der Freizeit zum Ausdruck. Gegen das „Verplante" und „Durchorganisierte" gerichtet geht es hier in erster Linie um den Spaß, die ganz persönliche Freude, auch um den Luxus, „die Zeit auf eine höchst angenehme Art und Weise totzuschlagen". Die freizeitsportliche Betätigung wird als lustbetonter Zeitvertreib empfunden, wobei die Nähe zur Muße spürbar wird.
- In der *Leistungskomponente* kommt mehr Anstrengungscharakter zum Ausdruck, der ein wenig an „harte Arbeit" erinnert. Die Anstrengungen sind notwendig, um das Ziel zu erreichen. Dabei bekommt man nichts geschenkt. Doch wer sich Leistungsnormen und Reglements unterwirft, wird am Ende belohnt — mit dem Sieg (über sich selbst oder über andere). Und das bedeutet: Erfolgserlebnis und Lustgewinn.

> Weil Freizeitsport immer beides — Leistung und Lust — ist, können Freizeitsport und Leistungssport keine Gegensätze sein. Auch im Freizeitsport gibt es Leistungssport. Und ein Leistungssportler kann auch ein Freizeitsportler sein.

Wer freiwillig in seiner Freizeit etwas leistet, will auch seinen Spaß dabei haben. Dies spiegeln die persönlichen Äußerungen wider:

- „Als Freizeitsport kann man jede Sportart bezeichnen, die man *freiwillig* in seiner Freizeit macht"
- „Freizeitsport macht man, weil man *Lust* hat"
- „Im Grunde genommen können Sie *alles tun*; den ‚Freizeitsport an sich' gibt es nicht".

Von sekundärer Bedeutung ist offenbar die ausgeübte Sportart. Grundsätzlich kann jede Sportart auf freizeitorientierte Weise betrieben werden. Manche Sportart eignet sich mehr, manche weniger. Sportarten beispielsweise, die ein hohes technisches Leistungsniveau voraussetzen, lassen sich nur bedingt spielerisch ausüben (wie z.B. der Stabhochsprung). Besonders freizeitattraktiv erweisen sich hingegen saison- und modeabhängige Sportarten:

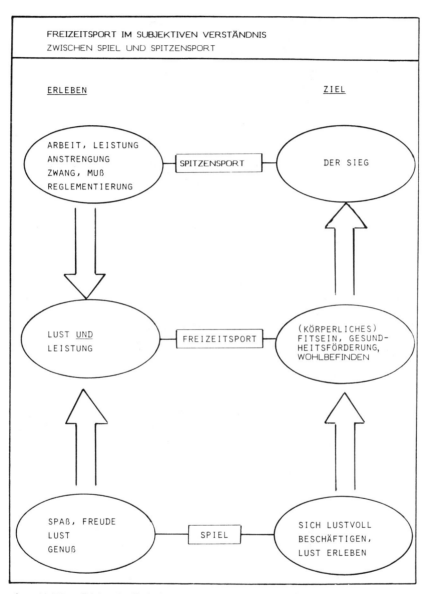

Im subjektiven Erleben ist Freizeitsport eine Kombination aus Lust und Leistung, die zu Wohlbefinden führt.

Skifahren und Tennis, Surfen und Segeln, Radfahren und Schwimmen, Jogging und Aerobic. Je nach individueller Charakterstruktur werden Sportarten gewählt, die mehr den „Einzelkämpfer" oder den „Mitkämpfer" erfordern:

○ Jogger suchen eher die Ruhe und Entspannung, auch die Einsamkeit.
○ Jazztänzer und Aerobic-/Gymnastikanhänger suchen mehr das Miteinander und die Gemeinsamkeit.

Generell gilt: Freizeitsportler brauchen — zum eigenen Antrieb — eine gewisse Öffentlichkeit, den sozialen Druck oder den Anstoß von außen. Einsames Üben ist eher die Ausnahme.

Die qualitative Abgrenzung des Freizeitsports vom Profi- und Spitzensport ist mehr im Motivationalen zu suchen:

○ „Freizeitsport ist *Spaß* an der Bewegung".
○ „Was mir *Freude* macht, ist für mich Freizeitsport".
○ „Freizeitsport hängt von der inneren Einstellung ab: Wenn du keine *Lust* mehr hast, hörst du einfach auf".
○ „Alles, was du machst, ist mehr für den *Genuß*".

Sporttreiben nach Lust und Laune, nach persönlicher Neigung sowie die Freiheit, etwas zu tun oder nicht zu tun, das „Ungebundene" und auch „Untergeordnete" machen die besondere Qualität des Freizeitsports aus. Daraus folgt: Im Vergleich zum Profi- und Spitzensportler

○ verfügt der Freizeitsportler über wesentlich *höhere* Freiheitsgrade und Handlungsspielräume,
○ ist der Freizeitsportler *mehr* auf Spaß und Freude, Lust und Genuß eingestellt.

Hinzu kommt ein formales Abgrenzungskriterium: Der Zeitfaktor. „Für den Hochleistungssport braucht man viel mehr Zeit". Zeitliche Kontinuität, nicht Spontaneität ist hier gefragt. Resümee: *Freizeitsport hat eine andere Erlebnisqualität — zeitlich und motivational.*

5.4 Typologie der Freizeitsportler

Fast jeder zweite Bundesbürger ab 14 Jahren bringt sich regelmäßig oder gelegentlich selbst auf Trab, wie das B.A.T Freizeit-Forschungsinstitut 1987 für die westdeutsche Bevölkerung ermittelte. Die Millionenschar der Freizeitsportler teilt sich auf in

○ *Gelegenheitssportler* (22 Prozent der Bevölkerung), die nach eigenen Angaben „gelegentlich Sport treiben",
○ *Aktivsportler* (21 %), die „regelmäßig mindestens einmal pro Woche Sport treiben",

○ *Leistungssportler* (2 %), die einen großen Teil ihrer Freizeit dem „Leistungssport" widmen und sich selbst als „Sportler" bezeichnen.

Leistungssport ist dabei mehr eine Lebenseinstellung, nicht nur eine bloße Freizeitbeschäftigung. Die Aussage „Ich bin Sportler und betreibe Leistungssport" wirkt sich auf die gesamte Lebensweise aus.
Stärker noch als die Gruppe der Freizeitsportler, die sich aus Gelegenheits-, Aktiv- und Leistungssportlern zusammensetzt, ist der Anteil der Nichtsportler, der aus zwei Lagern besteht:

○ *Sportinteressierte* (31 %) besuchen Sportveranstaltungen und sehen sich Sportsendungen an, treiben selbst aber keinen Sport.

○ *Nicht-Sportinteressierte* (24 %) treiben weder Sport noch interessieren sie sich für Sport.

Fast ein Drittel der Bundesbürger zählt sich zu den Sportinteressierten, die lieber Sport konsumieren als Sport betreiben. Auffallend hoch ist dabei der Anteil der Rentner, die sich mitunter sportsachverständiger geben als sie wirklich sind: „Sonntags gehen wir auf den Sportplatz und stellen uns neben die Rentner, um den Rentnerkommentar zu hören. Das ist zwei oder drei Mark Eintritt wert. Diese Leute, die selbst noch nie einen Ball getreten haben, die stehen da mit dicker Zigarre im Mund: Und dann geht es los ...". So hat jeder seinen Spaß beim Sport: Die einen beim Sporttreiben, die anderen beim Zuschauen und Fachsimpeln und wieder andere beim Zuschauen der Zuschauer.

Auffallende Unterschiede zeigt ein Vergleich zwischen Männern und Frauen. Jede dritte Frau zählt sich zu den *Nicht-Sportinteressierten*, aber nur knapp jeder achte Mann. Hier spiegelt sich die Tatsache wider, daß sich der Sport historisch als Männer-Domäne entwickelt hat, was die heutigen geschlechtsspezifischen Unterschiede weitgehend erklärt. Mit Sportinteressen wird man ja nicht geboren. Sie sind vor allem ein Ergebnis von Erziehung und Sozialisation.

Im realen Sportverhalten aber gleichen sich die Geschlechter immer mehr an. Der Anteil der weiblichen *Gelegenheitssportler* ist genauso groß wie der Anteil der Männer, die gelegentlich Sport treiben. Geringfügige Unterschiede sind nur noch in der Sportintensität feststellbar. Noch nehmen sich die Männer mehr Zeit zum regelmäßigen Sporttreiben. Aber wie wird es in fünf oder zehn Jahren sein?

Die Dachorganisation des deutschen Sports, der Deutsche Sportbund, wurde 1950 gegründet. Dies war zugleich die Geburtsstunde des Breitensports, der zunächst als *Ausgleichssport (= Erholungsorientierung)* verstanden wurde und sich bis heute zum *Freizeitsport (= Spaßorientierung)* weiterentwickelte. In den 50er Jahren dominierten klassische Sportarten wie Leicht- und Schwerathletik, Geräteturnen und Fußball.

In den letzten vier Jahrzehnten hat sich die Sportszene grundlegend gewandelt: Frei- und Freizeitbäder, Tennis- und Fitnesscenter, Radwege und Joggingstrecken an jeder Straßenecke auf der einen Seite, eine deutliche Zunahme der arbeitsfreien Zeit (einschließlich verlängertem Wochenende und Verdreifachung der Urlaubsdauer) auf der anderen Seite. Radfahren, Schwimmen und Tennis führen inzwischen auch die Hitliste der am häufigsten ausgeübten Sportarten an. Dabei werden je nach Freizeitsportler-Typus ganz unterschiedliche Sportarten favorisiert:

○ Fast jeder zweite *Gelegenheitssportler* ist ein Schwimmer, knapp jeder dritte fährt mit dem Fahrrad oder joggt. Gelegenheitssportler bevorzugen Sportarten, die sie auch allein ausüben können. Immer dann, wenn sie Zeit, Lust und Laune dazu haben, können sie dies auch tun: Sie brauchen nur die Badehose einzupacken, auf das Fahrrad zu steigen oder loszurennen.
○ Die *Aktivsportler*, die mindestens einmal pro Woche Sport treiben, drehen regelmäßig ihre Runden im Schwimmbad, treffen sich mit ihren Mannschaftskameraden zum Fußballspielen oder verabreden sich mit ihrem Tennispartner. Ihre Interessen sind mehr auf Mannschafts- und Wettbewerbssportarten ausgerichtet.
○ Die *Leistungssportler* spielen in der „1. Mannschaft" beim Hand-, Volley-, Basket- oder Fußball, nehmen an Tennis-, Schwimm- und Leichtathletikwettbewerben teil und halten sich durch Krafttraining fit. Ihre Lebensweise richten sie nach dem Sport aus. Sie leben primär *für* den Sport. Und mancher mag auch von der Hoffnung leben, eines Tages *vom* Sport zu leben.

Die Kluft zwischen Wunsch und Wirklichkeit ist ein Merkmal, das das Freizeitverhalten generell kennzeichnet. Grenzenlos Wünsche äußern ist die eine Sache, grenzenlos Zeit und Geld haben die andere. Auch in Zukunft wird es keine Übereinstimmung von Wunsch und Wirklichkeit geben, aber die Kluft — mit mehr Freizeit und Wohlstand — geringer werden. *So gesehen können sich hinter Sportwünschen von heute Sportpotentiale von morgen verbergen.* Eine Gegenüberstellung des Freizeitsportprofils von Frauen und Männern liefert interessante Aufschlüsse:

Frauen melden den größten Nachholbedarf an. Sie haben nicht nur offene Wünsche an die Zukunft (wie die Männer auch): Ihre Wünsche sind stärker. Sie wollen in Zukunft ein sportintensiveres Leben als heute führen. Ihre heutige Sportwirklichkeit konzentriert sich in erster Linie auf Schwimmen, Gymnastik, Radfahren und Joggen. Ihre Zukunftswünsche sind dagegen auf Tennis und Reiten, Segeln, Skifahren und Tanzen gerichtet, soweit es die männliche Wirklichkeit zuläßt: Oft sind es mehr Traum- als Wunschsportarten wie z.B. Tanzen:

○ „Ich würde gern mehr tanzen, aber die Männer haben zwei linke Füße".
○ „Ich möchte gern mit einem Partner tanzen, der wirklich gut tanzen kann".

Die größte Diskrepanz zwischen Wunsch und Wirklichkeit zeigt sich in den Sportarten Segeln, Reiten und Tennis. Segeln ist bisher eine Männersache geblieben. In Zukunft würden gern Frauen die Initiative übernehmen und nicht nur darauf warten, mitgenommen zu werden.

Männer spielen gern Fuß-, Hand-, Volley- und Basketball und halten sich durch Schwimmen, Joggen, Tennis und Radfahren fit. Auch in Zukunft träumen die Männer von Tennis und Fußball. Hinzu kommen aber eine Reihe anderer Sportarten mit dem Nimbus des Abenteuerlichen: Surfen und Segeln, Segelfliegen, Drachenfliegen und Fallschirmspringen. Diese Wünsche äußern alle Altersgruppen — mit dem Unterschied vielleicht, daß die Jüngeren eher noch die Chance haben, den Traum zur Wirklichkeit werden zu lassen:

○ „Was mich daran lockt? Daß man oben in der Luft ist, die Erde einmal von oben sieht. Und dann die Ruhe, die Konzentration und die Geschicklichkeit".
○ „Ich würde gern Drachenfliegen. Aber da gehört allerhand Geld und Ausrüstung dazu".

○ „Bei uns gibt es einen Segelflieger-Verein. Aber das ist ein Doktoren-Verein. Die haben ihre eigenen Flugzeuge".

Auch bei den Männern werden nicht alle Wünsche in Erfüllung gehen, selbst wenn die Begeisterung wächst und Abenteuersportarten im Aufwind liegen.

5.5 Zwischen Wellness und letztem Abenteuer

1987 sagte der Autor für die Zukunft eine Entwicklung voraus, in der aus Fitness „Wellness" wird: Körperliche Aktivierung in Verbindung mit seelischer Entspannung und geistiger Anregung: „Wellness ist Fitness für Körper, Seele und Geist. Wellness zielt auf persönliches Wohlbefinden (well-being). Der Körper wird in Form gehalten, ohne daß die seelische und geistige Fitness vernachlässigt wird" (Opaschowski 1987, S. 34). Zum Wohlfühlen gehören immer auch aktive und passive Entspannung, bewußtes Ein- und Ausatmen, gezielte Ruhepausen, Anti-Streß-Programme oder autogenes Training. Hinzu kommen Gesundheitsberatung, Ernährungsberatung, sportmedizinische Beratung und Lebensstilberatung.

Wellness ist Fitness auf die sanfte Tour und zugleich ganzheitliches Sinn-Erleben. Wellness ist auf Synthese ausgerichtet und entspricht traditionell einer eher „weiblichen Perspektive", d.h. im Wellness-Verständnis der Frauen ist Sportaktivität auch ein Weg zu Attraktivität. Wer sich fit, schlank und jung erhält, wirkt attraktiv. Und dies ist nicht nur eine Frage von körperlicher Kondition, sondern auch einer Sicht des Menschen als Ganzheit: Das neue Wellness-Bedürfnis begreift das Leben als körperliche, geistige und seelische Herausforderung im natürlichen Wechsel von Anspannung und Entspannung, Anstrengung und Ruhe. Die Wirklichkeit hat inzwischen die Prognose eingeholt: Die Planungen für „Wellness-Center, eine Kombination aus Ärztehaus und Fitnessanlage, laufen auf Hochtouren" (WirtschaftsWoche Nr. 22 v. 24. Mai 1991, S. 104).

Eine zweite Zukunftsprognose für die 90er Jahre lautete: „Probier-, Experimentier- und Risikofreude werden im Arbeitsleben kaum noch gefordert. In der Freizeit und speziell im Freizeitsport aber kann man es sich selbst noch zeigen und neue Grenzerfahrungen machen. Erweist sich für den Freizeitmenschen von morgen der Sport als letztes Abenteuer?" (Opaschowski 1987, S. 36). Was für den Berufssport schon lange gilt, trifft zunehmend auch für den Freizeitsport zu: *Das Interesse am Mittelmaß geht immer mehr verloren.* Der Erwartungsdruck nimmt auf breiter Ebene zu. Von Berufssportlern werden immer neue Höchstleistungen gefordert, von Freizeitsportlern immer neue Erlebnissteigerungen verlangt.

"Nur schön Skifahren" beispielsweise droht vielen Freizeitsportlern langweilig zu werden, wenn es nicht gelingt, etwas Abwechslung in den leicht ergrauten Ski-Alltag zu bringen. So werden ständig neue Skiformen und damit auch Skigeräte kreiert und produziert, wie z.B.:

○ *Snowboard*
Das einem Surfbrett ähnliche Gerät soll das Gefühl des himmlischen Schwebens vermitteln.
○ *Swingbo(ard)*
Eine Standplatte mit Schlaufen für die Füße vermittelt das Erlebnis des Surfens im Schnee, dem Wassersurfen oder Skateboardfahren vergleichbar.
○ *Monoski*
Der Eindruck entsteht, zwei Skier seien zu einem verbunden. Der Reiz besteht in der Überwindung des beklemmenden Gefühls gefesselter Füße.
○ *Telemarking*
Hier wagt man den Aufstand gegen die Gesetze der Physik. Das Bergknie wird so weit gebeugt, bis es den Ski berührt. Dazu bedarf es wieder einer speziellen Bindung, die den Umsatzwünschen der Sportindustrie entgegenkommt.
○ *Snowrafting*
Mit Tempo 60 und acht Personen im "Schneeschiff" soll das Erlebnis-Pendant zum sommerlichen Wildwasser-Schlauchbootfahren simuliert werden.
○ *Snowkajaking*
Ein Einerkajak rast eine gewalzte Skipiste hinab. Vor allem bei zu wenig Schnee wird die Humus- und Pflanzenschicht regelrecht rasiert, d.h. Boden und Vegetation können auf lange Sicht zerstört werden.

5.6 Freizeitsport als "Flow"-Erlebnis

Es gab einmal vor über dreitausend Jahren ein kleinasiatisches Reich namens "Lydien". Und dieses Land wurde damals von einer großen Hungersnot heimgesucht. Eine Zeitlang ertrug das Volk die Härten, ohne zu klagen. Als sich aber keine Besserung der Lage abzeichnete, dachten die Lydier in ihrer Not über einen Aus-Weg nach. Sie entwickelten einen geradezu mentalen Plan: Er bestand darin, wie Herodot im 1. Buch / Kapitel 94 seiner "Persischen Kriege" berichtete, "sich jeweils einen Tag so vollständig Spielen zu widmen, daß dabei kein Hunger aufkommen konnte, um dann am anderen Tage jeweils zu essen und sich der Spiele zu enthalten. Auf diese Weise verbrachten sie achtzehn Jahre". Und in dieser Zeit erfanden sie den Würfel, den Ball und "alle die Spiele, welche auch die Griechen kennen".

Der Bericht Herodots mag historisch wahr oder erfunden sein, er weist auf ein interessantes Phänomen hin: Menschen können so sehr im Spiel aufgehen, daß sie ihren Hunger oder andere Probleme vergessen. Von spielerischen Tätigkeiten kann eine solche Macht und Faszination ausgehen, daß selbst menschliche Grundbedürfnisse in den Hintergrund gedrängt werden. Andererseits wissen wir heute, daß spielerische Tätigkeiten als unproduktiv gelten und keine Gesellschaft lange überleben könnte, wenn ihre Mitglieder sich nur den „Spielen" und nicht auch dem „Brot" widmen würden. Und auch Fladenbrot und Videospiele können keine dauerhafte Lebensbasis bilden.

Dies ist der Ausgangspunkt für eine neue *Theorie des „Flow-Erlebens"*, die der ungarische Soziologe Mihalyi Csikszentmihalyi entwickelte.

> „Flow" bezeichnet einen Prozeß des Fließens von einem Augenblick zum anderen in einer Mischung aus Traum und Ekstase, der Ängste, Probleme und den Zustand der Langeweile vorübergehend vergessen macht.

In einen solchen „Flow"-Zustand kann man nur geraten, wenn man etwas freiwillig und mit Freude tut. Wenn also Menschen ganz bewußt und hochmotiviert in freudige Erlebnisse regelrecht ‚eintauchen', vergessen sie schnell persönliche Probleme, „verlieren den Sinn für die Zeit und für sich selbst, fühlen sich kompetent, beherrschen die Situation und empfinden Harmonie und Einheit mit ihrer Umwelt" (Csikszentmihalyi 1991, S. 206).

Je mehr aber z.B. die moderne Arbeitswelt solche „flow"-günstigen Momente und Gelegenheiten verliert, ausblendet oder gar verhindert, umso mehr wächst der Wunsch nach „Flow"-Erlebnissen im arbeitsfreien Teil des Lebens, was folgenreich sein kann. Denn das „Flow"-Erleben in der Freizeit, z.B. beim Abenteuersport, kann nur *zeitweilig Entlastung, also ‚Kompensation auf Zeit'* schaffen. Probleme können auf diese Weise und auf lange Sicht nicht gelöst werden. Dies hat zur Folge: Der Mangel an wirklich sinnerfüllenden Erlebnissen in Arbeit und Alltag kann durch „Flow"-Erlebnisse nur ‚aufgefangen', nicht aber wirklich ausgeglichen werden. Gerade junge Leute spüren oft, was ihnen im Leben fehlt und hungern nach besonderen „Flow"-Erlebnissen.

Das Problem ist nur: „Flow"-Erlebnisse schalten Vorausdenken weitgehend aus. Tun und Bewußtsein verschmelzen wie in der Meditation oder im religiösen Ritual. So kommt es zu einer Art Selbstvergessenheit (vgl. Csikszentmihalyi 1991):

○ „Man ist dermaßen in der Tätigkeit ‚drinnen' und denkt an nichts anderes".
○ „Ich habe nur Dinge im Gedächtnis, welche jeweils die letzten 30 Sekunden betreffen".
○ „Alles scheint sich von selbst zu geben: Zum Teufel mit den Problemen".

Doch zurückgekehrt in den Alltag, sind all die Sorgen um Familie, Schule, Arbeit und Geld wieder da. Das Erlebnis ist „nichts Haltbares oder Dauerhaftes", schockiert aber andererseits so sehr, daß der Übergang in den Alltag schwer fällt: Man muß sich geradezu „zwingen, das Alltagsleben wieder anzunehmen, es interessant, schön und lebenswert" zu finden. Und weil dies so ist, besteht die *Gefahr, daß man die schönste Nebensache der Welt zum Zentrum des Lebens macht,* ja zu einer eigenen Welt, die nur noch für sich selbst Bedeutung hat — wie eine Droge, von der man nicht mehr loskommt.

So gesehen kann eine Psychologie des „Flow'‘-Erlebens auch für Wirtschaft und Gesellschaft bedeutungsvoll sein.

> In einer Zeit noch nie dagewesenen Wohlstands werden die individuellen Anforderungen an „Flow"-Erlebnisse im Leben allgemein und speziell am Arbeitsplatz immer höher, vielleicht auch maßloser.

Dies ist ein Faktum und dazu gibt es wohl keine Alternative. Die neue Wohlstandsgeneration erwartet auch in der Arbeitswelt Freude an der eigenen Aktivität und am eigenen Können. Andernfalls verlagert sie ihre Energien in die „schöne neue Freizeitwelt", die „Action", „Fun" und „Happiness" gepachtet zu haben scheint. Andererseits ist klar: Die wachsende Anzahl von Bungee-Jumpern und Marathonläufern wird in Zukunft weniger ein Maßstab für die Lebensqualität, eher ein Gradmesser für die Leere, die Langeweile und das Sinnvakuum einer Gesellschaft sein.

5.7 „Thrilling" als neue Freizeitbewegung

In den Freizeitabenteuern kommt zum Ausdruck, daß die Menschen ein bestimmtes Aufregungs-, Spannungs- und Konfliktniveau brauchen, ja ein elementares Bedürfnis nach erregenden Erlebnissen haben. So gesehen muß die soziologische Erklärung der Freizeit als bloße Erholung von Arbeitsbelastungen oder Entspannung von Arbeitsanstrengungen viel zu kurz greifen. In dieser Sichtweise werden Spannungen nur negativ bewertet, die man ganz schnell irgendwie „loswerden" muß. Das Gegenteil ist oft der Fall, d.h. die Freizeiterlebnisse müssen als „gesellschaftliche Erscheinungen eigener Art" bewertet werden (Elias 1971, S. 133). Der Drang nach Neuem, das Streben nach neuen Dingen und Ideen gehört heute zu den wichtigsten Quellen menschlicher Bedürfnisbefriedigung.

Der Freizeitmensch von morgen braucht für sein Wohlbefinden ein gewisses „Reizoptimum", um dem Gefühl der Langeweile zu entgehen. Auch im theoretisch angenommenen Fall einer Befriedigung sämtlicher Bedürfnisse würde mit der Zeit Langeweile entstehen und bekämpft werden.

Thrill
Ein ausschließlich englisches Wort, für das es in anderen Sprachen keine Entsprechung gibt. Es ist erst im späten 19. Jahrhundert entstanden. Das englische Wort „Thrill" läßt sich ins Deutsche nicht angemessen übersetzen; es bedeutet *Angstlust, Spannungsreiz, Nervenkitzel oder Wagnis*. Das Verb „thrill" wird sowohl in der aktiven Form „it is thrilling" (es ist erregend) als auch in der passiven Form „I am thrilled" (ich werde durchschauert) gebraucht. Die Mischung aus Furcht, Wonne und zuversichtlicher Hoffnung angesichts einer äußeren Gefahr ist das Grundelement jeder Angstlust (thrill). Jahrhundertelang war es üblich, daß Artisten, Akrobaten, Gaukler, Seiltänzer („funambuli") oder sattellose Reiter („desultores") bei den Zuschauern Spannungsreize weckten. Die Zuschauer blieben dabei passiv und erlebten den Nervenkitzel durch Identifikation. Erst im 19. Jahrundert — mit dem Aufkommen des modernen Sports in England und des Alpinismus in der Schweiz — wurden die Zuschauer zu *Akteuren*.

„Thrill" (vgl. Balint 1991), also eine Mischung aus aufregendem Erlebnis und prickelndem Gefühl, könnte fast zur neuen Maßeinheit für die Freizeit der Zukunft werden. Freizeiterlebnisse würden dann nach Thrill-Einheiten bewertet und an der *Thrill-Zahl* könnte man das *Ausmaß durchgestandener Ängste* ablesen. Und was bei den Naturvölkern früher die Initiations- und Aufnahmeriten waren, würden in Zukunft selbstgewählte Thrills in einer scheinbar grenzenlos freien Welt der Freizeit sein: „Ich komme überall durch" oder „Ich bin der, der die neue Freifallzeit geschafft hat".

Der Mensch in der nachindustriellen Gesellschaft muß sich in Zukunft seine Forderungen und Überforderungen in der Freizeit selbst schaffen, um das Gefühl zu haben, jemand zu sein. Die sportlichen Freizeitabenteuer haben Ventilfunktion. Was sollte sonst an ihre Stelle treten?

Mit dem Verlust der Angst um das physische Überleben, und die soziale Absicherung werden Kräfte im Menschen frei, die er nun in seiner Frei-Zeit ausleben möchte. *„Gefährlich leben" heißt die neue Freizeitlust.* In Anlehnung an die Typenlehre des englischen Psychologen Michael Balint (1991) lassen sich drei verschiedene Freizeit-Thriller unterscheiden:

○ *Aggressive Freizeit-Thriller*
Sie bieten Gelegenheiten zum Erproben der rohen Kraft und haben ihren Ursprung in den Wurf- und Schießbuden auf Jahrmärkten. Hier darf ganz legal zertrümmert und geschossen werden. Aggressive Freizeit-Thriller stellen ein Sicherheitsventil für aufgestaute Gefühlsregungen und Spannungen dar, die im Arbeitsalltag unbefriedigt bleiben müssen und auf periodische Entlastungsmöglichkeiten in Freizeitsituationen angewiesen sind. Auf dem Sport- und Spielplatz, der Kirmes und im Freizeitpark darf man den Aggressionen freien Lauf lassen (nach dem alten Jahrmarktprinzip „Haut den Lukas").

○ *Freizeit-Thriller mit Gleichgewichtsstörungen*
Immer raffinierter werdende Achter-, Looping-, Berg- und Talbahnen sind mit Schwindelgefühlen verbunden. Dabei wird eine bestimmte Form von Angst

geweckt, die sich als Verlust des Gleichgewichts, der Standfestigkeit und des zuverlässigen Kontakts mit der sicheren Erde beschreiben lassen.

○ *Freizeit-Thriller mit Glücksspielcharakter*
Offen oder leicht getarnt werden Glücksspiele als Geschicklichkeitsspiele angeboten — von Lotto, Toto und Pferdewetten über Bingo und Glücksspielautomaten bis hin zu Spielcasinos. Dahinter verbirgt sich der archaische Glaube an das Glück und an übernatürliche Kräfte.

So wird der alte Kampf um das zum Leben Notwendige in Zukunft durch neue Freizeit-Thriller weitgehend ersetzt: Durch das freiwillige und absichtliche *Sich-dem Glück-Risiko-Wagnis-Aussetzen*, immer verbunden mit der zuversichtlichen Hoffnung, daß alles schließlich gut und glücklich enden werde. „Thrilling" kann in Zukunft eine neue Freizeitbewegung werden, die vor allem junge Menschen auf Trab bringt und in Atem hält.

Die Erfinder einer einfallsreichen Vergnügungsmaschinerie („Amusement Machine", Murphy 1951) werden schon dafür sorgen, daß wir nach den traumatischen Freizeit-Thrillern unsere Sicherheit wieder zurückgewinnen. In Erinnerung bleiben zwei wichtige Erfahrungen:
○ Erstens können Spannungen unter gerade noch erträglichen Bedingungen abreagiert werden.
○ Zweitens vermittelt „Freizeit-Thrilling" das Erfolgserlebnis, mit einigen der eigenen Ängste fertig zu werden und das Leben als Herausforderung anzunehmen. Für die Freizeitindustrie aber wird die ständige Suche nach Freizeit-Thrillern zu einer fast unlösbaren Aufgabe: *Jedes Jahr ein neuer Nervenkitzel*. Der Freizeitmensch ist unerbittlich: Er verlangt nach immer neuen Attraktionen.

5.8 World of Sports als neue Erlebniswelt

Wer in großem Wohlstand aufwächst, sucht immer riskantere Herausforderungen, gefährlichere Sportarten oder kühnere Abenteuer. In einem solchen Wohlstandsleben gibt es wenig oder gar keine kleinen Freuden des Lebens mehr — so wie etwa ältere Menschen noch von ihrem ärmlichen Leben in der Jugend schwärmen, als ein gutes Essen noch ein großes Ereignis war. Wer hingegen nur im Wohlstand aufwächst, kennt dieses Gefühl nicht mehr und muß sich künstlich *Kompensationen suchen, die mit Aufregung oder Gefahr verbunden sind*. Der amerikanische Sozialwissenschaftler Tibor Scitovsky stellt gar die Vermutung an: „Vielleicht läßt sich die steigende Gewalttätigkeit unserer Wohlstandsgesellschaft ähnlich erklären" (Scitovsky 1977, S. 68).

Auch die Fußball-Fans am Wochenende haben viele Gesichter und Motive. Zumindest die „Hooligans" in der Maske der Gewalt haben ein gemeinsames Motiv: *Langeweile als Gewalt-Potential.* Im Berufsalltag mangelt es an echten, auch körperlichen Herausforderungen. So wächst die Lust nach Feierabend, überschüssige Energien abzubauen und Aggressionen hemmungslos auszuleben. Sie machen aus der Aggression einen Sport („Hoffen auf einen geilen Fight"). Dabei trifft es nicht zufällig die Fußballszene.

Wer von Armut und Arbeitslosigkeit betroffen ist, sucht als erstes die Geborgenheit, das Wir-Gefühl einer aggressiven Subkultur auf. In Zukunft werden verstärkt Jugendliche aus der Mittelschicht *Freizeitabenteuer im Umfeld der Stadien* suchen, weil ihnen der Berufsalltag zu wenig oder gar keine physischen Anreize bietet. Die griechischen Kampfspiele wie z.B. der Faustkampf oder das Pankration, wo man dem Gegner noch gegen das Schienbein treten und auch beißen durfte, sind heute dem englischen Fairneß-Gebot zum Opfer gefallen.

> Was wird in Zukunft an die Stelle von „panem et circenses" treten? Werden wir eine neue „*World of Sports*" schaffen müssen, in der dann die junge Generation ihre physische Herausforderung findet — vom Felsklettern bis zum Tiefseetauschen, vom freien Fall bis zum Überlebenstraining? Sozusagen kanalisierter Aggressionsabbau, kontrolliertes Risiko, sozial- und umweltverträglich an einem Ort und nicht über das ganze Land verteilt?

Schon haben Alpenvereine (z.B. der DAV) damit begonnen, spezielle Trainingscamps — fernab der Alpen — auf Kunstfelsen zu organisieren. Schließlich ist das *„Free Climbing" am Kunstfels* umweltfreundlicher als das wilde Klettern in der freien Natur. Allein in Deutschland gibt es mittlerweile etwa 50 künstliche Kletteranlagen, die das Naturerleben durch ebenso perfekte wie sichere Technik ersetzen. Aus dem Unfallrisiko wird so ein kalkuliertes Abenteuer.

Der Nervenkitzel wird gesucht, das flaue Gefühl in der Magengegend, das wilde Herzschlagen im Brustkorb. Sogenannte Beta-Endorphine werden freigesetzt, körpereigene Wirkstoffe im Zentralnervensystem, die opiatähnlich die Schmerzempfindungen im Gehirn blockieren und euphorische Gefühle hervorrufen. Den alten Kindheitstraum von der Riesenschaukel oder den Menschheitstraum von der Lust am freien Fall kann man sich heute beim Bungee verwirklichen, einer Art Jo-Jo am Autokran. Für 150 Mark kann man den Sprung ins Nichts wagen, ohne sich dabei den Hals zu brechen. Von der Spitze eines Autokrans läßt man sich in die Tiefe fallen — das hochelastische Gummiseil bremst den Sprung sanft ab.

> Immer mehr Menschen empfinden *keine Hierarchie der Lebensfreuden* mehr: Zu viel Wohlstand verdrängt die kleinen Freuden des Lebens und verstärkt den Drang nach mehr Aufregung. Was aber passiert, wenn selbst der Zustand der Aufregung normal und langweilig wird?

Der Freizeitmensch definiert sich zunehmend als Genußmensch und verlangt nach immer stärkeren Genuß-Reizen. Über allem schwebt das *Damoklesschwert der Langeweile*.

„Es ist wie im Rausch" sagen die Bungee-Jumper, wenn sie ausgependelt sind. Nur langsam läßt der Rausch nach. Solche Extremsportarten sind nicht nur letzte Abenteuer. Als *physische und psychische Herausforderungen* können sie vielleicht verhindern, daß junge Menschen beispielsweise in den Drogenkonsum abgleiten:

○ Aus Langeweile und auf der Suche nach Glück und Genuß.
○ Aus Hunger nach Lebensrisiko und um die eigenen Grenzen kennenzulernen, mit „null Angst — egal, was passiert".

Nicht Todessehnsucht, eher Lebenshunger, Spannungsgier und Reizsucht treiben Freeclimber und Bungy-Jumper, Paraglider und Fallschirmspringer in luftige Höhen: Die Lust am Risiko und der Lohn der Angst: „I did it".

Lieber eine sportliche Entgrenzung auf Zeit als eine Drogenkarriere ohne Umkehr. Nach den Erkenntnissen und Erfahrungen der modernen Drogentherapie haben wir es in Zukunft mit einem veränderten Suchtverhalten zu tun. Nicht Bewußtseinserweiterung wie in den 70er oder Suche nach einem Sinn wie in den 80er Jahren stehen am Anfang einer Drogenkarriere, sondern: „Spaß haben. Hauptsache, die Langeweile ist weg". Die Freizeitwelt als Videoclip, der Konsum als Fetisch — und auch als Ersatz für die zunehmende Auflösung sozialer Beziehungen. Herkömmliche Erklärungen reichen für die Entwicklung einer relativ bindungslosen Single-Gesellschaft nicht mehr aus (Schlömer 1991). Ist die neue Generation der Überflußgesellschaft süchtig nach Spaß? Sie stammt zumeist aus „gut situierten" Verhältnissen. Und nicht die Drogen sind das eigentliche Problem, sondern eher Überfluß- und Überdrußsymptome sowie *gestörte Beziehungen in Familie, Freundeskreis und Freizeitclique*. Der Mangel an echten zwischenmenschlichen Beziehungen sowie das Fehlen von bedeutungsvollen Zielen, für die sich ein persönliches Engagement noch lohnt, machen die jungen Leute für neue Grenzerfahrungen besonders anfällig.

Dies ist vielleicht auch ein Grund, warum immer mehr Eltern die Freizeit ihrer Kinder durchorganisieren, so daß kaum Zeit zum Spielen bleibt. Die total verplanten Kids sollen durch Freizeitbeschäftigungen rund um die Uhr daran gehindert werden, abzudriften. Der Freizeitstreß wird bewußt in Kauf genommen. Andererseits: Wenn die Freizeitwelt weiterhin so viel Streß produziert, werden eines Tages nur noch *„Entspannungsübungen auf dem Stundenplan"* weiterhelfen können. Eine neue Herausforderung für die Schule der Zukunft, in der dann Lehrer auch Psychotrainer und Moderatoren, die das Talent zum Animateur haben, sein müssen.

Immer mehr Menschen suchen in Sport-, Freizeit- und Urlaubshobbies „die" Herausforderungen ihres Lebens, weil es den Kampf um das Überleben nicht mehr gibt:

○ Die sportliche Aktivität als entspannender „Ausgleich zur Arbeit" wird nur mehr von einem Drittel der Bevölkerung ausgeübt.
○ 42 Prozent hingegen erwarten in erster Linie „Anstrengung", jeder fünfte Bundesbürger sucht den „Kampf" und jeder achte sehnt gar den „Zwang" wieder herbei (B.A.T Freizeit-Forschungsinstitut, Band 8/1987, S. 12).

In Zukunft werden Zwang, Kampf und Anstrengung in der Freizeit zum Ersatz für harte Arbeit. Die psychologische Nähe zum Akkord der Arbeitswelt bleibt erhalten.

Während man Spannungen am Arbeitsplatz meist als unangenehme Störungen empfindet und bei beruflichen Entscheidungen immer auf andere Rücksicht nehmen muß, hält man in der Freizeit freiwillig Ausschau nach positiv empfundenen Aufregungen, ja sucht geradezu die Herausforderungen des Ich:

○ „Ich renne, was das Zeug hält, um zu sehen, was man aus dem Körper herausholen kann".
○ „Ich mache gern solche Sportarten, wo ich nachher vom Feld kippe und fast tot bin".
○ „Das schaffst du in zehn Minuten. Und das nächste Mal versuchst du es in acht. Und so weiter ..." Die selbstgewählte „Quäl-Skala" reicht vom Muskelkater über die Erschöpfung bis hin zum „totalen Fertig-Sein".

5.9 Sport 2000: Zwischen Ich- und Körperkult

Ein „Zeitalter des Narzißmus" hatte der amerikanische Sozialkritiker Christopher Lasch den westlichen Industriegesellschaften vorausgesagt. Ein neuer „Ich-Kult" würde in Zukunft entstehen und Sport eine Bedeutung wie nie zuvor bekommen, ja noch wichtiger als im alten Griechenland werden. Die Menschen würden dann hier die geistigen und körperlichen Anstrengungen suchen, die sie in ihrer Arbeit nicht mehr fänden.

Die Sportarten individualisieren sich zusehends, werden immer ausgefallener, risikoreicher und gefährlicher. Wo liegen die Grenzen für die sich abzeichnende Ent-Grenzung im Sport? Beim Tiefsee-Tauchen? Beim Crash-Erlebnis? Beim Überlebens-Training? Oder beim freien Fall ins Dunkle? Die Entwicklung des Freizeitsports der Zukunft, insbesondere des Wassersports, des Flugsports und des Rennsports, ist Risiko und Chance zugleich, schließt Aggression ebenso ein wie Identifikation, kann zu Übersteigerung führen, aber auch eine neue Selbstbestätigung schaffen.

Das Mittelmaß geht immer mehr verloren; die Polarisierung harter und sanfter Sportarten nimmt zu:

○ Zu den *Abenteuersportarten* wie Drachenfliegen, Segelfliegen und Fallschirmspringen gesellen sich *Extremsportarten* wie Triathlon und Marathonlauf, Tiefseetauchen und Überlebenstraining.
○ *Natursportarten* wie Surfen und Segeln, Golf, Reiten und Radfahren finden immer mehr Anhänger. Und *Schausportarten*, die einfach schön anzusehen sind, wie Tennis und Golf, Basketball, Baseball und American Football werden immer attraktiver.

Die Freizeitträume von morgen knüpfen an die Menschheitsträume von gestern an. In der griechischen Mythologie kam Ikarus mit seinen durch Wachs zusammengehaltenen Flügeln der Sonne zu nahe und stürzte ins Meer. Der Freizeitmensch von morgen kann es sich — zeitlich und finanziell — leisten, in höhere Sphären emporzusteigen. Die moderne Technik erspart ihm das Schicksal seines antiken Vorbildes Ikarus: Er kann unbeschadet wieder landen.

Der Freizeitmensch von morgen gleicht einer modernen Chimäre, einem Fisch-Vogel-Känguruh-Wesen, das sich im Wasser, in der Luft und auf der Erde Sprünge erlauben kann, die eigentlich die menschlichen Fähigkeiten überfordern: Schnorcheln und Tiefseetauchen, Drachenfliegen und Paragliding, Free-Climbing und Fallschirmspringen. Die menschliche Phantasie wagt sich immer mehr an kühne Träume heran, begnügt sich jedoch mit den Träumen nicht, sondern macht sie wirklich wahr.

Ein neues Sportverständnis muß entwickelt werden, das den veränderten Freizeitgewohnheiten Rechnung trägt und auch spontane, offene und nichtorganisierte Bewegungsformen einschließt. Über eine *Neudefinition bzw. neue Identität des Sports* muß nachgedacht werden. „Sport" ist in erster Linie das, was die meisten Menschen als Sport empfinden, und nicht nur das, was Sportverbände offiziell unter Sport verstanden wissen wollen. Nach Auffassung der Bevölkerung muß *Sport immer mit körperlicher Anstrengung verbunden* sein. Jede körperliche Bewegung, die intensiv betrieben wird, gehört zum Sport — unabhängig davon, ob es sich dabei um eine sogenannte ‚Sportart' oder ‚Disziplin' handelt. Nach diesem Verständnis gehören zum Sport beispielsweise genauso Wandern, Bergsteigen und Radfahren wie Motorradfahren, Rodeln oder Tanzen. Andererseits ist die überwiegende Mehrheit der Bevölkerung der Meinung, daß es sich bei Jagd und Angeln „in keinem Fall" um Sport handelt.

Die Diskussion über ein neues Sportverständnis muß geführt werden. Der Freizeitsport ist in den letzten Jahren gerade deshalb zu einer Massenbewegung geworden, weil er sich zunehmend im nichtorganisierten Freizeitbereich abspielt. Millionen bewegungsaktive Freizeitmenschen haben sich zu einer Massenbewegung entwickelt, die sich mitunter vom organisierten Sport sagen lassen muß: „Dies ist kein Sport" (Grupe 1987, S. 90). Eine *zukunftsgerichtete Sportpolitik* darf sich nicht als Abgrenzungspolitik verstehen, die sich gegenüber dem, was sie „nicht als Sport verstanden wissen möchte" (Grupe), abzugrenzen versucht. Sie muß vielmehr eine flexible und wandlungsfähige Politik betreiben, die offen ist für das Nebeneinander und Miteinander von

○ Berufs- und Freizeitsport,
○ Vereinen und kommerziellen Anbietern,
○ organisierten und nichtorganisierten Sportformen.

Eine zukunftsgerichtete Sportpolitik sollte die Vielzahl und Vielfalt freizeitorientierter Sportangebote als Chance begreifen und sich den Einflüssen der modernen Freizeitentwicklung nicht entziehen. Sportpolitik muß *mit dem Wertewandel leben lernen*: Schließlich ist Tauziehen einmal eine olympische Disziplin gewesen, während es Surfen, Volley- oder Basketball früher nie gegeben hat.

Die sportpolitische Diskussion unterscheidet bis heute den Freizeitsport vom Leistungssport. Im Selbstverständnis des Sports wird dabei immer wieder das „Leistungsmotiv" betont und als Abgrenzungsmerkmal gegenüber dem Freizeit- bzw. Breitensport benutzt. In der offiziellen Terminologie wird sogar von „Gegensätzen zwischen Breiten- und Leistungssport" (Grupe 1987, S. 76) gesprochen. Die Faszination von der „Formel des 1:0" im Sport, von Kampf, Leistung und Sieg beherrscht die öffentliche Sportdiskussion nach wie vor. Der Freizeitsport gilt als Und-auch-Erscheinung, die „spontan und wildwüchsig von unten" heranwächst und bei der mitunter „Happenings als Leistung ausgegeben werden ... Da geht etwas von dem eigentlichen Sinn des Sports verloren" (Grupe 1987, S. 39 und 45).

Für die Millionen Freizeitsportler sind hingegen Freizeit- und Leistungssport keine Gegensätze mehr. Nach der subjektiven Einschätzung der Bevölkerung gibt es eigentlich nur *zwei Formen des Sports*:

○ Sport als Freizeitspaß (= *Freizeitsport*)
○ Sport als Gelderwerb (= *Berufssport*).

Zum Freizeitsport gehören alle Gelegenheits-, Aktiv- und Leistungssportler, zum Berufssport alle Spitzen- und bezahlten Profisportler. Wo die Bezahlung anfängt, hört der Freizeitsport auf.

Leistung ist das Mittel und Spaß das Ziel des modernen Freizeitsports. Erst die Kombination aus Lust und Leistung macht im subjektiven Erleben das persönliche Wohlbefinden der Freizeitsportler aus. Leistungssportler, denen es Spaß macht, freiwillig in ihrer Freizeit Leistungen zu erbringen, verstehen sich als Freizeitsportler. Und je leistungsintensiver sie ihren Freizeitsport ausüben, desto mehr Spaß haben sie mitunter dabei.

Resümée: Eine bewegungsarme Arbeitswelt wird in Zukunft das Bedürfnis der Menschen nach körperlicher Betätigung noch weiter steigern. Doch auch im Jahr 2000 wird es viele Menschen geben, die — ohne Sport und mit einem Minimum an Bewegung — ganz gut leben können und wollen. Die Forderung „Sport für alle" bleibt auch in Zukunft, was sie schon immer war: Eine konkrete Vision.

6. Erlebniswelt Baden: „Der Mensch kommt aus dem Wasser..."

6.1 Die Fehler der Vergangenheit

Aus der Sicht der Freizeitforschung war schon in den 70er Jahren erkennbar: Der im gesamten Bundesgebiet feststellbare Besucherrückgang in öffentlichen Frei- und Hallenbädern war ein *Ergebnis mangelhafter Freizeitplanung* und nicht eine Folge „verregneter Sommer". Die öffentliche Bäderpolitik — traditionell als Sozial- und Gesundheitspolitik konzipiert — hatte außer acht gelassen, daß sich seit Mitte der siebziger Jahre die Freizeitansprüche der Bundesbürger grundlegend veränderten. Die Besucher erwarteten Freizeitinteressen — doch sie fanden „Einheitsbäder" mit „Einheitsausstattung" und „Einheitspreisen" vor, bei denen Sicherheit, Ordnung und Sauberkeit die erste Badepflicht waren. Aus der Sicht der 70er und Anfang der 80er Jahre stellt sich das Bild der öffentlichen Bäder so dar:

Eine besondere Art von Behörde

Die öffentlichen Bäder betreffen die Badegäste auf dreierlei Art — als Bürger, als Nutzer (oder Nichtnutzer) und als Person. Auf der gesellschaftlichen Ebene ist eine durchweg positive Grundhaltung gegenüber diesen Einrichtungen festzustellen. Als Bürger bejaht jeder die Existenz öffenlicher Bäder. Hier herrscht ein unbestrittener Konsens, daß es sich dabei um „gute, nützliche und notwendige Einrichtungen" handelt. Auf der Ebene des Verbrauchers, der diese Einrichtung nutzt oder nicht nutzt, kehrt sich diese positive Einstellung um. Hier verfügen alle über eine Vielzahl meist unangenehmer Erfahrungen und Erinnerungen, die öffentliche Bäder durchweg negativ erscheinen lassen. Es gibt dabei keine Unterschiede zwischen Nutzern und Nichtnutzern, es hat vielmehr den Anschein, daß beide Gruppen über die gleiche Grundeinstellung verfügen mit dem Unterschied, daß die einen daraus die Konsequenz gezogen haben, die Bäder zu meiden, während die anderen eben trotzdem hingehen.

Die Heftigkeit und Eindeutigkeit dieses Negativbildes findet erstaunlicherweise kaum ein positives Gegenstück. Der mit Engagement und kraftvollen plastischen Bildern entworfenen Horrorvision von öffentlichen Bädern stehen keine vergleichbar intensiven und starken Wunschbilder gegenüber.

Die Verbraucher scheinen „wunschlos glücklich" mit diesen Einrichtungen zu sein. Die Erklärung für diese merkwürdige Allianz von allgemeiner Zustimmung, vehementer Kritik und eher blassen Wunschvorstellungen, die in eine insgesamt resignativ-gleichgültige Hinnahme der öffentlichen Bäder, so wie sie nun einmal sind, mündet, basiert auf dem *Mangel an persönlicher Betroffenheit*.

Dieser Mangel droht sich aus zwei Gründen zunehmend zur Existenzfrage für öffentliche Bäder auszuwachsen: Äußerlich durch die Verfügbarkeit attraktiver Alternativen (von der Tennishalle bis zum Freizeitpark) und innerlich durch den Verlust an motivationalen Verankerungspunkten.

> Die objektive Notwendigkeit für die Einrichtung von öffentlichen Bädern nimmt ständig ab. Mit wachsender Mobilität der Menschen, mit einem immer größeren Angebot an Sport-, Spiel- und Bewegungsmöglichkeiten, mit der Verbesserung der sanitären Ausstattung der Wohnungen und nicht zuletzt mit der wachsenden Konkurrenz attraktiver, d.h. genußorientierter freier Bademöglichkeiten verlieren die öffentlichen Bäder wesentliche Voraussetzungen ihrer Existenz.

Auf der *persönlichen Ebene* muß sich heutzutage kaum einer dem Problem „Öffentliche Bäder" mehr stellen. Man kann dieser Einrichtung problemlos aus dem Weg gehen, es macht kaum Schwierigkeiten so zu leben, als gäbe es diese Bäder überhaupt nicht. Es besteht für die Mehrzahl der Bürger keine Notwendigkeit und manchmal auch kein Sinn (mehr), da hinzugehen. Der historische Funktionsverlust öffentlicher Bäder und die abnehmende Bedeutung der objektiven Notwendigkeit für diese Einrichtungen stellen es immer mehr dem persönlichen Belieben anheim, ob man dieses Angebot nutzt oder nicht. Gegen die persönliche Nutzung spricht aus Verbrauchersicht einiges, für den Besuch aber objektiv und motivational weniges. Kurz: *Die Institution „Öffentliche Bäder" ist ins Abseits gerückt.*

Obwohl man also als *Bürger* Teil der Allgemeinheit ist, die diese Einrichtungen trägt, begreift man sie nicht als *seine* Einrichtungen. Im Gegenteil: Die Bürger wirken ziemlich unbeteiligt; man hat das Gefühl, daß die Menschen nur von mittelbarer Bedeutung für die Existenz öffentlicher Bäder sind. Sie entstehen ohne oder neben den Menschen und können offenbar ohne Menschen auskommen, die sich ihrerseits wiederum für die Bäder in keiner Weise verantwortlich fühlen. Das Bewußtsein, daß Verordnungen und Vorschriften das bestimmende Moment öffentlicher Bäder sind, erzeugt die Distanz der Bürger. Öffentliche Bäder haben im Verbraucherbewußtsein wenig mit persönlicher Lebensqualität zu tun, sondern gleichen staatlichen Einrichtungen wie Schulen, Krankenhäusern, Ämtern und Behörden — abstrakte Möglichkeiten ohne wirklichen Bezug zu ihren konkreten Wünschen und persönlichen Bedürfnissen.

Mit der Identifizierung öffentlicher Bäder als Teil staatlicher Verwaltung, als eine — wenn auch besondere — Art von Behörde, ist ein Verlust an Bürgernähe auch in dem Sinn verbunden, daß Gestaltungs-, Beeinflussungs- und Veränderungsansätze von vornherein sinnlos erscheinen. In Form von Vorschriften und Verordnungen kann sich der Bürger nicht äußern, er kann sie weder verändern noch neue oder gar bessere sich ausdenken.

Der Bademeister als lebender Vorwurf

Auf der *Ebene des Verbrauchers* trägt die Distanz leidvolle Züge. Dies ist sozusagen die Ebene der praktischen Erfahrungen mit der Behörde. Hier kommt man mit ihr wirklich in Berührung, und zwar *halbnackt, hautnah und ziemlich wehrlos*. In den Schilderungen der Badegäste werden die Mitglieder des Personals als Kontrolleure, Schulmeister, Aufpasser, Putzer bezeichnet. Bis auf den Bademeister gewinnen die Mitglieder des Personals weniger Kontur als Personen; sie sind eher lebendes Inventar, dessen Allgegenwart jedoch beunruhigt. Man fühlt sich stets beobachtet, kontrolliert; man ist immer unter Aufsicht, fühlt sich gegängelt und bekommt ohne Grund ein schlechtes Gewissen

> „Die wischen überall herum, ohne sauberzumachen, und man ist nahe daran, sich für den Dreck zu entschuldigen, den man gar nicht gemacht hat."

Auch der Bademeister wirkt oft wie ein lebender Vorwurf, man wartet geradezu, daß er ihn ausspricht, obwohl das gar nicht mehr notwendig ist. Wie der Schutzmann früherer Zeiten steht er unübersehbar im Raum als Vertreter der herrschenden Ordnung. Nichts entgeht ihm. Seinem Blick fühlt man sich noch viel weitgehender ausgeliefert, nichts bleibt ihm verborgen, kein Schwimmfehler, kein körperlicher Mangel bleibt unentdeckt. Man wird klein und häßlich.

Das öffentliche Bad zwingt seinen Benutzer von Anfang bis zum Ende in ein Ablaufschema, gegen das er nicht ankommen kann. Als einzelner, als Person, hat er keine Bedeutung in diesem Schema; *er kommt, wird abgefertigt, durchläuft das System und wird entlassen.* Der Vorgang ist perfekt durchorganisiert und durchkonstruiert; nur wozu er dem Besucher dienen soll, wird an keinem Punkt der Darstellung verständlich. Er wird nur vielfach eingeengt und bedroht, zu einem ganz bestimmten Verhalten gezwungen, mit Unannehmlichkeiten und Gefahren verschiedener Art konfrontiert. Er kann sich nie frei bewegen, er kann nur funktionieren. Die Umgebung, in der er das tut, ist ungeeignet, ihm in irgendeiner Weise Befriedigung zu verschaffen, das Bad ist kein Freizeitort, in dem er zu sich finden kann, er selbst sein darf. Dafür gibt es keinen Freiraum. In dieser Einrichtung läßt sich allenfalls etwas erledigen, hinter sich bringen. Es ist eine Art Bedürfnisanstalt, in der man Bedürfnisse nicht befriedigen, sondern nur loswerden kann

6.2 Die neue Badelust

Derzeit gibt es bundesweit etwa 200 Freizeitbäder, 180 davon werden öffentlich betrieben. Spartanische Badeanstalten wandeln sich immer mehr zu kostspieligen Freizeittempeln mit einem Investitionsvolumen von 50 Millionen Mark und mehr (vgl. ,,Ostsee-Thermen" in Scharbeutz) — mit Badebuchten und Bananenstauden, Inseln und Grotten, Wasserfällen und Wildwasserbahnen ... und immer wohlig warmen Temperaturen. *Wer heute baden geht, erwartet mehr als Wasser.* Er will Badeerlebnisse haben und genießen — sinnlich erfahrbare Erlebnisse mit dem Ziel physischen und psychischen Wohlbefindens. Im Unterschied zu demotivierenden Reglements in alten Badeanstalten will der moderne Freizeitmensch die gewünschten Erlebnisse nicht erst durch körperliche Anstrengung ,,erarbeiten", sondern spielerisch und entspannt erleben.

Die aktive, aktivierende Rolle übernimmt das Wasser in seinen vielfältigen Erscheinungsformen. Und das Wasser überläßt es dem Besucher, ob er sich eher aktiv oder passiv dazu verhalten will. Deshalb muß ein modernes Freizeitbad immer beides sein: Entspannungsbad *und* Erlebnisbad:

○ Im Entspannungsbad wirkt das Wasser schmeichelnd, massierend, warm und plätschernd.
○ Im Erlebnisbad wirkt das Wasser eher sprühend und prickelnd, als Strömung in Wellen und Fontänen.

Ein Freizeitbad muß trotz einer täglichen Besucherfrequenz von mehr als 1000 Personen immer auch den Eindruck eines ,,ruhigen Bades" vermitteln. Hier muß man bequem liegen, sitzen und ruhen, im Liegestuhl ,,dösen" oder Gespräche führen, sich aufhalten und wohlfühlen können.

Das sinnliche Badeerlebnis beginnt — mit dem Duschen. Unter der Dusche erleben viele Besucher oft die angenehmsten Augenblicke ihres Badbesuchs: *Das Aussteigen aus der Arbeitshaut in die Freizeithaut.* Das sprühende, warme Wasser spült den Alltag ab, verschafft den Besuchern einige freie und angenehme Minuten, die meist länger ausgedehnt werden, als dem eigentlichen Zweck der Körperreinigung nach notwendig wäre.

Phantasiereise ins Innere eines Bades

„Nun sind wir in uns selbst und schweben in einer bunten Seifenblase. Es ist alles klar, hell und warm — Plopp!" „ Die Aufgabe, ein Traumbad zu beschreiben, wird meist durch die bildliche Darstellung einer Seifenblase gelöst. Der Phantasiename dieses Bades ist folgerichtig „*Blaba*", was einer frühkindlich plappernden Abkürzung für „Blasenbad" gleichkommt. So erklärt sich auch die Abkürzung des Berliner Luft- und Badeparadieses „*blub*": Die Berliner Gören „gehen blubben" und ganz Berlin „blubst vor Vergnügen". Die Seifenblase als menschlicher Badetraum ist ein überaus treffendes Bild: Es drückt sowohl Wünsche wie Hoffnungslosigkeit aus. Auch die Nähe zur Sonne wird gern gewählt — im *Bild der Sonnenblume*: Der große Fruchtstand von zierlichen gelben Blütenblättern umgeben.

Geht man der emotionalen Bedeutung des Bades und Badens auf den Grund, so taucht die Vorstellung des embryonalen Bades in der *Fruchtblase* auf: Alle menschlichen Wünsche und Sehnsüchte beziehen sich auf dieses in sich ruhende, ganzheitliche und lustvolle Baden, das freie und schwerelose Schweben des Fötus in der versorgenden Geborgenheit des warmen *Mutterleibes*. Die Umgebung wird dabei als harmonische Verlängerung der eigenen Körpergrenzen erfahren. Es herrscht ein Gefühl der Grenzenlosigkeit vor, ein Fühlen der eigenen Fähigkeiten, die sich nicht erst durch Leistung beweisen müssen.

Idealiter müßte die Realität der Bäder dieser Vision des harmonischen pränatalen Bades relativ nahekommen. Wirklich erreichbar ist dieser Zustand natürlich nicht. Aber die Frage ist, wie dicht wir herankommen können. Jetzt wird auch die grundlegende Fremdheit verständlich, die in den siebziger und Anfang der achtziger Jahre mit der Vorstellung „öffentlicher Badeanstalten" verbunden war: *Die öffentlichen Bäder waren geradezu das Anti-Bad zum Ideal*, erlaubten nicht ansatzweise den lustvollen Rückzug in die kindliche Vollkommenheit. Sie forderten eher Infantilisierung, machten aus selbständigen Erwachsenen gegängelte Kinder (Baderegel: „Vor dem Baden auf's WC!").

Ganz im Gegensatz dazu bieten moderne Freizeitbäder Freiheit statt Zwang, Weite statt Enge, Wärme statt Kälte, Bewegung statt Lähmung, Individualität statt Anonymität. Sie gewähren Freizeit- und Freiheitsmöglichkeiten und stellen auch ein Ventil für den Druck des Alltags dar. Die Wünsche an ein zeitgerechtes Freizeitbad in einer Mischung aus Entspannung und Erlebnis lassen sich mit vier Wörtern umschreiben: Individualität — Kommunikation — Körpergefühl — Genuß.

Individualität
Die Besucher wollen beim Baden als einzelnes Ich in ihrer Identität nicht nur erkennbar bleiben. Sie wollen auch individuell agieren können. Sie wollen sich selbständig und selbstbestimmt entfalten, „ihren Raum" abstecken und

sich darin entsprechend ihren Eigenheiten und ihren Möglichkeiten verhalten. Vor allem aber wollen sie in diesem Raum ruhen, d.h. sowohl zur Ruhe kommen als auch in Ruhe gelassen werden. Sie wollen sich wie in einem Boot oder auf einer Insel fühlen, umgeben von Wärme, Sonne und schattigen Bäumen.

Kommunikation
Die Wünsche in bezug auf Kommunikation beim Baden sind eher vorsichtig, fast ängstlich. Es wird vermieden, die Kommunikationsmöglichkeiten allzu weit zu fassen. Nicht so sehr Geselligkeit wird gewünscht, eher Intimität, privates Zusammensein in kleinen Gruppen. Typisches Wunschbild: Ein weiter Strand, auf dem vereinzelte Menschen oder Pärchen sich entgegenkommen. Und dabei bleibt noch genügend Platz, um — gegebenenfalls — auch einen großen Bogen umeinander machen zu können. Die Kommunikationswünsche sind dem Primat des individuellen Raums untergeordnet. Man denkt an geschützte Nischen, an einzeln stehende Tische und Bänke, Orte, die geeignet sind für Kontakte von zwei, drei Personen, die dann von anderen nicht mehr behelligt werden können. Man will weder so einsam wie bisher seine Bahnen ziehen, noch so massenhaft wie bisher überwältigt werden. Kommunikation heißt: „Gelegenheit" zu „einigen" intensiveren Kontakten.

Körpergefühl
Die mit dem Stichwort Körpergefühl bezeichneten Wünsche sind äußerst vielfältig. Zunächst geht es um die positive Einstellung zum eigenen Körper. In den alten Badeanstalten konnte sich diese positive Einstellung nur negativ äußern — als permanente Notwendigkeit, den eigenen Körper in Schutz zu nehmen. Man ging fast auf Zehenspitzen oder mit „gewölbten Sohlen" auf den bedrohlich glitschigen Kacheln. Und man versuchte, sich am Beckenrand strampelnd und paddelnd über Wasser zu halten, um nicht in die Überlaufrinne fassen zu müssen. Die Haut war angespannt wie ein Schutzpanzer.

Im Freizeitbad hingegen möchte man sich ohne die vielfältigen Berührungsängste bewegen können. Damit eng verbunden ist der Wunsch, den eigenen Körper zu erfahren, seine Leichtigkeit im Wasser zu genießen, seine Beweglichkeit, Kraft und Vollständigkeit zu spüren. Man möchte auch den Wechsel von Anspannung und Entspannung, von Müdigkeit und Erholung erleben. Kurz gesagt: *Man möchte seinen Körper sinnlich erfahren.* In diesem Zusammenhang wird häufig auch auf die Möglichkeit zum Nacktbaden, auf Sauna und Solarium verwiesen; außerdem wird das Element Wasser aktiviert: Als Wellenbad, Fontäne, Wasserfall, Springbrunnen oder Berieselung. Wasser soll lebendig (d. h. körperlich erfahrbar) werden.

„Die Menschen haben die feste Vorstellung, daß zwischen den Bädern und der Wollust eine enge Beziehung besteht; ein alter Glaube, der zum Geheimnis dieser öffentlichen Anstalten beiträgt…" *Louis Aragon* (1897-1982)

Genuß
Körpergefühl ist die Vorstufe zum Genuß. Wesentlich für den Genuß ist die Befriedigung durch sinnliche Reize. Alle Sinne sollen beim Baden angesprochen werden. Sehend, hörend, riechend will man Angenehmes erleben und überdies essend und trinkend verwöhnt werden. Die Genußwünsche bewegen sich dabei durchaus in konventionellen Bahnen. Nicht sinnliche Sensationen werden gewünscht, sondern Kaffee und Kuchen, Früchtecocktail und ein Glas Sekt. Der Badegenuß bleibt auf fast alltägliche Genüsse beschränkt.

Neue Lust und alte Sehnsucht
Atmosphäre und Ambiente der neuen Badelust knüpfen an alte Menschheitsträume an. Die neue Badelust ist nichts anderes als die alte Sehnsucht, sich wohlzufühlen — das Lechzen nach persönlicher Lebensqualität. Wärme, Wasser und Wohlfühlen gehören dabei zusammen.

> Die Sehnsucht gilt letztlich der Insel. Die Insel kann auch ein Boot sein, ein warmes Wasserbecken, eine kuschelige Ecke oder Nische. Wenn nur der Rahmen stimmt: Verschwenderische Wärme, schmeichelnde Luft und Wasser, Wasser, Wasser. Möglichst an der nackten Haut. Man will es spüren, fühlen, sinnlich erleben. Liebevoll soll es den Körper umschmeicheln.

Nischencharakter hat immer auch Wohncharakter. Für die Zukunft eine große Chance: Wasser und Wohnen könnten wieder zusammengeführt werden. Eine neue Erlebnisdimension des Wohnens wie beim römischen Atriumhaus. Das Bad im Wohnzimmer: jeder Tag ein kleiner Urlaub — das Nischenerlebnis der Zukunft. Ein Gefühl wie zu zweit oder zu dritt im Zuber. Zurück ins Mittelalter. Die Zukunft ist Vergangenheit. Wenn dann noch die Sonne Wärme gratis liefert, sind wir der Geborgenheit dicht auf der Haut.

6.3 Die neue Marketingstrategie

Abkehr von der Monokultur

Aus der Sicht der Freizeitforschung ergeben sich planerische, bauliche, organisatorische, angebotsbezogene, personelle und atmosphärische Konsequenzen:

○ Die notwendige Verbesserung des Angebots erfordert eine Abkehr von der Monokultur des Badbetriebs. Das Angebot ist um Spiel-, Service- und Beschäftigungsmöglichkeiten für die Badbesucher zu erweitern. Das Verbot, im Badbereich zu spielen, ist aufzuheben bzw. durch entsprechende bauliche Veränderungen (z.B. Bepflanzungen, Sitzgruppen) zu regulieren. Bloß additive Lösungen — etwa die Einrichtung einer Caféteria in dem einen und das

Aufstellen einer Tischtennisplatte in dem anderen Bad — versprechen keinen Besucherzuwachs.

○ Da auch in der öffentlichen Bäderpolitik der Rotstift regiert, sind die notwendigen Attraktivitätsverbesserungen (z.b. Sauna, Restauration, Spiel-, Sporteinrichtungen) mit eigenen finanziellen Bordmitteln kaum mehr möglich. Die Einbeziehung und *Beteiligung von Privatkapital* wird unumgänglich, d.h. Teileinrichtungen und Teilflächen werden an privatwirtschaftliche Unternehmen verpachtet (nicht verkauft). Nur so lassen sich Nutzungserweiterungen und damit Freizeit-Attraktivierungen erreichen. Dies schließt eigene finanzielle Engagements oder evtl. spätere Beteiligungen oder Übernahmen nicht aus.

○ Die Entwicklung geht eindeutig zum witterungsunabhängigen Kombibad, zum kombinierten Frei- und Hallenbad, zum Allwetterbad mit unterschiedlich temperierten Schwimmbecken, kurz: Zum *Freizeitbad* als einer gelungenen Mischung von

○ *Erlebnisbad* und
○ *Entspannungsbad*.

Ein Freizeitbad gewährt immer beides: Erlebnis *und* Entspannung, Anregung *und* Erholung, Freude *und* Gesundheit usw. Wer glaubt, ein Freizeitbad sei einfach nur ein Spaßbad, kennt die vielfältigen Freizeitbedürfnisse der Bürger nicht. Ein bedürfnisorientiertes Freizeitbad garantiert sowohl Aktivitätsvielfalt, Abwechslung, Spaß und Erlebnis als auch Ruhe, Entpannung, Erholung und Besinnung.

○ Die einzelnen Bäder müssen innen wie außen mehr Eigenprofil und Charakter erhalten. Die öffentlichen Bäder sollten — jedes fur sich — eine *Spezialität im Angebot* darstellen (Bsp. ,,Waldbad" — ,,Parkbad" — ,,Moorbad" — ,,FKK-Bad" — ,,Spiel-Bad" — ,,Tag- und Nacht-Bad" — ,,Thermalbad" — ,Wasserrutschenbad" usw.).

○ Die Angebotsspezialisierung setzt eine *dezentralisierte Verwaltung* der Bäder voraus, bei denen die Schwimmeister in die Positionen von Filialleitern/Geschäftsführern hineinwachsen und Verantwortung für ,,ihr" Bad tragen müssen. Damit wird auch eine größere Identifikation des Badepersonals mit ihren Bädern erreicht. Eigene Ideen, Anregungen und Vorschläge der Badegäste können direkt umgesetzt werden (Badepersonal: ,,Wir sind jederzeit bereit, hier im Bad was loszumachen" oder: ,,Freiheit brauchen wir für uns").

○ Eine Neubestimmung und Verteilung von Aufgaben und Funktionen des Personals ist ebenso unerläßlich wie eine *kontinuierliche Fortbildung* insbesondere in Sozialpsychologie, Freizeitpädagogik, Animation, Organisation und Öffentlichkeitsarbeit (Badepersonal: ,,Schulung im Umgang mit Personen" — „Auch wie man Leute anspricht, sie aktiviert" — „Wir könnten da gut so'nen Kursus zur Freizeitgestaltung im Bad machen" — „Wir müßten besser ausgebildet sein"). Hamburg ging mit gutem Beispiel voran und begann Anfang der 80er Jahre mit ersten Animationslehrgängen für Schwimmeister.

○ Der *institutionell-organisatorische Druck* auf die Badbesucher und den Ablauf ihres Besuchs ist entscheidend zu *verringern*. Die vielfältigen Einschränkungen, Vorschriften und Regelungen erweisen sich als das grundsätzliche Hindernis für eine positive Einstellung der Badbesucher. Die *zeitliche Begrenzung* des Aufenthalts in Hallenbädern ist *aufzuheben*, weil sie aus Besuchersicht nicht legitimierbar ist und psychologisch mehr Schaden anrichtet als sie finanziell Mehrertrag einbringt. Unter Zeitdruck ist ein erholsamer, entspannter Aufenthalt von vornherein unmöglich.

○ Kaltfreibäder sind — mit Ausnahme von zahlenmäßig eher geringfügigen speziellen Bedürfnissen bzw. extremen Hitzeperioden — nicht mehr zeitgemäß. Sie stoßen allenfalls in Kombination mit Schwimmbecken verschiedener Wassertemperaturen auf ein kontinuierliches Besucherinteresse. Der erkennbare irreversible Freizeitbedürfniswandel (insbesondere die veränderten Erholungs- und Komfortbedürfnisse) der Bevölkerung zwingt — nach sorgfältiger Analyse von Einzugsgebiet, Standort, Erweiterungsmöglichkeiten und Nutzerfrequenz im Einzelfall — zur Schließung von Kaltfreibädern, sofern kein freier Träger / Verein für die *Verpachtung* infragekommt. Es sollte frühzeitig nach Privatinitiativen von Vereinen und freien Trägern Ausschau gehalten werden, die das Bad pachten und in Eigenregie betreiben und erhalten können.

○ Kaltfreibäder mit zurückgehenden Besucherzahlen und ohne Aussicht auf private Verpachtung sind als *offene Badeanlage* ohne Badepersonal umzunutzen und als Spiel- und Freizeitflächen für alle Anwohner offen zu halten. Eine Umgestaltung als Naturlandschaft (z. B. Eingrünung der Wasserflächen mit Schilf- und Wasserpflanzen) bietet sich an.

○ Die *Norm- und Richtwerte nach dem Goldenen Plan* über die qm-Wasserfläche pro Einwohner sind an den tatsächlichen Freizeitbedürfnissen der *Bürger vorbeigeplant*. Die Städte und Gemeinden können beispielsweise die Wasserfläche in den Kaltfreibädern beliebig vergrößern — und es kommt doch kein Besucher mehr.

○ Erreichbarkeit und Nutzung von Bädern hängen wesentlich von ihrer Attraktivität ab. Eine *Attraktivierung* der öffentlichen Bäder für vielfältige Freizeitzwecke führt zwangsläufig zu größeren Einzugsbereichen und Kosteneinsparungen.

○ Nutzungserweiterung wird zur Priorität der öffentlichen Bäderplanung der nächsten Jahre werden müssen. Generell gilt für die Zukunft der Grundsatz: *Punktuelle Standortverstärkung* hat Vorrang vor allgemeiner Flächendeckung.

○ Eine *Umorientierung der Bäderpolitik als integrierte Freizeitpolitik* (und nicht nur als isolierte Gesundheits-, Sport- oder Sozialpolitik) ist unumgänglich. Während stadtteilbezogene Aspekte für den Schul- und Vereinssportbedarf bedeutsam sind, hat die Freizeitattraktivität von Bädern stadtteilübergreifende Wirkungen und Einzugsbereiche.

○ Die bloß additive Erweiterung der beheizten Freibäder um lediglich eine Zusatz-Einrichtung (z.B. Tennis-, Squashhalle) läßt allein noch keinen nachhaltigen Besucherzuwachs erwarten, wenn nicht gleichzeitig die Bäder selbst *baulich, atmosphärisch, personell usw. attraktiviert* werden.

○ Beheizte Freibäder ohne Kombination mit einem Hallenbad entwickeln sich längerfristig zu Kinderspielstätten und Jugendtreffpunkten, während sich gleichzeitig die Erwachsenen, insbesondere ältere Menschen aufgrund anderer Freizeitbedürfnisse immer mehr zurückziehen. Hier bieten sich zwei Lösungsansätze an: Ausbau der Freibäder zu attraktiven Angebotszentren auch für Erwachsene (bei entsprechender Angebotsvielfalt) oder Weiterentwicklung der Freibäder zu Kinder- und Jugendfreizeitzentren (Wünsche: „Mit Spielothek zum Ausleihen von Spielgeräten" — „Einmal die Woche'ne Freibadfete" — „Warum nicht mal Disco-Schwimmen?").

Die Freizeitprofilierung

Hinsichtlich der vorhandenen Hallenbäder ergeben sich eine Vielzahl von Veränderungs- und Verbesserungsvorschlägen, die sowohl von den Badegästen als auch vom Badepersonal gemacht werden:

○ *Mehr Information und Werbung*
(„Ich kenn die Preise für einen Quadratmeter Fliesen vom Fliesen-Harry besser als die Preise und Badezeiten der Bäder" — „Es gibt ja auch keine Werbung, keine Information ... Man weiß ja nichts über die Bäder und erfährt auch nichts. Die steh'n doch nur in der Zeitung, wenn sie die Preise erhöhen").

○ *Mehr Orientierungshilfen und besucherfreundliche Hinweisschilder*
(„Jedesmal ärgere ich mich, daß man sich nicht zurechtfindet" — „Wenn ich dieses Durcheinander mit den Badezeiten schon sehe").

○ *Mehr Angebotsvielfalt*
(Badegäste: „Badeanstalt: Da kann ich halt nur schwimmen" — „Keine Lust mehr, im Bad hin- und herzuschwimmen" — „Nicht mehr mit dem ‚Nur-Schwimmbad'zufrieden" — „Schwimmen, Springen, Klönen, Spielen oder so" — „Am Wasserrand Gymnastik machen").

○ *Mehr gemütliche Atmosphäre*
(„Hier fehlt doch volle Kante die Gemütlichkeit" — „Trist grell und farblos" — „Nur blaue Kacheln und schwarze Streifen" — „Bahnhofshalle" — „Notaufnahmelager" — „Hallenbad ist öde" — Badepersonal: „Atmosphäre wollen die Leute").
○ *Längere Badedauer für Familien*
(„Das Wichtigste für mich wäre, daß man nicht so hetzen müßte" — „Ein ganz schöner Streß, wenn ich mit meinen beiden Kindern zum Schwimmen gehe" — „Ich fühl mich immer unter Druck").
○ *Weniger aufdringliche Hygiene*
(„Die Haut riecht noch stundenlang nach Chlor" — „Wo die Toiletten sind, braucht man nur dem Geruch nachzugehen").
○ *Weniger Normierung*
(Badepersonal: „Den Hallentyp gibt es jetzt seit 1969. Das ist doch wie mit der Mode. Wer würde denn heute noch was von 1969 anziehen?" — „Die Badeordnung hier, das ist der eigentliche Besucherfeind. Das ist doch ein antikes Stück").
○ *Bessere betriebsinterne Kommunikation*
(„Die wissen z.T. gar nicht, was hier läuft" — „Unsere Meinung ist nicht gefragt").
○ *Mehr Zusammenarbeit*
(„Viel mehr Kontakt untereinander" — „Zusammenarbeit auch mit denen da oben").

Auf der Basis der vom Arbeitskreis „Freizeit und Bäder" der Deutschen Gesellschaft für das Badewesen erarbeiteten „Empfehlungskataloge zur Freizeitorientierung der Bäder" ergibt sich aus teilnehmenden Beobachtungen, gezielten Gesprächen und Befragungen folgende Reihen- und Rangfolge der „am wichtigsten" eingestuften Veränderungswünsche. Gewünscht werden:

1. Mehr Atmosphäre schaffen
   (von der Unterwasserbeleuchtung über Pflanzen bis hin zu Ruheecken)
2. Mehr Warmbadetage anbieten
3. Öffnungszeiten auf den tatsächlichen Bedarf abstellen (freizeitfreundliche Zeiten an Feierabend, Wochenende und in der Ferienzeit, Früh- und Spätbadezeiten für Berufstätige)
4. Gegenstromanlage oder Wasserwirbel im Schwimmbecken einbauen
5. Mehr Sitzgelegenheiten außerhalb der Schwimmhalle einrichten
6. Schwimmeister, die nicht nur auf die Einhaltung der Badeordnung achten, sondern auch regelmäßig Gymnastik und Wasserspiele anbieten
7. Mehr Saunen, auch Einzel- und Doppelsaunen
8. Mehr Solarien

9. Mehr Übersichtlichkeit ermöglichen und besucherfreundliche Hinweise und Regelungen in den Bädern schaffen
10. Spielgeräte bereitstellen.

Hingegen finden Fragen zum Bereich Eintrittspreise/Benutzerentgelte eine relativ geringe Resonanz. Für die überwiegende Mehrheit der Benutzer ist die freizeitorientierte Attraktivierung der Bäder wichtiger als die Preisgestaltung. Qualität hat ihren Preis; für eine erkennbare Qualitätsverbesserung sind die Benutzer auch bereit, einen angemessenen Preis zu zahlen.

Die öffentlichen Bäder stehen grundsätzlich im gleichen Konkurrenzgefüge wie andere Freizeitangebote auch. Sie müssen sich daher am Freizeitbedürfnis und Freizeitverhalten der Bevölkerung orientieren, wenn sie einen drastischen Besucherrückgang vermeiden wollen. Die Schlüsselbegriffe einer zukunftsgerichteten Bäderpolitik als Freizeitpolitik müssen sein:

○ *Angebotsspezialisierung*
als Abkehr von der bestehenden Uniformität der Bäder und der Zielsetzung, mehr Eigenprofil und Charakter für jedes Bad in seinem Stadtteil mit einem speziellen Service-Angebot zu entwickeln.
○ *Angebotsattraktivierung*
als Abkehr von der einseitigen Ausrichtung auf die Tätigkeit Schwimmen und Hinwendung zur Angebotsvielfalt mit Spiel-, Serviceund Beschäftigungsmöglichkeiten für Badbesucher.
○ *Angebotskonzentrierung*
als Abkehr vom Prinzip flächendeckender Versorgung und Neuorientierung an punktueller Standortverstärkung. *Der Grundbedarf „Schwimmen" ist für Schulen und Vereine zu garantieren, alle anderen Bäder sind zu Freizeitbädern auszubauen.* Bäder, die hierfür nicht mehr geeignet erscheinen, sind an interessierte Organisationen zur Eigennutzung zu verpachten oder in öffentliche Freizeitanlagen umzuwidmen.

Drei Meilensteine auf dem Weg zum Freizeitbad gilt es zu beachten: Qualifikation, Animation und Investition.

○ Die Freizeitattraktivität eines Bades hängt ganz entscheidend von der *Qualifikation* des Badepersonals ab. Die Bademeister dürfen nicht mehr nur Aufsichtspersonen sein, sondern müssen auch Ansprechpartner, Programmgestalter, Anleiter, Berater und Helfer sein können.
○ Ein Freizeitbad kommt in Zukunft ohne *Animation* nicht aus. Vielfältige Freizeitangebote — von der Seniorengymnastik bis zur Jugenddisco — müssen nicht nur angeboten, sondern auch mit Animationsmethoden und Aktivierungstechniken vermittelt werden.
○ Qualifikation und Animation sind durch *Investition* zu ergänzen, d.h. durch freizeitgerechten Um- und Ausbau vorhandener Bäder. Gewarnt

wird allerdings vor der einfallslosen Kopie/Nachahmung erfolgreicher Investitionsmaßnahmen. Eine aufwendige Wasserrutsche — in allen Bädern installiert — wäre kein zukunftsträchtiger Weg ins Freizeitbad, sondern ein Rückfall ins defizitäre „Einheitsbad"...

6.4 Das Freizeitbad 2000: Vom Spaßbad zur Sonneninsel

Die Badegäste werden immer anspruchsvoller. Sie wünschen sich gleichermaßen Sonne, Natur, Ruhe und Komfort. Im Freizeitbad 2000 wird es

○ keine Kacheln und Fliesen,
○ keine Plastik- und Kunststoffmaterialien,
○ keine künstlichen Palmen,
○ keine Superrutschen und
○ keine Trennung von Umkleide- und Badebereich

mehr geben.
   Es wird eine *Freizeitlandschaft unter Glas* sein, in der sich die Badbesucher auf sandigem, mit Epoxit-Harz gebundenen Boden *wie am Strand bewegen* können. Unter freitragenden Glasdächern (ohne Querverstrebungen) scheint im Bad die Sonne, auch wenn es draußen regnet. Optische Lichteffekte, Lichtspiegelungen („Gitter"-Technik) und Farbhologramme machen es möglich.
   Hauptmaterialien sind Licht und Wasser, Holz und natürliche Ölfarben, Spiegel und Glaswände, lebende Bäume und Felswände mit kalten und warmen

Wasserfällen (Kneipp-Prinzip), mit Höhlen und Grotten, geräumigen Duschen und Umkleidekabinen, einem Spielraum zum Schreien und Toben (nur für Kinder) und Ruheräumen auf vier Ebenen (nicht für Kinder), mit Jugendtreff, Klavier und Diskothek. Und immer umgeben von der gleichen Wasser- und Lufttemperatur von 30 Grad und einem gläsernen Himmel, der die Seele baumeln läßt...

Wer glaubt, dies sei Utopie und nicht finanzierbar, irrt: Seit 1988 gibt es die nach Kriterien der Freizeitforschung geschaffene *Utopie „Sonneninsel"* im Nordsee-Küstenbad Esens-Bensersiel. Ein kostendeckendes und *nur* mit öffentlichen Mitteln gebautes Freizeitbad mit einem Kostenvolumen von lediglich 9,5 Millionen DM bei einem Landeszuschuß des niedersächsischen Wirtschaftsministeriums von 85 Prozent. Ein *Badetraum für den sonnenhungrigen Freizeitmenschen von morgen*, der schon heute Wirklichkeit ist. Und auch das betriebswirtschaftliche Ergebnis kann sich sehen lassen. Die Erwartungen im Hinblick auf die Besucherzahlen werden weit übertroffen, die errechneten Betriebskosten weit unterschritten. Mit 125 000 Besuchern im Jahr geht die Rechnung auf.

7. Erlebniswelt Tanzen: „Vom Ballettsaal zur Swinging World"

7.1 Die tänzerische Revolution

Die tänzerische Revolution setzte Mitte der fünfziger Jahre ein: Rock'n Roll (1956), Twist (1962), Beat (1964) und Disco (1974). In einer Zeit, die durch Körper- und Sexualitätsfeindlichkeit gekennzeichnet war, kamen Hüftbewegungen auf, die als eindeutig sexuell galten. Eine Phase körperlicher Befreiung setzte ein. Die sexuelle Ordnung blieb zwar bestehen, doch die Körper-Lust beim Tanzen war (wieder-)entdeckt. Der Disco-Tanz erlaubte ein uneingeschränktes *Ausleben des Ego-Trips* (vgl. Fischer 1985).

Jeder war Schauspieler. Jeder war Publikum. Wenn Disco-Tänzer ihre narzißtische Show abzogen, wurden die Diskotheken zum Babylon der Körpersprache und egoistischen Körperpflege. Im Disco-Tanz war das Sich-Zeigen und die Lust am eigenen Körper fundamental. Eine Mischung aus Körper und Konsum, Persönlichkeit und Präsentation (vgl. Eichstedt/Polster 1985).

Beim Discotanz konnten sich die Tänzer individualisieren und auch Bezug zu anderen Tänzern aufnehmen, ohne sich gleich binden zu müssen. Man tanzte nicht mehr um des Partners willen, sondern zur demonstrativen Erprobung der eigenen Körperlichkeit. Dies hatte zur Folge: *Der Tanz verlor dabei* einen Teil seiner erotischen Qualitäten (Müller 1968, S. 14). Die Disco-Kultur bereitete den Boden für einen Wertewandel, der zunehmend das Lebensgefühl der Jugend prägte: Discotänzer zeigten sich eher oberflächlich und an politischen Fragen kaum interessiert. Dafür wollten sie sich, wie empirische Erhebungen ergaben (C. Fischer 1985, S. 103f.), nach getaner Arbeit jeden Luxus leisten.

7.2 Das Ende der puritanischen Tanzkultur

Mit dem Solo-Twisten hatte 1962 die *Phase der Berührungslosigkeit* begonnen. Einsame Tänze waren plötzlich gefragt. Im Zuge und als Folge der antiautoritären Bewegung verstärkte sich in den 60er und 70er Jahren eine fast puritanische Protesthaltung, die ihren sinnfälligen Ausdruck im Alleine-Tanzen und in der Disco-Kultur fand. Bis heute wurde die *Tabuisierung der Körperkontakte* beim Tanzen von den Erwachsenen weitgehend als *Verarmung der Tanzkultur* empfunden.

Zur Zeit deutet sich ein Wandel an. Jugendliche verlieren zunehmend die Lust an der coolen Gangart; Enthusiasmus ist wieder gefragt. *Tanzen zum Anfassen.* Die Spannung zwischen der Geschlechtern wächst, die Erotik und die Sinnlichkeit auch. Seitdem Filme wie ,,Carmen" und ,,Dirty Dancing" Europa in ihren Bann zogen, ist auch Engtanz nicht mehr verpönt. Eine weitere Faszination ging von dem TV-Film ,,Anna" aus.

Resümee: Die puritanische Tanzkultur die ebenso arbeitszentriert wie protestorientiert war, geht zu Ende. Aus der puritanischen wird eine *romantische Tanzkultur* als Ausdruck einer neuen Freizeitorientierung des Lebens. In einer ebenso hektischen wie nüchternen Zeit von Streß und Straßenlärm, Plastikproduktionen und Computerprogrammen wächst die Sehnsucht nach einem schöneren Leben, in dem man(n) seinen Gefühlen und Fantasien freien Lauf lassen kann, ohne sie einlösen zu müssen.

Tanzen in einer neuen Freizeitwelt bedeutet: Unbegrenzte Bewegungsfreiheit als Ausdruck von Kontakt und Lebensfreude, nach Lust und Laune, zu jeder Zeit und jeder Gelegenheit. Attraktiv ist, was Spaß und Freude macht. In dieser individualisierenden Welt der Freizeit, in der sich die Menschen gelöst geben, beschwingt fühlen und ausgelassen zeigen, hat ,,Tanzen" einen eigenen Stellenwert. Tanzen wird zu einem Zentrum ganz persönlicher Lebensqualität in der Freizeit.

Die herkömmliche Tanzschule ist tot, ihre selbsternannte Rolle eines Erziehers der Nation auch. Jahrzehntelang wachte sie über Umgangsformen, gute Manieren und angemessene Kleidung. Und wenn das Kommando ,,Eins, zwei — Wiegeschritt" ertönte, bekamen die jungen Eleven mitunter Schweißausbrüche. Ein geradezu schulmäßiger Leistungsdruck lastete auf ihnen. Von

Erotik kaum eine Spur, Hauptsache „Takt-Gefühl". Viele junge Leute zogen in den 60er und 70er Jahren die persönlichen Konsequenzen: Sie blieben der Tanzschule einfach fern. Das *spießige Benimm- und Schrittevermittlungsinstitut* war in ihren Augen eine bloße Verlängerung der Schul- und Arbeitswelt mit anderen Mitteln. Steif, förmlich, reglementiert. Mit einem Wort: Altmodisch. Die Tanzschule war zu konventionell und regelhaft geworden, sie hatte ihre Natürlichkeit, ihre Spontaneität, auch ihre Sinnlichkeit und Ekstase verloren. Sie war wie eine Arbeitswelt strukturiert: Von der Anzugsordnung bis zu den reglementierten Schrittkombinationen.

Gerade noch rechtzeitig haben sich die Tanzschulen in den letzten Jahren umstellen können. Exotik und Erotik, Karibik und Ekstase kehren wieder. Eine neue Art des Tanzens ist da. Erlaubt ist, was Spaß macht. Und auch die Besucher kehren in Scharen wieder. Statt 30 Prozent eines Jahrgangs wie vor 25 Jahren besuchen mittlerweile 60 Prozent der Jugendlichen die Tanzschule. *Die Tanzschule ist wieder szenefähig geworden; sie hat ihre Freizeitqualität wiederentdeckt.* Und mit der stärkeren Freizeitorientierung des Tanzangebots kommt auch der Körperkontakt wieder, die Körpersprache, der Blick, die Berührung, das leichte Spiel der Hände oder die Umarmung.

Zur Zeit unterrichten etwa 1 850 Tanzlehrer und -lehrerinnen in mehr als 800 Tanzschulen (etwa 700 in den alten und etwa 100 in den neuen Bundesländern) rund 1,8 Millionen Tanzinteressierte im Jahr. Davon entschließen sich rund 150 000 jedes Jahr, das Tanzabzeichen in Bronze, Silber oder Gold zu erwerben. Zwischen 35 und 45 Prozent der Tanzschul-Teilnehmer sind Jugendliche unter 18 Jahren.

7.3 Freizeit-Interessen-Profile von Tänzern und Nichttänzern

Unter den Bundesbürgern, die öfter tanzen gehen, lassen sich drei Gruppen unterscheiden, die jeweils eigene Freizeit-Interessen-Profile aufzuweisen haben:

Die 14- bis 19jährigen Tänzer
Im Vergleich zu allen anderen Tänzern sind die 14- bis 19jährigen überdurchschnittlich stark am CD/MC/LP-Hören interessiert. Sie gehen gern zum Baden, treiben mehr Sport als alle anderen, haben aber auch viel Freude am Ausschlafen und Faulenzen. Zugleich sind sie fasziniert vom Freizeitkonsum — „egal, was es kostet".

Die 20- bis 29jährigen Tänzer
Im Vergleich zu allen anderen Tänzern lieben es die 20- bis 29jährigen besonders, Radio zu hören und in Ruhe Kaffee, Tee oder Bier zu trinken. Gleichzeitig sind sie an außerhäuslichen Unternehmungen besonders interessiert, an

Auto- und Wochenendfahrten „ins Grüne". Sie wollen in ihrer Freizeit Außergewöhnliches unternehmen, was man nicht alle Tage macht.

Die über 30jährigen Tänzer

Im Vergleich zu allen anderen Tänzern halten die über 30jährigen viel von Essengehen, Einkaufsbummel sowie Gesellschafts- und Unterhaltungsspielen im Kreis von Freunden. Sie legen zudem besonderen Wert auf Fernsehen und Zeitunglesen. Sie wirken wie „beschauliche Lebenskünstler". Sie verbinden Konsum mit Kultur.

Wer hingegen keine Lust zum Tanzen hat, erweist sich auch im übrigen Leben als müder Freizeitpartner. An den persönlichen Tanzinteressen läßt sich ablesen, wie aktiv, vielseitig interessiert und unternehmungslustig sich jemand in seiner Freizeit verhält. Tanz-Muffel sind gleichzeitig Freizeit-Muffel: Im Vergleich zu Tänzern zeigen sie deutlich weniger Interesse an Musik (z.B. Schallplatten, Cassetten hören), treiben weniger Sport, pflegen weniger die Geselligkeit (z.B. mit Freunden zusammen sein, Feste feiern) und sind weniger zu außerhäuslichen Unternehmungen (z.B. Auto-, Wochenendfahrten, Einkaufsbummel) bereit. Schließlich ist auch der Anteil der Tänzer, die Erotik und Sex zu ihren beliebtesten Freizeitbeschäftigungen zählen, doppelt so hoch wie bei den Nicht-Tänzern. Wer tanzt, hat offensichtlich mehr Freude am Leben (B.A.T Freizeit-Forschungsinstitut 1988).

Schon 1985 hatte C. Fischer herausgefunden: Insgesamt gesehen sind die Nichttänzer eher naturwissenschaftlich-technisch interessiert und in ihrer Freizeit vergleichsweise passiver als die Tänzer (Fischer 1985, S. 90): Die Nichttänzer treiben in geringerem Maße Sport, üben weniger Freizeitbeschäftigungen aus, sind weniger in Vereinen organisiert und zeigen sich weniger an Politik interessiert. Dafür wollen sie lieber zu Hause ihre Ruhe haben.

Zu ähnlichen Ergebnissen gelangte auch das Münchner Institut für Jugendforschung: „Vom Typ her erweisen sich ‚überzeugte' Nicht-Tänzer entweder eher als introvertierte, schüchterne Jugendliche oder als betonte Individualisten bis hin zu betonten Außenseitern" (IJF 1992, S. 51). Nicht-Tänzer haben zum Teil auch Angst, unter (Lern-)Druck zu geraten.

7.4 Zwischen Kontakt und Lebensfreude. Ergebnisse repräsentativer Untersuchungen

Die systematische Tanzforschung hat Tradition. Erste Repräsentativuntersuchungen fanden in den Jahren 1969, 1975 und 1989 statt. 1991 war erstmals ein gesamtdeutscher Vergleich möglich. Das B.A.T Freizeit-Forschungsinstitut befragte repräsentativ 3 000 Personen ab 14 Jahren (2 000 in West-, 1 000 in Ostdeutschland) nach ihren Tanzgewohnheiten und Wünschen für die Zukunft. Die wesentlichen Ergebnisse lassen sich wie folgt zusammenfassen:

○ *„Beim Tanzen und auf Reisen!" Wo junge Frauen erfolgreich auf Partnersuche gehen*

Wenn junge Frauen heute einen Partner finden wollen, machen sie von zwei Freizeitbeschäftigungen am meisten Gebrauch: Vom Tanzen und vom Reisen. Zwei Drittel der jungen Frauen im Alter von 19 bis 34 Jahren nennen Tanzen und Reisen als „beste Kontaktmöglichkeiten" für das Kennenlernen eines Partners. Völlig ungeeignet erscheinen hingegen Bekanntschaften auf der Straße, im Kino oder im Waschsalon.

Im Rahmen einer gesamtdeutschen Repräsentativumfrage von 3 000 Personen wurden 423 Frauen im Alter von 19 bis 34 Jahren in Ost- und Westdeutschland danach gefragt, wo sich für sie „die besten Kontaktmöglichkeiten bieten", wenn sie „heute einen Partner kennenlernen möchten". Westdeutsche wie ostdeutsche Frauen sind sich weitgehend einig: Beim Tanzen haben sie die meisten (West: 66 % — Ost: 64 %), im *Waschsalon* die geringsten Chancen (West: 6 % — Ost: 0 %) zum Kennenlernen. Der Waschsalon als Kontakt- und Kommunikationszentrum ist eine Legende.

Fast jede zweite junge Frau schätzt den eigenen *Arbeitsplatz* als besonders gute Gelegenheit für die gezielte Partnersuche ein. Am Arbeitsplatz „funkt" es vor allem in den neuen Bundesländern mehr (West: 40 % — Ost: 46 %) als etwa beim Sport im Fitnesscenter oder Verein (West: 45 % — Ost: 15 %), im Kino (West: 7 % — Ost: 6 %) oder in öffentlichen Verkehrsmitteln (West: 11 % — Ost: 5 %). Und je höher die berufliche Position — desto größer offenbar die Chancen zum gegenseitigen Kennenlernen. Leitende Angestellte messen den Kontaktmöglichkeiten im Beruf den höchsten Stellenwert bei, deutlich mehr als Beamte oder Angestellte. Für Arbeiter hingegen ist neben Tanzen (West: 58 % — Ost: 54 %) und Reisen (West: 52 % — Ost: 62 %) der beste Platz noch immer an der Theke (West: 47 % — Ost: 24 %). Deutlich wird auch dies: Weil es in den neuen Bundesländern weniger Kneipen, Kinos und Fitnesscenter gibt, sind auch die Kontaktmöglichkeiten geringer. So konzentrieren sich die ostdeutschen Bundesbürger bei der Partnersuche hauptsächlich auf Gelegenheiten beim Arbeiten, Tanzen und Reisen.

○ *Lieblingstänze der Deutschen: Disco-Fox im Westen, Langsamer Walzer im Osten*

Nicht Disco-Fieber oder Mambo-Rhythmen leiten die Tanzschritte der ostdeutschen Bevölkerung. Tonangebend ist vielmehr der Drei-Viertel-Takt des Langsamen Walzers. Die Ostdeutschen mögen diesen Tanz so gern, daß sie ihn als „ihren Lieblingstanz bezeichnen". Ganz im Unterschied zu den Westdeutschen, bei denen der Disco-Fox die Hitliste der Lieblingstänze anführt.

Die Bürger in den alten und neuen Bundesländern favorisieren gleichermaßen Standard-Tänze. Lateinamerikanische Tanzweisen vom Cha-Cha-Cha bis zum Mambo, vom Samba bis zur Rumba finden fast nur bei Jugendlichen

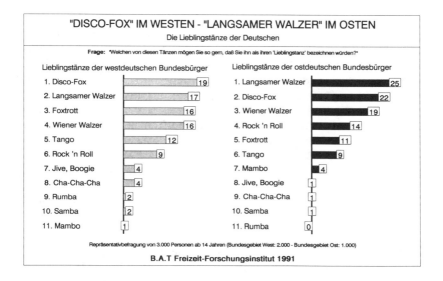

Anklang. Zwischen den einzelnen Generationen liegen Welten: Während drei Viertel der älteren Generation ab 55 Jahren den Langsamen oder Wiener Walzer zu ihrem Lieblingstanz erklären (West: 70 % — Ost: 76 %) und von Disco-Tänzen wenig wissen wollen, tauchen in der persönlichen Hit-Liste der 14- bis 19jährigen Jugendlichen eigentlich nur zwei Tänze auf: Disco-Fox und Rock'n Roll (West: 66 % — Ost: 75 %). *Beim Tanzen gehen sich die Generationen weitgehend aus dem Wege.* Der musikalische Brückenschlag zwischen den Generationen findet (noch) nicht statt.

Während sich auf diese Weise die verschiedenen Generationen auf dem Tanzparkett nicht unbedingt begegnen oder im Wege stehen, deuten sich zwischen den Geschlechtern schon eher „Konflikt-Potentiale" an, wenn „Er" nicht kann, was „Sie" eigentlich will: So haben deutlich mehr Frauen Freude an Walzerklängen, während die Männer am liebsten Foxtrott weitertanzen wollen.

○ *Jugend zwischen Tanzlust und Lebensfreude*

Rosa Zeiten für Diskotheken und Tanzstudios in den neuen Bundesländern: Fast die Hälfte aller ostdeutschen Jugendlichen im Alter von 16 bis 20 Jahren (47 %) geht mindestens einmal wöchentlich tanzen. Westdeutsche Jugendliche zeigen deutlich weniger Tanzbegeisterung. Nur etwa ein Viertel von ihnen (26 %) zählt Tanzen zu den wöchentlichen Freizeitvergnügungen. Doch auch im Westen nimmt das Tanzfieber wieder zu: In den letzten zwei Jahren ist der Anteil der jugendlichen „Tanzmuffel", die nie zum Tanzen gehen, um die Hälfte von 26 auf 13 Prozent gesunken. Tanzen ist ‚in' bei der Jugend.

Nicht jeder, der tanzen kann, ist auch mit seinen Tanzkünsten zufrieden. Der Anteil der Unzufriedenen wächst stetig — quer durch alle Altersgruppen. Dies trifft vor allem für die jüngere Generation zu. Noch 1975 äußerten lediglich ein Drittel der 16- bis 20jährigen ihr Unbehagen über die eigenen Tanzfähigkeiten; heute möchte eine deutliche Mehrheit der Jugendlichen (West: 54 % — Ost 60 %) „gern besser tanzen können". Das persönliche und gesellschaftliche Anspruchsniveau wird immer größer. *Der Freizeitmensch ist heute — auch als Tänzer — mehr gefordert.* Man ‚muß' sich offensichtlich auf dem Tanzparkett bewegen können, wenn man vor anderen bestehen oder von ihnen anerkannt sein will.

Zwischen Ost und West gibt es nur einen auffallenden Unterschied: Fast ein Viertel der Westdeutschen sind der Auffassung: „Tanzen könnte heutzutage für gesellschaftliche Verpflichtungen wichtig sein" (23 % — Arbeiter: 17 % — Leitende Angestellte: 39 %). Für die ostdeutsche Bevölkerung hat diese Sichtweise die geringste Bedeutung (7 %).

○ *Tanzschulen sind nicht nur zum Tanzen da*
Für schlechte Manieren brechen schlechte Zeiten an. Umgangsformen sind wieder gefragt. Und Tanzschulen sind nicht nur zum Tanzenlernen da. In dieser Auffassung sind sich die Bundesbürger in den alten und neuen Bundesländern einig. Es ist wichtiger, in der Tanzschule zu erfahren, wie man miteinander umgeht, als lediglich neue Modetänze kennenzulernen.

Wenn es nach den Wünschen der Bundesbürger geht, müßten die modernen Tanzschulen eigentlich eine Mischung aus Tanzstudio, Benimmclub und Festveranstalter sein. Zunächst einmal sollten in Grundkursen Standard-Tänze gelernt werden können — eine Forderung, die deutlich mehr von Ostdeutschen (68 %) als von Westdeutschen (56 %) erhoben wird. Westdeutsche Bundesbürger legen dafür besonderen Wert auf die Vermittlung von Umgangsformen (66 % — Ost: 50 %) — über alle Sozial- und Altersgruppen hinweg. Jüngere Leute sind daran genauso interessiert wie ältere, Männer genauso wie Frauen, Großstädter wie Landbewohner und Hauptschulabsolventen wie Abiturienten.

Deutliche Altersunterschiede sind jedoch bei der Beantwortung der Frage feststellbar, ob Tanzschulen auch Parties und Feste veranstalten sollten. Zwei Drittel der 14- bis 19jährigen Jugendlichen (West: 67 % — Ost: 65 %) halten solche „Feten" für unverzichtbar. Die Tanzschule ist für Jugendliche heute mehr als nur Kursanbieter. Die Tanzschule gilt auch als Jugendzentrum zum Treffen und Kennenlernen von Gleichgesinnten, für das Zusammensein mit Freunden und das gemeinsame Feiern von Festen, die allen Spaß und Freude machen. Für Jugendliche hat die Tanzschule die Bedeutung eines Treffpunkts, einer Disco und eines Freizeitclubs zugleich.

○ *Die neuen Freizeitorte der Zukunft: Tanzcafés und Dinnerdiscos*
Zum Tanzen braucht man in der Regel beides: Einen geeigneten Partner und eine passende Gelegenheit. Weil es offenbar an solchen Gelegenheiten man-

"TANZMUFFEL": MANGEL AN GELEGENHEITEN?

Jeder dritte Bundesbürger wünscht sich ein Tanzcafé am Wohnort

Frage: "Viele Menschen würden gerne öfter tanzen gehen, tun dies aber nicht aus Mangel an Gelegenheiten. Welche der folgenden Angebote und Möglichkeiten würden Sie persönlich gelegentlich oder öfter wahrnehmen, wenn sie an Ihrem Wohnort vorhanden wären?"

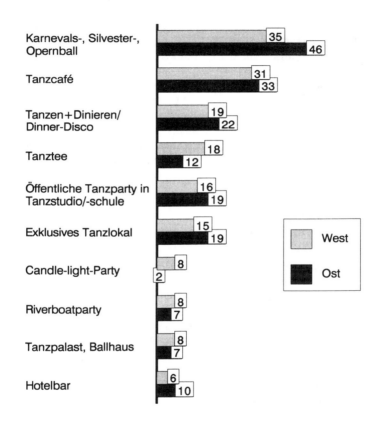

Repräsentativbefragung von 3.000 Personen ab 14 Jahren
(Bundesgebiet West: 2.000 - Bundesgebiet Ost 1.000)

B.A.T Freizeit-Forschungsinstitut 1991

gelt, werden viele Bundesbürger zum „Tanzmuffel wider Willen": Doch wenn es nach den Wünschen der Bevölkerung geht, müßte es in Zukunft neben den Discos für die Jugend auch Tanzorte für die mittlere und ältere Generation geben: Tanzcafés und Tanztees, exklusive Tanzlokale und Dinner-Discos zum Tanzen und Dinieren.

Gut ein Drittel der Westdeutschen und fast die Hälfte der Ostdeutschen wären schon zufrieden, wenn öfter Tanz-Bälle angeboten würden — ob Karnevals-, Silvester- oder Opernbälle. Und jeder dritte Bundesbürger wünscht sich Tanzcafés an jedem Wohnort. Die neuen Tanzstätten könnten die traditionelle Tanzkultur in den Städten wiederbeleben, die Wochenendflucht der Großstädter bremsen und der Verödung der Innenstädte entgegenwirken. Tanzcafés und Tanztees, exklusive Tanzlokale und öffentliche Tanzparties für alle in Tanzstudios und Tanzschulen würden ein Gegengewicht zur Monokultur der Jugend-Discos schaffen. Und das Freizeitleben in der Stadt könnte farbiger und attraktiver werden.

Wenig Anklang finden die vorhandenen Hotelbars. Sie sprechen offensichtlich nur bestimmte Gruppen und Schichten an. Singles und Höchstverdienenden erscheinen die Hotelbars als attraktive Freizeitorte; auf die übrige Bevölkerung aber wirken sie abweisend, unzugänglich und in der Regel auch kaum bezahlbar.

7.5 „Swinging World": Die neue Freizeitwelt

Es gibt kaum eine andere Freizeitaktivität, die wie das Tanzen so viel Freude und Genuß, Geselligkeit und Gesundheit gleichermaßen auf sich vereinigt, die so viel Leben und Lachen, Bewegung und Stimmung garantiert. Die Freizeitaktivität Tanzen ist zu einer Millionenbewegung geworden — jährlich kommen über eine Million Tanzbegeisterter hinzu.

Auch die mittlere und ältere Generation fühlt sich von der Faszination des Tanzes angezogen, wofür auch gesundheitliche Argumente sprechen. Wer eine Stunde lang tanzt, verbraucht in seinem Körper etwa 360 Kalorien. Um den gleichen Effekt zu erzielen, müßte man schon mindestens eine Stunde lang Holz hacken. Welcher Städter kann, ja will das schon?

So wandelt sich die alte Tanzschule zur neuen Freizeitwelt: „Swinging World" heißt das neue Zauberwort. „Swinging World" garantiert Bewegung und Kontakt, Gesundheit und Lebensfreude. Das neue Konzept spricht fast alle an: Wer will nicht einfach Spaß haben, mit anderen zusammensein, das erotische Knistern spüren und sogar etwas für die Gesundheit tun? So wird „Swinging World" zu einer attraktiven Freizeitwelt, die die Jungen zum „Step in" auffordert und die Älteren an „Let's dance again" erinnert. „Swinging World" wird zur Spielwiese, in der erlaubt ist, was sonst im Berufsalltag unmöglich ist. Tanzen ist dabei nur Anstoß, Medium und Vehikel zu gemeinsamer Freizeitaktivität. Teenager machen die Erfahrung: „Wer tanzen kann, findet leichter Anschluß". Und Midager wissen aus Erfahrung: Wer beruflich weiterkommen will, muß sich auch auf dem Parkett bewegen können.

In den 90er Jahren wird „Swinging World" eine *Mischung aus Tanzstudio und Freizeitclub, Sportshop und Modeboutique, Kneipe und Konzert, Infothek und Reisebüro* sein. Angeboten werden Tanzkurse und öffentliche Tanzveranstaltungen, Kostümfeste und Open-Air-Festivals, Candle-Light-Dinner und Dinner-Discos, Modevorführungen und Kunstausstellungen, Kosmetikkurse und Seminare über „Neue Gastlichkeit". Am Freizeit-Counter im Programmbüro kann man Karten für's Kino und Konzert vorbestellen, fertige Arrangements für einen kombinierten Theater- und Restaurantbesuch in Anspruch nehmen, Babysitter oder Tennispartner vermitteln lassen, einen Tagesausflug oder eine Shopping-Reise am Wochenende buchen und sich für eine gemeinsame Reise zum Opernball in Wien oder zum Karneval in Venedig anmelden.

Und die *Tanzlehrer*? Genauso wie die Tanzschule ihren „Schul"-Charakter ablegt und vielfältige Freizeitfunktionen übernimmt, entwickelt sich der ehemalige Tanz-„Lehrer" zu einem vielseitigen Freizeitberuf, mal *Tanztrainer* und *Choreograph*, mal *Animateur* für gesellige Tanzveranstaltungen oder *Inspirator* für neue Tanzformen, mal Manager und Clubchef, mal Barkeeper und Seelenmasseur, mal Berater für savoir vivre und Anreger für neue Lebensart.

Natürlich werden nicht alle allen etwas bieten können. Die einen konzentrieren sich auf die jungen Leute, die anderen mehr auf die reiferen Jahrgänge. „Swinging World", die Tanzschule in der neuen Freizeitwelt, wird für die Besucher zu einem Mittelpunkt ihres Freizeitlebens werden, aber die übrige Freizeitszene deswegen nicht entbehrlich machen. In der „Swinging World" dreht sich alles um das Tanzen — vom Tanzkurs bis zur Tanzmusik, vom Tanzfilm bis zum Besuch eines Opernballs. *Jede Tanzschule wird ihre eigenen Akzente setzen, sich auf ihre eigenen Stärken besinnen, ihr eigenes Gesicht und Profil gewinnen.* Und auch im Jahr 2000 wird die „Swinging World" kein Einheitsbrei, sondern ein Freizeit-Dach für vielfältige Aktionen und Aktivitäten sein.

Resümée für die Zukunft: Unter Jugendlichen gilt Tanzen als coole Zukunftsinvestition. Tanzen gehört zur Lebensplanung, ja wird als Teil der Allgemeinbildung angesehen. Mit dem Gefühl, gut tanzen zu können, steigt das Erlebnis und damit der Spaß am Tanzen. Tanzen ist „öffentlich", wirkt sich unmittelbar auf Selbstwertgefühl und Selbstsicherheit aus. Tanzschulen müssen daher Freizeitorte seien, wo man etwas für sich lernt und von dem Gelernten für das Leben profitiert — und dies in einer *Lernatmosphäre zwischen Freiwilligkeit und Freizeitfeeling* (ADTV / Melzer-Lena 1992).

In Deutschlands Tanzschulen herrscht Aufbruchstimmung. Die Tanzschulen entdecken ihre Freizeitqualität wieder — ein neues Lebensgefühl, in

Die 10 Gebote für die neue Tanzschule
Was die Bundesbürger von einer modernen Tanzschule erwarten

Frage: "An die moderne Tanzschule werden heute ganz unterschiedliche Anforderungen gestellt. Im folgenden finden Sie eine Reihe unterschiedlicher Forderungen an die moderne Tanzschule. Geben Sie bitte an, ob diese Anforderungen Ihrer Meinung nach wichtig oder weniger wichtig sind - auch unabhängig davon, ob Sie eine Tanzschule besuchen oder besucht haben."

Von je 100 Befragten finden wichtig:

1. Tanzen lernen muß allen **Spaß und Freude** machen — 92
2. In der Tanzschule muß eine lockere und ungezwungene **Atmosphäre** sein — 90
3. Tanzlehrer sollen **Ängste** und Hemmungen **abbauen** helfen — 85
4. **Tanzlehrer** sind vor allem als Person gefordert — 74
5. Tanzlehrer sollen Teilnehmer **persönlich** begrüßen — 66
6. Tanzschule muß mehr **Freizeiteinrichtung** als "Schule" sein — 64
7. Tanzschule muß geselliger **Treffpunkt** sein — 61
8. Tanzschule muß **Disco** und öffentliche Tanzveranstaltungen anbieten — 49
9. Zur Tanzschule müssen **Bar** und Gastronomie gehören — 44
10. **Beratung und Service** in Kosmetik, Mode, Reisen ist erwünscht — 20

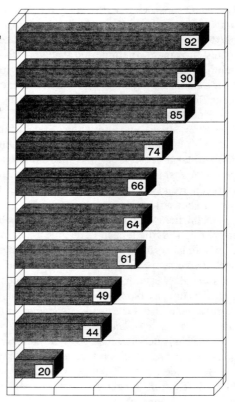

Repräsentativbefragung von 2.000 Personen ab 14 Jahren im Dezember 1988 im Bundesgebiet West

Quelle: B.A.T Freizeit-Forschungsinstitut

dem *Tanzen, Leben, Lachen* den Ton angeben. Von einer modernen Tanzschule erwarten die Bundesbürger ein Angebot, in dem Spaß und Freude (92 %) regieren, eine lockere und ungezwungene Atmosphäre (90 %) herrscht und in dem es Ängste und Hemmungen nicht mehr zu geben braucht (85 %). Drei Viertel der Bundesbürger vertreten die Auffassung ,,Tanzlehrer sind vor allem als Person gefordert" (74 %). Sie müssen mehr als tanzen können und sich auch für die ganz persönliche Begrüßung der Teilnehmer verantwortlich fühlen (66 %). Die neue Tanzschule muß eine Mischung aus Tanzstudio und Freizeitclub, Disco und Treffpunkt, Bar und Kneipe sein.

Erlebniswelt Tanzen Tanzfreude im sozialen Wandel				
Motive zum Tanzen	1975 West	1989 West	1991 West	1991 Ost
Fröhlichkeit, gute Stimmung	—	53	63	64
Fitness, Bewegung	78	60	57	58
Kontakte, Bekanntschaften	70	46	50	34
Entspannung	—	33	40	41
Abwechslungsreiche Freizeitbeschäftigung	—	38	36	25
Private Feste	69	24	29	19
Partnersuche	—	26	27	23
Sich austoben können	—	18	25	18
Gesellschaftliche Verpflichtungen	—	—	23	7
Urlaubskontakte	51	12	19	12
Einschätzung der eigenen Tanzfähigkeiten				
	1975 West	1989 West	1991 West	1991 Ost
Möchte besser tanzen können	20	23	26	31
Tanzfähigkeiten sind ausreichend	53	48	50	56
Tanzen interessiert mich nicht	26	28	23	12
Häufigkeit des Tanzengehens Zielgruppe: Befragte ab 16 Jahren				
	1975 West	1989 West	1991 West	1991 Ost
Mehrmals in der Woche	1	1	1	2
Ungefähr einmal wöchentlich	4	5	4	6
Ungefähr zweimal im Monat	7	5	5	6
Ungefähr einmal im Monat	11	7	8	8
Weniger als einmal im Monat	40	36	42	53
Nie	36	46	38	25

Repräsentativbefragungen von EMNID (1975) und B.A.T (1989, 1991) bei jeweils 2 000 Personen
Quelle: B.A.T Freizeit-Forschungsinstitut 1992

Tanzen entwickelt sich immer mehr zum Medium für Lebensfreude. Noch in den 70er und 80er Jahren waren Fitness und Bewegung die ganz persönlichen Antriebskräfte zum Tanzen gewesen. Heute ist ein Wandel von der physischen zur mentalen Bedeutung des Tanzens feststellbar: Wer gute Stimmung haben und fröhlich sein will, geht tanzen! Die heutige Freizeitkultur ist auch eine Tanzkultur. Jeder vierte Westdeutsche und fast ein Drittel der Ostdeutschen möchten besser tanzen können. Der Freizeitmensch ist auch als Tänzer/in gefordert.

7.6 „Die 10 Gebote der Swinging World": Die neue Erlebnis-Philosophie und ihre Umsetzung in die Praxis

Ob Tanz, Sport, Medien, Kultur oder Tourismus — in allen Erlebnisbereichen gibt es freizeitdidaktische Grundprinzipien, die es zu beachten gilt. Die folgenden „10 Gebote" haben *exemplarischen Charakter*. Sie sind vom Autor für die Konzeption einer neuen „Swinging World" entwickelt worden, können aber sinngemäß auf alle Erlebnisbereiche übertragen werden. *Ambiente, Atmosphäre, Animation*: Dies sind die Schlüsselwörter für ein erfolgreiches Marketing von Erlebniswelten.

**1. Gebot:
Fang bei Dir selber an**

Nimm jeden Besucher so, wie er ist.
Fördere seine Stärken und fordere nicht,
daß er seine Schwächen kaschieren muß.
Gib ihm zu erkennen, daß auch für Dich
Ängste, Hemmungen und Fehler menschlich
sind.
Sieh in jedem Besucher Deinen Partner.
Handle nie gegen seine Interessen.
Hol jeden Besucher bei seinen Interessen und
Fähigkeiten ab.
Trau ihm unbedingt Können und eigene
Entscheidungen zu.
Hilf ihm, seine Stärken und Fähigkeiten zu erkennen und dazu, daß er sie später auch allein verwirklichen und weiterentwickeln kann.

**2. Gebot:
Empfangssituation
arrangieren**

Gib dem Besucher
das Gefühl,
daß er willkommen ist.
Der Eingangsbereich
der SWINGING WORLD
muß einladend
und im wahrsten Sinne
des Wortes
"entgegenkommend" sein:
Räumlich, atmosphärisch,
persönlich.
Der Besucher soll sich beim
Betreten des Hauses
wie in einer Empfangssituation
aufgenommen fühlen.
Er muß sich frei und ungezwungen bewegen können, ohne sich verloren vorzukommen oder kontrolliert zu fühlen. Und dennoch muß das Personal permanent ansprechbar sein.

3. Gebot:
Für Atmosphäre des Wohlfühlens sorgen

Eine Atmosphäre des Wohlfühlens ("well-being") kommt in der Regel nicht von selbst. Sie muß geschaffen werden. Klima, Stimmung und Geist eines Hauses prägen die Atmosphäre. Das "Klima" wird durch Belichtung, Musiktechnik und Akustik, Ausstattung und Komfort bestimmt. Die "Stimmung" ist mehr sozialpsychologischer Art, beinhaltet Freundlichkeit und Fröhlichkeit, Verständnis und Vertrauen, Offenheit und Aufgeschlossenheit, Sympathie und menschliche Wärme.
Der "Geist" spiegelt sich in der SWINGING WORLD-Philosophie wider, in den Konzepten, Ideen und gemeinsamen Zielsetzungen. Ein bildhafter Vergleich mit einem Motor bietet sich an: Die Atmosphäre ist das Öl, das den verschiedenen Motorteilen ein ruhiges und störungsfreies Funktionieren ermöglicht.

4. Gebot:
Durch Animation zum life-long-dancing motivieren

Animation in der Bedeutung des französischen Wortes "animer" (beseelen, beleben) soll die Besucher in Stimmung bringen, faszinieren und begeistern.
Mit Methoden der Animation wird Tanzenlernen leicht gemacht, macht Tanzen Spaß - auf Dauer und nicht nur für den Augenblick.
Ein(e) Tanzlehrer(in), die/der zur lebenslangen Freude am Tanzen ("Lifetime-Tanz") motivieren will, muß als Person begeistern und als Animator(in) mitreißen können.
Sie/er muß Autorität, Können und Fachwissen zurücknehmen und umso mehr Enthusiasmus, Engagement und Lebensfreude einbringen können, damit die Besucher Spaß am Tanzen bekommen und behalten. Animation muß zum didaktischen Grundprinzip werden, um individuelle Ängste und Unsicherheiten der Besucher abzubauen.
Als Animator(in) "spürt" man, was zu tun (bzw. was zu unterlassen) ist, wenn Besucher Furcht vor Fehlern äußern und Sicherheit suchen.

5. Gebot:
Geschlossene und offene Kurse gleichzeitig anbieten

Wer die SWINGING WORLD besucht, will nicht nur tanzen lernen. Geschlossene Kurse mit festen und festgelegten Inhalten bleiben die Basis jeder Tanzschule. Daneben aber sind offene Wahlangebote zu machen, die flexibel auf aktuelle Bedarfe reagieren: Von Mambo bis Tango, von Steptanz bis Bauchtanz. SWINGING WORLD ist immer beides: Tanzschule und Tanz-Treff, in deren Mittelpunkt Bewegung, Kontakt und Lebensfreude stehen.
Hier dreht sich alles um das Tanzen - vom Tanzkursus bis zum Tanzkreis, von der Tanzmusik bis zum Tanzfilm.

6. Gebot:
Mit attraktiven Veranstaltungen die neue Freizeitwelt erlebbar machen

Ein Trend zur Abkehr von der Monokultur zur Angebotsvielfalt von Freizeiteinrichtungen zeichnet sich ab. Im Freizeitbad will man nicht nur schwimmen, in der Fußgängerzone nicht nur einkaufen und in der neuen Freizeitwelt SWINGING WORLD nicht nur tanzen. Attraktive Freizeiteinrichtungen zeichnen sich durch Motivbündelungen aus, in denen mehr als "ein" Freizeitbedürfnis befriedigt werden kann. Je mehr Bedürfnisse gleichzeitig angesprochen werden (z.B. Tanzen + Bewegung + Entspannung + Gesellikeit + Spaß usw.), umso größer ist die Anziehungskraft für die Besucher. SWINGING WORLD muß daher eine Mischung aus Tanzstudio und Freizeitclub, Sportshop und Modeboutique, Kneipe und Konzert, Infothek und Reisebüro sein.
Natürlich werden nicht alle allen etwas bieten können. Jede Tanzschule wird ihre eigene Akzente setzen, sich auf ihre eigenen Stärken besinnen, ihr eigenes Profil gewinnen. In der neuen Freizeitwelt kann jeder etwas und zugleich sich selbst erleben, zu jeder Zeit und jeder Musik selber tanzen oder andere tanzen sehen.

7. Gebot:
Die Gastronomie zur Gastrosophie werden lassen

Die kulinarischen Genußbedürfnisse der Freizeitkonsumenten werden immer anspruchsvoller. Die Physiologie des Essens und Trinkens wird zusehends durch die Psychologie von Ambiente, Animation und kultivierter Gastlichkeit ersetzt. Bar und gastronomisches Angebot der SWINGING WORLD müssen nicht nur kulinarischer Mittelpunkt, sondern auch und gerade Kommunikationszentrum sein. Hier kann man sich versammeln und doch auch für sich sein, an Gesprächen teilnehmen oder zuhören, unter Menschen und in der Clique sein, sich freundlich bedienen und verwöhnen lassen. Die SW-Gastronomie muß zu einer Symbiose von Trinkgenuß, Eßkultur und Lebensstil werden, Anlässe und Gelegenheiten schaffen, wo man Angenehmes mit Nützlichem, Ernstes mit Heiterem verbinden, Kontakte suchen und Kontakte finden kann. Das gastronomische Angebot muß selbst zur Erlebnisphilosophie werden. Die SW-Gastronomie muß sich zur Gastrosophie wandeln.

Fast alles, was in der Freizeit Spaß macht, ist auch mit Konsum verbunden: Vom Shopping bis zum Essengehen, vom Kinobesuch bis zum Tanzengehen. So wie ein Sportgeschäft Gymnastikkurse und Skireisen anbietet, so muß auch zur Serviceleistung der SWINGING WORLD das gesamte Erlebnisumfeld des Tanzens gehören: Tanzveranstaltungen und Tanzwettbewerbe, Schuhe, Schallplatten und modisches Accessoire, Kosmetik- und Ernährungskurse, Modevorführungen und "Neue Gastlichkeit", die Reise zum Karneval oder Opernball. Was an Freizeitprodukten zum Verkauf angeboten wird, muß stimmig und glaubwürdig sein und die Beziehung zur Welt des Tanzens erkennen lassen. Für die Käufer muß immer der Servicecharakter sichtbar sein - in kultivierter Form: Niveauvoll, modisch aktuell und über eine besondere "Service-Card" bequem und preiswert.

8. Gebot:
Verkauf und Vertrieb als kultivierte Form sozialer Dienstleistung verstehen

9. Gebot:
Als Inhaber(in) für die SWINGING-WORLD-Identität verantwortlich sein

Jede(r) Inhaber(in) soll für "ihre"/"seine" Unternehmensidentität ("Corporite Identity") sorgen und dadurch dem Besucher die Entwicklung von Zugehörigkeitsgefühlen und Identifikationsmöglichkeiten erleichtern. Jede SW-Tanzschule muß ein unverwechselbares Gesicht haben und ein typisches SWINGING-WORLD-Image ausstrahlen. Dies setzt eine einheitliche Gestaltung voraus: Leuchtreklame und Schaukästen, Programme, Briefpapiere und Visitenkarten, Fassade und Innenraumgestaltung müssen der SWINGING- WORLD-Identität (SWI) - farblich, sprachlich und konzeptionell - entsprechen oder ihr zumindest sehr nahekommen.

Dies gilt auc den ganze des Hau für da Betrie und Un tor zv de Ein Freizeitangebot ist immer dann attraktiv, wenn es bei den Besuchern auch "persönlich ankommt", was sich in der Mund-zu-Mund-Propaganda und dem hohen Weiterempfehlungscharakter widerspiegelt. Die Tanz-"Lehrer"-Funktion bleibt nach wie vor wichtig - doch müssen neue Qualifikationen hinzukommen, die den wachsenden Freizeitwünschen der Besucher Rechnung tragen .

10. Gebot: | geht vor
Qualifikation | Investition

Die Freizeitattraktivität einer Tanzschule, die in Konkurrenz zu anderen Freizeiteinrichtungen vom Kino bis zur Kneipe steht, hängt entscheidend von der Qualifikation des Personals ab.

Mängel in der fachlichen und didaktischen Qualifikation lassen sich nicht durch aufwendige Investitionen ersetzen.

Die Mitarbeiter sind auch als Ansprechpartner, Programmgestalter und Freizeitberater gefordert. Die Teilnahme an Fortbildungskursen, Workshops und Seminaren ist unerläßlich.

Ebenso notwendig ist die psycho-soziale Stabilisierung durch regelmäßige Erfahrungsaustausche und Trainingsseminare, wenn verhindert werden soll, daß sich die professionell Kontaktfähigen selbst am einsamsten fühlen.

8. Erlebniswelt Ausgehen: „Shopping. Kino. Essengehen"

8.1 Shopping als Schatzsuche

Das Ende des Einkaufens steht unmittelbar bevor: Dieser Eindruck drängt sich auf, wenn man amerikanischen Zukunftsforschern Glauben schenken will. Nach Faith Popcorn beispielsweise werden schon in wenigen Jahren („im Jahr 2000") alle Familienmitglieder von einer Stelle aus einkaufen. Anstatt in den Laden zu gehen, werde der Laden zu ihnen kommen. Das gewohnte Einkaufen werde über den computergesteuerten Einkaufsbildschirm erledigt (Popcorn 1992, S. 206). Dies muß wie eine maßlose Überschätzung technologischer Möglichkeiten erscheinen. In jedem Fall aber ist es eine maßlose Unterschätzung der erlebnispsychologischen Wünsche von Konsumenten.

Die verbraucherorientierte Revolution findet nicht auf der Technik-, sondern auf der Erlebnisebene statt. Das Einkaufen wird zum Erlebnis in einer Mischung aus Jahrmarkt, Basar, Spektakel und Theater. Einkaufszentren gleichen dann eher inszenierten Erlebnislandschaften. Die Einkaufswelt wandelt sich in Zukunft immer mehr zur Erlebniswelt. Ausgehen und Shopping werden zum Synonym für Erlebniskonsum. Nicht der Geldbeutel lenkt das Flanieren in Malls und Passagen, das Auf und Ab in Warenhäusern und Einkaufszentren — es sind die Sinne: Der Spaß am Bummeln, die Freude zu sehen und zu hören, zu fühlen und zu schmecken. Einkaufen, um den Bedarf zu decken, und Shopping als Entdecken und Erleben — das sind zweierlei Beschäftigungen. Ersteres ist mit Lebensnotwendigem verbunden, letzteres mit Lebensfreude.

Kaufkraft-Killer Nr. 1: Einkaufen als Streß-Rallye
Wie wirkt sich die neue Lebenslust auf die Kaufkraft aus? Nach vorliegenden Untersuchungen fühlen sich immer mehr Bundesbürger beim Einkaufen, insbesondere bei Geschenkeinkäufen gestreßt (B.A.T Freizeit-Forschungsinstitut 1984: 49 % — 1989: 55 %). Am meisten klagen junge Familien mit Kindern über Streßbelastungen beim Einkauf. Die persönlichen Äußerungen sprechen für sich:

○ „Einkaufen wird immer anstrengender".
○ „Ich kriege Platzangst".
○ „Ich möchte auch einmal in Ruhe schauen, ohne zu kaufen".

Hier braucht sich niemand zu wundern, wenn Einkaufen als Streß-Rallye empfunden wird.

Kaufkraft-Killer Nr. 2: Einkaufen bei Wind und Wetter
Wie konsumfreundlich werden in Zukunft noch wetterabhängige Einkaufsstraßen sein? Die Wetterempfindlichkeit der Verbraucher wächst im glei-

chen Maße wie der Trend nach draußen („out ist in") zunimmt. Mehr Freizeit und mehr Urlaub haben die Verbraucher nicht nur anspruchsvoller, sondern auch empfindsamer und empfindlicher für Atmosphärisches gemacht. Wo Wetterunabhängigkeit nicht garantiert werden kann, reagieren die Verbraucher auf Nässe, Kälte und Unbehaglichkeit durch Abstimmung mit den Füßen — sie gehen oder kommen erst gar nicht wieder.

Der Verbraucher von morgen will das Einkaufserlebnis ungestört genießen — wettergeschützt in behaglicher Atmosphäre, die zum Wohlfühlen und Verweilen einlädt. Daraus folgt: *Die Zukunft gehört den klimatisierten Shopping-Landschaften*, den Einkaufspassagen und Fußgängerzonen unter Dach, den Straßencafés und Wochenmärkten mit Glaskuppeln oder Zeltdach-Konstruktionen. Überdachte Einkaufsstraßen werden zum Mittelpunkt für urbanes Leben, bei dem Lebenslust die wichtigste Voraussetzung für Kauflust ist.

Der Einzelhandel steht in den nächsten Jahren vor seiner größten Herausforderung. In dieser Situation kann die Kurzformel „Shopping als Erlebnis" zur Überlebensformel für den Einzelhandel werden: Wenn sich also die Einkaufszentren zu Erlebniszentren wandeln, in denen sich Leben ereignet und abspielt, wo man einkaufen kann, aber nicht konsumieren muß, wo Einkaufen beinahe nebenbei erledigt wird. *Die Ökonomie des Kaufens und Verkaufens muß zur Psychologie von Ambiente und Animation werden*.

Der Phantasie einer neuen „Erlebniswelt Shoppingcenter" sind keine Grenzen gesetzt. Es reicht in Zukunft nicht mehr aus, statische Ausstellungsgegenstände in eine Einkaufspassage zu stellen; sie müssen durch *Animationsprogramme* ergänzt und erweitert werden. Dies können auch spektakuläre Aktionen sein, wie das Beispiel eines Remscheider Einkaufszentrums (vgl. Rausch 1990, S. 192) beweist:

> Mitten in der Urlaubszeit im Juli lief die Aktion „Der Dschungel ruft". Zwanzig Tage lang lebte Tarzan in einem Buschhaus und ließ halbstündlich den Dschungelruf bzw. Tarzanschrei durch das Shoppingcenter erklingen — umgeben von ausgestopften Tieren und Dschungelambiente. Von morgens 7 bis abends 19 Uhr, auch sonntags von 11 bis 19 Uhr sammelten sich zu jeder halben Stunden etwa 200 bis 500 Menschen um das Baumhaus herum. Tarzan war drei Wochen lang „das" Stadtgespräch und „der" Star von Remscheid.

Erlebnismarketing läßt Ereignisse im Umfeld von Produkten zum *Stadtgespräch* werden. Die Ausstrahlung nach draußen und die Breitenwirkung können genauso wichtig wie das eigentliche Ereignis sein: Die Erlebnismarketing-Rechnung geht auf, wenn auch Dritte, die gar nicht dabei waren, davon hören oder gar darüber sprechen.

Eine Erlebniswelt bieten, heißt, einen *zentralen Anziehungspunkt* schaffen. Erfolgreiche Erlebniskampagnen orientieren sich an dem breiten Interessenspektrum der Konsumenten wie z.B.

○ *Natur- und Umweltbewußtsein*
 („Natur pur", „Lebendige Wüste")
○ *Technikinteressen*
 („Handwerk hat goldenen Boden", „Geistesblitze aus 500 Erfinderjahren"
 oder „Experimenta: Wer ausprobiert — weiß, wie es funktioniert")
○ *Abenteuerlust*
 („Goldfieber" oder „Den Indianern auf der Spur").

Die zahlreichen Einkaufspassagen in den Städten wandeln sich zum bunten Basar, der zum Flanieren, Schauen und Gesehenwerden animiert - mit dem Flair von Luxus und Überfluß, von dem viele träumen. Dieses Flair gibt den Passanten das Gefühl des Dabeiseins, bestätigt sie, wertet sie persönlich auf. Und mit dem entstehenden Selbstwertgefühl wächst auch die Identifikation. Doch die Atmosphäre muß stimmen. Freundliche Farben müssen dominieren, nicht aber kalte Pracht.

Shopping wird zur modernen Schatzsuche — der zufällig gefundene exotische Schal oder das überraschende Zusammentreffen mit alten Freunden — das macht den Reiz des Erlebniskonsums aus. Es ist das Begreifen des Lebens als Basar. Und die Zauberworte für den Einkaufsbummel heißen immer wieder: *Ambiente und Animation.*

Die gesamte Einzelhandelslandschaft wird sich auf diesen Wandel zum Erlebniskonsum einstellen müssen. Der Trend zum Shopping als Freizeiterleben (anstelle des Einkaufens als lästiger Pflicht) wird das atmosphärische Einkaufsumfeld grundlegend verändern, weil sich die Verbraucher wohlfühlen und beim Konsumgenuß länger verweilen wollen.

Ambiente und Animation zielen auf eine neuartige Präsentation, bei der nicht einfach Waren angeboten und verkauft, sondern sichtbar und erlebbar gemacht werden. *Die Warenpräsentation wird zum visuellen Kauferlebnis („Visual Merchandising"),* gleicht einer Inszenierung attraktiver Lebensstile und wirkt wie eine spannende Dramaturgie emotionaler Höhepunkte. Im Idealfall löst jeder einzelne Warenkontakt eine Faszination beim Verbraucher aus.

Was sich schon bei den Freizeitkonsumenten im Do-it-yourself-Bereich entwickelt hat — immer mehr Hobbybastler und Hobbyköche legen Wert auf professionelles Werkzeug — gilt zunehmend auch für den übrigen privaten Verbrauch: Die Verbraucher werden immer anspruchsvoller, stellen geradezu professionelle Ansprüche an Qualität und Originalität, an Spezialisierung und zielgruppenorientierte Sortimente, an Farben und Farbschattierungen. Resümee: Wer heute und morgen dem Wertewandel der Verbraucherwünsche voraus sein will, muß im Angebot entweder der billigste oder der beste sein, das *Handwerk der Bedarfsdeckung* oder die *Kunst der Bedarfsweckung* beherrschen. Auf die Handwerker werden wir in Zukunft nicht verzichten können und auf die Künstler nicht verzichten wollen.

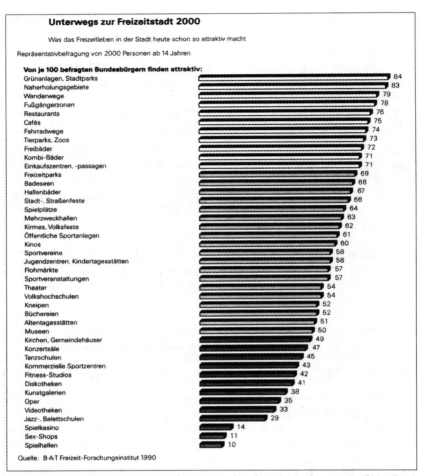

Was macht das Freizeitleben in einer Stadt heute so attraktiv. Auf den Punkt gebracht: *Parks, Passagen, Pubs und Pinten sind die liebsten Freizeitorte der Deutschen.* Hier können sie entspannen und etwas erleben, Kontakte finden und konsumieren. Die beliebtesten deutschen Freizeitorte werden angeführt von Stadtparks, Grünanlagen, Naherholungsgebieten und Wanderwegen, Fußgängerzonen, Einkaufszentren, Einkaufspassagen und Restaurants. Die Stadt wird zum Erlebnisraum.

Mit über 2 km Länge hat beispielsweise Hamburg ein unvergleichliches Netz von Ladenpassagen geschaffen, das täglich Tausende von Passanten anzieht. Diese Vernetzung bedeutet eine *neue Qualität des Erlebniseinkaufs*, eine Multiplikation (und nicht bloß Addition) des Einkaufserlebens. Während draußen das nächste Tief vorbeizieht, schlendern die Passanten im Trockenen. Die Stimmung ist entspannt, unbeschwert, heiter, fast wie im Urlaub. Sie sind aufgeschlossen für neue Konsumanregungen. Und weil sie innerlich gelöst sind, sitzt auch ihr Geldbeutel locker.

Der Erlebniskonsum beim Einkaufen wird zum Symbol für urbane Kommunikation, für öffentliche, also allgemein zugängliche, für flüchtige und dennoch vertraute Kommunikation — durchaus vergleichbar mit der Atmosphäre von Jahrmärkten und Stadtfesten. Die Besucher kommen nicht nur mit festen Kaufabsichten, sondern gehen auch *zum Bummeln und Leutetreffen* in die Shopping-Center. Dieses kommunikative Einkaufsbummel-Erlebnis findet man nur selten auf der ‚grünen Wiese', d.h. *Erlebniskonsum findet zunehmend in der City statt.* Konsumiert wird eher „beiläufig" (Commandeur/Nokielski 1979, S. 167), beim Flanieren und Vorbeischlendern.

Die Einkaufswelt von morgen ist eine urbane Freizeitwelt, die sich auf erstklassige Standorte in den Innenstädten konzentrieren wird. *Gesucht wird der erlebnisbetonte Warenkontakt* in ansprechender Atmosphäre, um verweilen und sich wohlfühlen zu können. Beim Shopping nicht gehetzt zu werden, ist ein wesentlicher Bestandteil des Erlebniseinkaufs. Ladenpassagen verzichten bewußt darauf, nur die Alltagswirklichkeit zu verdoppeln. Konkret: Eine Hausfrau, die tagsüber gehetzt den Haushalt führt, das Essen zubereitet und andere bedient, geht nicht aus, um andere gleichfalls gestreßt arbeiten und bedienen zu sehen. Sie sucht den Kontrast zum Alltag, die ganz andere Kulisse und — wenn es sein muß — auch ein Stück Illusionierung: Farben, Formen, Fantasie.

Optische Reize wie z.B. die Holografie, das 3 D-Bildmedium, sorgen für außergewöhnliche Highlights der Werbung: Seh-Erlebnisse gegen Bilder-Flut. Der sinnliche Erlebnischarakter wird fundamental. Auch Duftstoffe (z.B. Duftdrucke) gehören dazu. Der Erlebniskonsument will einfach intensiver leben. Insbesondere holografische Kommunikationsmittel ermöglichen dreidimensionales Erleben zwischen Sinnesfreude und Lebensgenuß.

Wer Shopping und Bummeln geht, will sich in Ruhe bedienen, beraten oder verwöhnen lassen. Es ist das Andersartige, der Ortswechsel und die Animation zum Rollenwechsel — das versetzt die Seele in Schwingungen. *Die Einkaufswelt von morgen wird eine Stätte demonstrativen Müßiggangs sein* — als Kontrast zur eigenen Behausung. In ihrer architektonischen Gestaltung richtet sie sich gegen die Einseitigkeit des bloß Funktionalen in der „gewöhnlichen" Wohn- und Arbeitsumgebung. Über das rein Zweckhafte hinaus ersetzt sie Einfachheit durch Großzügigkeit, durch Repräsentatives mit einer Spur von Vergeudung und Verschwendung. Sie wirkt in Anmutung und Ausstrahlung wie eine Insel, die der Brandung des Alltags standhält. Sie verkörpert die *Wunschvorstellung vom „besseren Leben".* Sie hält Hoffnungen und Wünsche wach, ohne die Menschen nicht leben können. *Einkaufen wird zur Arbeit, Shopping zum Freizeitvergnügen und Konsumieren zum Lebensgenuß.* Dieser Genuß wird allerdings zum Verdruß, wenn der Weg zum Erlebniskonsum erst einmal im Stau beginnt. Die Einkaufszentren müssen bequem erreichbar sein — mit welchem Verkehrsmittel auch immer. Zum Erlebnismarketing der Zukunft gehört eine weitsichtige Verkehrsplanung, die *Verkehrsströme im Freizeit und Einkaufsverkehr* nicht aus dem Blick verliert.

Die Freizeit richtig genießen können...
Lebensfreude siegt über Bescheidenheit

Welche Merkmale und Eigenschaften nach Meinung der Bevölkerung „für den Freizeitgenuß am wichtigsten" ist:

1. Lebensfreude	(97 %)
2. Heiterkeit/Fröhlichkeit	(94 %)
3. Aufgeschlossenheit	(91 %)
4. Kontaktfähigkeit	(90 %)
5. Selbstvertrauen	(88 %)
6. Ehrlichkeit/Offenheit	(85 %)
7. Toleranz	(83 %)
8. Selbständigkeit	(79 %)
9. Höflichkeit	(79 %)
10. Spontaneität	(77 %)
11. Nachsicht/Rücksicht	(76 %)
12. Selbstbeherrschung	(74 %)
13. Kritikfähigkeit	(63 %)
14. Bescheidenheit	(52 %)

Repräsentativbefragung von 4 000 Personen ab 14 Jahren
Quelle: B.A.T Freizeit-Forschungsinstitut 1992

8.2 Vom Schachtelkino zum Erlebniscenter

Die Zahl der Unternehmen in der westdeutschen Filmwirtschaft ist von 1980 bis 1988 um 119 Prozent gestiegen. Dabei sind die Videotheken noch nicht mitgerechnet, die nach der offiziellen Arbeitsstättenzählung nicht zur Filmwirtschaft gehören.

Das Münchener Institut für Jugendforschung ermittelte, daß heute Kinder und Jugendliche in immer früheren Jahren in Fast-Food-Restaurants, Kneipen und Kinos gehen. Fast stereotyp beschreiben 12- bis 16jährige Jungen und Mädchen die Palette ihrer Freizeitaktivitäten: „Wir treffen uns und überlegen, was wir machen — ob wir ins Kino gehen oder zum Griechen..." (IJF 1992, S.

5). Beim Stichwort „Freizeit" werden spontan fast ausschließlich Aktivitäten genannt, die „außer Haus" und „mit Freunden" stattfinden.

Mit der Ausbreitung des Freizeitwohlstands hat sich auch die Kinolandschaft verändert. Für Jugendliche und junge Leute kann das Outfit eines Kinos genauso wichtig wie der Inhalt des Films werden. *Das LichtSpielTheater wandelt sich zum FreizeitErlebnisCenter.*

Die Attraktivität des Kinobesuchs ist stark abhängig von äußeren Rahmenbedingungen — z.b. vom Konkurrenzdruck durch Video und private TV-Programme (vergleichbar der Kinokrise in den 60er und 70er Jahren). Auch die ökonomischen Folgen der Deutschen Einheit (z.B. durch Steuererhöhungen) sind im einzelnen nicht voraussehbar. Und schließlich wird sich ebenso die demographische Entwicklung auswirken, weil es weniger Jugendliche und junge Leute gibt. Das Kino wird sich nur durch *Attraktivitätssteigerungen* diesen Entwicklungen entziehen können, z.B. durch *neue Angebotskonzepte.* Wenn beispielsweise heute jeder fünfte Bundesbürger (West: 19 % — Ost: 22 %) statt eines Besuchs in der Disco lieber ein Lokal aufsuchen würde, in dem *„Tanzen + Dinieren"* gleichzeitig möglich sind, so muß auch das Kino der Zukunft der mittleren und älteren Generation mehr Aufmerksamkeit schenken. Das könnte beispielsweise eine *Kombi-Karte für Kinobesuch + Essengehen* im gleichen Haus oder um die Ecke sein - *von der Platzreservierung bis zum Welcome-Cocktail* (mit Anspruch auf ‚Stammplatz' und ‚Stammgetränk'). Neue Zielgruppen verlangen neue Marketingstrategien.

In den nächsten zehn Jahren werden die Kinos einen neuen Ansturm erleben. Die Zahl der Kinointeressenten kann sich fast verdoppeln. Vor allem für die jungen Leute wird der *Konsum-Dreiklang von „Shopping. Kino. Essengehen"* zur liebsten und teuersten Freizeitbeschäftigung, die sich auf die Zeit zwischen Donnerstag und Sonntag konzentriert. *Von dem Anstieg der Besucherzahlen werden im Jahr 2000 vor allem neuartige Mammutkinos amerikanischen Stils („Multiplexe") profitieren,* die dann zwischen Popcorn und Pizzeria, Panorama-Leinwand und Dolby-Sound rund 3000 Besuchern komfortabel und klimatisiert Platz bieten, ohne daß es zu Gedränge kommt: Denn alle Filme starten unterschiedlich *im Zehn-Minuten-Takt.*

Und die nächste Kino-Generation steht schon vor der Tür: Nach Multiplex kommt vielleicht das Imax-Superkino, in dem das Publikum „mitten im Geschehen" vor einer 16 mal 22 Meter großen Rundleinwand sitzt. Das im Deutschen Museum/Forum der Technik in München installierte Superkino vermittelt seit Herbst 1992 dem Betrachter *perfekte Illusionen.*

Mit den Kino-Giganten müssen die Kleinen nicht sterben, wenn die lokale Filmszene mit der Zeit geht und ihr Angebot mit den sich wandelnden Freizeitbedürfnissen der Besucher verändert: „Wenn wir beispielsweise einen griechischen Film spielen, organisieren wir einen griechischen Koch und servieren griechische Getränke. Außerdem veranstalten wir Modeschauen..." Das veränderte Angebot in dem kleinen österreichischen Ort Offensheim in der Nähe von Linz ließ die Besucherzahl binnen eines Jahres von 7 000 auf 12 000 ansteigen (Kaspar 1990, S. 15)

Ambiente und gastronomisches Angebot zwischen Sekt und Selters, Popcorn und Lachs können in Zukunft genauso lohnenswert sein wie der Verkauf von Kinokarten. Vor dreißig Jahren lagen die durchschnittlichen Ausgaben für Kinoverpflegung bei etwa 20 Pfennig; heute werden durchschnittlich fünf DM pro Besuch ausgegeben. Für die Zukunft ist absehbar: Im gleichen Maße, wie sich Tankstellen zu Servicecentern wandeln, entwickeln sich Filmtheater zu Erlebniscentern, bei denen die Nebenausgaben den Preis der Eintrittskarten erreichen oder übertreffen können. *Cineastisches und Lukullisches gehören zusammen.* Der Film wird zum Einstieg in einen erlebnisreichen Abend mit Genuß für den Konsumenten und Gewinn für den Unternehmer. Erlebnisse live zwischen Premiere, Promotion, Präsentation und Profit.

8.3 Von der Gastronomie zur Gastrosophie

Die Zeit der großen Gelage sei endgültig vorbei. So befand unlängst die Pariser Tageszeitung „Le Figaro". Die Ausbreitung von Fast-Food-Ketten und das Vordringen von Fertiggerichten drohe das Bild von der feinen französischen Küche ins Wanken zu bringen. Rein statistisch gesehen bringe der Franzose nur noch eine halbe Stunde beim Mittagessen zu. Im Land des guten Geschmacks gehe der Sinn für das Raffinierte und Genußvolle langsam verloren.

Das Leben hat sich in den letzten beiden Jahrzehnten so gewandelt, daß man sich über den Wandel auf den französischen Tellern nicht zu wundern braucht. Die Ästhetik setzt sich gegenüber dem guten Geschmack durch: Alles schön übersichtlich. Small is beautiful. Wassertrinken und hungerstillende Salate feiern Wiederauferstehung. Und die Tafelfreude wird fast wie eine Sünde aufgerechnet. Zur Rettung des Geschmacks fehlt nur noch die Empfehlung von Gourmet-Experten: „Reden Sie nicht beim Essen. Schließen Sie die Augen. Genießen Sie ... und vor allem essen Sie nicht". Sokrates würde sich im Grabe umdrehen. Er gab einst als Lebensphilosophie aus: „Wir leben nicht, um zu essen; wir essen, um zu leben". Vom Symposium in der Antike zum Essengehen in den 90er Jahren ist wohl nur ein Schritt. Wir liegen ganz im Trend der neuen Zeit: In der Arbei kann es nicht intensiv genug, beim Mittagessen nicht schnell genug und abends nicht exklusiv genug zugehen. Tagsüber versorgen wir uns mit dem Lebensnotwendigen und beim Abendessen werden wir zum Erlebniskonsumenten.

Essen und Trinken verlieren zunehmend ihren instrumentellen Charakter, werden zu *Vehikeln des freizeitorientierten Erlebniskonsums* — von der „Lust

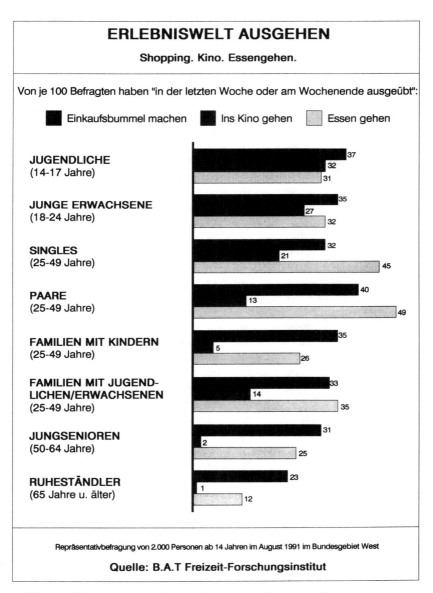

auf Kochen" bis zum „Genuß statt Sättigung". Eßkultur und Lebenskultur vermischen sich, unterschiedliche Ernährungsstile bestehen nebeneinander. „Yoghurt", „Hamburger" und „Champagner" schließen sich nicht mehr gegenseitig aus (vgl. GfK 1986).

Für den gesamten Vorgang des Kochens werden nach Untersuchungen (B.A.T Freizeit-Forschungsinstitut 1992) im Durchschnitt nur mehr *93,9 Minuten pro Tag* aufgewendet, z.b. 10 Minuten für das Frühstück, 63 Minuten für das Mittagessen und 21 Minuten für das Abendessen. Dieser Durchschnittswert aber täuscht. Freitags, wenn Gäste vor der Tür stehen, werden satte 111 Minuten Kochzeit investiert. Umso spartanischer geht es dann montags zu: 77,3 Minuten reichen für den ganzen Tag. Reste-Essen ist angesagt.

Der Durchschnittswert täuscht aber noch in einer anderen Hinsicht. Auf den ganzen Tag bezogen benötigt ein gutes Drittel aller Frauen (35 %) als Zeitaufwand für das Kochen nicht einmal eine Stunde. Bei den Singles und Alleinlebenden sind es gar 49 Prozent, die sich mit Schnellgerichten zufriedengeben. Und je höher das Bildungsniveau der Befragten, desto schneller geht das Kochen. Oder muß es richtiger heißen: geht die Lust am Kochen verloren? In trockenen Zahlen: 100,9 Minuten durchschnittliche Kochzeit bei Volksschulabsolventen — 60,3 Minuten bei Hochschulabsolventen. 85 Prozent der älteren Generation über 60 Jahre haben Volksschulbildung. Stirbt mit der älteren Generation auch die Lust am Kochen aus? Werden künftige Generationen nur noch Fertiggerichte aufwärmen, bei Diät-Fragen mehr auf den Rat von Illustrierten als auf den von Fachärzten vertrauen und ansonsten an die Wirksamkeit von Vitamin- und Mineralientabletten glauben?

Amerikanische Nahrungsmittelkonzerne sind schon dabei, das Essen des nächsten Jahrzehnts zu entwickeln. *„Food engineering"* heißt das neue Zauberwort — auf deutsch: *Kalorienlose Kost vom Techniker.* Fast jedes Nahrungsmittel wird im Labor nachempfunden und seiner unerwünschten Nebenwirkungen beraubt. Fettsucht oder Zuckerkrankheit gibt es vielleicht in hundert Jahren nicht mehr — dafür z.B. künstliche Schokolade, die im Labor aus 400 chemischen Komponenten im richtigen Verhältnis miteinander gemischt wird. Der amerikanische Altersforscher Roy Walford von der Universität Los Angeles gibt gar die Empfehlung aus: „Jeder Mensch kann 120 Jahre alt werden" — wenn er ständig ein bißchen hungert. Sein Unterernährungsrezept will den Menschen ein langes Leben schenken, aber ihnen offensichtlich den Genuß im Leben rauben.

Der mexikanische Schriftsteller und Essayist Octavio Paz kommentiert diese Entwicklung mit den Worten: „Der Genuß ist eine Vorstellung, die der herkömmlichen Yankee-Küche fremd ist". In der amerikanischen Küche gibt es keine Finessen: „Die Mohrrübe bleibt eine Mohrrübe, die Kartoffel schämt sich nicht ihres Kartoffelcharakters und das Steak ist ein blutiger Gigant. Sie entspricht einer Überlieferung der demokratischen Tugenden unserer Gründungsväter: Aufrichtiges Kochen, ein Gang folgt dem anderen wie die sensiblen und freimütigen Worte einer tugendhaften Rede" (Daedalus 101 / 1972, S. 74). In dieses Bild paßt sicher auch die Tatsache, daß die Amerikaner für das Essen erheblich weniger Zeit aufwenden als die Europäer. Vielleicht liegt es auch daran, daß viele Nahrungsmittel bereits so mundgerecht vorgefertigt sind, daß sie wie beim „Hamburger" fast die Anstrengung des Kauens ersparen ... Welche *Verarmung der Eßkultur*, wenn man bedenkt, daß einst Tafelfreuden und Lebensfreuden zusammengehörten. Die Erlebnisgastronomie ist schließlich keine Erfindung von heute. Als Herzog Philipp der Gute 1453 zu Lille die Tafelfreuden genoß, schmückte die erste Tafel eine mit Sängern gefüllte Kirche, in deren Gesang ein Glockenspiel einstimmte. Auf einer anderen schüttete ein Kind Rosenwasser herab, und auf einer dritten stand ein vollständig ausgerüstetes Schiff. Eine große Fontäne zierte die vierte Tafel; eine Pastete, in welcher 24 Musiker saßen, die fünfte. Nicht weit davon stand ein Schloß, das die schöne Melusine bewohnte, mit Fontänen, aus welchen Orangenwasser in die Schloßgräben sprudelte. In der Nähe klapperte eine Mühle, eine Wüste, eine Tropenlandschaft, ein liebendes Paar in einer Rosenlaube: „Die Motive der Kochkünstler waren eben unerschöpflich" hieß es in der historischen Quelle. Die Forderung stellt sich von selbst: *Motive und Ideen von Koch- und Lebenskünstlern müssen und werden auch in Zukunft unerschöpflich sein und bleiben.*

Europas Antwort auf den Niedergang der amerikanischen Eßkultur läßt nicht lange auf sich warten. Schon formieren sich unter dem Zeichen der Schnecke sogenannte „Slow Food"-Enthusiasten gegen die amerikanische Ketchup-Cuisine und Hamburger-Hektik. Keimzelle des *Aufstands der Genuß-Esser* sind die norditalienischen Regionen. Ihre Politik fängt auf dem Teller an.

Auch in der Bundesrepublik bleibt die Freude am Selberkochen stabil. Neben dem familiären Pflichtprogramm Essen entwickeln sich häusliche Tafelfreuden immer mehr zu einer kulinarischen Kür für den eigenen Freundes- und Bekanntenkreis. Selberkochen verbindet Erfolgserleben, Prestigedemonstrationen und geselliges Beisammensein in idealer Weise.

○ Über *5 Millionen Hobby-Köche* stehen etwa 100mal im Jahr am Herd.
○ Hinzu kommen weitere *13 Millionen Gelegenheits-Köche*, die Selberkochen etwa 16mal im Jahr praktizieren.

Das Münchner Institut für Freizeitwirtschaft errechnete, daß für das Hobbykochen etwa 1,1 Milliarden Freizeitstunden im Jahr aufgewendet werden. Konkret: Im statistischen Durchschnitt wird jede hundertste Freizeit-Stunde von den Erwachsenen für das Hobby-Kochen verwendet. Dabei weist der Anteil der männlichen Hobby-Köche steigende Tendenz auf. (Institut für Freizeitwirtschaft 1983, S. 70). Unter den Bundesbürgern gibt es mittlerweile *mehr Hobby-Köche als Hobby-Bastler*. Hobbykochen ist zu einem kommunikativen Freizeiterlebnis geworden — wie Ausgehen und Essengehen auch.

In dieses Bild paßt auch, daß sich in den letzten dreißig Jahren das Interesse für Freizeitgeselligkeit verdoppelt hat: Besuche haben und Einladungen annehmen sind zur ersten Freizeitpflicht geworden. Die rapide Zunahme der Freizeitorientierung nach draußen hat dazu geführt, daß der Freundeskreis der Familie den Freizeitrang abzulaufen droht. Außerhäusliche Freizeitaktivitäten haben in den letzten Jahren den größten Zuwachs erfahren. Passivität ist passé, die traditionellen drei Freizeit- „F" (Fernsehen, Flaschenbier und Filzpantoffeln) sind out. Vom *Trend zur Freizeit außer Haus* profitiert vor allem die beliebte Freizeitbeschäftigung Ausgehen:

○ Jeder dritte geht regelmäßig in die Kneipe. Der liebste Platz ist immer noch an der Theke.
○ Jeder vierte macht häufig Restaurantbesuche.
○ Ebenfalls jeder vierte sucht regelmäßig Cafés und Eisdielen auf.

Die anhaltende Tendenz zu kleineren Haushalten, zu Haushalten ohne Kinder und zu einer abwechslungsreichen Freizeitgestaltung „reduziert für viele Menschen die Notwendigkeit, ihre Mahlzeiten zu Hause einzunehmen" (Institut für Freizeitwirtschaft 1983, S. 47). Raus aus den vier Wänden, die Suche nach Abwechslung und zwangloser Unterhaltung und der Wunsch nach gutem Essen und gepflegtem Bier sind die Hauptmotive für das Ausgehen.

Das Genußstreben löst immer mehr das Gesundheitsbedürfnis ab. Während beim Essen die Gesundheitsorientierung deutlich nachläßt (1971: 70 % — 1985: 40 % IFAK/Basis Research), nimmt die „Freude am guten Essen" zu (1971: 63 % — 1985: 74 % Gruner u. Jahr/Basis Research). Der Genußfaktor verdrängt den Gesundheitsfaktor. Die Gesundheit lebt weiter in der neuen Symbiose der 90er Jahre „Genuß und Naturwelle", wie es die Centrale Marketinggesellschaft der deutschen Agrarwirtschaft voraussagt (vgl. Abb. CMA).

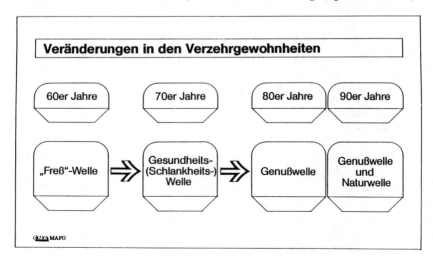

Weil die Konsumenten heute nicht mehr mit Bärenhunger („Einmal Pommes mit Mayo"), sondern mit Erlebnishunger die Lokale aufsuchen, muß auch die Gastronomie auf Erlebnisvielfalt setzen. Da gibt es dann die *„Exoten"* mit der nichtheimischen Küche, die *„Gesunden"* mit der Vollwertkost, die *„Gutbürgerlichen"* mit der traditionellen Speisekarte, die *„Trend-Restaurants"*; die nur Zeitgemäßes anbieten, und die *„Gourmet-Tempel"*; die den Verwöhntesten unter den Verwöhnten etwas bieten wollen (vgl. Rizzi 1990, S. 89). 1993 kommen noch die *Europäer"* hinzu, die nationale Küchengrenzen überwinden und sich bewußt vom USA-Stil abgrenzen wollen. Exotische Produkte aus fernen Regionen werden zu kulinarischen Selbstverständlichkeiten. Die urlaubserfahrenen Konsumenten erwarten auch im heimischen Milieu eine internationale Atmosphäre und eine gastronomische Leistung, die von schnell wechselnden Moden und Zeitströmungen beeinflußt ist (vgl. Asbach 1987). Die Gastronomie muß sich auf Gästewünsche einstellen, die zum Synonym für Genußerleben werden.

Dieser Genußphilosophie entspricht das heutige Freizeitverhalten. *Die Freizeitkonsumenten geben immer mehr Geld für das Essengehen aus.* Und auf die Frage, was sie gern noch öfter wahrnehmen würden, wenn es nicht so teuer wäre, wird von allen Befragten „Essengehen" an erster Stelle genannt (B.A.T Freizeit-Forschungsinstitut 1987). Die kulinarischen Genußbedürfnisse nehmen eher zu. Die Physiologie des Essens und Trinkens wandelt sich zur *Psychologie von Ambiente und kultivierter Gastlichkeit.* Für die Zukunft der Gastronomie gilt die Symbiose von Eßkultur, Freizeitkonsum und Lebensstil: Mit Theaterpremiere oder Inka-Ausstellung, mit Museumsbesuch oder Vernissage, mit Shopping-Bummel oder Sight-Seeing, mit Kirmes oder Straßenfest. Die Gastronomie muß Orte, Anlässe und Gelegenheiten schaffen, wo man Angenehmes mit Nützlichem, Ernstes mit Heiterem oder Dienstliches mit Privatem verbinden kann.

Die Schlüsselfrage für die Gastronomie der Zukunft lautet: Welche Strategie muß angewendet werden, um das gastronomische Angebot zur Erlebnisphilosophie werden zu lassen. *Aus der Gastronomie muß eine Gastrosophie werden.* Das heißt: Sehnsüchte wecken, Wünsche erfüllen, Gelegenheiten für Freizeiterleben schaffen.

Der Freizeitmensch definiert sich zunehmend als Genußmensch und verlangt nach immer stärkeren Genuß-Reizen. Über allem schwebt das *Damoklesschwert der Langeweile.* Unausweichlich erscheint der spiralförmige Kreislauf von Langeweile und Genuß. Aus der Psychologie ist bekannt: „Die ständige Bedrohtheit durch Langeweile verstärkt das Raffinement des Genießers" (Revers 1949, S. 66). Die neuere *Erlebnisgastronomie* in Deutschland hat hier ihre psychologischen Wurzeln: „Immer sieben Gänge — das ist doch langweilig" lautet die Erkenntnis des Chefkochs in der Wiesbadener „Ente vom Lehel" Hans-Peter Wodarz (DER SPIEGEL Nr. 28/1991). Aus reiner

Langeweile wurde der Feinschmeckerzirkus „Panem et circenses" geboren, der von München bis Hamburg auf Tournee ging. Die Gourmets hatten angeblich genug von Spargelschaum und Kalbsbries.

„*Erlebnissteigerung*", „*Verzehrtheater*" und „*Prestigekonsum*" heißen *die gastronomischen Stichworte der 90er Jahre.* Für verwöhnte Wohlstandsbürger, die schon fast alles haben und vor allem alles schon einmal erlebt haben, gibt es jetzt nur noch eine Steigerung: Zaubernde Kellner, fliegende Teller und Drahtseilakrobatik zum Hauptgang. Je mehr Sinne auf einmal bedient werden, desto besser. So werden in Zukunft die sieben Gänge durch die sieben Sinne ausgetauscht. Und der Gaumenkitzel wird durch den Nervenkitzel zum besonderen Erlebnis. Bei dieser Art von Genußfabrikation in Serie geht es um *Neu-Gier*, das erregend Neue, die ständige Steigerung um der Erregung willen.

Die Sinne und die Seele sollen Purzelbäume schlagen. Der Mensch lebt schließlich nicht vom Brot allein. Brot und Spiele, Panem et Circenses, und die leidenschaftliche Verbindung von Eßkultur und Entertainment machen das Essen zu einem kulinarischen Varieté: „Eine Offensive der Lebenslust gegen die Lebenslast" (H.-P. Wodarz) — die Erlebnisgastronomie der 90er Jahre auf dem Weg zu neuen Formen der Kommunikation und Attraktion: Sinne, Spiele und Spektakel ...

Es ist sicher kein Zufall, daß sich immer mehr Gourmet-Tempel in freizeittouristisch attraktiven Zentren und Ferienregionen niederlassen, so daß es für die ‚notleidende' Spitzengastronomie („Zu hohe Preise, zu wenig Personal, zu wenig Gäste") eigentlich nur einen Wunschtraum für die Zukunft geben kann: Die Deutschen müßten einmal ein Jahr lang Urlaub im Inland machen...

Man ist, was man ißt: Die amerikanische Trendforscherin Faith Popcorn ist der Ansicht, daß die meisten Konsumtrends ihren Ursprung in Eßgewohnheiten haben. Jede kleine Änderung im Kulinarischen setzt eine „Alarmglocke" (Popcorn 1992) in Gang, weil es sich dabei um die Vorboten eines größeren kulturellen Umschwungs handeln könnte. Vielleicht ist das Essen — wie die Sexualität — ein menschliches Urvergnügen, das die Sinne anregt. Bei der Wahrnehmung dieser beiden Urvergnügen fühlen sich die Menschen entspannt und unbeschwert und für Augenblicke richtig glücklich.

9. Erlebniswelt Phantasie: „Attraktion und Perfektion künstlicher Freizeitwelten"

Jahrhundertelang beschäftigte die Sehnsucht nach den paradiesischen Inseln die Phantasie von Schriftstellern der Weltliteratur. Thomas Morus hat seine „Utopia" auf einer Insel angesiedelt. Für Robinson ging es bei seinem Inseldasein erst einmal um das bloße Überleben. Und Rousseau schwärmte wehmütig von den Zeiten, die er auf der St.-Peters-Insel verbracht hatte. Vielleicht ist es in Zukunft besser, den Ferienparadiesen mehr im Traum als in der Wirklichkeit zu begegnen. Aus dem Traum kann man immerhin noch aufwachen und sich freuen ...

Ein Traum könnte in Zukunft geradezu zum Alptraum werden: Der Traum, daß alle Träume erfüllbar sind. In seinen Wünschen und Träumen gleicht der heutige Freizeitkonsument einer modernen Chimäre: Einem Fisch-Vogel-Känguruh-Wesen, das sich im Wasser, in der Luft und auf der Erde Sprünge erlauben kann, die nicht nur die menschlichen Fähigkeiten, sondern auch das eigene Geldbudget übersteigen. Wärme, Ferne und Weite, Fantastik, Exotik und Erotik, Freiheit, Erlebnis und Abenteuer sind die geheimen Triebfedern für fast grenzenlose Träume.

Hinter allen Freizeitwünschen verbirgt sich das Wunschbild vom besseren Leben. Die *Sehnsucht nach einem schöneren Leben* hält die Freude am eigenen Zuhause wach. Was sich die deutsche Freizeitseele traumhaft vorstellt, läßt ahnen, wie die Menschen ihr Leben und die Welt eigentlich zu sehen wünschen. *Wünsche spiegeln immer auch persönliche Defizite und soziale Versagungen wider.* Es ist die uralte Suche nach ‚etwas Glück' — nach dem, was bisher versagt geblieben ist. Nur mit einem wesentlichen Unterschied: Die heutige Wohlstandsgeneration wagt sich immer mehr an kühne Träume heran, begnügt sich jedoch mit dem Träumen nicht, sondern macht sie wirklich wahr — erst in der Phantasie und dann Zug um Zug in der Wirklichkeit. Die Träume bewegen sich zwischen Zeit und Geld, Shopping und Essengehen, auf Reisen gehen und Abenteuer erleben:

○ *Plötzlich in Geld schwimmen*

Vom „Lottoglück" träumen fast alle. Viele malen sich phantasievoll aus, was passiert, wenn plötzlich das Bargeld lacht. Einige wollen sich dann in die Wanne legen und das Geld zählen. Andere träumen davon, in einer Badewanne voller Geld zu schwimmen. Die Realisten wollen erst einmal ihre Hypothek abtragen und alle offenen Rechnungen begleichen. Andere zahlen es lieber anderen heim: Die Schwiegermutter mit dem Sparbuch überraschen oder die Bank ärgern und unerwartet das Konto ausgleichen.

○ *Nach Herzenslust einkaufen*
   Einkaufen gehen, ohne auf den Pfennig achten zu müssen. Dies ist ein Herzenswunsch vieler Frauen. Einmal so viel und so schön einkaufen zu können, wie sie wollen. Alles kaufen, was sie möchten und ihnen gefällt. Sich neu einkleiden von Kopf bis Fuß und sich ein großes Wäschepaket vom Slip bis zum Abendkleid leisten. Und das nicht zu Hause, sondern in Paris, London, Mailand oder New York. Es darf ruhig sündhaft teuer sein, das Kleid von Chanel. Und doch gibt es auch bescheidenere Konsumwünsche. Einige würden sich schon damit begnügen, Lady Di beim Ankleiden behilflich zu sein.

○ *Gut essen gehen*
   Alle wollen schöner leben und Freude am Leben haben. Manche möchten die Party ihres Lebens feiern, eine Fête, die sich sehen lassen kann, und dies mit allen Freunden und Verwandten. Im Mittelpunkt steht das gute Essen und Trinken in ansprechender Atmosphäre: Bei Tiffany's frühstücken, zum Apéritif mit Ornella Muti, Mittagessen in Dallas bei J.R. Ewing, den Manhattan in Manhattan genießen und einen Fudschi auf den Fidschi-Inseln trinken. Wer dies für Verschwendung hält, leistet sich eher eine Traumküche, „um den eigenen Mann zu verwöhnen".

○ *Eine fantastische Reise machen*
   In den Wunschträumen erscheint vieles möglich: In Australien mit Känguruhs um die Wette hüpfen, in Key West auf Hemingways Stuhl sitzen, in der Südsee nach Perlen tauchen, auf Hawaii auf den Wellen reiten, mit dem Boot durch die Karibik segeln oder einfach dorthin reisen, wo der Pfeffer wächst. Viele scheinen reif für die Insel zu sein, wollen einmal wie Robinson Crusoe leben. Möglichst zu zweit — auf einer einsamen Insel. Hier können sie dann das Blaue auf Mauritius suchen oder im Bermuda-Dreieck untertauchen. Der Traum von der Insel der Träume läßt sich noch steigern, wenn einem die Insel auch selbst gehört. Sich eine eigene Insel kaufen und im Land des Lächelns wieder aufwachen.

○ *Durch die Lande düsen*
   Um an das Ziel seiner Träume zu gelangen, braucht man mehr als Zeit und Geld. Zu den unverzichtbaren Requisiten gehören geeignete Freizeit- und Urlaubsmobile, die immer wieder genannt werden, so daß sie fast den Charakter einer „Grundausstattung" haben: Jeep und Geländewagen, Cabrio und Wohnmobil, Pferdekutsche und Planwagen, Rennrad und Mountain Bike, Hausboot und Segelyacht, Zeppelin und Heißluftballon, Dampfschiff und Dampflokomotive, Hubschrauber und Düsenjäger, Fallschirm und Paraglider, Schlauchboot und U-Boot. Eine besondere Rolle spielen Autoträume: Zwischen Truck und Trabant, Cadillac und Rolls Royce, Porsche und Ferrari: Mit dem Trabbi an einer Rallye teilnehmen, mit dem Ferrari in Monaco ein paar Runden drehen und mit dem Porsche durch die Toscana brausen.

○ *Einen Kindheitstraum erfüllen*
Die Walt-Disney-Gemeinde scheint groß zu sein: Quer durch alle Altersgruppen zieht sich die Anhängerschar von Mickey Mouse und Disney World. So wollen sie mit Mickey Mouse zu Abend essen, mit Mickey Mouse „Mensch-ärgere-dich-nicht" spielen, mit ihren eigenen großen Ohren Mickey Mouse Konkurrenz machen, selbst Mickey Mouse in Disney Land sein oder mit Goofy Lambada tanzen.

○ *Etwas total Verrücktes tun*
In den verwirklichten Träumen darf und muß alles „ganz anders" als zu Hause sein. Der Kontrast, das Extreme, ja total Verrückte wird gesucht: Einmal am Nordpol sonnenbaden oder den Regenwald im Sonnenschein besuchen. Andere wollen im Düsenjäger den Schall überholen, einen Kaktus am Nordpol pflanzen, auf den Osterinseln Eier suchen oder Weihnachten feiern, dem Yeti aufs Dach steigen und am Zuckerhut Salzstangen essen. Und für alle, die die „Reise zum Ich" zu Hause erleben wollen, bleibt noch die Erfüllung eines alten/neuen Menschheitstraumes: Ein Jahr faulenzen, den eigenen Garten in ein Paradies verwandeln, zehn Fernseher im Wintergarten aufstellen, alle Programme auf einmal sehen und danach mit einer Sänfte zur Arbeit getragen werden ...

Die Traumwelt kann Wirklichkeit werden. Künstliche Phantasie, Freizeit- und Ferienwelten ziehen immer mehr Menschen in ihren Bann. Etwa 60 Freizeit- und Ferienparks gibt es derzeit in Deutschland. Künstliche Erlebniswelten zählen jährlich etwa 19 Millionen Besucher. Und die meisten gönnen sich das Vergnügen gleich zweimal im Jahr — zwei Drittel davon sind erwachsene Menschen.

Traumfabrik Vergnügungspark Einige Argumente im Vergleich	
Pro	**Contra**
○ Besuch erfordert Eigeninitiative/ Aktivität	○ Besuch fördert passives Kommunikationsverhalten/ bloße Konsumhaltung
○ Geballtes Vergnügen für die ganze Familie	○ Dürftiger Ersatz für selbstgestaltete Freizeit
○ Erlebbare Sehenswürdigkeiten und Attraktionen	○ Jedes Jahr ein neuer Nervenkitzel/ Förderung der Gigantomanie
○ Volksbelustigungen hat es immer gegeben	○ Besuch fördert Phantasie- und Einfallslosigkeit
○ Gäbe es die Traumfabriken nicht, könnten viele Menschen Arbeit und Umwelt kaum mehr ertragen	○ Auswuchs einer extrem showsüchtigen Kultur („Kulturelles Tschernobyl")
○ Besucher kommen meist glücklich und zufrieden nach Hause	○ Besuch löst Massenmotorisierung mit Folgen für die Umwelt aus

Als professioneller Kulturkritiker könnte man es sich leicht machen: Das kann nur Fassadenfirlefanz und Kitschinszenierung, Verführungs-Maschinerie und Instant-Tourismus, Hollywood und Walt Disney sein. Doch die Wirklichkeit sieht anders aus. Viele Kritiker verwechseln Illusion mit Illusionierung. Der Massenansturm der Besucher zwischen Faszination, Begeisterung und Happiness zeigt deutlich: Die Abstimmung findet offensichtlich mit den Füßen statt. Die Besucher wollen sich unbeschwert treiben und unterhalten lassen und vor allem unbeschwert genießen. Die Folge: „Das Böse findet nicht statt".

> Vorerst sind wir auf künstliche Traumwelten angewiesen, um die Alltagsmonotonie von Streß, Langeweile und Vereinsamung überhaupt ertragen zu können. Und wir brauchen sie als psychisches Ventil, sonst würden die Aggressionen auch außerhalb des Fußballfeldes freiwerden und die Therapiebranche würde einer expansiven Entwicklung entgegensehen.

Wirklich neue Freizeitattraktionen gibt es nur noch in der Phantasie. Die Freizeitwelt erscheint fast „lückenlos" erschlossen. Neues kann man eigentlich nur noch selbst er„träumen" oder er-„finden" lassen. Viele träumen von neuen Freizeitparadiesen, die allen alles bieten: Eine Mischung aus Yachthafen, tropischen Gärten, Shopping Center und griechischem Dorf. Eine perfekte Kunstwelt, die von drei Faktoren lebt: Imagination. Attraktion. Perfektion:

○ Bildingenieure (*„imagineers"*) zaubern Illusionen: Stilisierte Palmen und künstliche Seen. Kulissenzauber — so echt wie möglich.
○ Besondere *Attraktionen* machen künstliche Freizeitwelten mit natürlichen Welten unvergleichlich. Die Erwartungen sind hoch: „Wer will schon einen Löwen zweimal gähnen sehen?" Mithalten kann nur, wer ständig neue Attraktionen bietet.
○ Die „everything-goes"-Devise verlangt *Perfektion* bis ins kleinste Detail. Alles wird und muß perfekt geplant werden.

Das Ergebnis ist „clean" („Es darf keine welke Blume geben"). Keine Umweltprobleme und Versorgungsengpässe. Und der Freizeitkonsument kann wählen zwischen Spazierengehen inmitten 100000 neu gepflanzter Bäume oder Unterhaltenwerden rund um die Uhr. Die Frage „Was will er wirklich? Kultur oder Kulisse? Wirklichkeit oder Illusionen?" ist eigentlich falsch gestellt worden. Der Freizeitmensch will verwirklichte Visionen und keine Illusionen. Illusionen kann man zerstören, Visionen nie.

So gesehen will und soll ein Vergnügungspark gar kein Abbild der gesellschaftlichen Wirklichkeit sein. Er soll vielmehr das verwirklichen, was sich die Menschen in ihren Phantasien und Träumen vorstellen (Euro-Disney: „Wir schaffen Glückseligkeit"). Dabei kann eine künstliche Traumlandschaft faszinierender als die Naturlandschaft sein. Konkret: Manche Kulissen werden in Zukunft als Touristenattraktionen mehr Besucher anziehen als die echten Ruinen — wie z.B. heute schon in den USA. 1923 ließ der US-Produzent und Regisseur Cecil B. de Mille für seinen monumentalen Bibelfilm „Die 10 Gebote" die alte ägyptische Stadt Karnak errichten. Diese Filmkulisse weist inzwischen mehr Besucher auf als die echte Tempelstadt in Ägypten.

Künftige Einkaufszentren (vgl. z.B. „Century City" in Los Angeles) ähneln mehr einem Vergnügungspark für Erwachsene. Geboten werden Fantasy-Abenteuer nach der Devise „Entführt mich in ein anderes Leben — aber holt mich zum Abendessen zurück" (Popcorn 1992, S. 47). Die Entführung findet eigentlich nur in der Phantasie statt. Der Phantasie sind keine Grenzen gesetzt. Hotels in Hawaii verführen mittlerweile die Gäste, die der Strände überdrüssig geworden sind, mit Nachbildungen venezianischer Kanäle. Und Hotels im Mittleren Westen der USA bieten Abenteuernächte in „FantaSuites" an, wobei man zwischen einem Tropenparadies, einer Dschungelhütte oder einem Beduinenzelt wählen kann ...

So unwirklich künstliche Freizeitwelten auch erscheinen mögen, aus psychologischer, ökonomischer und ökologischer Sicht gibt es vernünftige Gründe dafür:

○ *Erlebnispsychologisch* gesehen treffen die rosaroten Traumwelten vom Fließband offensichtlich den Massengeschmack. Massentourismus bedeutet in Zukunft vor allem: Szenerie und Dramaturgie in Erlebnislandschaften. Erholen kann man sich auch zu Hause.
○ *Ökonomisch* erweisen sich Vergnügungsparks und Touristikattraktionen als Erfolgsformel Nr. 1. Viele Freizeit- und Ferienparks erreichen eine Auslastung, von der andere Branchen nur träumen können.
○ *Ökologisch* gesehen sind die Kunstwelt-Konzepte fast ein Segen für die Problematik von Massentourismus und Umweltbelastung. Die Touristenströme konzentrieren sich auf die künstlichen Erlebnislandschaften, während die natürlichen Landschaften weitgehend unbehelligt bleiben.

Die Frage, ob es wichtig bzw. unverzichtbar ist, „wirk"lich in die Karibik zu fahren, um sich wie in der Karibik fühlen zu können („caribic feeling"), entspricht nicht dem Denken des Freizeitmenschen. Freizeit ist etwas ganz anderes. Freizeit „muß" nicht in jedem Fall den Anspruch von Wahrheit und Wirklichkeit entsprechen. Freizeit braucht das „Original-Gefühl". Gerade dies macht das eigentliche „Dilemma" aus. Dieses Freizeitdilemma erweist sich als ein Problem von Nähe und Distanz: Wieviel wovon? Beide — Original und Kulisse — sind zugleich erwünscht. Der Freizeitmensch läßt sich in aller Regel auf einen Kompromiß ein: „So viel Ursprünglichkeit wie möglich, so viel Kulisse wie nötig". Die Anforderung an Unverfälschtheit und die Akzeptanz von Künstlichkeit bestimmen sich letztlich an dem individuellen Bedürfnis, an dem ganz persönlichen Maß von Nähe bzw. Distanz, das jeder einzelne braucht, um sich wohlzufühlen.

Werden wir uns in Zukunft daran gewöhnen müssen, daß die schöne neue Freizeitwelt nur noch als Kulisse zu haben ist?

Nur im Film ist es schöner ...
Fallbeispiel aus der Freizeitwirklichkeit

„Der Reiseleiter hat in einer seiner ergreifenden Reden den Reisenden prophezeit, daß ihnen ‚die Würde und Majestät des Grand Canyon den Atem verschlagen werde‘. Tatsächlich aber bleiben die meisten, obwohl erwartungsgeladen, angesichts der unzähligen Touristen und Souvenirshops eher unerschüttert. Aber abends gibt es auf einer 20-mal-35-Meter-Leinwand einen dreidimensionalen Film über den Grand Canyon, wie er vor tausend und vor hundert Jahren war. Ohne Touristen, dafür mit Indianern und Pfadfindern. Im Quadrosound tönen rauschende Stromschnellen und Vogelrufe durch den Saal. Die Zuschauer rasen im sich wild überschlagenden Schlauchboot durch den Canyon und gleiten als sanfte Drachenflieger mit den Adlern durch die Schluchten. Einigen wird schwindlig. Ein Kind schreit, Erwachsene stöhnen. Noch auf der Heimfahrt brausen Beifallstürme und ‚Super‘-Schreie durch den Bus".
(Bericht über eine USA-Reise. DIE ZEIT vom 8. Dezember 1989).

Die Filmkulisse scheint offensichtlich beeindruckender als die Urlaubswirklichkeit zu sein. Natur und Landschaft sind ja ganz wunderbar, aber sie haben auch einen Hauch von Langeweile — ohne eine Spur von Ekstase.

Bleibt uns in Zukunft nur der Ausweg einer „Terra Touristica", der Schaffung eines eigenen Tourismus-Landes mit echt wirkenden Duplikaten? Der Wiener Aktionskünstler André Heller plädierte im Herbst 1989 auf dem 1. Internationalen Forum für Tourismus für ein sogenanntes Replika-Territorium, das all das beinhaltet, was die Tourismusindustrie als Köder auswirft: Eine Mischung aus Disneyland und Zisterzienserkloster, McDonalds und Club Méditerranée, Kreml und Vatikan — und dazwischen zaghaft aktive Vulkane neben elektronisch gesteuerten Atlantik-Brandungen. Der Einfall touristischer Horden würde dann nicht mehr zur Zerstörung der Natur und Ausrottung des Schönen führen. *Nach kurzer Eingewöhnungszeit würden die meisten Touristen damit ihre Vorstellung vom Paradies verwirklicht sehen.* Und die Minderheit, der diese Lösung als Hölle erscheint, würde entweder zu Hause bleiben oder neu über den Sinn des Reisens nachdenken.

Hinter allen menschlichen Sehnsüchten verbirgt sich letztlich das Heimweh nach dem verlorenen Paradies. Solange es Menschen auf Erden gibt, wird es immer neue Sehnsüchte (und damit „neue Zielgruppen" und „neue Märkte") geben. Aber es ist gut zu wissen, daß manche Sehnsucht den Menschen oft lieber ist als die wirkliche Erfüllung, die mitunter enttäuschend sein kann. Der italienische Lyriker Guido Gozzano faßte es in die Worte: „Ma bella piu di tutte l'Isola Non-Trovata". Meine schönste Insel ist die Nie-Entdeckte ...

VIII. Moralische Grenzen der Freizeitvermarktung

1. Der Überfluß. Die soziale und ökologische Herausforderung

Nach dem 1992 veröffentlichten dritten Jahresbericht des Entwicklungsprogramms der Vereinten Nationen (UNDP) hat sich die Kluft zwischen den armen und reichen Ländern in den vergangenen drei Jahrzehnten verdoppelt. Das wohlhabendste Fünftel der Erdbevölkerung bezieht heute das 150fache des Einkommens des ärmsten Fünftels. Die reichen Industriestaaten stellen nur 25 Prozent der Weltbevölkerung, konsumieren aber *60 Prozent aller Nahrungsmittel und 70 Prozent der Energieressourcen.* Hier deutet sich eine „stille" Gefahr an, die bisher nur durch die „laute" Umweltbedrohung verdeckt wurde. Das energie-intensive Konsumgebaren der westlichen Industrieländer stößt an seine sozialen und moralischen Grenzen. Der Erlebniskonsum im Westen und Norden ist moralisch nur gerechtfertigt, wenn wenigstens der Versorgungskonsum im Süden und Osten der Erdkugel auf Dauer sichergestellt ist. Hier sind für die Zukunft massive Hilfeleistungen und Entwicklungsprogramme gefordert, sonst wird die *Kluft zwischen arm und reich explosiv.*

1992 fand die UNO-Konferenz für Umwelt und Entwicklung (UNCED) in Rio statt. Der kanadische UNCED-Generalsekretär Maurice Strong schrieb anläßlich der Umweltkonferenz in seinem Bericht an die UNO, daß die *Konsumgewohnheiten der reichen Mittelklasse in einigen entwickelten Ländern* (hoher Fleischkonsum, Besitz von Automobilen und ausgedehnter Flugreiseverkehr) nicht mehr tragbar seien. Die berechtigte Kritik richtete sich gegen die *Übernutzung der Welt.* Wenn die *westlichen Verschwendungsstrukturen* auch in den übrigen Ländern der Welt nachgeahmt würden, wäre die ökologische Stabilität weltweit gefährdet.

„Armut benötigt keinen Paß, um internationale Grenzen zu überschreiten — in Form von Wanderungen, Umweltzerstörung, Drogen, Kriminalität und politischer Instabilität".
Bericht der UNO-Entwicklungsorganisation UNDP 1992

Maßhalten und sich einschränken kann nur das öko-soziale Gebot der Stunde lauten. Wenn ein knappes Viertel der Weltbevölkerung rund 75 Prozent der Energievorräte beansprucht, dann ist ein nicht mehr verantwortbares Über-Maß an Verschwendung erreicht. Wer den westlichen Konsumwohlstand um jeden Preis steigern will, kann dies nur auf Kosten der Drittweltländer tun. Die Flucht bzw. der lange Marsch der Dritten in die Erste Welt wäre damit vorprogrammiert.

1.1 Armut im Überfluß

Im übrigen haben die sozialen Unruhen 1992 in Los Angeles und anderen amerikanischen Städten gezeigt, daß ein kleiner Funke genügt, ein Flächenfeuer zu entfachen. Wenn die sozialen Ungleichheiten zu groß werden, kann es schnell zu einem *Aufstand der Armen, der Benachteiligten und Enttäuschten* kommen. Die Kluft zwischen Armut und Wohlstand (auch und gerade zwischen Ost und West) muß abgebaut werden, weil sonst die wohlhabende Mehrheit keine Freude am Erlebniskonsum haben wird. Dies lehrt die Erfahrung von Martin Luther King: „Die Pein der Armen läßt auch die Reichen verarmen; die Verbesserung des Schicksals der Armen bereichert auch die Besitzenden" (THE GUARDIAN). Im Land der unbegrenzten Möglichkeiten, in dem rund 26 Millionen Menschen Lebensmittelmarken bekommen (also mehr als zehn Prozent aller US-Bürger) muß Los Angeles wie ein *soziales Pearl Harbour* gewirkt haben. Doch „L.A." ist überall.

Zwar gehört Deutschland zu den reichsten Ländern der Welt. Und *Die Verteilung des Wohlstands ist* — im Vergleich zu allen anderen Industrieländern — in *Deutschland am günstigsten*. Etwa 20 Prozent der Haushalte besitzen 30 Prozent des nationalen Reichtums, doch in den Vereinigten Staaten hält der gleiche Anteil von Haushalten 42 Prozent des Gesamtvermögens in seinen Händen (Weltbank-Bericht, Washington 1992). Die Kluft zwischen Armen und Reichen („Brazilification") wird immer größer. Während die gesetzlichen Mindestlöhne stagnieren, steigen die Einkommen und Vermögen der wohlhabenden Schichten kontinuierlich (Center on Policy and Budget Priorities, Washington 1992).

Doch auch in Deutschland kann es zu einem wachsenden *Wohlstandsgefälle mit sozialem Zündstoff* kommen. Die Gefahr von Wirtschaftsflüchtlingen, die millionenfach nach Westeuropa und Deutschland drängen, ist groß. Bisher ließ der wachsende Wohlstand Armut in Deutschland fast unsichtbar werden. Massenwohlstand prägte das Alltagsbild.

Etwa 4,2 Millionen Menschen sind zur Zeit in Deutschland auf Sozialhilfe angewiesen und können ihren Lebensunterhalt nicht aus eigener Kraft bestreiten. Die offizielle Armutsschwelle liegt bei etwa 530 Mark monatlich (=

„Existenzminimum"). In Deutschland wie auch in anderen westlichen Wohlstandsgesellschaften sind nicht mehr in erster Linie alte Menschen oder kinderreiche Familien von der Armut bedroht. Unter die Armutsgrenze geraten zunehmend mehr alleinstehende Männer und Frauen ohne familiäre Einbeziehung sowie junge Menschen ohne ausreichende schulische Bildung und Berufsausbildung: *In den neuen Bundesländern ist mittlerweile jeder zweite Sozialhilfe-Bezieher jünger als 25 Jahre.* Da viele den Gang zum Sozialamt scheuen, wird die tatsächliche Zahl der Armutsgefährdeten deutlich höher sein.

Ursachen für die wachsende Verarmung sind nicht nur *Arbeitslosigkeit, Trennung und Scheidung*, sondern auch die *private Verschuldung für Konsumzwecke*. In den vergangenen zehn Jahren hat sich die private Verschuldung nahezu verdoppelt. Die Wirtschaft profitierte davon, das Nachsehen hatten die Konsumenten. Gerade die 18- bis 25jährigen zählen zu den bevorzugt umworbenen Kunden der Banken, die großzügig Konsumenten-Kredite bereitstellen oder ‚ganz unbürokratisch' Kreditkarten ausgeben.

Provo-Vision 2000: Die zwei Gesichter der Zukunft
Ein Gedanken-Szenario

Die Sonnenseite. Karl Marx auf dem Surfbrett. „Brüder, zur Sonne zur Freizeit" heißt die Losung einer freizeitorientierten Gesellschaft. „Seitdem im Jahre 2000 etwa zwei Drittel der Arbeitnehmer vom langen Wochenende Gebrauch machen, setzt der Freizeitstreß schon Freitagmittag ein. Freizeittourismus heißt das neue Zauberwort. Viele Geschäftsleute haben den Wertewandel der 80er Jahre als Frühwarnsystem für ein sich änderndes Verbraucherverhalten nicht wahrhaben wollen. Jetzt aber ist der Wandel von materiellen Gütern zu individuellen Dienstleistungen auf breiter Ebene Wirklichkeit geworden: Fahr-Schule und Tanz-Schule, Heimwerker-Club und Fitness-Center, Party-Service und Kontakt-Club, Kaffeehaus und Snack-Bar, Bio-Laden und Frische-Markt, Verzehr-Kino und Klein-Circus — sie alle haben Hochkonjunktur — von Sonntagabend bis Freitagmittag, bis eben die Massenflucht beginnt und die Innenstädte veröden. In der Einkaufs-City haben sich nur zwei Anbieter halten können: Die Niedrigpreisigen und Hochspezialisierten. Die Billigläden unterbieten sich mit Aldi-nativ-Angeboten gegenseitig und die hochspezialisierten Anbieter versuchen sich durch Überspezialisierung voneinander abzugrenzen: Das Fitness-Studio für die Frauen um 40, der Sport-Shop für Surfer, der Reise-Laden für Globetrotter oder das Beratungs-Center für Jungsenioren in Sachen Workout-Training. Profitabel ist alles, was zur Lebensfreude der Wohlhabenden und Besserverdienenden, der Vollbeschäftigten und Anspruchsvollen beiträgt.

Die Schattenseite. Auf der Strecke aber bleiben die Opfer eines ungleich verteilten Wohlstands — die Renten-, Sozialhilfe- und Arbeitslosengeldempfänger mit geringem Einkommen. Die Segnungen des Wohlstands laufen an ihnen weitgehend vorbei. Während die übrigen ihren Wohlstandsfreuden nachgehen, leben die rund acht Millionen Anspruchs- und Arbeitslosen (und ihre Familien) auf der Schattenseite des Lebens — jenseits von großem Geldverdienen und demonstrativem Geldausgeben, von Geltungskonsum und Statussymbolen. Der größte Teil ihres Lebens, so hat schon George Orwell in seinem Roman „1984" angekündigt, wird sich mit der „Sorge um Heim und Kinder, kleinlichen Streitigkeiten mit Nachbarn, Kino, Fußball, Bier und vor allem Glücksspielen" beschäftigen ...

Vor uns die Zukunft, so oder so. Die Zukunft hat immer zwei Gesichter. Und wenn wir die Frage stellen, wohin die Reise geht, so blicken wir oft nur auf die Sonnenseite des Lebens und vergessen dabei, daß z.b. zu München, angeblich Deutschlands heimlicher Freizeitmetropole, auch etwa 8 000 Asylbewerber, 10 000 Obdachlose, 50 000 Sozialhilfeempfänger und 120 000 Menschen, die an der Armutsgrenze leben, gehören.

1.2 Die globale Verwestlichung

Diese Problematik muß auch und gerade vor dem Hintergrund der aktuellen Entwicklung in Ostdeutschland und Osteuropa gesehen werden. Insbesondere im Prozeß der deutschen Vereinigung bestätigen sich Erkenntnisse der internationalen Sozialforschung. Schon in den 70er Jahren sagte der britische Ökonom O.F. Schumacher, Verfasser der These ,,Small ist beautiful" / "Weniger ist mehr", für die Zukunft voraus, daß sich *,,die gesamte Welt verwestlicht"* (Schumacher 1977, S. 12) — mit der Folge, daß die wachsende Produktivität mehr zur bloßen Steigerung der Konsummenge als zur Verbesserung der Lebensqualität verwendet wird. Und der amerikanische Sozialforscher Tibor Scitovsky prognostizierte: ,,Ob wir es wollen oder nicht, wir sind *tonangebend in unserer Lebensweise"* (Scitovsky 1977, S. 239).

Die westliche (= amerikanische, auch westdeutsche) Lebensweise gipfelt in einem konsumorientierten Freizeitstil, den ein großer Teil der Weltbevölkerung nachzuahmen versucht oder hofft. Insbesondere der ostdeutschen (wie auch osteuropäischen) Bevölkerung erscheint der konsumorientierte Freizeitstil wie ein Ideal, das mit dem Paradies verwechselt wird.

Die Frage nämlich, ob dieser Stil vom Energieaufwand und den knappen Ressourcen her nicht viel zu aufwendig und teuer ist, als daß er zum weltweiten Ideal für immer mehr Menschen werden kann, wird verständlicherweise kaum gestellt. In Zukunft wird es in Tarifverhandlungen nicht mehr nur um Geld oder Zeit gehen können. Die soziale Komponente wird genauso wichtig wie die Berücksichtigung ökologischer Belange. Die Freizeitbranche wird sich an *ökologische Tarifverträge* gewöhnen und Verantwortung für die Umwelt und den Umweltschutz übernehmen müssen.

Andererseits muß es nur legitim erscheinen, daß heute und in Zukunft immer mehr Menschen ein angenehmeres Leben führen wollen — zumal im Westen niemand das moralische Recht hat, anderen zu einem anderen Lebensstil zu raten. Eher sollten wir selber die eigene Lebensweise überdenken und verändern. Wenn die globale Verwestlichung so anhält, dann werden die Industrieländer bis zum Jahre 2000 mehr Konsumgüter produzieren als die gesamte Menschheit bis zum Jahre 1945. Dabei ist es ein Irrtum, zu glauben, der Lebensstandard könne einfach an der Menge des jährlichen Konsums gemessen werden — also pontiert: Wer mehr konsumiert, dem geht es auch besser! Für die Zukunft müßte eher die umgekehrte Gleichung gelten: *Ein Maximum an Wohlbefinden müßte mit einem Minimum an Konsum verbunden sein.*

> *„Die Konsumgesellschaften tragen die Hauptverantwortung* für diese gräßliche Zerstörung der Umwelt. Eine bessere Verteilung von Wohlstand und Technologien wäre nötig, um der Menschheit eine solche Zerstörung zu ersparen. Weniger Luxus und Abfall in einigen wenigen Ländern würde zu weniger Armut und Hunger in einem großen Teil der Erde führen. Es sollte vermieden werden, Lebensstile und Konsumverhalten, die die Umwelt ruinieren, auf die Dritte Welt zu übertragen..."
>
> *Fidel Casto*, kubanischer Präsident, auf dem Umweltgipfel in Rio im Juni 1992

Andererseits spricht die menschliche Psychologie und Erfahrung dafür, daß Ostdeutsche und Osteuropäer solange nicht Ruhe geben werden, bis sie den westlichen Standard an Freizeit und Wohlstand, an Zeit und Geld erreicht haben. Hier bewahrheitet sich wieder einmal die alte Erkenntnis von Johann Wolfgang von Goethe, der am 6. Juni 1825 in einem Brief an Karl Friedrich Zelter vermerkt hatte: *„Alles ist jetzt ultra: Reichtum und Schnelligkeit ist das, was die Welt bewundert und wonach jeder strebt".* In den Menschheitsträumen dominiert der Ultra-Konsument, der das Non-plus-Ultra heute (und nicht erst morgen) erleben und im Leben nichts verpassen will.

2. Wohlstand wofür?

Auf die Frage, was die meisten Deutschen machen würden, wenn sie genügend Zeit und Geld dafür hätten, sind die Befragten schnell mit Antworten zur Stelle: Weite Reisen, ein neues Auto, teure Kleidung... Aber wenn alle Wünsche befriedigt sind: *Was dann?* Diese Frage bewegte schon vor rund dreißig Jahren den amerikanischen Sozialforscher David Riesman: „Abundance for what?" (1964, deutsch 1973). Riesman äußerte seinerzeit die Befürchtung, daß *die totale Sinnlosigkeit noch schlimmer* empfunden werden könne *als die totale Vernichtung.* Wie kann eine „Gesellschaft im Überfluß" (Galbraith) überhaupt noch neue Herausforderungen und Antriebe finden? Der Traum vom Leben im Wohlstand erfüllt sich für immer mehr Menschen — doch die Ankündigungen der Werbung erfüllen sich nicht. Ganz im Gegenteil: Die meisten Menschen sind plötzlich überrascht, daß sie auch im Wohlstand vor Problemen stehen, die nicht weniger gravierend sind bzw. empfunden werden als die früheren. *Jeden Tag eine neue Überraschung* — so lauten die Versprechungen von Werbung und Medien, und so mühelos möchten auch die Wohlstandskonsumenten leben. Eine Illusion offensichtlich, denn jeder Mensch braucht eine Aufgabe, seine ganz persönliche Herausforderung.

Der Wohlstand hat das Anspruchsniveau der Menschen verändert. Mit materiellen Gütern weitgehend versorgt, stellt sich für die heutige Generation die Frage nach neuen Lebenszielen:

○ „Wir sind eine Generation, für die die Eltern nach dem Kriege ganz gut gearbeitet haben".
○ „Was meine Eltern geschaffen haben, Wohnung, Haus, Auto — es ist alles für mich da".
○ „Erst kam die Freßwelle, dann die Konsumwelle und dann das Haus. Und jetzt frage ich mich: *Was kann ich sonst noch mit mir machen?*"

So lockt unsere Konsumgesellschaft Millionen von Freizeitkonsumenten an: *Käufer und Kunden, die eigentlich nichts mehr brauchen.* Die Erlebniseinkaufstour soll Konsumlangeweile ersetzen. Auf dem Wege nach mehr Lebensqualität?

Wir leben in einem *Zeitalter der Trendomanie.* Jeder will der erste sein. News bekommen Sensationscharakter. Erich Fromm schrieb schon vor einem Vierteljahrhundert in seiner „Revolution der Hoffnung", daß in Zukunft jeder neue Rekord als Fortschritt gefeiert werde. „Sogar die Einstellung zum Wetter scheint von diesem Prinzip beherrscht zu sein" (Fromm 1968/ 1974, S. 37). Ein bestimmter Tag wird schnell als der heißeste oder kälteste des Jahrzehnts bezeichnet. Und die Menschen haben dabei auch noch das stolze Gefühl, Rekord-Temperaturen erlebt zu haben. Hierfür lassen sich ständig Beispiele finden:

○ Im Frühjahr 1992 war es z.B. in Deutschland teilweise wärmer als in Mittelmeerländern.
○ Der Mai 1991 war der kälteste Mai dieses Jahrhunderts.
○ Dafür war 1990 das wärmste Jahr seit 1880, ja der Februar 1990 der wärmste Februar seit Menschengedenken.
○ Andererseits war es Ostern 1990 ein Grad kälter als Weihnachten 1989.

Dieses Spiel ließe sich beliebig fortsetzen. Die bloße Veränderung von Quantitäten wird schon als Ereignis gefeiert. Die Frage nach der Qualität wird kaum gestellt. Bei dem *Prinzip „Hauptsache neu"* oder *„Je mehr desto besser"* gerät die Qualität des Lebens fast aus dem Blick.

Das „Gift der Sensation" hat Walter Benjamin einmal die ständige Erlebnissteigerung genannt (Benjamin 1983, S. 966). Die Erlebnisinflation hat den *Charakter permanenter Zwischenfälle* und verhindert so, daß aus Erlebnis Erfahrung wird. Erfahrungen kann man wiederholen; die Produktion punktueller Konsumerlebnisse aber ist auf permanente Neuheit und Abwechslung ausgerichtet — aus Angst vor der Langeweile des Konsumenten. Konsumerlebnisse, die nur auf die Faszination des Augenblicks vertrauen und persönliches Identitätserleben verhindern, riskieren, irgendwann ihre Glaubwürdigkeit zu verlieren — von der folgenschweren *Gefahr einer Entwertung der Erfahrung* (vgl. Brandmeyer 1990, S. 75 ff.) ganz zu schweigen.

„Homo Consumens"
Negative Assoziationen zum übersteigerten Erlebniskonsum

○ Sozialprestige kaufen
○ Identität über Produkte gewinnen
○ Identifikation mit dem, was man kauft
○ Kauf von angesehenen Marken („Markenkonsum")
○ Wegwerfkonsum
○ Repräsentieren müssen
○ Auf Bestätigung / Anerkennung angewiesen
○ Starke Nachholbedürfnisse
○ Prahlsucht
○ Abenteuerlust / Abenteuerurlaub
○ Minderwertigkeitskomplexe
○ Abhängigkeit von der Meinung anderer
○ Abhängigkeit von äußeren Einflüssen
○ Leben nach dem Fromm'schen „Haben"-Modus

Vom Immer-mehr-Wollen zum Konsumieren als Selbstzweck ist es nur noch ein Schritt. Daraus folgt: Der homo faber, in zunehmendem Maße vom erwerbswirtschaftlichen Zwang freigesetzt, schlüpft in die Rolle des homo consumens, des totalen Verbrauchers, der mehr kauft, als er eigentlich braucht und mitunter Dinge erwirbt, die weder nützlich noch nutzlos sind. Das einzige Ziel des homo consumens ist es, immer mehr zu haben, aber gleichzeitig auch immer weniger Zeit zu finden, es zu gebrauchen. Das objektiv vorhandene Mehr an freier Zeit beruhigt nicht, sondern trägt zur Beschleunigung der Lebensverhältnisse bei. Während das mußevolle Leben eine Sehnsucht oder Utopie bleibt, wird die ständige *„Jagd nach Glück"* zur Wirklichkeit. Solange das Prinzip des unbegrenzten Konsums als Lebensziel gilt und es keine gleichwertig attraktiven Alternativen zum Konsum gibt, wird der moderne FreiZeitMensch nicht zufrieden sein können, weil seine Konsumwünsche grenzenlos erscheinen. Konsum und Ruhe schließen einander aus. *Der FreiZeitKonsument kommt eigentlich immer zu spät.* Von der Langsamkeit als Lebensprinzip kann er nur träumen, solange das Selbstverständnis unserer Gesellschaft auf den Säulen Produktion und Konsumtion beruht und die Aktualität der Konsumangebote für chronische Schnellebigkeit sorgt. Die Wieder-„Entdeckung der Langsamkeit" (Nadolny 1991) steht noch aus. Langsamkeit wäre dann die neue / alte Kunst, dem Rhythmus des Lebens Sinn zu geben — durch den *bedächtigen Umgang mit der Zeit* und den Dingen („,Gut' Ding' will Weile haben").

Die konsumorientierte Wohlstandsgesellschaft ist *gleichermaßen eine Risiko- wie eine Chancengesellschaft*, d.h. wir werden uns daran gewöhnen müssen, mit Widersprüchen zu leben. Negative wie positive Entwicklungen hängen — ob wir es wollen oder nicht — auf subtile Weise zusammen, indem sie sich jeweils nicht zu Ende verwirklichen, sondern sich „in ihrer faktischen Widersprüchlichkeit gegenseitig bremsen" (Hondrich 1992, S. 237). Widersprüchliche Entwicklungen sind kein Durchgangsstadium, sondern die tägliche Herausforderung an den einzelnen und die Gesellschaft, zu entscheiden, mit welchen Widersprüchen wir leben und welche wir auf jeden Fall bekämpfen wollen. Mit Gegensätzen und Polarisierungen werden wir uns arrangieren müssen.

Vielleicht wird in Zukunft das von Soziologen sogenannte *„Stagnation-im-Fortschritt-Modell"* Wirklichkeit. Danach werden die Menschen mit zunehmendem Wohlstand nicht zufriedener oder glücklicher. Fortschritt ist eher ein Null-Summen-Spiel: Was an scheinbar neuen Bedürfnissen und Befriedigungen auftaucht, wird durch Versagungen an anderer Stelle wieder aufgewogen, so daß die Lebensqualität trotz wechselnder Bedürfnisbefriedigung letzlich stagniert (Hondrich 1979, S. 130f.).

So wird beispielsweise das *Gesundheitsbedürfnis* wichtiger, weil die Leistungsgesellschaft unsere Gesundheit im beruflichen und privaten Bereich mehr gefährdet. Oder das *Sicherheitsbedürfnis* wird stärker, weil die Gesellschaft Arbeitslosigkeit und Bedrohung durch Kriminalität erzeugt. Das *Kontaktbedürfnis* wächst, weil die schnellebige Konsumwelt mit ihren vielfältigen Angeboten stabile Beziehungen immer schwieriger macht usw. Auf diese Weise bedeutet Fortschritt letzlich nicht Fortschreiten, sondern Auf-der-Stelle-Treten. Und je schneller wir uns bewegen, umso mehr Rückwärtsschub, also Nachteile, erzeugen wir. Das Streben nach neuen Bedürfnissen und mehr Befriedigung erweist sich als eine Illusion, die uns zuletzt nur erschöpft. Und im gleichen Maße, wie sich vielleicht die Intensität unserer Befriedigungen erhöht, nehmen auch unsere Enttäuschungen zu. Ein Teufelskreis.

Freizeitentwicklung als Nullsummenspiel Kaum ein Fortschritt im Kosten-Nutzen-Vergleich	
Mehr Freizeit = *Mehr Chancen* = *Mehr ...*	*Mehr Freizeit* = *Mehr Risiken* = *Mehr ...*
○ Freizeitmöglichkeiten in der Stadt (63 %)	○ Konsumrausch in der Freizeit (74 %) / Verschuldung (75 %)
○ Zeit für Freunde, Freizeitclique (72 %)	○ Freizeitclique als Ersatz für Familienleben (52 %)
○ Zeit für Reisen (70 %)	○ Umweltbelastung durch mehr Autoverkehr (82 %)
○ Zeit für Muße (66 %)	○ Vereinsamung (50 %)
Repräsentativbefragung von 2 000 Personen ab 14 Jahren im Bundesgebiet West Quelle: B.A.T Freizeit-Forschungsinstitut 1992	

Im direkten Kosten-Nutzen-Vergleich erkennt auch die Bevölkerung realistisch, daß mit jedem Fortschritt auch ein Rückschritt verbunden ist. Natürlich kann man die Freizeitmöglichkeiten und Konsumangebote vervielfachen, riskiert dafür aber Konsumrausch und Verschuldung. Und es ist auf den ersten Blick sicher ein Gewinn an Lebensqualität, wenn man mehr Zeit für Freunde und Freizeitclique hat — andererseits aber dafür die Familie vernachlässigt. Wenn Reisen kein Privileg, sondern ein Recht für alle ist, so muß dies unbestritten als sozialer Fortschritt bewertet werden — allerdings auf Kosten von Natur und Umwelt. Endlich Zeit für Muße haben: Ein alter Menschheitstraum könnte in Erfüllung gehen — wenn nicht viele Menschen sich selber im Wege stünden, weil sie die „Last einer schier endlosen Freizeit" (CLUB OF ROME) nicht ertragen können und zu vereinsamen drohen. Die Ergebnisse zeigen: Wachstum um jeden Preis stößt nicht nur auf ökonomische und ökologische, sondern auch auf individuelle und soziale Grenzen.

Schon vor einem Jahrzehnt wies Kurt Sontheimer nach, daß Wohlstandsgesellschaften eher dazu neigen, „enttäuschungsproduktiv" (Sontheimer 1983, S. 11) zu sein. Während es ihnen objektiv von Jahr zu Jahr immer besser geht, fühlen sie sich subjektiv immer schlechter. Das ständige Starren auf die Verbesserung der materiellen Lebensbedingungen läßt immaterielle Aspekte des Lebens aus dem Blick geraten. *Mit der Anspruchsinflation wächst auch das Enttäuschungspotential* — ganz abgesehen von der Frage, was eigentlich nach der Konsumwelle kommt, wenn die Konsumenten keinen Konsumtempel mehr sehen können, weil sie sich an Marmor und Mahagoni, Mickey Mouse und McDonald leidgesehen oder sattgegessen haben (vgl. Stoffers 1990).

3. Für einen umwelt- und sozialverantwortlichen Freizeitkonsum

Das letzte Wort behält die Moral. Gibt es in Zukunft ein moralisches Problem der Freizeit, das sich in mangelnder Verantwortungsgesinnung und Verantwortungswahrnehmung äußert? Schon Karl Marx erinnerte an die ökonomische Quadratur des Kreises, „Moral und Profit gleichmäßig einzuschließen" (Kapital I). Das Mehr an freier Zeit ist ein Ausdruck größeren Freiseins von ökonomischen Notwendigkeiten. Das neue Freiheitsgefühl kann in Leere und Planlosigkeit enden, trägt aber auch die Möglichkeit in sich, dem Leben einen neuen Sinn zu geben: „Sein Glück ernst zu nehmen" (Fromm 1978, S. 269) und das Wohl des Menschen zum wichtigsten Kriterium für ethisches Handeln zu machen. Erst dann läßt sich nutzen und genießen, was für die Zukunft der Freizeit unverzichtbar ist: *Zeit und Geld.*

„Mehr Freizeit" wird in Zukunft kaum „mehr Einkommen" ersetzen können, weil wir zunehmend von Geld und Konsum abhängig werden. Die Kommerzialisierung unseres gesamten Lebens wird nicht nur die ökonomischen, sondern auch und gerade die sozialen und ökologischen Grenzen des Wachstums spürbar machen. Der amerikanische Wirtschaftswissenschaftler John Kenneth Galbraith muß dies schon vor über dreißig Jahren geahnt haben, als er die „Gesellschaft im Überfluß" wie folgt beschrieb:

„Die Familie, die mit ihrem violett-kirschrot abgesetzten Wagen mit Klimaanlage, Automatikgetriebe und Bremskraftverstärker einen Ausflug unternimmt, fährt auf schlecht asphaltierten Straßen durch Städte, die durch Abfälle (...) verunziert sind. Die Ausflügler durchqueren eine Landschaft, die vor lauter Werbeschildern kaum noch zu sehen ist (...) Zum Picknick mit vakuumverpackten Lebensmitteln aus der tragbaren Kühlbox setzen sie sich an einen verdreckten Fluß, und die Nacht verbringen sie in einem Park, der eine Gefährdung für die öffentliche Gesundheit und Moral darstellt. Bevor sie auf ihrer Luftmatraze in einem Nylonzelt mit dem Gestank faulender Abfälle in der Nase einschlummern, wird ihnen vielleicht noch undeutlich die absurde Ungereimtheit ihrer Segnungen bewußt" *(Galbraith 1958/59).*

Die Konsumgesellschaft löst offenbar ihre Versprechungen und Verheißungen nicht ein. Produzenten- und Konsumentenethik bleiben auf der Strecke. Beinahe gilt, was der ehemalige Premierminister Harold Macmillan als Losung ausgab: „Wenn die Leute Moral wollen, so sollen sie sich an ihre Erzbischöfe halten".

Der „Bedarf an ethischen Konzepten" (Hansen 1992, S. 168) für Marketing und Konsum wird immer größer. Marketing kann sich nicht mehr in der bloßen Stimulierung quantitativen Wachstums erschöpfen. In Zukunft steht die *Umwelt- und Sozialverantwortlichkeit des Freizeitkonsums* auf dem Spiel. Die Verantwortung gegenüber der Natur und die Achtung vor der Menschenwürde sind unverzichtbare Voraussetzungen einer neuen Ethik des Freizeitmarkts. Die Freizeitindustrie kommt in Zukunft ohne *ethische Komponente* nicht mehr aus.

Erlebnismarketing und Konsumethik dürfen sich nicht gegenseitig ausschließen. Ganz im Gegenteil: Erlebnismarketing ist in besonderer Weise geeignet, die aus der Erlebnisarmut des modernen Arbeitslebens resultierenden Defizite im arbeitsfreien Teil des Lebens auszugleichen, also wirkliche Lebensbedürfnisse anzusprechen und nicht bloß Lifstylegeschichten zu erfinden.

Von dem Schweizer Christian P. Casparis stammt die Kritik: „Der Freizeitmarkt blüht auf dem Mist des menschlichen Selbstbetrugs" (Casparis 1990, S. 62). Gemeint ist damit: In keinem anderen Lebensbereich kommen Anbieter und Branchen mit der Verwechslung von Wunsch und Wirklichkeit so ‚ungeschoren' davon. Die Begründung liegt nahe: Die Freizeitkonsumenten wollen den Traum, d.h. der Traum soll Wirklichkeit werden, aber dennoch ein

Traum bleiben — ein Paradoxon. Das öffnet den Freizeitbranchen Tür und Tor für illusionäre, manchmal auch unmoralische Glücksversprechungen, die nicht immer eingehalten, zum Teil auch gar nicht eingelöst werden können. So wandelt sich die Freizeitindustrie nicht nur zur Erlebnisindustrie, sie verkauft mitunter auch Illusionen, weil die Konsumenten die Illusionierung, den schönen Schein des Lebens, wünschen. Die Gratwanderung zwischen Illusionierung (als Wunsch) und Illusion (als Wirklichkeit) ist schmal.

4. Die Problemlöser. Macher oder Inspiratoren?

Die Beschäftigung mit der Freizeit ist bald keine bloße Freizeitbeschäftigung mehr. Die Gefahr besteht: Wer in Zukunft ein Problem hat, löst es nicht mehr selbst, sondern läßt es andere lösen. *Die persönliche Hilfe verkommt zur „Markt-Lücke"*: Terminplaner und Stauberater, Wohnraum- und Outfitgestalter, Partyhelfer und Persönlichkeitstrainer. Vor dem Hintergrund einer fast inflationären Entwicklung neuer Freizeitberufe („Erlebnismacher") wird verständlich, warum der Amerikaner Theodore Roszak eindringlich vor dem Aufkommen einer „Miesen-Job-Mentalität" (Roszak 1982) warnt. Auch und gerade Freizeitberufe sind in der Gefahr, die moralischen Grenzen der Freizeitvermarktung zu überschreiten. Auf drei Job-Ebenen sollten sie sich nicht begeben:

1. Sie dürfen keine *Höker-Jobber* sein, die sich alles nur Freizeit-Mögliche einfallen lassen, um es an leichtgläubige Kunden zu verkaufen.
2. Sie dürfen keine *Kompensations-Jobber* sein, die einzig und allein dafür da sind, Frust und Langeweile in der Freizeit zu vertreiben.
3. Sie dürfen keine *Schmieröl-Jobber* sein, die sich auf die Outcasts unserer Gesellschaft konzentrieren und sie durch kleine Freuden des Alltags so ruhigstellen, daß ihre soziale Unzufriedenheit unter dem kritischen Siedepunkt gehalten wird.

Wie auch immer eine Berufsethik für Freizeitberufe aussehen mag, ihre berufliche Tätigkeit wird zentral im Dienste der Persönlichkeitsentfaltung stehen und Freizeit als Lebensqualität fördern müssen. Dies schließt Vergnügungen und Zerstreuungen notwendig ein, aber Pseudo-Individualisierungen, subtile Zwänge oder Manipulationsversuche aus.

In Zukunft werden die Grenzen zwischen Heimwerken und Handwerken, Freizeithobby und Berufsarbeit immer fließender. Diese Entwicklung eröffnet Möglichkeiten für eine neue Generation von Freizeitberufen:

○ *Saisonarbeiter*
In Zukunft wird es einen Boom von Billig-Jobs geben, in dessen Sog auch neue Freizeitberufe geraten. Viele Arbeitslose — ehemals in höher dotierten

Berufen beschäftigt — werden die *Freizeitberufe als neue Chance zum Umsteigen* begreifen. Wichtiger als die bloße Einkommenssteigerung wird ihnen dabei die persönliche Erfüllung in der Berufsarbeit sein. Doch die freizeitberufliche Chance der Zeitflexibilität wird zwangsläufig mit geringerem Einkommen und sozialer Sicherung erkauft. Die individuelle Wahlfreiheit, mal tags oder nachts, während der Woche oder am Wochenende, in der Sommer- oder Wintersaison zu arbeiten, macht viele Freizeitberufe zu Zeitberufen: Heute Skilehrer, morgen Reiseleiter und übermorgen Gastwirt. Und generell gilt: Freizeitberufler arbeiten vor allem, wenn andere Freizeit haben.

Freizeitberufe können nur selten auf Kontinuität bauen. Flexibel müssen sie auf spontane Bedürfnisse reagieren und immer auf der Höhe der Zeit sein, wenn der eine Verhaltenstrend gerade „in", der andere jedoch „out" ist. Täglich werden ebensoviele „neue" freizeitberufliche Tätigkeiten entstehen wie gleichzeitig „alte" von der Bildfläche verschwinden.

○ *Erlebnisberater*

Immer mehr Waren-Anbieter werden sich in den nächsten Jahren zum Dienstleistungs-Anbieter wandeln, wenn sie ihre Produktion nicht einschränken oder gar einstellen wollen. Dazu sind sie auf die Hilfe und den Sachverstand von Erlebnisberatern angewiesen. Erlebnisberater denken über neue Erlebnisfelder nach und kennen die persönlichen Konsuminteressen unterschiedlicher Zielgruppen. In dieser Funktion und Qualifikation werden sie für Produktionsbetriebe unentbehrlich sein.

Die Japaner prägten den Begriff „Softnomics" und meinen damit die notwendige Verbindung der Produkte mit den Bedürfnissen der Nutzer. Das traditionelle Marketing ging bisher vom Leitbild des passiven Konsumenten aus: „Wie erreichen wir die Zielgruppen mit unseren Produkten?" Das neue Softnomic-Denken fragt umgekehrt: „Wie müssen die Produkte aussehen, die die Zielgruppen haben wollen?" Produkte passen sich dem Bedarf an und nicht umgekehrt. *Produktphilosophien müssen immer auch Servicekonzepte sein.*

Der strukturelle Wandel vom Nur-Produzenten zum Und-auch-Dienstleister ist mit eigener Manpower kaum zu leisten. Die Produktpalette muß um eine Servicepalette erweitert werden. Dazu bedarf es kreativer und innovativer Konzepte und Konzeptentwickler. Gerade im Freizeitbereich bieten sich Berufschancen für Erlebnisberater an.

○ *Incentivevermittler*

Immer mehr Unternehmen werden dazu übergehen, das Berufsleben der Mitarbeiter mit dem Freizeitleben zu verbinden. *„Freizeit-Incentive" heißt das neue Zauberwort*, d.h. attraktive Freizeitanreize und Freizeitgratifikationen sollen die überholte materielle Anreiz-Strategie (z.B. durch Lohnerhöhung) ersetzen: Freizeitincentives liegen jenseits von Konto und Karriere und zielen auf Lebenserfüllung und Persönlichkeitsentfaltung, auf die Ganzheit von Körper, Geist und Seele. Hier bietet sich ein neuer Freizeitmarkt für Incentivevermittler an, die Incentive-Programme als Ansporn für Mitarbeiter ausarbeiten und vermitteln: Sportkurse am Feierabend, Überlebenstraining am Wochenende, Erlebnistouren über mehrere Tage, Abenteuerreisen oder Psychourlaub unter Palmen — nicht allein, sondern mit Kollegen und Lebenspartnern. Berufs- und Privatsphäre werden wieder in einen Lebenszusammenhang gebracht. Die Totalität der Berufs-,,Rolle" wird aufgegeben, um — vor dem Hintergrund der wachsenden Konkurrenz der Freizeitangebote — die Leistungsmotivation der Mitarbeiter überhaupt noch aufrechterhalten zu können. ,,Wohnwert" und ,,Lohnwert" sind kaum mehr zu steigern. Der ,,Freizeitwert" hingegen wird zum größten Stimulus für neue berufliche Leistungen. Für Incentive-Vermittler ein reiches Betätigungsfeld.

○ *Glücksbringer*
Wird die künftige Hauptwirkungsstätte für Freizeitberufe das totale Freizeitbüro sein, das ,,Alles für die Freizeit" bietet, rund um die Uhr geöffnet ist und in dem Glücksbringer alle Freizeitwünsche erfüllen: Beifall, Stimmung oder Jubel auf Bestellung? Werden Funmaker und Fluchthelfer ein schier unbegrenztes Sortiment an Waren und Dienstleistungen für Freizeit und Tourismus bereithalten?
Machbar erscheint eine Mischung aus Ladengeschäft, Versandhaus und Freizeitclub mit Info-Kombinat von Fernsehen und Telefax, Fernschreiber und Bildschirmtext. Es bietet an: Tickets, Hotelaufenthalte und Veranstaltungsprogramme ... und viele kleine ,,Problemlöser" des täglichen Freizeitalltags: Gesellschaftsspiele und Rätselhefte, Videocassetten und Freizeitlektüre, Sonnenschutzmittel und Bräunungsluftmatratzen, Strandtücher und Wasserbälle, Insektenschutz und Kopfschmerztabletten. Zusätzlich zaubern die Freizeitberater am Computer Informationen aus dem Bildschirm: Reisewetter, Straßen- und Schneebericht. Selbst Souvenirs können für den Tag der Rückkehr gleich mitgebucht, brauchen also nicht mehr aus dem Urlaubsland mitgeschleppt zu werden. Außerdem liegen Broschüren und Videofilme bereit, Arrangements für einen Theater- und Restaurantbesuch am Feierabend, eine Shopping-Reise am Wochenende, die Vermittlung von Babysittern und Partys, Hobbyclubs und Selbsterfahrungsgruppen, individueller Freizeitberatung, Lebenshilfe oder Verbraucherschutz. Die Hauptzielgruppen dieser neuen Glücksbringer werden nicht mehr die Kinder, Jugendlichen und Familien, sondern Singles, Paare und Senioren sein.

○ *Ganzheitstrainer*
Die Emotionalisierung in Alltag und Freizeitleben wird in Zukunft eine immer größere Rolle spielen. Das Gefühl braucht nicht mehr verdrängt zu

werden, weil sich die Persönlichkeit als Ganzheit entfalten kann. Gegen die Überbetonung des Verstands im traditionellen Berufsleben wird ein neuer Freizeitberuf die Ganzheit von Körper, Geist und Seele setzen: Der „Ganzheitstrainer" im Wellness- und Gesundheitsbereich ermöglicht wieder ein Leben mit dem ganzen Körper, hautnahe Kontakte, Gruppenkommunikation als Bewegungserlebnis, psychische Fitness und persönliche Ausstrahlung. Wellness-Studios werden wie Pilze aus dem Boden schießen.

○ *Lernmentoren*
Die Gefahr der industriellen Freizeitvermarktung wird zur großen beruflichen Chance für wirklich qualifizierte Freizeitberufe, die im Feld der Information und Aufklärung, Erziehung und Bildung tätig sind. Gesucht werden Freizeitberufe mit pädagogisch-psychologischem Background. Sie werden die Gründer und Initiatoren von Lernstudios, Freizeit- und Ferienakademien sein. Sie schaffen neue Lernorte, wo man das Lernen wieder lernen und auch das Leben selbst erleben kann. Ein freier Wettbewerb unter staatlichen und privaten Lernstätten wird entstehen, *ein neuer Markt der Bildung*, ein pädagogischer Service für persönlichkeitsbezogene Bildung. Im freien Lernmarkt arbeiten anregende Lernmentoren, unternehmerische Lehrer mit Ausstrahlung und Überzeugungskraft, didaktisch geschulte Informatoren (und keine besserwisserischen Fachlehrer). Die neuen Lernmentoren ermutigen zum freiwilligen Lernen in Eigenregie. Sie entwickeln sanfte Lernkonzepte, arbeiten nach Prinzipien des Lautdenkens, hören auf Soft-Signale, auf Gefühle und Stimmungen. Sie können auf die Tarnkappe der Intellektualität und die Rolle des Überlegenen verzichten. Der inspirationsfreudige und animatorisch tätige Mitmensch ist gefordert, der so viel Persönlichkeit besitzt, daß er auch persönlichkeitsfördernd für andere wirken kann.

5. Konsum nach Maß. Weglassen von Überflüssigem

Besteht nicht die Gefahr, daß die Freizeitkonsumenten ein Opfer ihrer eigenen Vergnügungssucht werden? Der amerikanische Literatur-Nobelpreisträger Saul Bellow sagt uns für die Zukunft ein „Martyrium" unseres modernen Bewußtseins voraus. Wir erleben eine neue Form des Leidens, das wir gar nicht mehr als Leiden erkennen, weil es in der Gestalt von Vergnügungen auftritt. In endloser Serie konsumieren wir Dinge, die uns ständig neue Höhepunkte liefern: „Alles steht bereit für ein Leben in Bequemlichkeit, mit Tempo und mit Spaß. Und dann gibt es etwas in uns allen, das sagt: Und was jetzt? Und was dann?" (S. Bellow: ZEIT-Gespräch vom 13. Januar 1989).

Da sitzt man also im Kino, auf der Party oder Ferieninsel und fragt sich erneut: Was nun? *Nirgends mehr gibt es einen Ruhepunkt.* Doch wenn wir ehrlich sind, dann werden wir doch erdrückt von all den schönen Dingen und wunderbaren Dienstleistungen. In gewisser Weise sind wir ihnen dienstbar und nicht sie uns. Werden wir eines Tages noch die Kontrolle über uns verlieren, weil wir uns in der Gewalt einer riesenhaften Erlebnisindustrie befinden, die sofortige Glückserfüllung verspricht, aber permanenten Konsum meint?

Wie schlage ich meine Zeit tot, und was kann ich mir zu Weihnachten wünschen, obwohl ich schon alles habe? Dies ist das einzige Problem, das eine beinahe schon konsumneurotische Jugend in Kalifornien derzeit hat, die Bret Ellis in seinem Roman „Unter Null" beschreibt. Die jungen Leute hetzen vom Kino zur Party und von dort in den nächsten Nachtclub. Ein bißchen Sport, die neuesten Autos und Sex stehen auch noch auf der Tagesordnung. Immer auf der Suche nach schnellen Sensationen. Der folgende Dialog-Auszug spricht für sich:

„Wenn du was willst, dann hast du das Recht, es dir zu nehmen. Wenn du was machen willst, dann hast du das Recht, es zu machen". „Aber du brauchst doch nichts. Du hast doch alles", erkläre ich ihm. Rip schaut mich an: „Nein, das stimmt nicht". Schließlich frage ich: „Was könnte das denn sein, was du nicht hast?" „Etwas zu verlieren. Ich habe nichts zu verlieren". BRET ELLIS: „Unter Null" (1989)

Schon 1915 äußerte der Amerikaner Van Wyck Brooks in seinem Buch „America's Coming-Of-Age" (Amerikas Mündigwerden) die Befürchtung, der Puritanismus könne in Zukunft zu „einem vertrockneten alten Yankee" verkommen (Brooks 1915 / 1958). Und sechs Jahrzehnte später kam Daniel Bell in seiner Diagnose über die Zukunft der westlichen Welt zu dem Ergebnis, die protestantische Ethik wandle sich zum „psychedelischen Basar". Das Herzstück der protestantischen Ethik — Arbeit, Sparsamkeit und Genügsamkeit — ginge verloren. Die neuen Wegweiser würden Film, Fernsehen und Werbung sein und eine Art *„Pop-Hedonismus"* verbreiten, bei der es nicht mehr um die Frage geht, wie man arbeiten und etwas leisten, sondern wie man Geld ausgeben und Spaß daran haben kann. *„Vorankommen"* heißt dann nicht mehr Aufstieg auf der beruflichen Stufenleiter, sondern *Übernahme eines bestimmten Lebensstils* (z.B. durch Mitgliedschaft in einem Club, durch exklusive Hobbies oder teure Reisen), eines Lebensstils also, der einen als Mitglied einer Statusgruppe und „Konsumgesellschaft" ausweist (Bell 1979).

Schon spricht man in der heutigen Philosophie (vgl. Krämer 1988) von der Notwendigkeit einer neuen „Individualethik", die Individualisten und Hedonisten, Lebenskünstler und Luxusexistenzen zukünftig freisprechen oder zumindest „rehabilitieren" soll Einer solchen Individualethik fehlt das soziale Korrektiv. Erich Fromm hat einmal gesagt: „Das Wohl des Menschen ist das einzige Kriterium für ethische Werte" (Fromm 1978, S. 26). Das heißt: Der Mensch ist zwar das Maß aller Dinge. Gemeint ist aber doch wohl auch der sozialfähige Mitmensch und nicht nur der genußfähige Egoist. Wir brauchen beides: Sozialorientierung *und* Genußorientierung. Das Nachdenken über die Ethik unseres Tuns dürfen wir nicht aufgeben, sonst geben wir uns selbst und unsere Zukunft auf.

Besteht nicht die Gefahr, daß wir in Zukunft *den Zwang zur Arbeit durch die Pflicht zum Konsum ersetzen?* Was wir an Zeitverkürzung in der Produktion gewinnen, verlieren wir wieder an Zeitverlängerung in der Konsumtion — die Fortsetzung der Arbeit mit anderen Mitteln, die den Kampf um Arbeitszeitverkürzung zur Farce macht. Wenn wir so weitermachen wie bisher, setzen wir die Freiheit unserer eigenen Frei-Zeit aufs Spiel. Wirklich frei können wir uns doch dann erst wieder fühlen, wenn wir auch einmal verzichten oder z.B. eine lästige Einladung absagen können — ohne Angabe von Gründen. Noch freier könnten wir allerdings sein, wenn wir eine Einladung absagen können — mit Angabe der wahren Gründe. Nicht das Zusagen-Müssen, sondern das *Absagen-Können macht uns frei* und der freiwillige Verzicht auf bloßes Dabeisein kann zum ganz persönlichen Zeitgewinn werden. In einer freizeitorientierten Überflußgesellschaft wird nur die Beherzigung des Grundsatzes *„Lerne — zu lassen!"* Lebenszufriedenheit gewähren und auf Dauer garantieren können. Für das souveräne Konsumieren gilt nicht das „Je-mehr-desto-besser"-Prinzip, sondern eher das Gegenteil: *„Je weniger Du hast, desto freier bist Du".* Freiwillig ärmer werden, kann reicher machen ...

Wer soll sich ändern: Die Konsumenten oder die Marketingabteilungen?
Original-Interviewtext (Telefax vom 3. März 1992):

„Warum mahnen Sie nicht die Wirklichkeitsproduzenten der Marketingabteilungen ab, die all diese Freizeitbilder kreieren?"

„Ich halte die Ich-Stärkung für wirksamer als die Marketing-Kritik. Im übrigen: Niemand von uns will auf den angenehmen Freizeitkonsum verzichten (Sie auch nicht!). Radikale Gesellschaftskritiker können zwar die Abschaffung der Konsumgesellschaft fordern, nur darauf verlassen dürfen Sie sich nicht."

... und was die TAZ HAMBURG am 6. März 1992 wirklich veröffentlicht hat:

„Warum mahnen Sie nicht die Wirklichkeitsproduzenten der Marketingabteilungen ab, die all diese Freizeitbilder kreieren?"

„Das wäre eine radikale Gesellschaftskritik, und die führt zu nichts."

Quelle: Interview von O. Rosenberg / B. Augustin (TAZ) mit dem Autor

---

Noch nie zuvor waren die Menschen einem solchen Angebotsstreß ausgesetzt wie heute. Ständig müssen wir uns entscheiden, ob wir etwas machen oder haben, selektiv nutzen oder ganz darauf verzichten wollen:

○ Was ist eigentlich für mich wichtig und was nicht?
○ Woher nehme ich den Mut, auch nein zu sagen?
○ Und wie schaffe ich es, mich zu bescheiden, auch auf die Gefahr hin, etwas zu verpassen?

Früher galt der Grundsatz „*Eine Sache zu einer Zeit*". Daraus ist heute die Gewohnheit „*Mehr tun in gleicher Zeit*" geworden. Wir umgeben uns mit einem dichten Dschungel von Konsumgütern — von Zweitauto und Drittfernseher, Video und Sportgeräten und vergessen dabei oft, daß es Zeit erfordert, davon Gebrauch zu machen. Wir entwickeln uns zu ruhelosen Konsumenten, die für sich selbst, zur Entspannung, zur Selbstbesinnung oder auch zum nachdenklichen Lesen kaum noch Zeit finden.

Nur noch neidisch können wir auf frühere Kulturen zurückblicken, die im Zeitwohlstand lebten und sich eine „*mañana*"-Mentalität leisten konnten: Morgen ist auch noch ein Tag. Wir aber haben heute ständig das Gefühl, morgen könnte es bereits zu spät sein: Konsumiere im Augenblick und genieße das Leben jetzt. Wir „nutzen" die Zeit mehr, als daß wir sie „verbringen". Das Gefühl für den Wert der Zeit nimmt zu. Mehr Geld allein erscheint wertlos, wenn nicht gleichzeitig auch mehr Zeit „ausgezahlt" wird. Das bekommen viele Manager und Politiker heute schon zu spüren. Zeit ist für sie zum knappsten und wertvollsten Gut geworden.

Wir gehen einer Zukunft entgegen, in der mehr Konsumgüter vorhanden sind als Zeit zum Genießen des Konsums. *Das Überangebot macht die Freiheit der Wahl zur Qual der Wahl.* Wenn wir beispielsweise heute schon täglich zwischen Dutzenden von TV-Programmen, Hunderten von Zeitschriften und Zeitungen an den Kiosken und Tausenden von Konsumartikeln in den Supermärkten wählen „müssen", dann kosten diese gigantischen Wahlmöglichkeiten ganz einfach Zeit und Nerven.

Der technologische Fortschritt hat dafür gesorgt, Zeit zu sparen. Das Kunststück ist ihm aber nicht gelungen, Zeit gut einzuteilen und zu nutzen. Das müssen wir schon selber tun. Hier zeigen sich die individuellen Grenzen der Konsumzeit: Was nutzt einem Tennisspieler jedes Jahr ein neuer Schläger, wenn er keine Zeit zum Spielen hat? Wir haben Mühsal und Hunger überwunden — aber große Mühe mit dem eigenen Zeithunger. Der Verbraucher von morgen mag materiellen Wohlstandszeiten entgegensehen, er wird dennoch ruhelos bleiben und unter Zeitdruck leben. Der künftige Konsument gleicht einem perpetuum mobile: Ökonomisch schwingt er sich in Spiralen nach oben, psychologisch gesehen aber dreht er sich auf der Stelle. Ein alter Menschheitstraum bleibt auch in Zukunft unerfüllt: Mehr Zeit zum Leben.

Konsumverzicht ist sicher keine realistische Zukunftsalternative. Aber es lohnt sich darüber nachzudenken, ob manches Überflüssige wirklich ein persönlicher Lebensgewinn ist. Wenn der Freizeitkonsument alles bedenkenlos haben „will" und „muß", verkleinert er letztlich seine individuellen Freiheitsspielräume. Denn: *Mehr konsumieren heißt auch mehr arbeiten / verdienen — und weniger freie Zeit.*

> „Tugenden wie Bescheidenheit, Hilfsbereitschaft, Zusammenhalten waren im Osten stärker ausgeprägt. Unter dem politischen Druck sind Eigenschaften und menschliche Qualitäten entstanden, die wir im Westen schon lange verloren hatten. Sich freuen können über die kleinen Dinge des Alltags zum Beispiel. Ich kenne Menschen, die sagen, wozu muß ich dies oder jenes haben? Warum wird mir was eingeredet, was ich gar nicht brauche? Ich halte das für eine echte Tugend."
>
> *Hildegard Hamm-Brücher im Juni 1992 in einem Gespräch mit der „Berliner Zeitung".*

Freiwillige Konsumeinschränkungen im Sinne maßvollen Konsumierens bedeuten weder Askese noch Verzicht. Warum soll und kann es in Zukunft nicht möglich sein, beim Freizeitkonsum mehr Dinge zu leihen als zu kaufen: Surfbretter, Ski- und Taucherausrüstungen muß man nicht selber besitzen. Nicht alles, was uns in der Freizeit bisher lieb und teuer war, muß käuflich erworben werden. Vielleicht müssen wir in Zukunft den Reiz eines „vom Konsum unbeschwerten Freizeitverhaltens wieder lernen" (Schmidbauer 1990, S. 158).

Ansätze einer neuen Ethik deuten sich an, die auf dem Prinzip der „Pflichten gegenüber sich selbst" beruht: Nach Ansicht des Soziologen Ulrich Beck soll dies nicht in einem ichbezogenen Mißverhältnis bestehen, sondern ein Ausdruck des Bemühens sein, Individuelles *und* Soziales neu abzustimmen. Dies aber ist die Frage: Findet wirklich, wie Beck dies vermutet, eine „Entfaltung des Selbst *im* Sozialen" (Beck 1991, S. 61) statt oder befreien sich nicht vielmehr die Individuen auf ihre eigene Weise, indem sie soziale Bindungen als soziale Blockierungen deuten und stattdessen eine Kultur des individuellen Genusses setzen, in der es mehr um Recht und individuelle Freiheit und weniger um Verpflichtung und soziale Verantwortung geht? Ein neuer Definitionskampf steht uns in Zukunft bevor, wenn das *Herzstück des Sozialen nicht mehr die Kleinfamilie*, sondern die ‚Große Freiheit' ist, eigene Bedürfnisse in Ansprüche umzuwandeln und erst dann um sporadische oder dauerhafte soziale Beziehungen zu ringen.

Die Freizeitorientierung des Lebens wird zur großen Herausforderung für alle gesellschaftlichen Institutionen, selbst für die Kirchen. „Ist der Sonntagsgottesdienst eine Freizeitveranstaltung? Muß der Kirchenbesuch überhaupt Freude machen? Schließlich heißt es ja Gottes- ‚Dienst' und nicht Gottes- ‚Spaß'. Jeder sechste Kirchenbesucher klagt aber: ‚Macht gar keine Freude' ... Am meisten zeigen sich die jungen Leute im Alter von 14 bis 24 Jahren enttäuscht, am wenigsten die über 65jährigen" (B.A.T Studie 1987, S. 21). *Kirchliche Veranstaltungen, die in Zukunft keine Freude machen, haben auch keine Zukunft.* Denn im subjektiven Erleben der Menschen koppelt sich die Freizeit immer mehr vom ‚Pflichtbereich Arbeit' ab und verselbständigt sich. Als Freizeitaktivitäten werden nur noch solche Tätigkeiten empfunden, die „Spaß und Freude machen". Alles andere gilt als Pflicht, Notwendigkeit oder Zwang. Ob es gefällt oder nicht — den Kirchen drohen in Zukunft amerikanische Verhältnisse nach dem Motto „Seht nur, wieviel Spaß wir mit Gott und miteinander haben".

In den USA breiten sich derzeit sogenannte „Mega-Kirchen" („Mega-Churches") fast inflationär aus. Landesweit gibt es mittlerweile schon über 400 solcher „Mega Churches" mit Gemeindemitgliedern von 2000 aufwärts. Und alle zwei bis drei Wochen kommt eine neue Kirche hinzu. *Die neuen Kirchen sind Freizeitzentren in einer Mischung aus Gottesdienst, Dampfbad und Disco.* Sie haben ein Fassungsvermögen von 6000 Sitzplätzen und ein Freizeitangebot mit viel Gott und Glauben, Spaß und Unterhaltung: Kino und Disco, Bowlingbahnen und Basketballplätzen, finnischen Saunen und kalorienbewußten Restaurantküchen. Die Familien halten sich fast den ganzen Sonntag dort auf und führen gern zehn Prozent ihres Gehaltes an die Kirche ab. Offensichtlich eine *sonntägliche Marktlücke* für die Freizeit. Und aus deutscher Sicht eine fast unvorstellbare Vorstellung vor dem Hintergrund der zahlreichen Kirchenaustritte und angesichts der Tatsache, daß es z.B. der reichen Hansestadt Hamburg kaum gelingt, ihren Michel vor dem Einsturz zu bewahren...

In den 80er Jahren lautete eine Prognose für die Zukunft: „Das Bedürfnis nach Ruhe und innerer Muße wird wachsen. Vielleicht werden dann die Kirchen, aber auch neue Sekten, neue Psychopharmaka oder neue Medien einen Selbstbesinnungsboom hervorrufen" (Opaschowski 1987, S. 14). Der Zeitpunkt scheint erreicht zu sein. Die Psycho-Sekten-Welle breitet sich auch in nichtwestlichen Industrieländern aus. Selbst in der Sowjetunion sind mittlerweile Sekten auf dem Vormarsch: „Lenin geht — Hare Krishna kommt" (AP-Meldung vom 14. Nov. 1991). Der Kommunismus hat als Leitidee ausgedient. Nun klopfen neue Heilsbringer an die Pforten Moskaus: Mormonen und Baptisten, Anhänger der Hare-Krishna-Bewegung und Mitglieder der Vereinigungskirche des Südkoreaners Sun Myung Mun. Nach dem Umbruch hat sich eine tiefe Sinnentleerung und Perspektivlosigkeit im Land breit gemacht. Neue Botschaften und Heilslehren sollen jetzt das entstandene Vakuum füllen. Auf 100000 Anhänger wird mittlerweile die Schar der Hare-Krishna-Bewegung in der Sowjetunion geschätzt und Adventisten und Pfingstler haben fast 200000 Gläubige gewonnen. Die neue Glaubensfreiheit im Osten siedelt sich *zwischen Jeans und McDonalds, Sekten und pietistischen Zirkeln* an: Alles ist offensichtlich gut, was aus dem Westen kommt...

„So können wir nicht weiterleben" mahnte die Evangelische Kirche Deutschlands (EKD) anläßlich ihrer Synodentagung 1991 in Bad Wildungen. Die Zukunftsfähigkeit der westlichen Industriegesellschaft stehe auf dem Spiel. Die Beantwortung der Frage vor einem Jahrzehnt ist offener denn je:

„Wo wird die moralische Grenze der Freizeitvermarktung sein?" (Opaschowski 1983, S. 97). Für das freizeitorientierte Marketing von Erlebniswelten kommt es in Zukunft darauf an, die Spirale von Genußsucht und Verschwendung zu durchbrechen, damit sie nicht in Konsumverweigerung endet. In der *Beschränkung auf Lebens- und Erlebnisqualität* zeigt sich die wahre Meisterschaft von Produzenten und Konsumenten — getreu dem griechischen Spruch: „Genieße nach Maß, damit du länger genießen kannst..." Das Erlebnismarketing der Zukunft soll alles fördern, was dem Leben dient, und sich dem entgegenstellen, was dem Leben schadet.

Literaturverzeichnis

Kapitel I: Rahmenbedingungen und Situationsanalyse

Baethge, M.: (u.a.): Jugend: Arbeit und Identität, 2. Aufl., Opladen 1989
B.A.T Freizeit-Forschungsinstitut (Hrsg.): Wie arbeiten wir nach dem Jahr 2000? (Verf.: H.W. Opaschowski), Hamburg 1989
B.A.T Freizeit-Forschungsinstitut (Hrsg.): Herausforderung Freizeit. Perspektiven für die 90er Jahre (Verf.: H.W. Opaschowski), Hamburg 1990
B.A.T Freizeit-Forschungsinstitut (Hrsg.): Freizeit 2001. Ein Blick in die Zukunft unserer Freizeitwelt (Verf.: H.W. Opaschowski), Hamburg 1992
Beck, U.: Risikogesellschaft. Auf dem Weg in eine andere Moderne, Frankfurt/M. 1986
Dahrendorf, R.: Die Chancen der Krise, Stuttgart 1982
Hörning, K.H. (u.a.): Zeitpioniere. Flexible Arbeitszeiten — neuer Lebensstil, Frankfurt/M. 1990
Offe, C. (u.a.): Arbeitszeitpolitik. Formen und Folgen einer Neuverteilung der Arbeitszeit, Frankfurt/M.-New York 1982
Offe, C.: Arbeitsgesellschaft. Strukturprobleme und Zukunftsperspektiven, Frankfurt/M. 1984
Opaschowski, H.W.: Freie Zeit ist Bürgerrecht. Plädoyer für eine Neubewertung von ‚Arbeit' und ‚Freizeit'. In: Aus Politik und Zeitgeschichte B 40/74, 5. Okt. 1974, S. 18-38
Opaschowski, H.W.: Von der Geldkultur zur Zeitkultur. In: Frankfurter Allgemeine Zeitung vom 29. Juli 1989
Veblen, Th.: Theorie der feinen Leute („The Theory of the Leisure Class", 1899), Köln-Berlin 1959

Kapitel II: Wirtschaftsfaktor Freizeit

Agricola, S. (u.a., Hrsg.): Freizeitwirtschaft. Märkte und Konsumwelten, Erkrath-Wuppertal 1990
Albach, H.: Dienstleistungen in der modernen Industriegesellschaft, München 1989
Andreae, C.A.: Ökonomik der Freizeit. Zur Wirtschaftstheorie der modernen Arbeitswelt, Reinbek b. Hamburg 1970
B.A.T Freizeit-Forschungsinstitut (Hrsg.): Urlaub 85/86. Zu Hause und auf Reisen (Verf.: H.W. Opaschowski), Hamburg 1986
Bednarik, K.: An der Konsumfront, Stuttgart 1957

Bieger, Th.: Planung von touristischen Transportanlagen. In: Hotel und Touristik Revue 13 (1985)

Bieger, Th./M. Hostmann (Hrsg.): Strategie 2000 für die Freizeitbranche (Luzerner Beiträge zur Betriebs- u. Regionalökonomie, Bd. 3), Grüsch 1990

Edington, C.R./J.G. Williams: Productive Management of Leisure Service Organizations, New-York-Santa Barbara-Chichester-Brisbane-Toronto 1978

Gershuni, J.: Die Ökonomie der nachindustriellen Gesellschaft („After industrial Society?", 1978), Frankfurt/M. 1981

Hawtrey, R.G.: The Economic Problem, London 1925

Iso-Ahola, S.E.: On the Theoretical Link Between Personality and Leisure. In: Psychological Reports, 39/1 (1976), S. 3-10

Külp, B.: Freizeitökonomie, München 1983

Lange, E.: Jugendkonsum. Empirische Untersuchungen über Konsummuster, Freizeitverhalten und soziale Milieus bei Jugendlichen, Opladen 1991

Linde, R.: Einführung in die Mikroökonomie, Stuttgart/Berlin/Köln/ Mainz 1988

Meissner, W.: Ökonomie der Freizeit. In: Jahrbücher für Nationalökonomie und Statistik 185 (1971), S. 385-402

Neulinger, J.: The Psychology of Leisure, Springfield/Ill. 1974

Riesman, D.: Die einsame Masse („The Lonely Crowd", 1950), Darmstadt-Neuwied-Berlin 1958

Röhrig, E.: Das Rabatt-Gespenst geht um. In: Tourismus Management 6 (1989)

Schelsky, H.: Die skeptische Generation. Eine Soziologie der deutschen Jugend von 1945 bis 1955, Düsseldorf-Köln 1963

Scherhorn, G.: Konsum. In: R. König (Hrsg.): Handbuch der empirischen Sozialforschung, Bd. 11, 2. Aufl., Stuttgart 1977, S. 193-265

Scitovsky, T.: Psychologie des Wohlstands („The Joyless Economy", 1976), Frankfurt/M.-New York 1977

Stoffers, M.: Wirtschaftsfaktor Freizeit. Entwicklungen auf dem deutschen Freizeitmarkt, Köln 1989

Tokarski, W./R. Schmitz-Scherzer: Freizeit, Stuttgart 1985

Unger, L.S./J.B. Kernan: On the Meaning of Leisure: An Investigation of Some Determinants of the Subjective Experience. In: JCR 9/4 (1983), S. 381-392

Van der Bellen, A.: Freizeit und Sozialprodukt. Unveröff. Manuskript (zitiert nach C.A. Andreae: Ökonomik der Freizeit, 1970), Innsbruck: Institut für Finanzwissenschaft 1968

Wachenfeld, H.: Freizeitverhalten und Marketing. Grundlagen des Marketing für Freizeitangebote, Heidelberg 1987

Weber, E.: Das Freizeitproblem, München-Basel 1963

Kapitel III: Freizeit, Konsum und Lebensstil. Basisdaten zur Freizeitökonomie

Attias-Donfut, C.: Freizeit, Lebenslauf und Generationen. In: L. Rosenmayr (Hrsg.): Die menschlichen Lebensalter, München 1978, S. 354-375

B.A.T Freizeit-Forschungsinstitut (Hrsg.): Urlaub 90/91. Eine erste gesamtdeutsche Urlaubsbilanz, Hamburg 1991

B.A.T Freizeit-Forschungsinstitut (Hrsg.): Konsum in der Freizeit. Zwischen Freisein und Anpassung (Verf.: H.W. Opaschowski), Hamburg 1987

Becher, U.A.J.: Geschichte des modernen Lebensstils, München 1990
Bourdieu, P.: Die feinen Unterschiede. Kritik der gesellschaftlichen Urteilskraft, Frankfurt/M. 1982
Glatzer, W./W. Zapf (Hrsg.): Lebensqualität in der Bundesrepublik, Frankfurt/M.-New York 1984
Hörning, K.H. (u.a.): Zeitpioniere. Flexible Arbeitszeiten — neuer Lebensstil, Frankfurt/M. 1990
Murphy, J.F. (Hrsg.): Concepts of Leisure, Eaglewood Cliffs: Prentice Hall 1974
Opaschowski, H.W.: Arbeit. Freizeit. Lebenssinn?, Opladen 1983
Opaschowski, H.W.: Konsum in der Freizeit (Bd. 7 der B.A.T Schriftenreihe zur Freizeitforschung), Hamburg 1987
Opaschowski, H.W.: Typologie des Freizeitkonsumenten. In: Szallies/ Wiswede (Hrsg.): Wertewandel und Konsum, Landsberg 1990, S. 116-120
Opaschowski, H.W.: Freizeit, Konsum und Lebensstil (Hrsg. v. Arbeitgeberverband der Metallindustrie Köln), Köln 1990
Opaschowski, H.W.: Freizeitstile der Deutschen in Ost und West. Forschungsergebnisse des B.A.T Freizeit-Forschungsinstituts, Hamburg 1991
Romeiss-Stracke, F.: Zukunftsperspektiven für den Tourismus. In: Tourismus in der Gesamtwirtschaft (Bd. 17 der Schriftenreihe Forum der Bundesstatistik), Stuttgart 1991, S. 26-34
Schmitz-Scherzer, R./H. Schulze/W. Tokarski: Perspektiven in der Freizeitforschung, Kassel 1984
Scitovsky, T.: Psychologie des Wohlstands („The Joyless Economy", 1976), Frankfurt/M.-New York 1977
Sobel, M.E.: Lifestyle and Social Structure, New York 1981
SPIEGEL SPEZIAL: Das Profil der Deutschen. Was sie vereint, was sie trennt, Hamburg 1991
Tokarski, W.: Freizeit- und Lebensstile (Kasseler Gerontologische Schriften, 10), Kassel 1989
Verlagsgruppe BAUER/Media-Marketing (Hrsg.): Freizeit Medien Profile, Hamburg 1991
Vester, H.-G.: Zeitalter der Freizeit, Darmstadt 1988

Kapitel IV: Freizeitkonsum auf der Erlebnisebene

Agricola, S. (u.a.): Freizeitwirtschaft. Märkte und Konsumwelten, Erkrath-Wuppertal 1990
Alberts, J. (u.a.): Segmente der Unterhaltungsindustrie (Diskotheken u.a.), Frankfurt/M. 1974
B.A.T Freizeit-Forschungsinstitut (Hrsg.): Konsum in der Freizeit. Zwischen Freisein und Anpassung (Verf.: H.W. Opaschowski), Hamburg 1987
Klages, H. (u.a.): Sozialpsychologie der Wohlfahrtsgesellschaft, Frankfurt/ M. 1987
Linde, R.: Einführung in die Mikroökonomie, Stuttgart-Berlin-Köln- Mainz 1988
Opaschowski, H.W.: Wachstumsbranche Freizeit. In: absatzwirtschaft 10 (1979), S. 38-42
Opaschowski, H.W.: Freizeitboom — was nun? Ein Zukunftsreport zum Thema Konsum. In: Filmecho-Filmwoche 15 (1991), S. 7-19
Packard, V.: Die geheimen Verführer („The hidden Persuaders", 1957), Düsseldorf 1966
Pasolini, P.P.: Freibeuterschriften. Die Zerstörung der Kultur des Einzelnen durch die Konsumgesellschaft, Berlin 1978

Rosenberger, G. (Hrsg.): Konsum 2000. Veränderungen im Verbraucheralltag, Frankfurt/M.-New York 1992
Rüttinger, B. (u.a.): Motivation des wirtschaftlichen Verhaltens, Stuttgart-Berlin-Köln-Mainz 1974
Scitovsky, T.: Psychologie des Wohlstands („The Joyless Economy", 1976), Frankfurt/M.-New York 1977
Verbraucher-Zentrale NRW e.V. (Hrsg.): Freizeit und Konsum (Verbraucherpolitische Hefte, Nr. 8), Juli 1989

Kapitel V: Freizeitkonsum auf der Verhaltensebene

Agricola, S. (Bearb.): Freizeit Lexikon, Ostfildern 1986
B.A.T Freizeit-Forschungsinstitut (Hrsg.): Konsum in der Freizeit. Zwischen Freisein und Anpassung (Verf.: H.W. Opaschowski), Hamburg 1987
Deutscher Ausschuß für Erziehungs- und Bildungswesen (Hrsg.): Empfehlungen und Gutachten 1953-1965, Stuttgart 1966
Freyer, W.: Handbuch des Sportmarketing, Wiesbaden 1990
Jünger, G.G.: Die Perfektion der Technik, 5. Aufl., Frankfurt/M. 1968
Opaschowski, H.W.: Wachstumsmarkt Freizeit. Expansion einer Erlebnisindustrie. In: Ders.: Arbeit. Freizeit. Lebenssinn?, Opladen 1983, S. 43-50
Prahl, H.W.: Freizeitsoziologie, München 1977
Scheuch, E.K.: Soziologie der Freizeit. In: R. König (Hrsg.): Handbuch der empirischen Sozialforschung, Bd. II, 3. Aufl., Stuttgart 1977
Tokarski, W./R. Schmitz-Scherzer: Freizeit, Stuttgart 1985
Wachenfeld, H.: Freizeitverhalten und Marketing, Heidelberg 1987

Kapitel VI: Marketing von Erlebniswelten. Trendsignale

B.A.T Freizeit-Forschungsinstitut (Hrsg.): Freizeitalltag von Frauen. Zwischen Klischee und Wirklichkeit (Verf.: H.W. Opaschowski), Hamburg 1989
B.A.T Freizeit-Forschungsinstitut (Hrsg.): Herausforderung Freizeit. Perspektiven für die 90er Jahre (Verf.: H.W. Opaschowski), Hamburg 1990
Beck, U.: Risikogesellschaft. Auf dem Weg in eine andere Moderne, Frankfurt/M. 1986
Diller, H.: Preis 2000. Preispolitischer Bedingungsrahmen und Preisverhalten der Marktakteure. In: Chr. Schwarz (u.a., Hrsg.): Marketing 2000, Wiesbaden 1987, S. 47-57
Diller, H./M. Kusterer: Erfolgsträchtigkeit der erlebnisbetonten Ladengestaltung im Einzelhandel (Arbeitspapier Nr. 14 des Instituts für Marketing/Universität der Bundeswehr), Hamburg 1986
Donovan, R.J./J.R. Rossiter: Store Atmosphere. In: Journal of Retailing 58/1 (1982), S. 34-57
Elias, N.: Leisure in the Sparetime Spectrum. In: R. Albonico/K. Pfister-Binz (Hrsg.): Soziologie des Sports, Basel 1971, S. 27-34
Hacke, A.: Die elende Nachbarschaft des Wohlstands. In: Süddeutsche Zeitung v. 27./28. Juli 1991, S. 3
Höhler, G.: Offene Horizonte. Junge Strategien verändern die Welt, Düsseldorf 1989

Kroeber-Riel, W.: Konsumentenverhalten, 3. Aufl., München 1984
Kroeber-Riel, W.: Erlebnisbetontes Marketing. In: Chr. Belz (Hrsg.): Realisierung des Marketing, St. Gallen 1986, S. 1137-1151
Melzer-Lena, B.: Jugend und Freizeit — Implikationen für das Marketing. In: H. Meffert (Hrsg., u.a.): Marketing in der Freizeit- und Dienstleistungsgesellschaft, Münster 1991, S. 38-65
Mitchell, A.A.: The Effects of Visual and Emotional Advertising. In: L. Percy / A.G. Woodside (Hrsg.): Advertising and Consumer Psychology, Lexington-Toronto 1983, S. 197-217
Naisbitt, J.: Megatrends 2000, Düsseldorf-Wien-New York 1990
Opaschowski, H.W.: Arbeit. Freizeit. Lebenssinn?, Opladen 1983
Popcorn, F.: Der Popcorn Report. Trends für die Zukunft, München 1992
Raffée, H. / K.-P. Wiechmann: Marketingumwelt 2000. In: Chr. Schwarz (u.a., Hrsg.): Marketing 2000, Wiesbaden 1987, S. 185-226
Redwitz, G.: Handelsentwicklung. Wertewandel-Perspektiven für die Handelslandschaft. In: Szallies / Wiswede (Hrsg.): Wertewandel und Konsum, Landsberg / Lech 1990, S. 257-282
Riesman, D.: Die einsame Masse („The Lonely Crowd", 1950), Darmstadt-Neuwied-Berlin 1958
Szallies, R.: Zwischen Luxus und kalkulierter Bescheidenheit. Der Abschied von Otto Normalverbraucher. Ein Rück- und Ausblick über 50 Jahre Konsumentenverhalten. In: Szallies / Wiswede (Hrsg.): Wertewandel und Konsum, Landsberg / Lech 1990, S. 41-58
Tölle, K.: Marktforschung 2000. Konsumentenverhalten in der Entscheidungssituation. In: Chr. Schwarz (u.a., Hrsg.): Marketing 2000, Wiesbaden 1989, S. 139-148
Tostmann, Th.: Kommunikation 2000. In: Chr. Schwarz (u.a., Hrsg.): Marketing 2000, Wiesbaden 1987, S. 107-137
Weinberg, H.: Wertewandel im Spiegel der Konsumklima-Forschung. In: Szallies / Wiswede (Hrsg.): Wertewandel und Konsum, Landsberg / Lech 1990, S. 61-85
Wiswede, G.: Einführung in die Wirtschaftspsychologie, München-Basel 1990

Kapitel VII: Marketing von Erlebniswelten. Praxisbeispiele

ADTV / Melzer-Lena: Junge Leute wollen tanzen lernen. Pressemitteilung vom 13. April 1992
Anders, H.-J.: Euro-Verbraucher — Realität oder Fiktion? In: Szallies / Wiswede (Hrsg.): Wertewandel und Konsum, Landsberg / Lech 1990, S. 233-256
Andresen, Th.: Informationsgesellschaft und Werbung. In: Szallies / Wiswede (Hrsg.): Wertewandel und Konsum, Landsberg / Lech 1990, S. 185-213
Asbach u. Co: Gastlichkeit im Jahr 2000: Tatsachen, Thesen, Trends, 3. Aufl., Rüdesheim a. Rh. 1987
Balint, M.: Angstlust und Regression („Thrills and Regressions", 1959), 3. Aufl., Stuttgart 1991
B.A.T Freizeit-Forschungsinstitut (Hrsg.): Freizeit und Fernsehkonsum im Wandel (Verf.: H.W. Opaschowski), Hamburg 1992
B.A.T Freizeit-Forschungsinstitut (Hrsg.): Freizeit und Umwelt (Verf.: H.W. Opaschowski), Bd. 6 der Schriftenreihe zur Freizeitforschung, Hamburg 1985
B.A.T Freizeit-Forschungsinstitut (Hrsg.): Sport in der Freizeit (Verf.: H.W. Opaschowski), Bd. 8 der Schriftenreihe zur Freizeitforschung, Hamburg 1987

B.A.T Freizeit-Forschungsinstitut (Hrsg.): Urlaub 86/87. Zu Hause und auf Reisen, Hamburg 1987
B.A.T Freizeit-Forschungsinstitut (Hrsg.): Urlaub 87/88. Traumziele und Urlaubsträume, Hamburg 1988
B.A.T Freizeit-Forschungsinstitut (Hrsg.): Urlaub 89/90. Trendwende im Urlaubsverhalten? Die Grenzen grenzenlosen Reisens, Hamburg 1990
B.A.T Freizeit-Forschungsinstitut (Hrsg.): Urlaub 90/91. Eine erste gesamtdeutsche Bilanz, Hamburg 1991
B.A.T Freizeit-Forschungsinstitut (Hrsg.): Urlaub 91/92. Trendziele und Trendsetter im Tourismus der 90er Jahre (Verf.: H.W. Opaschowski), Hamburg 1992
Bauer, W. (u.a.): 4 Wochen ohne Fernsehen, Berlin 1976
Berg, K./M.-L. Kiefer (Hrsg.): Massenkommunikation III. Eine Langzeitstudie zur Mediennutzung und Medienbewertung 1964-1985, Frankfurt/M. 1987
Bischofberger, K.J.: Freizeit-Reisen in Zukunft — immer kürzer und weiter? In: Th. Bieger/M. Hostmann (Hrsg.): Strategie 2000 für die Freizeitbranche, Grüsch 1990, S. 69-73
Csikszentmihalyi, M.: Das Flow-Erlebnis. Jenseits von Angst und Langeweile („Beyond Boredom and Anxiety", 1975), Stuttgart 1985
Csikszentmihalyi, M.: Flow. Das Geheimnis des Glücks („Flow. The Psychology of Optimal Experience", 1990), Stuttgart 1992
Commandeur, C./H. Nokielski: Kommunikationsbedürfnisse in Einkaufssituationen. In: K.M. Meyer-Abich/D. Birnbacher (Hrsg.): Was braucht der Mensch, um glücklich zu sein?, München 1979, S. 159-170
Der Handel auf dem Weg ins 21. Jahrhundert (Eckes Symposium ‚86), Mainz: Peter Eckes 1987
Dieterich, M.: Konsument und Gewohnheit. Eine theoretische und empirische Untersuchung zum habituellen Kaufverhalten, Heidelberg-Wien 1986
Dröge, F./Th. Krämer-Badoni: Die Kneipe. Zur Soziologie einer Kulturform (edition suhrkamp Taschenbuch 1380), Frankfurt/M. 1987
Eichstedt, A./B. Polster: Wie die Wilden. Tänze auf der Höhe ihrer Zeit, Berlin 1985
Elser, W.: Tendenzen einer zukünftigen Sport- und Bewegungskultur. In: PAE-Arbeitshilfen für die Erwachsenenbildung, Ausg. M Nr. 25/Okt. 1991, S. 85-115
Eurich, C./G. Würzberg: 30 Jahre Fernsehalltag. Wie das Fernsehen unser Leben verändert hat, Dezember 1983
Falk, B.: Shopping und Spaß im Jahre 2010. In: Bremer Zeitschrift für Wirtschaftspolitik, Jg. 12, H. 3 (1989), S. 138-150
Fischer, C.: Tanz. In: A. Fischer (u.a.): Freizeit und Jugendkultur (Band 2 der Shellstudie), Opladen 1989, S. 59-106
Flachmann, Chr.: Von der Sommerfrische zum Massentourismus — Reisen als Teil des modernen Lebens. In: F. Hölder (Hrsg.): Im Zug der Zeit, Wiesbaden 1989, S. 137-154
Franz, H. (Hrsg.): Wie hinterm Presslufthammer — nur unheimlich schöner. Diskokultur in Jugendhäusern, Bensheim 1980
Freizeitmarkt. Dienstleistungen und häuslicher Freizeitpfad. Hrsg. v. ILS (Institut f. Landes- und Stadtentwicklungsforschung des Landes NRW), Dortmund 1988
Freyer, W.: Handbuch des Sportmarketing, Wiesbaden 1990
Freyer, W.: Tourismus. Einführung in die Fremdenverkehrsökonomie, München/Wien 1988
Fritz, A.: Lesen im Medienumfeld. Eine Studie i.A. der Bertelsmann Stiftung, Gütersloh 1991

GfK Marktforschung GmbH&Co. KG: Mensch und Ernährung, Nürnberg 1986
Gottschalch, W.: Die fremdbestimmten Konsumenten. Kritik an der Freizeitindustrie. In: H.W. Opaschowski (Hrsg.): Freizeit als gesellschaftliche Aufgabe, Düsseldorf 1976, S. 137-141
Grimm, E.: Der neue deutsche Typ: Sorglos und materialistisch. In: Psychologie heute, Nov. 1990, S. 34-41
Hebestreit, D.: Touristik Marketing, 3. Aufl., Berlin 1992
Heinemann, K. (Hrsg.): Texte zur Ökonomie des Sports, Schorndorf 1984
Hillmeier, H.: Kommerzielle Freizeitanbieter. Herausforderung für die Jugendarbeit. Hrsg. v. Bayer. Jugendring, München 1988
Hölder, E. (Hrsg.): Im Zug der Zeit (Dokumentation des Statistischen Bundesamtes durch vier Jahrzehnte), Wiesbaden 1989
Hoff, E.-H.: Arbeit, Freizeit und Persönlichkeit. Wissenschaftliche und alltägliche Vorstellungsmuster, Bern-Stuttgart-Toronto 1986
Inglehart, R.: The Silent Revolution, Princeton 1977
Inglehart, R.: Kultureller Umbruch. Wertewandel in der westlichen Welt, Frankfurt/M.-New York 1989
Institut für Freizeitwirtschaft (Hrsg.): Märkte im Wandel — Freizeitverhalten (SPIEGEL-Verlagsreihe, Bd. 11), Hamburg 1983
Institut für Jugendforschung/IJF (Hrsg.): Jugend und Tanzschulen. Pilotstudie bei 12- bis 16jährigen, München 1992
Kaiser, F.-J. (u.a.): Jugend und Konsum, Bad Heilbrunn 1985
Kaminski, H.: Unterrichtsmodell zur Verbraucherbildung in Schulen, Bad Heilbrunn 1981
Kaspar, J.: Erfolg der „Filmszene Ottensheim". In: Kronenzeitung vom 1. März 1990, S. 15
Kishon, E.: Kishon für Kenner, München/Wien o.J.
Klitzke, U.: Gaststätten als Freizeiträume. Zur aktuellen Tendenz ihrer Ausstattung. In: J. Alberts (u.a.): Segmente der Unterhaltungsindustrie, Frankfurt/M. 1974, S. 148-176
Kollenberg, U.: Freizeit und Wirtschaft. Privatwirtschaftliche Initiativen im Freizeitbereich, Köln 1979
Konert, F.-J.: Vermittlung emotionaler Erlebniswerte, Heidelberg/Wien 1986
Kutsch, Th. (u.a.): Mensch und Ernährung 2000. In: Szallies/Wiswede (Hrsg.): Wertewandel und Konsum, Landsberg/Lech 1990, S. 287-337
Laermann, K.: Kommunikation an der Theke. Über einige Interaktionsformen in Kneipen und Bars. In: Kölner Zeitschrift für Soziologie und Sozialpsychologie, Sonderheft 20 (1978), S. 420-430
Lasch, Chr.: Das Zeitalter des Narzißmus („The Culture of Narcissism", 1979), München 1982
Maas, P./A. Schüller: Arbeit und Konsum — Wertewandel in zwei zentralen Bereichen des Lebens. In: Szallies/Wiswede (Hrsg.): Wertewandel und Konsum, Landsberg/Lech 1990, S. 87-107
Mallin, W.: Die „heile Welt" der Disney-Parks. In: H.W. Opaschowski (Hrsg.): Freizeit als gesellschaftliche Aufgabe, Düsseldorf 1976, S. 131-135
Meffert, H. (Hrsg., u.a.): Marketing in der Freizeit- und Dienstleistungsgesellschaft (Dokumentation d. Wiss. Gesellschaft für Marketing und Unternehmensführung e.V.), Münster 1991
Meistermann-Seeger, E./K. Bingemer: Psychologie des Automatenspiels, Köln 1971
Mergen, A.: Spiel mit dem Zufall. Kriminologische Untersuchung über das Spielen an Automaten, München 1973

Meyer-Abich, K.M. / D. Birnbacher (Hrsg.): Was braucht der Mensch, um glücklich zu sein? Bedürfnisforschung und Konsumkritik, München 1979
Müller, C.W.: Tanz und Gesellschaft. Arbeitskreis für Tanz und Gesellschaft im Bundesgebiet, Berlin 1968, S. 7-16
Müller, C.W. / P. Nimmermann: In Jugendclubs und Tanzlokalen, München 1968
Murphy, R.: The Evolution of the Amusement Machine. In: Journal of the Royal Society of Arts, 49 / No. 4855 (1951)
Nahrstedt, W.: Ha zwei Oh. Freizeitbildung im Spaßbad: Eine neue pädagogische Formel? In: Spielraum und Freizeitwert, Jg. 13, H. 1 (1992), S. 3-7
Naisbitt, J.: Megatrends 2000. Zehn Perspektiven für den Weg ins nächste Jahrtausend, Düsseldorf-Wien-New York 1990
Neißer, H. (u.a.): Jugend in Trance? Diskotheken in Deutschland, Heidelberg 1979
Netherland Board of Tourism: „Tourism, 10 Years ahead", März 1989
Opaschowski, H.W.: Das Fernsehen der 80er Jahre. Langeweileverursacher oder Langeweileverhinderer? In: Animation 3 (1983), S. 74-80
Opaschowski, H.W.: Sport in der Freizeit (Bd. 8 der B.A.T Schriftenreihe), Hamburg 1987
Opaschowski, H.W.: Freizeit 2000: Neuer Kapitalismus des Ich. In: der gemeinderat 4 (1989), S. 29
Opaschowski, H.W.: Mythos Urlaub. Die unerfüllbare Sehnsucht nach dem Paradies (B.A.T Projektstudie zur Tourismusforschung), Hamburg 1991
Opaschowski, H.W.: Ökologie von Freizeit und Tourismus, Opladen 1991
Opaschowski, H.W.: Pädagogik und Didaktik der Freizeit, 2. Aufl., Opladen 1990
Opaschowski, H.W.: Psychologie und Soziologie der Freizeit, Opladen 1988
Opaschowski, H.W.: Tourismusforschung, Opladen 1989
Oppitz, G.: Kind und Konsum. In: Szallies / Wiswede (Hrsg.): Wertewandel und Konsum, Landsberg / Lech 1990, S. 135-153
Ottomeyer, K.: Ökonomische Zwänge und menschliche Beziehungen, Reinbek b. Hamburg 1977
Pausch, R.: Diskotheken. Kommunikationsstrukturen als Widerspiegelung gesellschaftlicher Verhältnisse. In: J. Alberts (u.a.): Segmente der Unterhaltungsindustrie, Frankfurt / M. 1974, S. 177-214
Peyker, I.: Erlebnisort Körper. In: Bericht der 37. Werbewirtschaftl. Tagung, Graz 1990, S. 113-115
Pilz-Kusch, U.: Konsum und Freizeit — ein Gegenstand für die Verbraucherbildung? In: Verbraucherpolitische Hefte Nr. 8 (Juli 1989), S. 117-129
Postman, N.: Wir amüsieren uns zu Tode („Amusing Ourselves to Death", 1985), Frankfurt / M. 1985
Rausch, R.: Erlebniswelt Shopping-Center. In: S. Agricola (Hrsg.): Freizeitwirtschaft, Erkrath-Wuppertal 1990, S. 188-193
Rittner, V.: Gesellschaftliche und individuelle Ursachen einer gesteigerten Nachfrage nach Sportgütern und -dienstleistungen. In: Stiftung Verbraucherinstitut (Hrsg.): Sportkonsum als Konsumsport? Berlin 1987, S. 27-44
Rizzi, S.: Gastronomie. Übertritt in eine neue Erlebniswelt. In: Th. Bieger / M. Hostmann (Hrsg.): Strategie 2000 für die Freizeitbranche, Grüsch 1990, S. 85-96
Roth, P.: Sportwerbung. Grundlagen, Strategien, Fallbeispiele, München 1986
Roth, P. / A. Schrand (Hrsg.): Touristik-Marketing, München 1992
Schelsky, H.: Die skeptische Generation, Düsseldorf-Köln 1957
Schmidt-Möbius, H. (u.a.): Freizeitmärkte — Boom der Vergangenheit oder Chancen in der Zukunft? In: amusement-Industrie (1985), S. 22-27

Schröpf, S.: Euro-Styles und soziale Ziele. In: w & v Nr. 48 v. 30. Nov. 1990, S. 120-123
Schürmann, P.: Werte und Konsumverhalten, München 1988
Schulze, G.: Die Erlebnisgesellschaft. Kultursoziologie der Gegenwart, Frankfurt/New York 1992
Seegers, A.: Immer mehr Kultur vom Feinsten. In: Hamburger Abendblatt v. 27. Februar 1992
SPIEGEL/Institut für Freizeitwirtschaft (Hrsg.): Märkte im Wandel, Hamburg 1983
Springer Verlag (Hrsg.): Freizeit. Märkte. Informationen für die Werbeplanung, Hamburg Mai 1990
Statistisches Bundesamt (Hrsg.): Von den zwanziger zu den achtziger Jahren. Ein Vergleich der Lebensverhältnisse der Menschen, Wiesbaden 1987
STERN (Hrsg.): Die konsumfreudigen Deutschen (Dialoge 2), Hamburg Februar 1987
Stiftung Lesen (Hrsg.): Lesen. Zahlen, Daten, Fakten über Bücher, Zeitungen, Zeitschriften und ihre Leser, 2. Aufl., Mainz 1991
Studienkreis für Tourismus (Hrsg.): Reiseanalyse 91 (RA 91), Starnberg 1992
Szallies, R./G. Wiswede (Hrsg.): Wertewandel und Konsum. Fakten, Perspektiven und Szenarien für Markt und Marketing, Landsberg/Lech 1990
Vahsen, F.G.: Jugendliche in Kneipen, Diskotheken und Flipperhallen. In: Ders. (Hrsg.): Beiträge zur Theorie und Praxis der Freizeitpädagogik, Hildesheim 1983, S. 287-298
Veblen, Th.: Theorie der feinen Leute („The Theory of the Leisure Class", 1899), Köln-Berlin 1959
Verbraucher-Zentrale NRW e.V. (Hrsg.): Freizeit und Konsum (Themenheft der Verbraucherpolitischen Hefte Nr. 8), Juli 1989
Wachenfeld, H.: Freizeitmarketing. Die Versorgung der Gesellschaft mit Gütern. In: Verbraucherpolitische Hefte Nr. 8, Juli 1989, S. 47-64
Walser, M.: Erfahrungen und Leseerfahrungen, Frankfurt/M. 1965
Warneken, B.J.: Der Flipperautomat. Ein Versuch über Zerstreuungskultur. In: J. Alberts (u.a.): Segmente der Unterhaltungsindustrie, Frankfurt/M. 1974, S. 66-129
Weber, P.: Kultursponsoring. Mäzene im Zwielicht. In: Management Wissen Nr. 10 (Okt. 1990), S. 44-48
Weinberg, P./A. Gröppel: Formen und Wirkungen erlebnisorientierter Kommunikation. In: Marketing z & p 3 (1988), S. 190-193
Wilensky, H.L.: Massengesellschaft und Massenkultur (1963). In: D. Brokop (Hrsg.): Massenkommunikationsforschung, Bd. 2, Frankfurt/M. 1973, S. 116-151
Windhorst. K.G.: Wertewandel und Konsumverhalten, Regensburg 1985
Wiswede, G.: Motivation und Verbraucherverhalten, München 1973
Wiswede, G.: Der „neue Konsument" im Lichte des Wertewandels. In: Szallies/Wiswede (Hrsg.): Wertewandel und Konsum, Landsberg/Lech: verlag moderne industrie 1990, S. 11-40
Wyss, W.: „New Marketing". Konsequenzen aus dem Paradigma-Wechsel des Konsumenten, Adligenswil (Schweiz) 1987

Kapitel VIII: Moralische Grenzen der Freizeitvermarktung

Adelt, P. (u.a.): Umweltbewußtsein und Konsumverhalten. Befunde und Zukunftsperspektiven. In: Szallies/Wiswede (Hrsg.): Wertewandel und Konsum, Landsberg/Lech 1990, S. 155-184

Beck, U.: Politik in der Risikogesellschaft, Frankfurt/M. 1991
Bell, D.: Die Zukunft der westlichen Welt („The Cultural Contradictions of Capitalism", 1976), Frankfurt/M. 1979
Benjamin, W.: Das Passagen-Werk, Frankfurt/M. 1983
Brandmeyer, K.: Die Marke zwischen Erfahrung und Erlebnis. In: K. Brandmeyer/A. Deichsel (Hrsg.): Der situative Mensch, Hamburg 1990, S. 75-81
Brooks, V.W.: America's Coming-of-Age, Garden City-New York 1958
Casparis, Chr.P.: Freizeitmarkt und Europa im Wandel. In: Th. Bieger/ M. Hostmann (Hrsg.): Strategie 2000 für die Freizeitbranche, Grüsch 1990, S. 55-66
Ellis, B.E.: Unter Null („Less than Zero", 1985), Reinbek b. Hamburg 1986
Fromm, E.: Die Revolution der Hoffnung („The Revolution of Hope", 1968), Reinbek b. Hamburg 1974
Fromm, E.: Psychoanalyse und Ethik („Man for himself", 1954), Frankfurt/M.-Berlin-Wien 1978
Galbraith, J.K.: Gesellschaft im Überfluß („The Affluent Society", 1958), München-Zürich 1959
Hansen, U.: Marketing und Konsum: eine neue Verantwortung? In: G. Rosenberger (Hrsg.): Konsum 2000, Frankfurt/M.-New York 1992, S. 167-178
Hondrich, K.O.: Bedürfnisänderung durch Aufklärung? In: K.M. Meyer-Abich/D. Birnbacher (Hrsg.): Was braucht der Mensch, um glücklich zu sein?, München 1979, S. 123-134
Hondrich, K.O.: Zukunftsvisionen für die Industriegesellschaft. In: G. Rosenberger (Hrsg.): Konsum 2000, Frankfurt/M.-New York 1992, S. 228-237
Krämer, H.: Unsere Zeit braucht neue Meister der Lebenskunst. In: DIE WELT v. 3. Sept. 1988
Linder, S.B.: Warum wir keine Zeit mehr haben („Hurried Leisure Class", New York 1970), Frankfurt/M. 1973
Majer, H. (Hrsg.): Qualitatives Wachstum, Frankfurt/M.-New York 1984
Opaschowski, H.W.: Arbeit. Freizeit. Lebenssinn?, Opladen 1983
Opaschowski, H.W.: Die Zukunft der Freizeitberufe: Die Macher gehen, die Inspiratoren kommen ... In: Animation, Heft 1 (1985), S. 4-10
Opaschowski, H.W.: Wunschlos unglücklich. Der Freizeitkonsument von morgen. In: INNOVATIO 1/2 (1989), S. 23-24
Opaschowski, H.W.: In der Gewalt der Erlebnisindustrie. Die moralischen Grenzen des Freizeitkonsums. In: DAS PARLAMENT 40/ 4-5 (26. Jan. 1990), S. 11
Postman, N.: Das Technopol. Die Macht der Technologien und die Entmündigung der Gesellschaft („Technopology", New York 1991), Frankfurt/M. 1992
Riesman, D.: Wohlstand wofür? („Abundance for what?", New York 1964), Frankfurt/M. 1966
Postman, N.: Wir amüsieren uns zu Tode („Amusing Ourselves to Death", 1985), Frankfurt/M. 1985
Schmidbauer, W.: Weniger ist manchmal mehr. Zur Psychologie des Konsumverzichts („Homo consumens", 1972), Reinbek b. Hamburg 1990
Schumacher, E.F.: Die Rückkehr zum menschlichen Maß („Small is beautiful", 1973), Reinbek b. Hamburg 1977
Sontheimer, K.: Unzufriedenheit im Überfluß. In: Frankfurter Allgemeine Zeitung Nr. 156 vom 9. Juli 1983, S. 11
Zapf, W.: Lebensqualität in der Bundesrepublik. In: Soziale Welt, Jg. 28 (1977), S. 413-423